그리스 비극과 민주정치

그리스 비극과 민주정치

김진경 지음

안티쿠스
ANTIQUUS

일러두기

1. 이 책은 『그리스 悲劇과 民主政治』(일조각,1991)의 개정판이다. 그리스 비극의 제우스(비극과 종교서설)의 글을 추가하였다.
2. 본문 중 일부의 용어에는 편집자주를 넣어 이해를 도왔다.
3. 각 글의 출처는 다음과 같다.

제1장 아이스킬로스의 「페르사이(페르시아인)」-『조의설 박사 환력기념 서양사학논총』, 1967

제2장 「페르사이」의 수사학적 영향-『대구사학』제6집, 1973

제3장 아이스킬로스와 헤로도토스-『서양사론』제13집, 1972

제4장 아이스킬로스와 아테나이의 정치-『역사학보』제82집, 1979

제5장 소포클레스와 아테나이의 정치-『역사학보』제94、95합집, 1979

제6장 에우리피데스 사상의 두 가지 면-『경북대논문집』제9집, 1965

제7장 에우리피데스, 테세우스, 알키비아데스-『서양고전학연구』제4집, 1990

제8장 디오니소스의 결정-『민석홍박사화갑기념 사학논총』, 1985

부록1. 헤로도토스에 있어서의 역사의 원인-『서양사론』제16호, 1976

부록2. 자유와 예지-『대구사학』제7집, 1973

부록3. 그리스 비극의 제우스(비극과 종교서설)-『서양사론』제44호, 1994

머리말

민주정치는 아테나이가 이룩한 가장 큰 업적이라 할 수 있을 것이다. 아테나이의 문화도 필경 민주정이라는 정체 속에서 꽃필 수 있었기 때문이다. 민주정에 대해서 제일 중요한 자료를 제공해 주는 것은 플라톤이나 아리스토텔레스 같은 철학자인데 아이로니컬하게도 그들은 민주정에 대해 비판적이다.

철학자에 못지않게 아테나이 사회에서 중요한 위치를 차지한 것이 비극시인이었다. 그들은 예술가인 동시에 인생과 정치의 교사요 정신적 리더이기도 했다. 그렇다면 그들은 정치현실이나 민주정에 대해 어떠한 생각을 가지고 있었으며 그들의 생각을 분석하는 것이 민주정에 관한 자료에 보탬이 되는 것이 아닐까. 이러한 생각에서 공부를 시작하여 그 동안에 쓴 논문을 묶어 본 것이 이 책이다.

비극은 주로 신화나 전설을 다루고 있기 때문에 현실정치에 대해서 비유나 음유로써 표현하게 마련인데 예외적으로 현재의 사건을 다루고 있는 것이 아이스킬로스의 「페르사이」이다. 이 작품은 페르시아 전쟁의 양상을 스트레이트하게 묘파하고 있어서 아이스킬로스의 현실에 대한 생각을 명확히 나타내고 있을 뿐더러 사료적 가치도 적이 크다 할 것이다. 아이스킬로스를 다룬 네 편 가운데 세 편은 「페르사이」에 관해서이다.

소포클레스 편은 주로 '안티고네'와 '아이아스'를 통해 그와 페리클레스 및 과두파와의 관계를 다룬 글이다.

에우리피데스에 관해서는 그의 사상적 특색과 변모를 다룬 글(제6장)과 그와 민주정과의 관계를 '히케티네스'와 '트로이아데스'를 통해 살펴본 글(제7장)이 있는데 이 두 글은 시간적으로 25년이라는 긴 간격이 있어 생각이나 문체에 적이 차이가 보이긴 하나, 같은 작가를 다루었다는 점에서 나란히 싣기로 했다.

희극은 현실정치를 노골적으로 사케스틱하게 비판한다는 점에서 문학이라기보다는 오히려 언론의 역할을 담당했다고도 할 수 있는데 실인즉 나의 공부의 시작도 비극이 아니라 희극에 대해서였다. 서명에는 비극이라 했지만 아리스토파네스를 다룬 글 가운데 한 편을 골라 수록한 것도 그 때문이다.

부록으로 헤로도토스와 투키디데스에 관한 글 한 편씩을 수록했다. 비극이 역사를 다루거나 반영한다는 뜻에서 '모든 비극은 역사극이다'라는 말이 있지만, 한편으로 헤로도토스와 투키디데스는 서사시나 비극의 관념으로 역사를 썼다거나 역사를 비극으로 구성했다는 말도 있다. 비극과 역사의 밀접한 관련을 말해주는 표현들이다. 그렇다고 두 글이 반드시 비극과 관련이 있는 내용은 아니다. 그 동안의 연구에서 파생된 글이란 점에서 수록했을 뿐이다.

이 책을 꾸밈에 있어 체계를 고르게 하기 위해 제목의 일부를 변경하고 고유명사의 표기를 통일하고 표현이나 각주에 약간의 수정을 가하곤 했으나 원문의 내용에는 손을 대지 아니했다.

이렇게 논문을 정리해 보니 그동안의 내 연구가 얼마나 허술하고 미흡했던가를 새삼 자괴自愧하게 되고 앞으로 그 여백을 메우고 미진함을 다듬는 일이 퍽이나 벅찬 일임을 무겁게 느끼게 되는 것이다. 그런 뜻에서 이 책은 내 연구의 한갓 이정표라 할 것에 불과하다 하겠다.

이 책의 출판은 이보형李普珩 선생님이 애써주신 덕이며 40년에 걸친 선생님의 애고愛顧를 새삼 고맙게 회고하게 되는 것이다. 책을 꾸미는데 여러 가지 일을 맡아 준 대학원 박사과정의 차전환 군과 오흥식 군에게도 고마움을 금할 수가 없다.

끝으로 아테네대학 체류의 기회를 마련해 주신 대우재단 관계자 여러분에게도 이 기회에 사의를 표하는 것이다.

1990년 4월

저자 적음

목차

목차

부록

제1장

아이스킬로스의 '페르사이(페르시아인)'

1

아이스킬로스는 사상적으론 전통적 신관神觀을 묵수하는 보수적 시인으로 일반적으로 이해되고 있는 듯하다. 그러나 전통에 충실한 소포클레스와는 달리 그는 시대사상에 극히 민감했을 뿐 아니라 시대의 경향에 진격하게 부딪친 퍽이나 진취적인 시인이기도 했다. 아이스킬로스의 시대는 아테나이에 합리주의의 사조가 널리 유행하기 시작하던 시대이며, 아이스킬로스는 이 새로운 사조에 끝내 매몰되지는 않았다 하더라도 적이 깊은 영향을 입은 듯하며 '아이스킬로스는 궤변철학운동의 선구자이며 종교사상 일반에 있어선 에우리피데스의 선구자'[1]라고 간주되기까지 한다. 그의 합리주의적 영향에서 나온 종교적 태도의 취약적 표현을 우리는 '프로메테우스 데스모테스(사슬에 묶인 프로메테우스)'Prometheus desmotes에서 볼 수 있다. 여기에서 그는 합리주의적 사상의 입장에서 전통적 신관에 대해 회의하고 반발하는 것이나 끝내는 신에게 윤리적 발전을 인정함으로써 전승적 관념과 타협을 하고 마는 것이다.[2] 그러나 그의 합리주의적 영향을 종교사상의 면에서가 아니라 비극 창작의 정신과 형식면에서 반영해 주는 작품이 있는데 그것이 곧 「페르사이」Persai인 것

---

1 G. Murray, A History of Ancient Greek Literature(Chicago, 1956), p.222.

2 본서 제6장에 에우리피데스사상의 두 가지 면, p.233 참조.

이다.

「페르사이」는 기원전 472년작, 현존하는 아이스킬로스의 작품 중 최고의 것으로 알려져 있다.[3] 그리고 이 작품은 3부작의 1부가 아닌 단막극[4]으로서 그의 다른 작품보다 한결 간결하고 이해하기 용이하다는 점에서 한 가지 이점을 지니고 있다. 그러나 한편 신화적 소재가 아닌 역사적 사실을 주제로 삼음으로써 말미암은 비유형적이란 점에서 한 가지 불리한 점을 지니고 있기도 하다. 하지만 두 가지 점은 함께 이 작품의 특색을 이루고 있어 희랍 비극 중 각별한 주목과 처우를 닫게 하는 소이所以가 되어 있는 것이다.

「페르사이」는 또한 현존하는 비극 중 최고의 역사극으로 알려져 있다. 하긴 G. 머리의 말과 같이 모든 희랍 비극은 역사극으로 간주할 수도 있으며[5] 또한 역사적 사실을 연극의 소재로 삼은 것이 이 작품이 최초인 것도 아니다.[6] 그러나 그것은 현존하는 유일의 역사극이며 더욱이 대부분의 아테나이인이 체험한 극히 '최근'의 사건을 다룬 시사극이며 또한 다른 시사극보다 한결 '영웅극답게' 그렸다는 점에서 각별한 특이점을 지니는 것이다. 하지만 이 작품이 하나의 비극으로서의 가치에 대해서는 평자들의 의견은 실로 구구하며 그것을 대충 다음과 같이 정리할 수 있다. 즉 시지위크, 블롬필드, 빌라모비츠, 키토[7] 등은 구조상의 미숙과 결함이 이 작품의 특색이라 하여 아이스킬로스의 가장 졸렬한 희곡이라 평하는가 하면 머리, 스미스[8] 등은 약간의 구조상의 결함을 시인하면서도 이의 종교적 명제를 높이 평가하여 비극으로서의 가치를 인정하려 한다. 최근엔 이 작품이 아리스토텔레스 비극의 개념에 비추어서라도 그

구조에 있어서나 그 정신에 있어서 가장 훌륭한 비극작품의 하나가 된다는 적극적인 가치인정이 브로드헤드9에 의해 주장되기도 한다. 평론가들의 이러한 의견의 차이는 주로 이 작품 인물의 성격 묘사와 플롯의 구조에 관한 시비에 그 초점이 놓여져 있다. 그러므로 본고에선 주로 시지위크와 브로드헤드의 대립되는 견해를 중심으로 그 성격과 구조상의 문제점을 분석하여 이 작품의 형식과 그 정신을 구명하고자 하는 것이다.

---

3 그의 최고의 작품은, 기원전 500년에 발표된 것으로 보이며(작품명 미상) 경연에서의 최초의 승리는 15년 후인 기원전 484년이었다. 그 후 생존 중 13회, 사후 18회 우승을 차지했다. cf. D.W. Lucas: Greek Tragic Poet(Cambridge, 1959), p.65.

4 「페르사이」는 다른 삼곡(三曲, 'Phineus' 'Glaukos' 그리고 Satylos극으로서 'Prometheus Pyrkaeus')과 함께 상연되었으나 이 삼곡은 전연 상호 연락(聯絡)이 없는 독립된 곡이었다. cf. ibid.

5 cf. G. Murray, Aeschylus the Persians(London, 1960), p.7.

6 Aischylos 이전에 Phrnichos의 '밀레토스의 함락'(B.C. 493년작) '페니키아의 여인들'(B.C. 476년작)이 있으며 특히 후자는 그 소재에 있어서나 수법에 있어서 Aischylos의 「페르사이」에 중요한 영향을 준 것으로 전해진다. 그 밖에 기원전 4세기에는 Moshion의 '테미스토클레스', 헬레니즘시대엔 Philicos의 '테미스토클레스', Lycorhron의 '카산드레이스' 등이 있다. H.D. Broadhead, The Persae of Aeschlus(Cambridge, 1960), p. xvii cf. D.L. Page, A New Chapter in the History of Greek Tragedy.

7 cf. C. Blomfield, Aeschyli Persai(London, 1840), pp. xii~xiv; Wilamowitz-Möllendorff, Aischylos Interpretatonen(Berlin, 1914), p.48;H.D.F. Kitto, Greek Tragedy(London, 1950), p.43.

8 cf. G. Murray, Aeschylus; The Creater of Tragedy(Oxford, 1940), pp. 1, 111~130;H.W. Smith, Aeschylean Tragedy(Berkeley, 1924), pp.64~91.

9 H.D. Broadhead, The Persae of Aeschlus(Cambridge, 1960), pp.xv~xviii.

2

「페르사이」에 관한 평론가들의 의견 대립은 우선 등장인물의 비극적 성격 여부에 표명된다.

페르시아의 대왕비 아톳사Atossa에 대하여 시지위크는 "아톳사는 무식하고 소심하여 미신에 사로잡힌 노파를 나타낼 뿐"[10]이라 혹언酷言한 데 대하여 브로드헤드는 "그녀는 여왕다운 위엄과 아들 크세르크세스왕에 대한 열렬한 헌신으로 가장 생생한 극적 성격을 형성하고 있다.[11]고 주장한다. 아톳사는 아들 크세르크세스 부재중에 그 대리자다운 위엄 있는 품행으로서 행동할 뿐만 아니라 어머니로서 그리고 아내로서의 애정의 표현도 훌륭히 묘사되어 있다는 것이다. 단 사자使者의 등장장면[12]에서의 아톳사에 대해선 합창단의 역할의 희생을 통해 극적 성격을 인정할 수 있다"[13]는 키토Kitto의 설을 인정하면서도 "이 장면에 있어서의 아톳사의 역할은 대체로 형식적인 것이며 사자에 대한 질문과 평언에 있어서 각별히 성격적인 것을 볼 수 없다"[14]는 점을 시인하고 있다. 사실인즉 그녀가 재등장하는 장면(598행과 709행)과 마지막 장면(845행)에 있어서의 아톳사는 심리적 깊이나 강렬한 개성적인 음영을 반영시키지 않을 뿐 아니라 대체로 자기의 의견을 서술적으로 개진하는 평범한 나레이터의 입장을 지킬 뿐이며 그러한 의미에서 '가장 생생하게 그려진 극적 성격'이라 할 수는 없을 것 같다. 하지만 아이스킬로스의 인물은 어떤 관념의 대표자이며 따라서 심리적 묘사보다 관념에 따른 움직임에 보다 역점을 두고 있으므로 성격 묘사는 평면적이 될 수밖에 없기도 한 것이다.

다레이오스Dareios에 관해선 시지위크는 "사망한 다레이오스가 표현하는 것은 극히 기이한 정신적인 것뿐"15이라는 점에서 「페르사이」의 구조상의 치열성稚劣性을 지적하고는 다레이오스는 단지 전투의 정보를 주고받거나 크세르세스에 대하여 명확하고 경건한 경고를 발할 뿐 그의 사상이나 성격의 통찰적인 면을 나타내는 발언이 전무하다고 평한다.

이에 대해 브로드헤드는 다레이오스는 크세르크세스와 대척적인 성격을 나타내면서 페르시아군의 패인이 크세르크세스의 만용과 불경에 있다고 질책하며 미래에 대한 지침과 플라타이아전에 관한 예언까지 내린다는 점에서 "영웅적이라기보다 거의 신적이라 할 만한 위엄 있는 거인적인 모습으로 그려져 있다"16고 생각한다. 그러므로 「페르사이」는 사실史實을 소재로 한 역사극이긴 하지만 다레이오스의 신적인 권위로 말미암아 신화를 소재로 한 전통적인 비극과 같은 느낌을 준다는 것이다. "그의 모습은 신의 현현顯現과도 같다. 그의 발언은 아무런 의심 없이 받아들여지며 무질서한 세계에 질서를 불어 넣는 거센 바람과도 같다는 점에서 그는 올림포스의 신과 같은 권위를 가진다."17 다레이오스에 대

---

10 A. Sidwick, Aeschylus: Persae(Oxford, 1903), p.xi.
11 Broadhead, p.x.
12 G. Murray, The Prersians, p.32.
13 Kitto, Greek Tragedy, p.44.
14 Broadhead, p.xxvi.
15 Sidwick, p.x.
16 Broadhead, p.xxviii.
17 ibid.

한 이러한 고귀성의 부여는 아이킬로스의 편협한 쇼비니즘에서의 초탈을 의미하는 것이며 이것이야말로 「페르사이」로 하여금 하나의 위대한 비극으로 승화시킨 중요한 유연由緣이라 생각하는 것이다. 이 점에 관한 머리의 의견도 브로드헤드와 같다. "페르사이에는 적에 대한 경멸도 야유도 비방도 없으며 비겁과 잔학에 대한 비난도 없다. 아톳사와 다레이오스는 고귀한 성격을 가진다. 전쟁에 참가한 왕족과 용장勇將은 위대한 인상을 남긴다. 크세르크세스까지도 그의 처절한 비탄에서 패전의 책임에 대한 비난을 감수하는 것이다."[18]

다레이오스의 묘사에서 표현된 공평한 태도는 사자의 장면에서도 여실한 것이라 주장된다.[19] 즉 702행에서 730행에 이르는 페르시아군의 장군들의 전사戰死의 보고에선 페르시아군이 비겁했거나 약했다는 시사는 전무일 뿐 아니라 용장 시에네시스의 장렬한 산화散華에 대해서 각별한 찬양을 보내고 있으며, 그 밖에 전사한 페르시아군의 장군의 성명을 일일이 열거하는 데 반해 희랍군의 장병의 성명은 전혀 무시되어 있다는 것이다. 페르시아의 패인에 관한 언급에 있어서도 수적으로 우세한 페르시아군의 승리가 당연히 기대되었던 것이나(337행) 결국 신이 페르시아 측을 돕지 않았기 때문에 패배한 것이라 하고 있는데, 아이스킬로스가 희랍군의 승리를 그들의 힘과 병술兵術에 돌리는 것은 용이한 것이며 더욱이 페르시아의 사자의 입을 통해 발현되면 한결 효과적이었을 것이나 아이스킬로스는 그렇게 하지 않았을 뿐만 아니라 페르시아의 직접적인 패인을 희랍군의 간계奸計(테미스토클레)에 두고 있는 것이다. 그리고 또한 희랍군의 승전의 절정을 이루는 살라미스 해전의 묘사는 불과 20행(408행~428행)으로 제한한 것도 희랍인 관객에의 영합을 의식적으로 도외시한 증좌라고 하고는 "이러한 애국적 편견의 부재는 고도의 윤리적 태도와 균형을 이루고 있음을 말하는 것이며 그럼으로써 「페르사이」는 순수한 비극을 의도했을 뿐 아니라 그것을 성공적으로 수행했다 할 것이다"[20]라고 주장한다.

그러나 브로드헤드가 주장하는 아이스킬로스의 공평성(초국수성)은 희랍군의 우수성과 민족적 자부심을 직접 혹은 간접적으로 과시하는 너무나 많은 구절로써 상쇄하고 남음이 있다.

예컨대 전사한 페르시군의 장군명의 나열은 오히려 페르시아군의 피해의 심대함을 표현하려는 의도라 간주할 수 있다. 라티모어는 말하기를 플라타리아 전투에 관한 아이스킬로스의 설명은 '필사적'이라 할 정도로 상세한 것이었으며,[21] 이러한 전투장면의 '상세한 묘사'는 살라미스전 이외에 미쳐 있으며,[22] 그러한 뜻에서 「페르사이」는 전쟁 전체에 관한 설명이요 페르시아 전쟁의 결산보고[23]라 할 수 있다고 한다.[24] 라티모어의 이러한 견해에는 약간의 과장이 있기는 하나 전투에 관한 상세한 묘

18 G. Murray, Aeschylus the Persians(London, 1960), p.11.

19 사자(使者)의 장면은 D.W. Lucas에 의한다면 이 희곡의 중심부를 이루고 있으며 그러니만큼 '아이스킬로스'의 극작기술이 가장 훌륭하게 발휘되어 있는데 여기에서도 편협한 '쇼비니즘'은 티끌만큼도 발견되지 않는다고 한다. D.W. Lucas, The Greek Tragic Poet(Cambridge, 1959), p.70.

20 Broadhead, p.xviii.

21 Richard Lattimore, Aeschylus on the Defeat of Xeres, pp.82~93, Classical Studies in Honor of W.A Oldfather(1943).

22 ibid, p.82.

23 ibid.

24 Lattimore의 이러한 언급에 대하여 Broadhead는 마라톤과 플라타리아는 살라미스 이외이긴 하나 '상술'한 것은 아니었다. 마라톤에 대해서는 두 번(236행, 475행) 언급했을 뿐이며 플라타리아

사가 희랍군의 승리에 대한 간접적인 전송戰頌이며 그러한 뜻에서 그것은 수사학적 기법의 일례라 생각할 수 있을 것이다.

이러한 간접적인 전송戰頌 외에 직접적인 희랍 예찬도 산견散見된다. 예컨대 사자의 보고 가운데서 언급되는 희랍군의 군가,

> 오오 헬라스의 아들이여 나아가라!
> 조국에 자유를! 처자에게 자유를!
> 오랜 신의 신전, 부조父祖들의 묘지에 자유를![25]

이라든지 "그들의 왕은 누구냐"라는 아톳사의 물음에 대한 합창단의 대답, "아테나이인은 누구의 노예도 아니며 누구의 부하도 아닙니다"[26] 등등이 그 단적인 예이다.

크세르크세스에 관해선 평자 간의 의견 대립은 별무인 듯하다. 브로드헤드 이하도 크세르세스를 다레이오스의 고귀성에 대한 가장 대척적인 존재라[27] 시인하고 있으며 시지위크도 크세르크세스의 역할은 페르시아의 패배의 파토스Patos를 고조시키는 도구에 불과하다고 생각한다.

사실인즉 페르시아의 패배의 전책임은 오직 크세르크세스에 돌려진다. 그는 원정遠征을 계획하고(758행), 지휘하고(550행), 급기야 그것을 파멸에 몰아넣었으며(551행), 그러한 의미에서 이 극을 크세르크세스의 죄악의 비극이라 한 키토의 평언平言은 정당하다 할 수 있을 것이다.

그러나 크세르크세스의 성격의 묘사 자체는 지극히 모호하며 오직 비탄과 자괴自愧만을 되풀이하는 비운의 인간 이외 아무런 인상을 주지 않

으며, 프로메테우스와 제우스 사이에 보이는 바와 같은 반항과 대립 그리고 화해라는 비극적 성격의 전개는 전혀 찾아 볼 수 없는 것이다.

그런데 크세르크세스의 묘사에 있어서 한 가지 문제가 되는 것은 845~848행의 크세르크세스의 폐의弊衣에 대한 언급이다.

다레이오스 그대는 왕궁으로 돌아가 왕자다운 훌륭한 의상을 마련하여 아들을 맞이하오.

그는 불행을 슬퍼하는 나머지 화려한 의상을 찢고 남루한 누더기를 두르고 있기 때문이오.

아톳사 더러운 누더기를 내 아들이 두르고 있음을 듣고 헤아릴 길 없는 슬픔이 내 마음을 괴롭히네.

궁전으로 돌아가 아름다운 의상을 마련하여 아들의 귀국을 맞이하자. 불행에 빠진 아들을 버려 둘 수 없는 일……28

이 구절에 대해, 시지위크Sidwick는 "아이킬로스의 동방 군주의 권위에 대한 야유라고 생각하며 스미스Smith도 아이스킬로스가 크세르크세스에

의 경우는 페르시아의 hybrisdp 대한 징벌의 일례로서 언급했을 따름이다. 만약 아이스킬로스가 페르시아 전쟁 전체를 취급하려 했다면 상기 전투에 대하여 보다 많은 언급이 있었을 것이며 테르모필라이, 미칼레, 아르테미 시온전(戰)에 관한 업급도 있어야 할 것이다. Lattimore가 그런 전투를 생략한 것은 연극적 통일이 살라미스에의 집중적 묘사를 불가피하게 했다고 하나 마라톤에 대한 언급이 연극적 통일성을 파괴했다고 생각하지는 않는다고 주장하고 있다. Broadhead, p.xii.

25 G. Murray, The Persians, p.69. Persai 402~405ff.

26 ibid, p.31,244ff.

27 Broadhead, p.xxviii.

28 Persai 840~845ff.

게 누더기를 걸치고 등장케 한 것은 야유와 조소를 의도했음이 명백하며 이것은 「페르사이」로 하여금 비극이 아닌 소극笑劇으로 만들고 있다. 왜냐하면 군주에 대한 경멸이나 조소嘲笑는 비극의 진면목을 파괴하는 것이기 때문이다"[29] 라고 말하며 블룸필드도 이에 동조하고 있다.[30]

그러나 브로드헤드의 의견은 다르다. 화려한 왕의王衣는 오리엔트 군주의 절대적 신성권을 상징하며 크세르크세스의 누더기는 왕국이 입은 심각한 타격을 표징表徵한 것이며, 아톳사가 새로운 왕의를 준비하는 것은 그러한 재난에도 불구하고 크세르크세스의 군주로서의 권위와 위엄을 확보케 해야겠다는 아톳사의 결의를 표명한 것으로 거기엔 심각한 모성애의 발로가 보일 뿐 티끌만한 야유와 익살도 개재되어 있지 않다고 주장하는 것이다.[31]

아이스킬로스의 페르시아인에 대한 야유 여부는 차치하고서도 여기에서 명백한 것은 브로드헤드도 말하듯이 크세르크세스의 찢어진 왕의는 페르시아 제국의 추락한 권위의 상징이라는 것과 그리고 또한 919행에서 종막인 1,076행까지 자괴自愧와 자탄自嘆과 읍소泣訴로 일관하는 크세르크세스란 인물은 비극의 주인공다운 성격으로서가 아니라 이 작품의 주제가 되어 있는 듯도 한 '비탄'을 위한 하나의 도구로 이용되고 있을 뿐이라는 사실이다.

아무튼 「페르사이」에는 아톳사나 다레이오스에서 보이는 바와 같은 부분적으로 영웅적 성격을 인정할 수 있다 하더라도 아이스킬로스의 여타의 작품의 주인공들, 예컨대 아가멤논, 클리타이메스트라, 프로메테우스 등과 같은 강렬하고 복잡한 비극적 성격은 묘사되지 않았으며 그러한 뜻에서 이 작품은 성격의 묘사를 의도한 작품이 아니라 할 수도 있을 것이다. 환언하면 등장인물의 개인적인 성격이나 성격 간의 갈등관계보다는 페르시아의 패배를 초점으로 하여 이 패배라는 필연적인 '귀착歸着'에 대한 성격의 관련성을 부각시키는 것이 주지主旨인 듯한 것이다. 즉 우선 사자使者는 이 귀착을 설명한다. 합창대는 귀착에 대한 '비탄'의 역무를 담당하며 아톳사는 사건에 대한 하나의 증인이 된다. '다레이오스'는 이 귀착의 필연성을 설명하고 영광과 현재의 비참을 대비하고 미래를 예시한다. 등장인물 중 가장 비극적 성격에 근사하다고 할 다레이오스는 국왕으로서 국운國運을 우려하고 아버지와 남편으로서 처자에 대해 여러 가지 조언을 내리기는 하나 결국 부자 간이나 부부 간의 성격적 관련에 관한 통찰을 피력하지 못하고 마는 것이다.

이 작품의 또 한 가지 중요한 문제가 되는 것은 이 작품의 무대와 의상만이 페르시아적일 뿐, 그 외의 인물의 성격, 그 사고방식, 제식祭式과 종교관념 일체가 희랍적이란 점이다. 예컨대 페르시아인이 섬기는 신은 모두 희랍 특유의 신 제우스, 헤르메스, 아폴론 등이며, 다레이오스 묘전墓前에서 베풀어지는 제사양식이 희랍적일 뿐 아니라 페르시아 왕성王城에 아폴론 신상이 서 있기도 하다. 이에 관해 브로드헤드는 "여기에서 표명되는 신학은 페르시아적이라기보다 희랍적이다. 이것은 아마도 아이스킬로스의(그의 관객과 마찬가지로) 페르시아 종교에 대한 무지에서 기

29 Simth, Aeschylen Tragedy, p.70.
30 Blomfield, Praefatio, p.xiv.
31 Blomfield, pp.xx~xxi.

인한 것이었을 것이다"라고 전제하고는 "아무튼 우리에게 중요한 것은 「페르사이」가 희랍인의 우월성을 시현示顯하기 위한 것이 아니라 신의 법에 대한 침범, 희랍인, 페르시아인을 막론하고 모든 인류에게 재난을 초래하는 신의 법에 대한 침범이 야기하는 파국을 다루려 한 사실이다"[32]라고 말한다. 그 신의 법이란 다음의 구절에서 취약聚約된다.

인간은 오만한 마음을 품지 말지어다.
오만은 꽃을 부여 파멸의 열매를 맺게 하며
추수의 계절에는 그칠 길 없는 눈물을 얻게 하리라.[33]

한 인간의 세력이 강해진다. 그러면 자기의 분수를 잊게 되고 '현혹'ate 된다. 그 현혹의 결과로서 능력 이상의 의욕을 가지고 그것을 실현시키려 한다. '교만'hybris해지는 것이다. 그는 죄를 범한다. 그러면 '신들의 질시嫉視'라는 신의神意의 간섭을 받아 야욕은 좌절되고 자신은 파멸된다. 말하자면 인간의 교만에 대한 신의 초월적 심판, 인간의 아테와 히브리스에 대한 신의 필연적 징벌, 델피 신전의 액명額名이 말하는 바 '너 자신을 알라'라는 종교적 감명의 표현인 것이다. 이러한 종교적 주제야말로 「페르사이」라는 하나의 역사극을 초역사적인 보편성을 띤 비극으로 승화시킨 가장 중요한 원인으로 생각되며, 그럼으로써 보로드헤드는 "정의의 신이 비록 희랍적 입장에 서 있다 할지라도 아이스킬로스는 수많은 페르시아인의 눈물도 자아낼 수 있었을 것이다"[34]라고 확신하는 것이다.

하지만 히브리스에 대한 신의 징벌이란 관념은 어디까지나 희랍 고유의 전통적 종교관념이며 브로드헤드도 말하듯이 페르시아 종교에 대한 무지에서 비롯한 편견에 불과하다. 그리고 또한 여기에서 말하는 히브리스란 것이 헬레스폰토스를 건너서 희랍인을 공략하고 희랍의 신전을 파괴한 것, 말하자면 희랍에 대한 도전을 의미하는 것이며 그러므로 그것은 희랍 중심적인 바르바로이Barbaroi관의 일단이라 할 것이다. 따라서 여기에서 아이스킬로스가 품은 인간의 보편적인 숙명관을 감지한다고는 할지라도 그의 초민족적 초국수주의적 비극적 공평성을 감지한다는 것은 타당치 않은 것이라 아니할 수 없다. 사실인즉 히브리스라는 종교적 명제가 이 작품의 주제가 되어 있다는 것으로써 그 가치를 적극적으로 인정하는 평자들도 여기에 나타난 애국적 감정(편견)은 역설적으로 인정 내지 주장하고 있는 것이다. 즉 "크세르크세스의 예언에서 우리는 예언의 실현과 히브리스에 대한 징벌을 보게 된다. 아이스킬로스의 애국적 열정은 이 작품에 넘쳐 있으며 그것은 종교적 감정으로 뒤덮여 있는 것이다"[35]라고 하는 크로아제의 언급이나 "페르사이는 국민적 승리의 축제를 위해 제작되었다"[36] 하는 머리의 말이 그것이다. 물론 비극에 있어서도 애국적 감정과 종교적 감정이 모순되는 것이 아니며 양자의 합치가 반드시 비극적 승화를 방해하는 요소가 되는 것도 아니다. 하지만 아

---

32 ibid. , p.xxix.

33 Persai, 819~821ff.

34 Kranz, p.64.

35 cf. 新關良三,『ギリシャ・ローマ演劇史』,第2巻, p.88.

36 G. Murray, Aeschylus, p.21.

이스킬로스의 공평성이란 것이 이 작품의 비극적 가치를 적극적으로 인정케 하는 하나의 근거라고 할 때, 이러한 애국이란 편견은 그러한 가치 부여에 적이 불리한 근거가 됨을 부인하지 못할 것이다. 그러므로 이 작품이 순수한 비극을 의도한 것이며 또한 그것이 성공적이었다고 주장되는 중요한 근거인 이 초월적인 신의 법의 과시란 것도 실인즉 '쇼비니즘'의 역설적인 반영이라 할 것이며 따라서 신의 법이 아니라 페르시아의 사상 및 전쟁을 발생케 한 페르시아의 정책에 대한 간접적인 수사학적인 비난이 오히려 주제라 할 수도 있을 것이다.

그리고 또한 이 작품엔 앞서 시지위크가 지적한 바와 같은 장소와 의상 이외의 일체가 희랍적이란 사실 외에 허다한 시대 착오와 장소 착오를 노정시키고 있으며 그뿐 아니라 역사적 사실의 변경 혹은 과장이 빈출하고 있다. 예컨대 크세르크세스를 허위정보로 기만하여 살라미스 해전을 야기케 한 테미스토클레스의 모계謀計에 대한 언급에 있어 그것이 페르시아인만을 기만했다고 한 것은(337행 이하) 적뿐 아니라 동맹국인 희랍제국까지 기만한 사실史實과 적이 상위하며, 또한 478행 이하의 '스트리몬' 강변참사의 묘사에 있어서 별안간에 강물이 빙결했다가 다시 융해함으로써 도강중인 페르시아의 대군이 익사했다는 과장된 표현이 너무나 많다. 따라서 비극적인 효과를 위한 과장이 있을 수 있음을 참작하더라도 여기에 나타나는 너무나 많은 비역사성은 이 작품의 역사극으로서의 평가에 치명적인 결함이 됨을 부인하지 못할 것이다.

3

「페르사이」는 하나의 비극작품으로서는 극히(아마도 현존하는 비극 중 가장) 단조로운 플롯을 가졌다. 즉, 첫째로 사자가 등장하여 페르시아군의 패전의 상황을 장황하게 전달하고 나면 비탄하는 아톳사 앞에 그녀의 망부亡夫 다레이오스의 망령이 출현한다. 망령이 자기의 업적을 파멸케 하는 크세르크세스의 망동과 무분별을 탓하고 사라지면 크세르크세스가 등장, 그와 합창대 사이에 자탄과 애통의 문답이 교환되는 가운데 극은 끝난다.

플롯이 단조로울 뿐 아니라 그 구조에 있어서도 아이스킬로스의 작품으로서 극히 이례적이다. 즉 장소 착오나 시간 착오가 산견散見될 뿐만 아니라 장면의 설정과 전환에 있어 전혀 납득할 수 없는 모순과 불합리를 노정시킨다. 예컨대 최초의 합창대가 상담을 위해 등장하는 장면에서 상담의 장소가 명백하지 않다. 뒤에 집이 보인다는 설명으로서 그 집을 왕성王城으로 가정한다고 하면 그 후의 크세르크세스가 왕성에 직접 출현했다고 추측할 수 없다는 사실과 모순되며 또한 다레이오스의 출현 장면이 묘지일 것이라는 추측과는 모순된다. 말하자면 이 극의 장소를 끝끝내 알 수 없을 뿐 아니라 액션과 액션과의 유기적 연관도 거의 찾아볼 수 없는 것이다. 빌라모비츠는 무대의 장소를 설정할 수 없다는 구성상의 결함을 어느 정도 보완한다는 의미에서 이 극의 구성을 다음과 같이 분석 분할한다.

Akt 1	1. Chros(1-158)	발단
	2. Chros Atossa(159-248)	
	3. Chros Atossa(249-514)	전개
	4. Chros Atossa 사자使者(515-531)	
	5. Chros(532-597)	
Akt 2	6. Chros Atossa(598-680)	절정
	7. Chros Atossa Dareios(681-842))	
	8. Chros Atossa(833-851)	하강
	9. Chros(852-908)	
Akt 3	10. Chros Xerxes(909-1076)	종결[37]

빌라모비츠가 이 극의 내면적 성질상 3막으로 분할하여 발단의 장면을 의회 앞, 아톳사의 등장 장면을 묘지, 최후의 크세르크세스의 등장 장면을 국도상이라는 관념적인 장면전환을 설정한 것은 이 작품의 구조상의 이해에 큰 도움을 주기는 하였으나 그 자신도 막간에 유기적 연관과 행동의 통일(Einheit der Handlung)이 희박하므로 차라리 3부작이라 하는 것이나으리라고 말하는 것이다.[38]

키토는 아이스킬로스의 플롯은 소포클레스의 그것에 비해 '정적靜的'이라 하면서도 이 작품에 명백한 초점이 없음을 시인하고 있다.[39] 사실인즉 빌라모비츠는 598행에서 842행에 이르는 아톳사와 다레이오스의 장면을 절정이라 생각하고 있으나 거기엔 부부간의 애정이나 동정적인 비탄이 있을 뿐 극적인 성격의 대립이나 갈등이 없다.

브로드헤드도 점진적으로 발전하는 플롯의 특색인 행동이나 소작Handlung의 실질적인 결핍과 장면의 유기적 연관의 희박을 인정하고[40] '페르사이의 장면은 일련의 인과적 연관으로 다루려는 것이 아니라 하나의 중심적인 명제에 집중시키고 그것을 평행적으로 다루려 한 것'이며, "이러한 구조상의 결함에도 불구하고 「페르사이」는 분명히 통일을 유지하고 있으며 그러한 통일은 파로도스parodos의 조심과 예시 그리고 종장의 낙망과 비탄에서, 그리고 또한 이 비극의 기본 관념이 되어 있는 신의 힘에 의한 히브리스에 대한 징벌 등등의 요소로써 형성되며, 이러한 요소는 장면 간을 밀접하게 연결한 내적인 유대를 이루고 있다[41]고 변명하는 것이다. 하지만 그의 주장과 같은 내면적 통일성을 설혹 인정한다 해도 그것이 비극적 상극이나 아곤의 결여를 상쇄하는 것은 아니다.

우리는 비극을 '행동'의 모방이라 생각하는데 이 작품에는 그 행동의 중심이 될 상극갈등, 충돌이 별로 없으며 또한 그의 여타의 작품에서 과시된 구조상의 조밀稠密한 '짜임새'도 거의 결여되어 있다. 우리는 그 원인을 연소로 인한 극작 기술상의 미숙이나 혹은 고의적 의도라 생각할 수 있을 것이다. 그런데 「페르사이」가 발표된 것은 기원전 472년이며 그

---

37 Wilamowitz-M?llendorff, as. os 42ff.

38 Wilamowitz-M?llendorff, Aischylos, Interpretationen(Berlin, 1914), p.48.

39 Kitto, p.107.

40 Broadhead, p.xxxv.

41 ibid, p.xl.

의 탄생을 기원전 525년(Haigh 설)이라 한다면 그는 당시 53세가 되었을 것이며[42] 따라서 연소로 인한 기술상의 미숙이라 생각할 수는 없다. 따라서 그 원인을 우리는 「페르사이」 창작 시의 고의적인 의도, 환언하면 전통적 유형적 비극양식에서 이탈한 새로운 형식을 시도한 데 있다고 생각할 수 있다. 환언하면 이미 성격에 관한 논급에서 아이스킬로스가 그리는 다레이오스, 아톳사, 크세르크세스는 비극적 성격의 부각보다 크세르크세스의 파멸을 비탄하는 애가적哀歌的 성격이 승勝함을 보았거니와 '플롯'에 있어서도 미토스mitos의 구성이 사건의 결말의 서술, 다레이오스와 그의 통치에 대한 찬양, 크세르크세스에 의해 야기된 불행에 대한 기나긴 장탄長嘆으로 이루어져 있을 뿐 절정에 있어서의 긴장과 대립이 없는 퍽이나 기이한 비극형식을 이루고 있다. 따라서 그것은 전형적인 비극양식 이외의 어떤 양식 내지 기법의 적용을 보지 않을 수 없는 것인데 그것은 단적으로 에피데이크시스epideixis를 말하는 것이라 할 수 있다.

epideixis는 원래 "필요한 그리고 규정된 내용에 속박되지 않는 임의의 제목을 취급하는 것에 의한 능력의 하나의 시도[43]를 뜻한다고 하며 정치적 변론과 법정변론과 함께 수사학(변론법)의 일부분이다. epideixis 가운데도 여러 가지 '장르'가 있으나 그 중 가장 중요한 부문을 차지하는 것은 묘전연설(추도연설)이며 이것은 특히 문학과 밀접한 관련을 가질 뿐 아니라 문학의 한 장르가 되기까지 하는데 이의 문학과의 관련에 대하여 케네디는 다음과 같이 말한다.

"일반적으로 이러한 연설은 epideixis라는 장르에 속한다. 아리스토텔레스에 의하면(수사학 1358b_2) 이러한 연설은 재판정에서가 아니라 관중에게 개진된다. epideixis는 과거를 회상하거나 미래에 언급이 있기는 하나 주로 현재를 취급한다. 그 목적은 일반적으로 명예 혹은 불명예를 나타내기 위한 것이다. 아리스토텔레스는 그것을 어떤 인물 혹은 사물을 찬양하거나 비난하기 위하여 쓰여진 연설 혹은 팜플렛이라 명백히 생각한다. 후기 고전기에 있어 epideixis, panagyric, 엔코미움encomium, invectine 및 추도연설로 구분되는데 이 모든 것이 찬양과 비난을 목적으로 한 것이었다. ……"

epideixis는 그 스타일에 있어서나 기능에 있어서 시와 밀접한 연관을 가지는 연설 형식이다. 서사시나 극 역시 사실이나 정책에 대한 판단보다도 관중에 대한 시현示顯을 위한 것이다. 따라서 epideixis의 내용이 비극의 내용보다 심오하지 못할 이유는 없는 것이다. 후기 고전기에 있어서는 문학에 있어서의 수사학의 승리는 결정적인 것이었으며, 사실인즉 모든 시는 epideixis의 일부라 간주되었던 것이다.[44]

그런데 epideixis가 문학의 장르에 도입되어 큰 영향력을 나타내게 된 것은 페르시아전 전후인 듯하며 epideixis의 경연이 발생한 것도 이 무렵인 듯하다.[45] 따라서 「페르사이」가 상재된 시기엔 에피타피오스epitaphios(추도연설)의 유행이 있어 그 영향을 받았을 가능성이 매우 짙다고 하겠다.[46]

---

42 그의 사망은 기원전 456년, 70세이었다.

43 ブルクハト, 「ギリシヤ 文化史」 Ⅳ(東京, 1958), p.32.

44 G. Kennedy, The Art of Persuasion in Greece(Princeton, 1963), pp.152~153.

45 cf. T. C. Burges, Epideictic Literture(Chicago, 1902), pp.146~147;Snell Lysias Epitaphios, p.9. L. Golden, In Prise of Prometheus, pp.31~41.

그런데 추도연설의 형식을 검토하면 그것은 대체로 '찬양' '비탄' '위안'의 3부분으로 구성되며 그 밖에 찬양에 앞서 연설을 행하게 된 사정에 관한 예비적 설명이 있다. 3부분 중 가장 중요하고 가장 강조되는 것은 찬양의 부분이며 가장 약한 부분이 위안이다. 유명한 페리클레스의 전몰자를 위한 추도연설도 이와 같은 형식으로 구성되어 있는데 그의 연설의 찬양은 국가의 위대한 영웅들에 대한 찬양과 그 연설의 직접적인 대상자인 전몰자에 대한 찬양, 두 부분으로 나누어진다. 찬양이 끝나면 전몰자에 대한 애도와 비탄이 있고 마지막으로 유가족에 대한 위안이 있으며 그것은 '비탄의 때는 갔으며 생명에의 봉사가 재개되어야 한다는 결구로서 끝난다.

「페르사이」의 구성을 검토하면, 우선 추도연설의 서두에 해당하는 상황설명이 있다. 그리고 비교적 짤막한 찬양이 있는데 그것은 망령亡靈을 초혼招魂하는 코로스의 합창과 다레이오스와 아톳사 간의 문답에서 보이는 바 다레이오스 시대의 영화에 대한 예찬이다. 나머지 대부분 즉 250행에서 1,076행의 종결에 이르는 사이 다레이오스에 대한 단편적인 예찬의 구절을 제외한 전곡은 비탄으로 일관되어 있으며 '위안'의 부분이 없을 뿐 아니라 오히려 페르시아의 미래에 대한 저주어린 불길한 예언으로 끝맺는 것이다.

전형적인 추도연설과의 이러한 구조상의 차이는 아이스킬로스가 전승한 희랍인이란 사실로써 용이하게 납득할 수 있다. 「페르사이」의 역사적 상황은 페리클레스의 추도연설의 그것과는 정반대인 것 같다. 따라서 「페르사이」에서의 찬양은 페르클레스의 비탄에 해당되는 것이며, 「페르사이」에서 비탄이 길고 강조되면 될수록 그것은 곧 아테나이의 관중에겐 찬양이 강조되는 것을 의미한다. 따라서 「페르사이」의 비극 구조를 반대로 재구성한다면 페리클레스의 연설 구조와 일치된다 할 것이다. 그러므로 적어도 형식상으로만 본다면 「페르사이」는 비극이 아니라 하나의 추도연설이라 극단적으로 말할 수도 있을 것이다.

46 Phrinichos의 「밀레토스의 함락」과 「페니키아의 여인들」도 이와 유사한 테마를 가지는 것으로 보아 epideixis적 비극이라 할 수 있을 것이다.

4

이상에서 본 바와 같이 「페르사이」의 비극형식과 epideixis의 추도연설의 형식이 극히 유사하며 「페르사이」 상재 당시 epideixis가 아테나이에 유행했으며, 그리고 또한 성격 묘사에 있어서도 비극적 성격의 부각보다 수사학적 효능에 중점을 두고 있다는 점 등등을 통하여 「페르사이」가 아리스토텔레스적 비극이 형식에서부터의 고의적 이탈과 epideixis의 비극에의 적용을 꾀한 특이한 작품이라 생각할 수 있다. 그러므로 전형적인 비극의 관점에서 볼 때 이 작품은 순수한 비극을 의도한 것도 아니며 또한 하나의 비극으로서의 성공한 작품이라 할 수도 없다. 그것은 아이스킬로스가 창조한 아가멤논이나 프로메테우스와 같은 위대한 비극적 성격이 보편성을 지닌 인간상으로서 깊은 인상을 남기고 있는데 비해 다레이오스나 아톳사는 특이한 작품 내지 특정의 역사적 사건의 주인공으로만 기념되는 것으로도 명백한 것이다. 하지만 전통적 신관에 충실하던 아이스킬로스가 합리주의적 사조의 소산인 수사학적 방법을 비극에 적용시킨 대담성과 진취성은 전통에 맹종한 소포클레스에 비해 매우 대척적인 강렬한 인상을 남기며 그러한 의미에서 종교사상에서의 합리주의적 경향을 나타내는 '프로메테우스' 3부작과 동일한 감명을 주는 것이다.

아무튼 「페르사이」는 수사학적 영향 내지 의도를 나타내는 유일한 현존하는 비극작품으로서 그리고 또한 아이스킬로스의 진취성과 사상적 고민을 말해 주는 하나의 이정표로서 희랍 연극사상 매우 특이한 위치를 차지하는 작품이라 할 수 있을 것이다.

제2장

‘페르사이’의 수사학적 영향

1

「페르사이」에서 아이스킬로스는 희랍의 승리의 원인으로서 크세르크세스의 오만 및 그에 따른 신의 응징과 아테나이인의 수훈(受勳: 뛰어난 공훈-편집자주) 두 가지를 주로 내세우고 있는데 이 두 가지는 곧 「페르사이」라는 작품의 주지主旨인 것은 물론이다.

살라미스의 싸움이나 마라톤의 싸움은 희랍의 역사에서 가장 획기적인 사건이요, 희랍인의 최대의 영광이기도 했다. 그리하여 그 싸움의 얘기는 여러 학자나 수사가들이 가장 즐겨하는 토픽으로 애용 예찬되어 왔던 것이다. 「페르사이」는 그 가운데서는 가장 먼저 이 토픽이 문자 그대로 '드라마틱'하게 예술로 승화된 작품이며 더욱이 아이스킬로스 자신이 살라미스의 싸움에 참전한 용사라는 점에서도 각별한 의의를 지니게 된 것은 당연한 일이었다. 동 작품이 우승을 차지했다는 것[1]은 그것이 당시의 아테나이인에게 퍽이나 심오한 감명을 주었다는 것을 말해주고 있지만 그러한 감명은 비단 당시의 아테나이의 관중에 극한된 것이 아니었다. 말하자면 「페르사이」는 페르시아 전쟁을 운위하는 그 후의 모든 언설에 정도의 차는 있으되 영향을 주지 않은 것이 없었으며 그런 뜻에서 가위 전형이었다 할 수 있을 것이다.

---

1 본서, 제1장 아이스킬로스의 '페르사이' 참조.

그러나 시대에 따라 그 영향이 동일할 수 없으며 그것은 5세기와 4세기의 여러 연설에서 그 차이를 여실히 찾아볼 수 있다. 말하자면 5세기의 언설은 대체로 희랍의 승리를 오직 아테나이인의 공으로만 돌리려는 아이스킬로스의 국수적인 신념과는 달리 페르시아의 패인을 다각적으로 다루려는 비교적 객관적인 태도를 취하고 있는데 반해 오히려 4세기의 수사가들은 「페르사이」의 주지를 적극적으로 추종하고 있는 것이 주목되는 것이다.

본고에서는 5세기와 4세기의 몇몇 대표적 사가史家 내지 수사가들의 언설을 페르시아의 패인에 초점을 두어 비교하여 그 차이의 원인을 생각해 보려는 것이다.

2

헤로도토스의 '히스토리아이'Historiai는 「페르사이」 외에 여러 가지 소스[2]에 의해 이루어져 있기는 하나 그 주지는 아이스킬로스를 따라 히브리스와 그에 따른 네메시스라 할 수 있다. 그런데 필자는 이미 '히스토리아이'와 「페르사이」의 주제 및 그 사료적 가치를 주로 「페르사이」를 중심으로 비교한 바가 있기 때문에[3] 여기에서는 페르시아의 패인에 대한 헤로도토스의 견해를 우선 더듬어 보려고 한다.

헤로도토스는 페르시아의 패인을 크세르크세스의 성격과 전략적인 오류라는 두 가지 면에서 보려고 하고 있다. 먼저 성격면에선 그의 오만과 냉엄하고 잔혹한 비인간성이 패전의 원인이라 보는 것이다.

예컨대 헬로폰네소스의 가교가 폭풍으로 파괴되자 가교의 감독자를 참수형에 처할 뿐더러 강에 대해서도 삼백의 답형笞刑을 과하여 강물을

2 Herodotos의 소스로서는 그의 직접적인 견문이 많은 부분을 차지하고 있으나 다음과 같은 저술가의 저작도 그 일부라 지적될 수 있다. 밀레토스의 Hecataios의 지리지, Hellanicos의 특히 서아(西亞)의 역사의 조직적인 연대기술, Charon의 '이오니아'반란에 관한 기술 등이 그것이다. 페르시아 전쟁의 기술에 있어서는 역시 전투에 참가한 베테랑들의 기억을 수집한 것이 많겠는데 그는 희랍 측뿐 아니라(희랍 측으로서는 '올크메노스'의 Thersandros, 아테나이 추방인 Dikaios 등이 있다. 페르시아인도 인터뷰한 듯하다. 저술로서는 「Persai」 외에 Pindaros나 Bachyliades, Simonides의 시, 로도스의 Timocreon의 작품이 있다. cf. How& Well, Commentary on Herodotos, Oxford(1912) Ⅰ, pp. 22ff;Born, A. R. ,Persia and the Greeks(1962), pp.1~13.

3 본서 제3장 아이스킬로스와 헤로도토스.

치고 낙인까지 찍는 '야만적이며 폭만무례暴慢無禮'한 행위를 하였다[4]는 것이다. 스트리몬 강을 도강할 때는 구로(Εννεά όδοι)라는 곳에서 강을 진무하는 마법을 행하고 그 지방의 이름이 구로九路이므로 9명의 지방의 자녀를 사로잡아 희생으로서 생매장을 했으며 왕비 마메스토리스도 수호신 아리만Ahriman에 대한 보은의 뜻으로 명문의 페르시아 자녀 14명을 생매장한 사실을 곁들여 전한다.[5] 그리고 페르시아 해군이 아르테미시온전에 앞서 프렉시노스가 지휘하던 트로이젠의 군선軍船을 포획하자 승무원 중 가장 뛰어난 미남자의 목을 잘라 희랍인 중 최초로 죽인 자가 미남자임을 좋은 전조라 여겼다는 것이다.[6]

다음 크세르크세스의 전략적인 오류로서는 다음과 같은 것이 지적된다. 예컨대 원정 결행 전의 어전회의에서 크세르크세스의 숙부 아르타바노스가 행한 원정 중지를 주장하는 연설이 그것이다. 그는 다레이오스왕의 스키타이 원정 시의 고사를 들어 헬레스폰토스의 가교架橋의 위험성을 극력 주장했던 것이다.[7] 헤로도토스는 또한 아토스갑岬에 용이하게 군선을 이끌고 지협地峽을 넘을 수 있었음에도 2척의 삼단요선撓船의 병조竝漕운행에 충분한 너비의 운하를 개굴開掘한 것은 "자만 때문이었으며 자기의 위세를 과시함과 동시에 그 기념을 남기기 위해서이었다[8]고 비판하고 있다.

그는 또한 아르타바노스의 입을 통해[9] 대군 동원[10]에 따른 전략적인 불리점을 들고 있다. 즉 해상에선 폭풍우가 일어났을 경우 병선이 피난할 넓은 항구가 원정 연안 도처에 있어야 하겠으나 희랍 북부 연안은 그렇지 못하다는 점, 그리고 육지에선 희랍 지리에 대한 지식이 부족할뿐더러 기근의 우려가 크다는 점을 들고 있는 것이다.

다음으로 가장 중요한 패인으로선 희랍인 특히 아테나이인의 용기와 애국심을 든다. 아테나이인은 우센 페르시아군을 보고 겁에 질리지 않은 최초의 희랍인이었으며 적을 맞아 적에 대해 먼저 공격을 시도 그들을 격파함으로써 페르시아군이 무적無敵이 아님을 과시하여 다른 희랍인의 전의戰意를 더없이 고양시켰다고 하여 마라톤에서의 아테나이인의 공적을 높이 찬양한다.[11] 그리고 마라톤전에선 밀티아데스의 작전계획자 및 전투지휘자로서의 능력을 높이 평가하는 한편, 폴레마르코스Polemarchos인 칼리마코스의 애국심과 히로이즘을 찬양하고는 양 장군의 의견일치와 협동을 강조하였으며, 또한 플라타리아인의 아테나이인에 대한 우정과 협력을 찬양하였는데 이 두 가지 점은 마라톤전을 희랍인의 결속의 증거로 찬양하는 경향의 선례가 되었던 것이다.[12]

그런데 「페르사이」에서 아이스킬로스는 그의 관심을 살라미스 해전에 집중시킬 뿐 약간의 플라타이아군의 조력이 있기는 했으나 거의 아

4 Herodotos, Historiai Ⅶ.35.
5 ibid, Ⅶ, 114.
6 ibid, Ⅶ, 180.
7 ibid, Ⅶ, 10ff.
8 ibid, Ⅶ, 24.
9 ibid, Ⅶ, 49.
10 Herodotos는 페르시아군의 병력을 병선 1,207척, 병원(兵員) 5,283,220이라는 방대한 수를 헤아리고 이들을 위해 소요되는 식량으로 각자 1일 1coinix(약 6합 3작)의 소맥(小麥)을 지급한다면 매일 11만 medimnoi(1 medimnoi는 48 coinix) 이상이 소요된다고 추산하고 있다(Ⅶ, 184~187).
11 Hdt. , Ⅵ.112.
12 cf. H. Immerwahr, Form and Thought in Herodotos(1966), p.250.

테나이 단독의 힘으로 승리한 마라톤전은 극히 간략한 언급으로 지나쳐 버린다. 그것은 물론 아이스킬로스가 극적 통일을 위해 초점을 살라미스에 둔 탓도 있지만 페르시아 전쟁의 기로로서 살라미스 해전에 결정적 중요성을 둔 때문이기도 했다.

헤로도토스는 마라톤전에서의 아테나이인의 공적을 찬양하지만 마라톤전 자체에 대해선 페르시아 전쟁의 일부라기보다 전초적 서전에 불과한 것으로 가볍게 취급함으로써 아이스킬로스에 추종한 듯한 인상을 주고 있다.[13]

마라톤의 전과 이외에도 헤로도토스는 아르테미시온에서 연합군이 형성되었을 때 아테나이는 최대의 병선을 제공했음에도[14] 희랍군의 단합을 위해 총지휘권을 스파르타인 에우리비아데스에 양보한[15] 아량을 치하하고 아르테미시온에서 살라미스에 이르는 480년에 일어난 일련의 전투에서 발휘된 아테나이인의 용기를 기술하고는 페르시아군 사이에서는 아테나이인의 명성이 가장 크기 때문에 서로 먼저 아테나이인의 병선을 사로잡아 왕으로부터 포상을 얻으려 다투었으며[16] 또한 마르도니오스는 페르시아 해군이 맛본 재액災厄은 주로 아테나이인에 의해 초래된 것임을 지실知悉하고 있기 때문에[17] 아테나이인을 희랍 연합군에서 이탈시키려 노력했다고 전하고 있다.

하지만 아이스킬로스가 희랍의 승리는 오직 아테나이인의 수훈, 특히 테미스토클레스의 지휘에 힘입은 바라고 한 데 대해 헤로도토스는 다분히 객관적이어서 여타 동맹군의 공적이나 테미스토클레스의 결점도 되풀이 지적하고 있다.

예컨대 스파르타인은 희랍에 노예적 상태를 초래할 것이며 어떠한 왕의 조건도 거부할 것이며 다른 모든 희랍인이 왕의 편이 된다 해도 그들은 최후의 일병까지 왕에 대항하여 싸울 것이다[18]라고 데마라토스의 입을 통해 스파르타인의 용맹을 찬양하고 이어서 "그들은 집단이건 단독이건 세계 최강이다.……그들은 자유이지만 법이란 지배자를 가지며 왕의 신민들이 왕을 두려워하는 것 이상으로 그들은 법을 두려워하며 법의 명령이면 무슨 일이든지 수행하고야 만다. 적의 다과를 막론하고 임전무퇴臨戰無退를 법은 명령하고 있는 것이다.[19] "테르모필라전에 즈음한 스파르타인은 희랍에서 가장 훌륭한 왕국의 가장 용감한 사람들이며, 그들을 격파하면 희랍에서 대항할 자는 없을 것이다.[20] 플라타이아전에서의 희랍인 중에는 테게아인과 아테나이인이 훌륭했으나 무용武勇에 있어선 스파르타인에게 훨씬 미치지 못했다[21] 등등 아테나이인 이상으로 과감했던 스파르타인의 역할을 적극적으로 평가한다.

그 밖에도 살라미스 해전에서의 아이기나인의 활약을 생생하게 묘사

---

13 ibid.,p.248

14 Herodotos는 아르테미시움에 집결한 총병선수 271척 중 아테나이는 127척을 공급했으며 나머지는 코린트가 40, 메가라가 20, 아이기나 18, 시키온 12, 스파르타 10의 순이었다고 말하고 있다. Hdt, Ⅶ, 1.

15 ibid, Ⅷ, 2~3.

16 ibid, Ⅷ, 10.

17 ibid, Ⅶ, 136.

18 ibid, Ⅶ, 102.

19 ibid, Ⅶ, 104.

20 ibid, Ⅴ, 209.

21 ibid, Ⅸ, 71.

하고는 "이 전투에서 가장 훌륭했던 것은 아이기나인이며 다음이 아테나이인이었다고[22] 전하고 있으며, 코린트인에 대해서도 전투가 시작되자 아데이만토스 제독 이하 모든 코린트의 병선이 도주했다는 풍문을 시정, 그들이 해전의 제일선에 참가하였음은 자타가 인정한 바라고 하여 그 명예를 회복시켜 주고 있다. 그리고 또한 이오니아인들이 페르시아에 대적함에 있어 끝내 단합하지 못함으로써 패배한 데 비하여 희랍 본토인들이 과시한 단결을 극구 찬양[23] 하는 일면, 희랍군의 내분 특히 아테나이와 스파르타의 반목을 소상히 기술하기도 한다.[24]

테미스토클레스에 대해서는 그의 지략을 찬양, "전희랍인 중 가장 뛰어난 지략을 가진 인물[25]이며 공적에 있어서도 단연 다른 희랍인을 압도한 것을 인정하면서도 그의 탐욕스러운 용병적 행위를 여러 곳에 힐난할 만큼 객관적이다.[26]

끝으로 헤로도토스는 희랍의 승리의 으뜸가는 원인은 신의 가호에 있었다고 믿는다. 크세르크세스왕의 히브리스에 대한 신의 네메시스라는 관념 자체가 신의 희랍에 대한 편파적인 보호를 말하는 것이지만 그 주제 외에도 신의神意의 개재를 믿는 발언이나 그것을 나타내는 여러 가지 사실을 기록하고 있다. 즉 희랍의 운명이 아테나이인의 향배에 달려 있었을 만큼[27] 아테나이인의 역할의 중요성을 강조하면서도 "신 다음으로 왕(Xerxes)을 격퇴한 것은 그들이었다[28]고 하여 궁극적인 승리를 신에 돌리고 있는 것이다. 그리고 스파르타에서 사자로 파르테니온 산을 달리던 페이디피데스 앞에 판Pan 신이 현현하여 아케나이군을 도와 승리를 얻게 할 것을 약속하였으며 종전 후 아테나이인은 그것에 보은하기 위하여 아크로폴리스 북애北崖에 신전을 지어 봉헌奉獻하고 매년 희생물과 경기를 바쳤다는 얘기라든지[29] 아르테미 시온 직전에 일어났던 폭풍우는 북풍boreas의 혜택이라 믿고 '일리소스'에 신전을 봉납奉納했다는 얘기[30] 그리고 또한 살라미스의 승리를 테미스토클레스는 신과 영웅에 돌렸다는 얘기 등등[31]은 신의의 개재는 헤로도토스뿐 아니라 당시의 일반적인 신앙임을 말해 주고 있다. 단 그러한 신앙은 4세기에 들어 와서는 현저히 감소되는데 그것은 합리주의사상의 유행에 따라 신의보다도 인간의 능력에 보다 관심이 커진 풍조 때문일 것이다.

투키디데스의 '히스토리아이'는 물론 펠로폰네소스 전쟁을 다룬 당대사이지만 과거의 사실史實도 주로 제1권에서 기술하고 있는데 페르시아 전쟁에 관한 기술에는 다음과 같은 모순되는 견해를 표명하고 있다.

즉 처음에 그는 "위기가 박두하자 전력이 가장 뛰어난 라케다이모니아인은 희랍 동맹군의 선두에 섰으며 아테나이인은 폴리스를 포기할 결심을 하여 가재家財를 버리고 병선에 탑승하여 전시민이 해병이 되었다.

---

22 ibid, Ⅷ, 91~93.
23 ibid, Ⅵ, 11~14; Ⅶ 144~145 등.
24 아테나이와 스파르타의 반목은 여러 번 기술되고 있다. Ⅶ 13, Ⅶ 161, Ⅸ 54.1, Ⅸ 106.3 등등.
25 ibid, Ⅶ, 123.
26 Themistocles의 용병적인 행위에 행위에 대해서는 Ⅷ. 57~58, 109~112, 137 등에 기술하고 았다. 그리고 Themistocles의 지략에 대해서는 Ⅶ. 123~124, Ⅶ. 143 등에 묘사하고 있다.
27 ibid, Ⅶ, 139.
28 ibid, Ⅶ, 105.
29 ibid.
30 ibid, Ⅶ, 189.
31 ibid, Ⅶ, 109. 그 밖에 Poikile stoa에서 신과 영웅에 감사하는 제례를 올렸다고 전하고 있다. Pausanias Ⅰ, 15, 3.

그리하여 전 희랍인은 일치단결하여 페르시아군 격퇴에 성공한 것이었다[32] 라고 하여 희랍인의 협력에 의한 승리를 강조한다.

그러나 그 후 스파르타의 민회에서의 아테나이인의 입을 통해서는 "승리에 대한 최대의 공헌은 아테나이의 해군력, 가장 뛰어난 지휘자, 가장 과감한 용기였다. 총병선 중 2/3[33]를 우리가 차지했으며 테미스토클레스는 살라미스해전에서의 작전의 기안자였는데 그는 분명 희랍을 구한 수훈자殊勳者였으며…… 우리가 발휘한 용기는 가장 과감한 것이었다[34]고 아테나이의 역할을 적극적으로 강조한다.

그런가 하면 코린트의 사절의 입을 통해서 페르시아인은 주로 그들 자신의 실책으로 패배했다고 전하기도 하는 것이다.[35] 단 마라톤전에 대해서는 투키디데스는 "우리는 단독으로 마라톤에 진격하여 페르시아군과 싸웠다[36]고 하고 "마라톤의 용사만은 예외이었으며 아테나이인은 그들의 빼어난 무훈武勳을 찬양하여 마라톤의 땅에 무덤을 만들었다[37]고 전한다. 아테나이의 전몰자는 대개 아테나이 교외 케라메이코스 묘지에 묻히게 마련인데 마라톤의 용사 196명에 대해선 예외적으로 전몰한 마라톤의 평야에 무덤을 만든 것은 마라톤의 용사들에 대한 각별한 경의의 표현이라고 투키디데스는 생각하는 것이다. 마라톤의 의의에 대한 그의 적극적인 평가는 아이스킬로스나 헤로도토스의 어쩌면 소극적이라 할 평가와 적이 대조적이라 할 것이다.

헤로도토스, 투키디데스 외에 5세기의 수사학자로서 페르시아 전쟁에 언급하고 있는 학자로서 크세노폰을 들 수 있는데 그도 투키디데스의 경우와 같이 상반되는 견해를 표명하고 있다. 즉 '아나바시스'에서는 페르시아인에 대하여 아테나이인의 단독의 힘으로 그들을 격파했다[38]고 하였다가 헬레니카에서는 스파르타의 역할을 중시하는 다음과 같은 발언을 하고 있다. 즉 "만약 이적夷狄의 위협이 다시 일어난다면 라케다이모니아인 이상으로 신뢰할 수 있는 자들이 또 어디 있을까, 그들 이상으로 전우로서 함께 싸울 만한 자들이 또 있을까. 그들은 데르모필라이에서 이적이 희랍에 침입하는 것을 허용하느니 전원의 죽음을 택했던 것이다. 따라서 그들은 지난날 그대들과 함께 스스로 용기있는 자임을 입증했으며 또한 앞으로도 그렇게 입증할 것이 기대됨으로 그들과 우리는 함께 그들에게 호의를 베풀어야 하지 않을까 운운.[39]

이 밖에도 시모니데스Simonides, 핀다로스Pindaros, 티모테우스Timotheus의 단편적인 언급이 있으나[40] 대체로 5세기의 수사학자들은 페르시아의 패인으로 신의神意의 간섭이나 아테나이인의 공적을 적극적으로 평가하나 다른 국가의 공적 및 희랍인의 단합과 협력을 강조하고 있다. 그러나

---

32 Thucydides, Historiai, Ⅰ. 18.

33 아테나이의 병선을 Herodotos보다도 과장하고 있다. 주 13) 참조.

34 Thuc. , 74.

35 ibid, Ⅰ, 69, 5. 페르시아의 실책은 예컨대 협소한 살라미스만에 전투를 전개하기로 한 것 등이 지적된다.
c.f. A. W. Gomme, Historical Commentary on Thucydides(Oxford), 1945, p.229; Platon, Gorgias 519A.

36 ibid, Ⅰ, 73, 4.

37 ibid, Ⅱ, 34, 5.

38 Xenophon, Anabasis Ⅲ. 2, 13.

39 Xenophon, Hellenica Ⅵ. 5, 43.

40 Pindaros, frr. 92~93: Timotheus, nome, Simonides의 Marathon에 대한 송사(頌詞)를 담은 비명이 아고라에 건립되었다 한다. cf. C.M. Bowra, Greek Lyric Poetry(Oxford), 1961, pp.340~341.

4세기의 수사학자들은 전기前記한 바와 같이 신의 간섭이란 관념이 없어질 뿐 아니라 동맹국의 협력보다도 아테나이의 단독적인 승리를 강조하고 있는 것이다.

3

4세기의 수사학에서 아테나이의 영광을 찬양한 대표적인 작품은 플라톤의 「메네크세노스Menexeos」이다. 이 작품이 플라톤의 사상인지 소크라테스의 사상인지 혹은 내용이 말하는 대로 아스파시아의 연설 그대로인지 하는 문제는 차치하고 추도연설의 전형적인 형식을 취하고 있을뿐더러 페르시아 전쟁에서의 아테나이의 수훈을 절대적으로 찬양하고 있다는 점에서 각별한 위치를 차지하고 있다 할 것이다. 동 작품은 추도연설의 형식에 따라[41] 다음과 같이 구성된다.

1. 전몰자에 대한 추도
2. 조국 아테나이와 아테나이인에 대한 찬양
3. 전몰자에 대한 찬양
4. 유족에 대한 위안

이 가운데에서 중심부를 이루고 있는 것은 물론 두 번째 아테나이에 대한 찬양의 부문이다.

41 전게 졸고 「페르사이 고」에서 '페르사이'가 형식적으로 장송(葬送)연설과 같음을 지적한 바 있다. 졸고, pp. 85~89 참조.

그것은 우선 아테나이의 유래에 대한 자랑에서 시작된다. 즉 아테나이인은 이주민이 아니라 토착인이며 따라서 아테나이인은 조국에서 태어나 조국에 살며 '계모의 손에서가 아니라 생모의 손에서 자라나 생모의 고향에서'42 영면하게 된다. 이 나라는 신의 축복을 받았을 뿐 아니라 신들도 이 나라를 얻기 위해 서로 싸웠다.43 대지가 모든 생물 식물을 낳을 때 이 나라에는 야수를 낳지 않고 생물 중 유일하게 이해력이 뛰어나고 정의와 신을 믿는 인간을 선택하여 탄생케 했으며 산모는 산아에 필요한 양식을 마련하는 법이라 대지는 인간족을 최선지미最善至美토록 양육하기 위하여 이 땅에 푸짐한 대맥大麥 소맥小麥 올리브를 마련했다 운운.

다음은 아테나이의 국제國制에 대한 자랑이다. 훌륭한 국제는 훌륭한 인간을 만드는 법인데 아테나이의 국제는 Aristocratia=Dēmocratia이다. 즉 국가의 권력은 민중에 있으며 그들은 언제나 문벌 빈부에 관계없이 최선 최현最賢의 인물들에게 관직이나 권력을 부여하여 통치하도록 한다. 우리의 국가조직은 처음부터 평등에 기초를 두고 있다. 타국은 잡다한 불평등한 인간으로 구성되어 있으며 그 결과로 국가조직도 불평등하여 티라노스Tyrannos 또는 올리가르키아Oligarchia가 되었으며 일부는 다른 자를 노예로 생각하고 또한 일부는 다른 자를 주인으로 섬기고 있으나 이 나라의 모든 관리나 국민은 어머니에서 태어난 형제로서 서로를 노예나 주인으로 생각하지 않으며 생래의 평등의식이 법률 앞에서의 평등권을 요구케 한다.44다음은 과거의 아테나이인의 위업이다. 우리의 조상은 완전한 자유 속에서 자라났기 때문에 다른 희랍인과는 아테나이인의 자유를 위하여 이적夷狄과는 전 희랍인의 자유를 위하여 싸워야 한다는 생각으로 싸우고 또한 훌륭한 일을 이룩했다. 그리하여 에우모르포스나 아마존이 침입했을 때나 아르고스를 위하여 싸울 때에 우리의 위업은 더없이 과시되었다 운운.[45]

이어서 페르시아인과의 싸움의 기술이다. 먼저 키로스왕부터 크세르크세스까지 3대에 이르는 페르시아의 융성과 그 막강한 군사력을 언급하고 다레이오스왕의 명령을 받은 다티스Datis의 군대 50만[46]과 300의 병선이 침공하는 양상이 그려진다. 즉 그들은 에레우테리아에 내침 3일만에 전도全島를 점령한 후 마라톤에 상륙한다. 이 때 희랍인은 아무도 에레우테리아인이나 아테나이인을 구원하지 않았다. 라케다이모니아인만은 예외이나 - 하지만 그들도 전투의 익일 도착 - 다른 모든 희랍인은 놀라서 현재의 안전에 만족하여 움직이지 않았다. 만약 사람들이 그 자리에 있었더라면, 마라톤에서 이적을 습격하여 전 아세아의 폭만暴慢을 응징하고 이적의 군세에 대한 승리의 팻말을 처음으로 세워서 다른 희랍인에 대하여 지휘자가 되고 교사가 되어 페르시아군도 무적이 아니며 어떠한 대군도 어떠한 부富도 용기 arete에는 당하지 못함을 가르친 사람들이 어떠한 용기의 소유자이었던가를 알 것이다. 그들(마라톤의 용사

---

42 Platon, Menexenos 237.

43 아테나이를 차지하기 위해 Poseidon과 Athena 싸운 신화를 가리킨다. 그 싸움에서 감람나무를 선사하는 Athenark 승리한 것은 물론이다.

44 Menexenos 238.

45 ibid. , 239.

46 50만이란 수는 물론 과장이다.

들)은 단지 우리들의 육신의 아버지일 뿐더러 우리나 이 대륙 유럽에 사는 모든 사람들의 자유의 아버지이다. 왜냐하면 희랍인은 이 승리에 따라 마라톤의 용사를 귀감으로 하여 그 후의 방위전쟁에 있어 감히 위험에 돌입하게 되었던 것이다. 운운.[47]

다음 살라미스 해전에 대해서는 마라톤보다는 상세히 기술하지 않고 있으나 그 중요성을 충분히 강조하고 있다. 즉 마라톤의 용사들이 희랍인에게 보인 것은 육지에서 소수로서 이적의 대군을 방어할 수 있다는 사실에 불과하였으며 페르시아인은 바다에선 수에 있어서나 부에 있어서나 기술에 있어서나 무적이란 평판을 가지고 있었다. 그러나 그때 해전에 참가한 용사들이 희랍인들이 갖던 오랜 공포를 해소시켜 병선이나 군사의 수적 우세를 두려워하지 않게 했던 것이다 운운.

플라타이아전에 대해선 아테나이인과 스파르타인의 협력으로 적을 격퇴했다고 짤막하게 언급하고 "지난 페르시아 전쟁에 있어서 아테나이인보다 훌륭한 자가 또 있지 않았을까 의심하는 것은 잘못일 것이다. 왜냐하면 그때 희랍이 분열하고 있었으므로 전쟁에 탁월한 그들이 …… 독력獨力으로 그들에게 승리한 것을 명백히 했기 때문이다[48]라고 아테나이의 공로를 강조하고는 그럼으로써 "페르시아 전쟁은 우리 국민 및 다른 동포를 보호하기 위해 우리 전력으로 싸워 이겼기 때문에 평화가 와서 우리의 명예가 찬양받게 되자 다른 희랍인으로부터 질투를, 질투로부터 자란 증오를 받게 되었다[49]고 당시 반아테나이적 감정의 존재와 그 연유를 해명하고 있다.

그런데 「메네크세노스」의 특색이라 한다면 마라톤전이 비록 육상에서의 테스트 케이스이긴 하나 과병寡兵으로서 50만의 대군을 무찔러 아테나이인의 용기를 과시했다는 점에서 그 의의를 강조하고 있다는 것 그리고 페르시아 전쟁은 주로 아테나이의 힘으로 승리했음을 강조하고 있다는 것을 들 수 있다.

원래 이 작품은 해학적인 의도에서 쓰여진 것이나 작자의 의도와는 달리 4세기의 수사학자나 변론가들에 의한 추도연설에서의 아테나이 찬양의 모범이 되어 버리는 것이다. 이들 4세기의 수사학자들은 페르시아 전쟁의 실제의 원인이나 객관적인 진실에 대해선 무관심하며 오직 전쟁에서의 아테나이의 승리를 때로는 과장 혹은 왜곡을 섞어 찬양하는 것으로 일관하고 있다.

리시아스의 「에피타피오스Epitaphios」[50]의 경우 마라톤전에 관해서는 플라톤의 「메네크세노스」를 따라 "아세아의 왕은 자기가 소유하고 있는 것에 만족하지 않고 유럽을 예속화하기 위해 50만의 대군을 파견했다"[51] 하고 이 막강한 적에 대해 아테나이인만이 "전 희랍을 수호할 위험을 감행했다"[52]고 한다. 살라미스전에 있어 가장 뛰어난 지휘관인 테미스토클레스와 동맹군 중 가장 많은 병선과 가장 풍부한 경험과 용기를 가진 전사들을 제공함으로써 가장 완전하고 가장 훌륭한 공헌을 했으며 따라

---

47 Menexenos 241.

48 ibid. , 242.

49 ibid.

50 이 저작은 코린트전쟁(B.C.395~B.C.386)에서 전사한 용사를 위해 쓰여진 것이며 연설은 392년에 행해진 것으로 보인다. c.f. Lysisas, Loeb Classical Lidrary, pp.28~29.

51 Lysias, Epitaohios 21.

52 ibid.

서 "용감성에 있어 이론 없이 최고의 상을 받아 마땅하다"[53]고 찬양한다. 그러나 이에 반해 펠로폰네소스의 군세가 극히 소극적이었음이 다음과 같이 묘사된다. 그들은 살라미스 해전의 승리로 해상으로부터 위험이 제거되었다고 생각하고 이스트모스 지협地峽에 방벽防壁을 쌓고는 자신의 안전에 만족할 뿐 다른 희랍인들이 페르시아군에 굴복되어 가는 것을 방관할 뿐이었다. 이에 분격한 아테나이인은 그들에게 경고하기를 그들이 그러한 의도를 갖는다면 차라리 전 펠로폰네소스에 방벽을 쌓는 것이 좋을 것이다. 왜냐하면 그들은 다른 희랍인의 적이 될 것이므로 페르시아와 연합해야 될 것이며 그렇게 되면 이스트모스의 방벽도 무용할 것이며 수천의 병선兵船도 필요없게 될 것이다. 펠로폰네소스군도 이 경고가 정당하고 현명한 것이라 생각하고 플라타이아전에 출전하게 된다 운운.[54]

플라타이아에서는 적군의 막강한 군세에 놀라 많은 희랍인이 야반에 철수해버리나 스파르타, 테게아, 플라타이아와 아테나이의 군대만은 적과 연합한 희랍인과 싸워 이를 무찌른다. 그리하여 아테나이인들은 이 싸움에서 그들의 빛나는 명예를 최종적으로 완성한다. 왜냐하면 그들은 유럽을 위해 영원한 자유를 확보했을 뿐 아니라 그들 자신의 용기를 그들 단독으로나 연합군으로서나 해상에서나 육상에서나 이적에 대해서나 희랍인에 대해서나 어떤 경우에도 발휘된다는 증거를 과시한 것이며 그리하여 그들은 만인으로부터 희랍의 지휘권을 장악하기에 합당하다는 평판을 얻게 된 것이다 운운.[55]

리시아스는 플라타이아전에서의 스파르타의 협력을 인정하기는 하나

490년의 싸움에 있어선 스파르타를 동맹군이라는 이름 속에 교묘히 감추어 버리며 살라미스전에서는 아이기나군이나 그 밖에 동맹군의 활약을 완전히 묵살하고 있는 것이다.

이소크라테스의 「파네기리코스Panegyricos」는 아테나이의 주도권에 의한 희랍 연합과 페르시아 타도를 주장하는 4세기의 대표적인 정치적 팜플렛이라 하겠는데 그 어구 사용에 있어서나[56] 아테나이의 주도권을 강조하기 위한 아테나이 예찬에 있어서나 「페르사이」의 정신과 가장 유사한 작품이라 할 것이다. 이소크라테스는 우선 아르테미시온전에 있어서의 아테나이의 수훈을 강조하기 위하여 그 싸움에 아테나이는 단지 60척의 병선만을 파견, 그것으로 전 페르시아의 함대를 차지하려 했으며 또한 실제로 그렇게 했다고 주장한다.[57]

테르모필라이전은 스파르타인의 용기의 상징으로 일반적으로 찬양되는 것이나 아테나이인은 그것을 찬양하는데 적이 인색하였다.[58] 이소크라테스는 테르모필라이에서 스파르타인은 전의戰意는 훌륭했으나 육신은 전멸하였으며 전 병사가 자기의 자리를 지켜 전사했기 때문에 패배라고 할 수는 없다[59]라고 그들의 용감성을 인정하면서도 "테르모필라이

53 ibid., 42~43.

54 ibid., 45~46.

55 ibid., 47~48.

56 Isocrrates와 Aischlos는 다음과 같은 구절에서 매우 유사한 어구를 사용하고 있다. Panegyricos 88~89와 Persai 12, 721~22, 749 등등이다.

57 Isocrrates, Panegyricos 90, Herodotos는 총 271척의 희랍군 중 아테나이가 127척을 공급했다고 기술하고 있다(Hdt, Ⅷ 1.).

58 Eg. Xenophon, Hellenica Ⅵ. 5, 43.

59 Isocrrates, Panegyricos 92. 이 구절은 Lysias는 살라미스전 이후의 일로 기술하고 있다(Hdt., Ⅷ. 136).

는 모든 사람들에게 찬양되는 것이나 그것은(스파르타인으로선) 유일한 기회이었을 뿐이며 이에 반해 아테나이는 모든 위기에 있어서 용감성을 발휘 그것을 극복했으므로 스파르타나 그 밖에 모든 희랍인보다 우월했다[60]고 주장하고 있다. 그뿐 아니라 테르모필라이전 이후에 있어서도 아테나이가 취한 기연奇緣한 태도가 다음과 같이 기술된다. 즉 펠로폰네소스군은 이스트모스를 요새화하여 자신의 안전만을 추구하였으며[61] 다른 희랍인들은 이적에 항복을 하거나 페르시아군의 편이 되었다. 그러나 아테나이인만은 페르시아 측의 회유와 매수를 거부하고 희랍을 배반하여 페르시아 편이 된 희랍국가에 대해서도 분노하지 않고 오히려 그 입장을 이해하여 용서해 주었다. 왜냐하면 약소국가는 자국의 생존을 위하여 가능한 모든 수단을 강구하는 것이 당연하기 때문이다. 그러나 희랍의 주도권을 주장하는 국가에겐 전쟁의 위험을 회피하는 것은 불가능한 것이다. 따라서 아테나이인에겐 불명예스럽게 사느니보다는 명예롭게 죽는 것이 정당한 길이며 조국이 예속상태에 있느니보다 차라리 멸망하기를 바라는 바이었다. 그리하여 아테나이인은 '1,200척의 병선과 헤아릴 수 없는 수의 육군'을 이끌고 앗티카에 침공해 온 막강한 적군을 일시에 대적할 수 없기 때문에 모든 시민을 도시로부터 철수, 인국에 소개하여 육해상 차례로 대적하려 했다 운운.

살라미스전에도 스파르타의 군세는 마지못해 참전했는데 비해 아테나이는 희랍의 자유를 위해 항전을 결심, 동맹군의 총합한 수보다도 많은 병선[62]을 동원하였으며 "이 전투의 승리는 전쟁의 승리를 뜻했으며 이 승리는 아테나이인의 승리임을 만인이 인정[63]하는 바라고 하고 있

다. 단 전투 자체의 묘사는 굳이 상술할 필요가 없는 것이라고 해서 생략하고 있다.[64]

플라타이전은 희랍 본토에서의 페르시아에 대한 최종적인 승리라는 점에서 적이 중요한 것이었으나 그것이 스파르타를 포함한 분명한 공동작전이란 점에서 아테나이의 변론가들은 경시하는 경향[65]이 있는데 이소크라테스는 이 전투를 아예 완전히 묵살하고 만다.

그리하여 4세기의 희랍과 페르시아와의 관계를 전망할 때 "장차 이적과의 싸움에서 헤게모니아를 잡아야 할 자는 누구이겠는가. 수차에 걸쳐 단독으로 적을 무찌르고 공동의 작전일 때에는 용감성에 있어 최고의 명예를 얻은 자이어야 하지 않겠는가. 다른 희랍인을 구제하기 위해 자신의 조국을 적의 수중에 넘긴 자이어야 하지 않겠는가[66]라고 아테나이의 헤게모니아를 강력히 주장하는 것이다.

리쿠르고스의 「카타 레오크라테스」Kata Leocrates는 살라미스전에 즈음하여 "에테오니코스가 지휘하는 스파르타군과 아데이만토스가 지휘하

60 ibid. , 189.

61 이스트모스 방비에 대해서는 Herodotos와 Lysias는 살라미스전 이후의 일로 기술하고 있다Hdt, Ⅷ 136.).

62 Herodotos는 아테나이가 180척, 동맹군이 198척, 합계 378척이 동원되었다고 하고(Hdt, Ⅷ. 44~48) Aischylos는 308척이라 하고 있다(Persai 340).

63 Isocrates, 98.

64 Gorgias와 Lysias는 살라미스 전투를 상술하고 있다(Gorgias fr. 18; Lysias Epitaphios 37).

65 아테나이의 변론가들은 이 싸움에서의 아테나이 병사들의 역할을 강조하거나 살라미스 패전 후의 결과인 페르시아 육군의 감소를 강조하거나 혹은 Lycurgos의 경우와 같이 아테나이인이 여기서도 최대의 명성을 얻었다고 주장하기도 한다. Eg. Lysias, Epitaphios 46~47; Lycurgos, Kata Leocrates 82.

66 Isocrates, Panegyricos 99.

는 코린트인, 그리고 아이기나의 함대는 야반에 도주할 것을 기도했다[67]고 분명히 사실을 왜곡해 가면서[68] 동맹군의 배반을 힐난하면서도 아테나이인은 조국을 배반하고 페르시아 편이 된 아테나이인을 돌로 박살할 만큼[69] 공고한 전의戰意와 결속을 보였다고 주장한다. 하긴 플라톤도 「법률」에서 아테나이인의 단결을 다음과 같이 그리고 있다. 즉 마라톤의 싸움에선 스파르타를 제외한 어떤 동맹군도 원군을 파견하지 않았다. 따라서 크세르크세스가 내침하는 것을 보고 아테나이인들은 이것은 분명 마라톤에 대한 보복을 위한 것이라 침공의 목표는 오직 아테나이뿐일 것이라 생각했다. 마라톤에 비할 나위 없는 대군이 동원되었으므로 마라톤의 경우와 같이 어느 희랍인도 원군을 보내주지 않을 것이라 단정하고 운명은 오직 자기를 자신과 신의 가호에 달려 있다고 생각했다. 이러한 절박감이 그들에게 뜨거운 전우애를 낳게 하고 확고한 결속을 얻게 한 것이었다 운운.[70] 플라톤의 이러한 전언은 개인적인 리더십보다는 시민들의 결속된 힘이 살라미전에서 뿐 아니라 희랍의 정치생활 일반에 있어 보다 우세한 원칙이었음을 반영하는 것이라고도 할 수 있다.

4

페르시아 전쟁 이후 희랍 세계에 일어난 뚜렷한 현상은 아테나이의 융성이라 할 것이다. 페르시아 전쟁 중에 강화된 해군력, 민주정치의 완성, 경제력의 급격한 신장, 아테나이 제국의 형성 등등 대내 대외적으로 현저해진 아테나이의 발전은 스파르타 세력과 날카로운 대립을 초래했을뿐 아니라 대부분의 희랍의 폴리스의 질시와 혐오를 사게 하였다.

헤로도토스는 아이스킬로스에 비할 때 한결 객관성이 있는 전쟁기술을 하고 있기는 하나 전승에 있어서의 아테나이인의 공적을 적극적 강조하고 있는 것이 사실이라 하겠다. 헤로도토스의 이러한 태도도 희랍인 일반의 반발을 사고 있었음을 헤로도토스 자신도 시인하고 있지만[71] 당시 희랍 전반에 펼쳐 있던 반아테나이 감정을 투키디데스는 다음과 같

67 Lycurgos, Kata Leocrates 70.

68 이 기술에는 다음과 같은 오류가 있다. 첫째로 스파르타의 장군은 Eteonicus가 아니라 Euribiades이며 둘째로 아이기나인으로선 이스트무스로 도주한다는 것은 자기들의 도국(島國)을 포기하는 것을 의미하므로 아테나이의 정책에 배반했을 리 없으며, 셋째로 코린트군의 도주는 도주가 아니라 살라미스만 서부의 봉쇄를 기도하는 이집트 함대와 대적하기 위하여 전투 전에 파견된 것이라고 아테나이인도 증언하고 있는 것이다. cf. Hdt. , Ⅶ. 74, Ⅷ. 94.

69 Lycurgos, 122. 이는 Lysias의 처형을 가리키는 듯, Herodotos는 이 사건을 살라미스전 이후의 일이라 하고 그는 다만 페르시아의 제의를 수락할 것을 주장한 것에 불과한데도 박살되었다고 전한다(Hdt. , Ⅸ. 5). 한편 Demosthenes 204). cf. Minor Attic Orators, Loeb C.L. , p.109 note a.

70 Platon, Nomoi 698~699.

71 cf. How and Well, Commentary on Herodotos(Oxford), p.181.

이 묘사하고 있다.

"일반 희랍인의 감정은 크게 라케다이모니아 측에 대한 지지로 기울어지고 있었다. 특히 희랍의 해방이라는 라케다이모니아 측의 선전에[72] 의해 그러한 경향은 한층 현저화했다. 라케다이모니아인을 지지할 수 있다고 하면 모든 폴리스의 시민들이 공적 사적 협력을 아끼지 않았다. 뿐더러 누구나 자기가 협력하지 않으면 그만큼 그들의 주지主旨 수행遂行이 지연되는 것이라 생각했던 것이다. 그들의 아테나이에 대한 감정은 혹자는 아테나이의 지배로부터의 일탈을 바라며, 혹자는 아테나이의 지배가 자기들에게 미치는 것을 두려워한다는 입장의 차이는 있으나 지극히 뿌리 깊이 반아테나이적이었다."[73]

이러한 반아테나이 감정이 페르시아 전쟁에 있어서의 아테나이의 역할을 낮게 평가하려는 경향도 낳게 하였으며, 코린트의 사절이 스파르타에서 행한 연설 즉 페르시아의 패배는 페르시아인 자신의 실책에 기인하는 것이라는 전기한 바와 같은 투키디데스의 전언도 그러한 경향을 반영하는 일례라 할 것이다.

그리하여 5세기에 있어선 아테나이에 대한 절대적인 예찬이 존재할 수 없는 여건이었으며「페르사이」에 대한 맹목적인 추종이나 동조를 나타낸 언설이 나오지 않은 이유의 일단도 여기에 있었다 할 것이다.

그러나 4세기에는 정치적 정세가 크게 변하였다. 5세기에 있어 희랍인 일반을 짓누르던 아테나이 제국은 소멸하였으며 패전으로 아테나이의 정치적·군사적 세력도 크게 약화되었다. 비록 경제는 부흥하고 여전히 희랍의 문화적 중심지의 위치를 유지하기는 하나 이제 아테나이는 희랍 세계에 있어 위협의 대상도 증오의 대상도 아니었다.

이러한 변화는 한편으로 아테나이인으로 하여금 자신의 과거를 이상화하려는 경향을 낳게 하였고 한편으론 희랍인 일반으로 하여금 당시의 정치적 추세에 있어 페르시아에 대한 아테나이의 의연한 태도와 페르시아와 타협한 스파르타의 냉혹한 타산적 정책을 비교케 하였으며 또한 과거의 희랍의 위기에 있어 아테나이가 이룩한 업적을 객관적으로 평가할 눈을 갖게 하였다.

이제는 희랍 일반에 넘치던 반아테나이적 감정은 누그러졌으며 4세기 초반의 미묘한 국제정세에 있어서 아테나이의 주도권을 강조하는 아테나이의 주도권을 강조하는 아테나이의 정치가들의 주장은 적이 호소력이 강한 것이 되었다. 그리하여 수많은 수사가들이 아테나이의 위대한 영광을 되풀이 강조하게 되었고 그것은 특히 추도연설의 좋은 토픽이 되었다.

추도연설은 처음부터[74] 선조에 대한 찬양이 형식상 포함되게 마련이었으며 유명한 페리클레스의 연설[75]에는 그것이 짤막하게 표현될 뿐이나 「메네크세노스」 이래로 그것은 매우 큰 비중을 차지하게 되었으며 추도연설이 당시의 여론의 수레의 역할을 담당했으니 만큼 아테나이 내외에 영향이 적지 않았다. 소크라테스도 추도연설의 효과를 다음과 같이

72 스파르타와의 대립에 있어 아테나이에는 뚜렷한 정치적 슬로건이 없었다.

73 Thuc., Ⅱ. 8, 4.

74 전몰자에 대한 추도연설의 시작은 Solon의 제한에 의한 것이란 설도 있으나 플라타이아전 이후의 관습인 듯하다. cf. Diodorus Sicilus, XI. 33. 3.

75 Thuc., Ⅱ. 34~46.

말하고 있다.

"그들의 찬양을 들으면 언제나 마음이 흐뭇해져 자신이 한층 위대하고 너그럽고 아름다운 인간이 된 듯한 기분이 되는 것이다. 그리고 흔히들 여러 명의 외국인이 나를 따라와 그런 연설을 듣게 되는데 그럴 때면 별안간 나는 그들에 대해 우월감을 느끼게 되며 그들 역시 이 위대한 도시에 대한 찬탄하는 마음이 가득 차게 되는 듯 보였다. 그들은 이 나라가 이전에 생각하는 것보다 훨씬 훌륭하다는 인식을 새로이 하는 듯 보였다. 그리하여 나의 우월감은 사나흘 이상이나 지속되는데 그동안 나는 홀로 극락세계를 헤매는 듯한 기분인 것이다. 웅변가들은 우리에게 이토록 큰 위력을 발휘하는 것이다" 운운.[76]

비록 익살어린 어투語套이나마 소크라테스는 추도연설이 아테나이인의 사기와 긍지를 크게 고양시킬 뿐 아니라 그런 연설이 희랍의 문화적·경제적 중심지에서 행해질 때 그것이 다른 희랍인에게 미치는 영향이 적이 컸음을 증언하고 있는 것이다.

그리하여「페르사이」의 주지主旨 내지 주장은 수사가들에 의해 재생되어 페르시아 전쟁에 관한 공식적 평가를 형성하였으며 또한 당시의 아테나이의 주도적 장악을 위한 가장 위력있는 선전 자료가 되었다.

그러나 물론 아테나이의 수사가들의 주장은 비록 부분적인 왜곡 과장이 있으나 역사적 사실의 강력한 뒷받침을 받고 있었다. 선전이란 그것이 후대의 심판에 끝내 견디어 내는 일은 극히 드문 법인 것이다. 사실인즉 아테나이는 마라톤에서 페르시아의 최초의 공격을 거의 단독으로 물리쳤었다. 480년의 크세르크세스의 침공에도 확고하게 저항하였다. 국가의 총력을 바다에 집중시키기 위해 국토를 방기했으며 희랍 동맹에서 이탈할 것을 권유하는 마르도니오스의 회유를 뿌리쳤었다. 스파르타가 희랍 동맹의 총지휘를 맡았다고 하나 테미스토클레스의 천재적인 작전이 전승을 얻게 한 주요한 원인인 것도 사실이었던 것이다.

그러나 어떠한 역사적인 이슈도 한 시대에는 활발하게 논의되나 정치적·사회적 조건의 변화와 더불어 어느 때고 시들어지게 마련이다. 정치적 중요성의 초점이 폴리스에서 떠나고 알렉산더 대왕이 페르시아제국을 멸망시킴으로써 페르시아전쟁에 관한 논의도 빛을 잃게 된다. 아테나이의 주도권을 주장할 아무런 이유도 없게 되어 버린 것이다.

그러나 마라톤의 승리나 살라미스의 교훈은 소멸되지 않는다. 아테나이의 과거의 영광에 대한 감상적인 추모로서 그것은 생명을 지속할 뿐이 아니다. 그것이 논의를 정치적 배경이나 정치적 의의를 상실했음에도라고 하기보다 그러한 의의를 상실함으로써 정치성을 떠난 순수한 도덕적 교훈으로서 후대의 수사학에 그 생명을 유지하게 되는 것이다.

76 Platon, Menexenos 235.

제3장

아이스킬로스와 헤로도토스

1. 서언

B.C.490~B.C.478에 걸쳐 일어난 이른바 페르시아 전쟁에 있어서의 희랍의 승리는 희랍의 역사에 있어서 가장 중대한 사건일 뿐더러 가장 의외의 사건이기도 했다. 원정군의 군세는 막강하였고 델피의 신착도 페르시아군에 대한 저항을 포기할 것을 충고했던 것이며, 실인즉 여러 폴리스가 페르시아군에 투항하거나 영합하는 경우가 적지 않았다. 그러나 연합군에 참가한 희랍인은 육전이나 해전에서나 월등한 페르시아군을 철저히 격파했다.

뜻하지 않은 이 결과는 당시의 희랍인이나 그 후의 서구인에게 여러 가지 중요한 영적인 교훈을 주었다. 혹자는 이 전쟁에서 희랍인의 우수한 민족성의 발현을 보았고, 혹자는 여기에서 인간의 권력과 영광의 무상함을 보고, 혹자는 자유민의 전제와 압제에 대한 끝없는 투쟁의 최초의 승리를 보기도 한다. 특히 이소크라테스 이후의 고대의 수사학자[1] 들은 여기에서 도덕적 설교의 좋은 토픽을 발견했던 것이다.

이러한 여러 가지 교훈의 기본자료가 되는 것으로선 환언하면 페르시아 전쟁에 관한 가장 중요한 제1차 사료로서는 동 전쟁에 관한 이른바

1 Xerxes에 의한 Hellespontos의 가교와 Athos의 운하건설, 그에 따른 몰락이라는 토픽은 희랍과 로마의 여러 수사학자, 철학자, 문학자에 의해 언급되고 있다. cf. Isocrates, Panegyricus 88~89, 749; Platon, Nomoi Ⅲ 699a 2ff: Catullus, Elegia 66. 45~66; Cicero, De Finibus Ⅱ 234 etc.

'희곡적'인 역사라 할 헤로도토스의 히스토리아이Historiai와 '역사적인 희곡'이라 할 아이스킬로스의 「페르사이」가 있다.[2]

헤로도토스와 아이스킬로스는 약간의 연령의 차이가 있긴 하나 거의 동시대인으로서 둘 다 페르시아 전쟁이라는 커다란 민족적 경험을 통해 그들이 갖던 탁월한 재능이 게발되어 비극의 분야에 있어 각기 파이오니어가 되었으며, 따라서 동 전쟁에서 얻은 감명을 기록화 하는데 있어 그들은 근본적으로 유사한 태도를 지니고 있는 것이다. 그들은 다같이 주로 아테나이인을 대상으로 하여 작품을 썼으며 작품 속에 한결같이 페르시아의 전제군주제와 희랍의 민주정의 투쟁의 중요성을 강조하였다. 그리고 또한 페르시아의 희랍이라는 거대한 세력의 대결이라는 드라마에서 양자는 동일한 인간숙명의 근본문제를 파악한다. 즉 인간은 압도적으로 우세한 적의 도전에 대해 어떻게 반응하는가? 세속적인 성공이 인간의 성격에 어떠한 영향을 미치는가? 신은 어찌하여 지상의 권세와 오만에 대해 필경 철퇴鐵槌를 내려야만 하는가? 등등이 그것이다. 헤로도토스는 '히스토리아이'의 모두에서 "인간이 행한 바의 기억을 영원히 보존하기 위하여"라고 하여 작품서술의 교훈적 동기를 밝혔지만, "나는 우리 국민의 만가挽歌가 되었으며 우리 국토의 원수가 되었다[3]고 한 「페르사이」의 말미의 크세르크세스의 영탄詠嘆이 장래의 세대에 대한 경고(교훈)를 뜻한다는 점에서 양자의 서술동기도 한결하다 할 것이며 그 밖에 양자의 언어와 사상에 있어서의 밀접한 유사성을 여러 군데에서 발견할 수 있다.[4]

그러나 양자의 작품 서술의 동기 및 주제 등의 여러 가지 유사성에도 불구하고 양자의 기술에는 전투의 장면 그 순서 등에서는 물론 근본적인 주제에서도 적잖은 차이를 볼 수가 있다. 본고에서는 「페르사이」를 중심으로 헤로도토스의 몇 가지 차이점을 비교 검토함으로써 두 개의 사료의 의미를 재음미하고자 하는 것이다.

2 페르시아 전쟁에 관한 그 밖의 사료로서는 Plutarchos와 Aristides전(傳) 및 Themistocles전(傳), Pausanias의 「희랍지지」(Hellados Periegeseos) 등이 있다.

3 Persai 951~953.

4 e.g. Persai 95~97과 Historiai Ⅶ; Persai 749와 Historiai Ⅶ 56, 2; Persai 753~758과 Historiai Ⅲ 234, 1~3; Persai 792와 Historiai Ⅶ 49, 1; Persai 807~812와 Historiai Ⅷ 109.3 등등을 비교하라.

2. 히브리스와 네메시스

흔히 일컬어지는 바와 같이 「페르사이」의 주제는 페르사이의 압제에 대한 희랍적 민주정의 승리, 야만에 대한 문화의 승리뿐 아니라 모든 국가, 모든 민족을 초월하여 적용되는 인간의 오만에 대한 신의 징벌이라는 법칙이다.

인간은 유한의 운명을 지닌 한낱 덧없는 존재에 불과하다. 그러나 때가 이르러 힘이 강대해지면 자신의 분수를 잊고 자기의 힘을 과신한 나머지 남을 경멸하고 신을 경시하기에 이른다. 이것이 히브리스hybris(오만)이며 이윽고 신이 내리는 아테ate(미망)에 빠져 신이나 인간에 의해 집행되는 네메시스nemesis(벌, 보복)을 받아 야욕은 좌절되고 자신은 파멸한다. 말하자면 인간의 교만에 대한 신의 초월적 심판, 모든 인간을 다스리는 정의의 법, 제우스의 율법이며 델피 신전의 액명額名이 말하는 바 "너 자신을 알라"라는 종교적 감명의 표현인 것이다. 「페르사이」의 관심의 초점은 말할 것도 없이 크세르크세스라는 인물이다.

그는 패기에 찬 자신 과잉의 젊은 왕이며 아세아에 있어서 온갖 부와 권력을 가졌음에도 희랍을 정복하려는 야욕을 품는다. 이것이 히브리스이며 열세의 희랍인에 대한 참담한 패배, 그것은 분명히 징벌(nemesis)인 것이다.

인간은 교만한 마음을 품지 말지어라.
교만은 꽃을 맺어 파멸의 열매를 영글며
추수의 계절에는 그칠 길 없는 눈물을 얻게 하리니

크세르크세스를 통해 표현된 이 인간비극, 인간의 숙명은 곧 제우스의 준엄한 법률이며 그것은 또한 아이스킬로스의 작극술作劇術의 기본이기도 한 것이다.

헤로도토스의 「히스토리아이」의 중심개념도 아이스킬로스와 같이 히브리스와 네메시스이다. 단지 헤로도토스에 있어선 그것은 개인뿐 아니라 국가와 민족의 운명을 가늠하는 흥망의 법칙이기도 한 것이다. 그리하여 그는 근동세계의 과거에서부터 현재에 이르는 모든 역사에 이 법칙의 발현을 보며 그것은 첫째 유혹(미망)이 싹트는 상황, 현명한 충고자의 출현, 유혹의 희생이라는 형식으로 전개된다. 즉 어떤 군주나 통치자가 어느 순간 자기가 다른 인간 일반보다 위대하다는 자만에 빠지게 되고 그것을 증명하기 위한 어떤 행동을 취할 유혹에 사로 잡힌다. 그것은 대체로 인접국가를 정복하려는 야심으로 나타난다. 이 때 현명한 고문이 나타나 그러한 행동은 신의 노여움을 사서 급기야는 신의 징벌을 받을 것이라 충고한다. 그러나 군주는 끝내 그러한 충고를 물리치고 야심을 행동으로 옮긴다. 그리하여 전쟁에서 패배, 자신과 국가의 몰락을 초래하고 만다.

「히스토리아이」에선 우선 리디아제국의 크로이소스Croisos왕이 히브리스로 말미암아 키로스Cyros가 이끄는 페르시아인에 의해 멸망하고 만다. 그리고 키로스의 페르시아제국도 캄비세스Cambyses왕의 이집트의 신Apis에 대한 오만(불경)으로 심각한 타격을 받고 급기야 크세르크세스의 히브리스로 몰락을 초래하고 마는 것이다.

그는 침략행위를 히브리스의 전형적 표현으로 특징화했고 리디아에서 메디아, 페르시아로 이어지는 거대한 제국의 복잡한 역사의 추이를 히브리스와 네메시스라는 단순화(추상화)된 형태로 제시하는 것이며 그러한 의미에서 그의 수법은 근본적으로 비극작가와 동일하다 할 것이다. 왜냐하면 비극은 행동과 성격의 단순화를 의미하는 것이기 때문이다. 다시 말하면 "비극은 인간전체, 인간의 전행동을 형성하는 피와 살과 근육을 제거한 골격만을 나타내는 것이며, 다양한 원인 대신 유일한 원인을, 극장 외의 세계에서 무한한 양상으로 전개될 다양한 가능성 대신 성격의 유일한 경향, 행동의 유일한 원인만을 제시하는 것[5]이기 때문이다.

물론 헤로도토스에 있어서도 관심의 초점은 크세르크세스에 있으며 '히스토리아이'의 방대한 내용도 필경 크세르크세스의 비극으로 귀착된다 할 수도 있는 것이다. 그러나 그에 있어선 크세르크세스로 대표되는 탁월한 개인은 탁월하다는 것만으로 자동적으로 신의 징벌을 초대하기 마련이란 것이다. 신이 투기심이 강하고 인간을 괴롭히려는 경향이 있기 때문이다. 예컨대 크세르크세스가 희랍에 대한 원정의 계획을 세울 때 아르타바노스가 간지諫止하는 말이 그것이다. "왕이여, 그대는 신이 가장 높은 건물에 대해 어떻게 벼락을 치는가를 보지 않으렵니까. 너무 높이 자란 나무는 잘라 버리는 것이 신의 마음이기 때문입니다. 신은 신 이외의 그 누구도 교만한 마음을 갖는 것이 묵과할 수 없는 것입니다.[6]

그러나 아이스킬로스는 인간의 위대에 대한 신의 자동적인 징벌이란 관념을 거부한다. 신이 징벌하는 것은 인간의 위대 때문이 아니라 위대함과 그 위대함이 낳기 쉬운 죄 때문인 것이다.

신을 두려워하지 않은 불경不敬이야말로
대에 대를 이어 제 격에 알맞은 아이를 낳게 하였으나
언제나 올바르게 정의를 지키는 집안에는 언제나 훌륭한 자손을 얻게 되는 법
지난날의 오만은
사악한 인간에게
철없이 교만을 품는 아이를
어느 때고 낳게 하는 법

저항할 수도 대적할 수도 없는 신령
불경불손의 오만한 마음은
그 어버이(hybris)를 닮아
검은 Ate(미망의 여신)의 집을
어느 때고 덮게 하는 법[7]

여기에서 우리는 죄의 관념이 인간의 위대와 결합하는 최초의 예를 보게 되는 것인데 아이스킬로스에 의하면 크세르크세스는 두 가지 죄를

5 D. Green, Herodotos: The Historian as Dramatist. The Journal of Philosophy Vol l Ⅷ No. 18, p.477.
6 Herodotos, Historiai Ⅶ 10.
7 Aischylos, Agamemnon 760~772.

범했다는 것이다. 첫째는 희랍을 페르시아의 지배하에 두려고 한 것인데 그것은 모든 민족에 내려진 힘의 안배moira에 위배되는 것이며 따라서 그것은 모든 민족(희랍과 페르시아)에게 고통을 야기했다는 것이다. 둘째의 범죄는 그의 개인적인 거만이 제우스의 분노를 자극시켰다는 것이며 그것은 크세르크세스가 지배하던 페르시아와 그 속민屬民에게 재난을 초래했다는 것이다. 말하자면 크세르크세스는 인간을 지배하는 두 개의 법칙인 질서의 원칙(힘의 적절한 안배)과 정의의 법칙(제우스에 의해 행사되는)에 어긋나는 죄를 범했다는 것이다.8

아이스킬로스와 헤로도토스의 이러한 차이는 양자의 신관의 차이라 하겠는데 그것은 아이스킬로스의 철저한 경신성敬神性에 대해 보다 소피스트적 사상이 넘치던 시대에 살던 헤로도토스의 종교관의 반영이라 할 것이다.

3. 페르시아의 지휘관들

아이스킬로스의 페르시아 전쟁에 걸쳐 있으며[9] 그 자신 살라미스해전에 참가한 것으로 일반적으로 인정되고 있다.[10]

「페르시아」는 B.C.472 즉 살라미스해전(B.C.480) 후 8년만에 상연되었던 것이니만큼 아이스킬로스 자신과 함께 살라미스전에 참가한 전우들을 관중으로 하였을 것이다. 따라서 「페르시아」는 관중이 직접 관여했으며 또한 현재에도 깊은 관련이 있는 살아있는 과거를 다룬 연극이므로 연극이 표현해야 할 사건의 다분히 실제적이어야 하며 대부분의 관중이 생생하게 기억하고 있는 명백한 사실의 범위에서 벗어날 수는 없어야

---

8 cf. N.G.L. Hammond, A History of Greece(1959), Oxford, p.276.

9 약 B.C.525~B.C.456로 알려져 있으며 Herodotos는 5세기 초 출생한 것만이 전해진다.

10 Vita 4(필자 미상)엔 "Aiscyhlos는 Marathon전엔 그의 형제 Cynegeiro와 함께, Salamis해전에는 말제(末弟)인 Ameinias와 함께 참가했으며 Plataia전에도 참가했다고 전한다"라는 기록이 있다. 그의 Salamis전 참가는 Vita가 Gera에 세운 그의 자비(自碑)에 그것을 각별히 기록하고 있기 때문에 확실시 되고 있으나 Marathon전 참가여부는 전자와 같이 확실시 되는 것은 아니다. Pausanias는 "Aiscyhlos는 Artemisiom해전과 Salamis해전에서 싸웠다"(Pausanias, Hellados Periegeseos, Ⅰ, 14.5)고 기술하나 Wilamowitz Möllendorf는 "Artemisidm 참가는 단지 추측으로 첨가되었을 뿐일 것이다. 마치 Vita에서 Platia 참가가 추가되었듯이"라고 하고 있다(Aischylos; Interpretationen, Berlin, 1916, p.24).

Herodotos는 "Erphorin의 아들 Cynegeiro는 Marathon전에서 전선(戰船)의 뱃머리를 잡으려다 도끼에 손이 잘려 쓰러졌다"고 하고는 Ameinias란 자가 Salamis에 분전(奮戰)한 모습을 전하고 있는데 두 번이나 그를 Pallene구(區)라 말하고 있는 것으로 보아 Eleusis 출신의 Aischylos와는 동명이인으로 보이는데 전승과정에서 동일인물화한 것이 아닐까 추측된다(Hellados, Ⅷ 84, 93). 단, Plutarchos의 Themistocles전(傳)에는 그는 Deceleia인으로 호칭되고 있다(Plutarchos, Themistocles 14.3).

했을 것이다.

그러나 대체의 실제성의 한계 내에서 세부 묘사의 선택이나 극적 효과를 위한 윤색이나 과장이나 삭제가 얼마든지 가능했을 것이다. 실인즉 「페르시아」는 형식상 페르시아 측 입장과 견해에서 쓰여진 작품이며 모든 등장인물은 그들의 신은 희랍 고유의 신 제우스, 헤르메스, 아폴론 등이며, 페르시아의 왕성 앞에 아폴로 신상이 총립하고 있으며 다코기이오스 묘전墓前의 제사의식도 희랍적인 것일 정도로 극단적인 비현실성을 나타내고 있기도 한 것이다. 「페르시아」는 처음 페르시아의 노인들(합창단)이 크세르크세스의 원정을 근심하는 데서부터 시작된다. 페르사이의 군세의 막강함을 표현하기 위하여 페르시아의 지휘관의 이름이 차례로 소개된다(Persai 21~57). 그리고는 그들의 동정에 대하여 특히 헬레스폰토스의 도강에 대한 우려가 표명된다. 이윽고 대비大妃 아톳사의 등장. 그녀는 불길한 꿈과 금단禁壇에서 벌어진 흉사兇事를 고한다. 대비와 노인들은 대비가 겪은 흉사에 대하여 근심하며 그들의 대화의 교환을 통해 대비는 아테나이의 위치와 그 국세에 대한 지식을 얻는다. 그 대화는 패전에 대한 회고(244)와 미래에 대한 어두운 예감(246)으로 끝난다.

다음은 전장에서 달려온 사자의 보고. 그는 페르시아의 대군이 살라미스에서 대패, 장병의 대부분이 전사한 사실을 전한다(249~255). 보다 상세한 상황보고를 요구하는 아톳사의 명령에 따라 사자의 보고는 계속된다. 크세르크세스는 간신히 목숨을 건졌으나(299) 코로스Chros의 노인들의 자제들을 포함한 대부분의 장군은 전사했다는 것이며 여기에서 장군들의 명단이 다시 한번 보고된다(302~330). 그리고는 해전의 상세한 상황이 설명되며(353~434) 이 소식을 들은 노인들의 비탄은 프시탈레이아에서의 패전의 보고(441~471)로 중단된다. 이 전투에서 페르시아군의 최고의 지휘관이 전사했다는 것이다. 사자의 보고의 마지막 부분(480~514)은 퇴각 시의 페르시아군의 보이오티아, 포키스, 텟살리아, 스트리몬 등지에서의 고전苦戰의 모습이다. 코로스의 비탄이 끝난 뒤 아톳사와 코로스는 선왕의 무덤에서 다레이오스를 초혼한다. 다레이오스의 출현. 그는 크세르크세스의 고만高慢을 질책하고 페르시아의 패인을 지적하고는 다시 희랍에 침입하지 말 것을 경고한 다음, 한걸음 나아가서 앞으로 있을 플라타이아와 보이오티아에서의 패배(800~822)을 예언한다. 그리고 아톳사에 대해선 귀국하는 크세르크세스를 따뜻하게 맞이할 것을 당부하고 노인들에겐 '철학미' 넘치는 이별을 고하면서 사라진다. 그들은 잃은 자식을 슬퍼하고 다레이오스에 의해 이루어진 제국이 크세르크세스에 의해 상실되는 것을 통탄한다(852~908).

마지막으로 크세르크세스의 등장. 패잔의 왕과 코로스가 부르는 비탄의 교환 가운데서 코로스의 질문에 따라 또 다시 페르시아의 전상戰傷한 장군의 명단이 보고된다(955~961, 967~973, 978~986, 992~1001). 다시 왕과 노인들의 비탄이 되풀이 되는 가운데 막이 내려진다.

「페르시아」에 관해서 우선 검토해야 할 것은 3차에 걸쳐 보고되는 페르시아의 지휘관 내지 장군의 명단이다. 이 장군의 명단의 신빙성 여부에 관해서는 고래로 여러 가지 논란[11]이 있으나 그 명단을 「히스토리아

11 이들의 장군명의 신빙성에 대해서는 고대에서도 의문이 제기되었으나 현재에도 회의적인 태도를 지닌 학자가 적지 않았다. 예컨대 C.J. Blomfield, Preface to Persai(Leirfig, 1823, p. xii); G. Grote,

이」에 나오는 명단과 비교를 하면 다음과 같은 사실을 알 수가 있다.

첫째로 「페르시아」에 나타나는 장군명으로 헤로도토스에 나타나지 않은 것이 적어도 40명이나 된다.

둘째로 「페르시아」와 「히스토리아이」에 다 같이 나타나는 인명은 적어도 15명은 된다.[12]

셋째로, 헤로도토스가 지적한 페르시아의 지휘관으로서 「페르시아」에 나타나지 않은 것이 상당수(39명 중 28명)가 된다.

그런데 특히 주목할 것은 헤로도토스의 페르시아의 대군을 기술하는 대목(Ⅶ 61~69)에서는 각 부대(각 민족별로 구성된)의 지휘관 외에 6명의 장군[13]과 4명의 제독(Ⅶ 97)[14]의 이름이 기록되어 있는데 마시스테스Masistes를 제외하고는 널리 이름이 알려진 마르도니오스를 포함해서 모든 이름이 「페르시아」엔 보이지 않으며 제독 밑의 부장部將으로서 헤로도토스가 지적한 9명 중 「페르시아」에 기록된 이름은 시에네시스Syennesis[15]뿐이란 사실이다. 그 밖에 장군 외에 출중한 인물로서 레로도토스에 의해 지적된 티라네스Tiyrnes, 아르타바조스Artabazos, Masistios, 아카이메네스Achaimenes, 아르테미시아Artemisia[16]도 「페르시아」엔 등장하지 않는 것이다.

위에서 본 바와 같이 아이스킬로스와 헤로도토스는 「페르시아」의 장군의 기술에 있어서 퍽이나 상이한 모습을 보여주고 있는데 아이스킬로스가 제시하는 명단에는 여러 가지 모순을 발견할 수 있다는 점에서 양자 중 헤로도토스의 명단에는 보다 신빙성이 있는 것 같다.

예컨대 아르테우스Areteus는 「페르시아」에 처음 등장했을 때는 리디아인이었는데(44) 재등장할 때는 이집트인으로 변해 있으며(312) Ariomardos는 처음엔 테베의 지배자이었다가(38) '사르디스의 땅이 그의 죽음을 비탄'[17]한 것으로 되어 버린다.

323~325에는 리르나스인 타리비스Tharybis의 죽음이 그려져 있는데 그는 '50소(艘)의 5배'의 함대의 지휘관이라 하였지만 250소란 수는 아이

History of Greece(London, 1870, Vol Ⅳ 481)가 그 대표적 존재이며, 한편 긍정적인 학자로선 G. Murray, Aischylos(Oxford, 1940, 126~127); A.S.F.Gow, Notes on the Persai of Aeschylus (JHS 48, 133~158) 등이 있다.

12 Persai와 Historiai 양자에 나오는 인물은 다음과 같다.
Artaphanes(Persai all): Lydia인과 Mysia의 지휘관이다(Herodotos Ⅶ, 74.2).
Arsames: Memphis의 총독(36~37) Herodotos에선 Arabia인과 Ethiopia인의 지휘관(Hdt. Ⅶ 69).
MegabaTES(22): ㅇareios의 사촌(Hdt. Ⅴ 32~33).
Artembares(29):1만 기병대의 지휘관(302~303). Cyros대왕 시대의 두 인물(Hdt. Ⅰ 114~116; Ⅸ 122.1).
Ariomados:Thebe의 총독(37~38). Historiai엔 두 번 언급된다(Ⅶ 67, 1; Ⅶ 78).
Pharnouches:Egypt인(313, 967). Herodotos는 Media 인이라고 하고 있다(Ⅷ 88).
Syennesis:Cilcia왕(326~328)(Hdt, Ⅶ 98).
Debares(983):Paschylium의 총독(Hdt. Ⅵ 33. 3).
그 밖에 동일인물로 간주될 수 있는 유사한 아름은 다음과 같다.
Astaspes(22) Hystaspes; Xerxes의 형제이며 Bactria인과 Sacai인의 지휘관(Ⅶ 64. 2).
Masistras(30, 971)와 Masistes; 그는 Persai의 6명의 장군 중의 1명. Salamis전에서 생존한다(Ⅶ 64.2).
Imaeus(31)와 Hemates (Ⅴ.116, 122).
Pharandakes(31)와 Pharancates(Ⅶ 79).
Artabes(Bactria인)(318)과 Artahates(India인의 지휘관(Ⅶ 65).
Seioames(Mysia인)(322)와 Sisamnes(Arii인의 지휘관)(Ⅶ 66,1).
Dotamas(959)와 Dotus(PAPHLAGONIA인과 Matieni인의 지휘관)(Ⅶ 72,2).

13 Mardonis(Gobryas의 아들), Tritantaechmes, Smerdomenes, Masistes, Gergis, Megabyzos의 6명이다(Hdt.Ⅶ 97).

14 Ariabigenes, Praxaspes, Megabazos (Hdt. Ⅶ 97).

15 Persai 326~328.

16 Hdt. Ⅶ 194~195.

17 Persai 321~322.

스킬로스의 계산으로서도 크세르크세스의 전함대[18]의 1/4에 해당되며 이러한 방대한 군함을 제공했다고 한 리르나스의 소재가 분명치 않은 것이다.

헤로도토스에 있어선 그가 갖던 풍부한 지리지식으로 구분이 극히 분명하며 40개 이상의 민족의 명칭을 나열하는데 반해 아이스킬로스는 구체적인 민족명으로선 이집트, 리디아, 미시아, 바빌로니아를 들 수 있을 따름이다. 더욱이 아이스킬로스는 내륙민인 바빌로니아인이 함선을 파견했다고 하는가 하면 박트리아인이 해전에 뛰어나며 왕자 테나곤은 프시탈레이아의 해변에서 전사했으며(306) 살라미스 해전에선 노인까지도 전사할 정도로 전멸을 당했다는 것이다(732). 그러나 헤로도토스에선 박트리아인이 해전에 참가했다는 기술이 없을 뿐더러(사실인즉 박트리아인이 함선을 제공할 수 없었을 것이다) 마르도니오스가 박트리아인을 내륙인 플라타이아전을 위해 선택하였으며 그들은 결국 그곳에서 전멸하고 마는 것이다.[19] 그러므로 아이스킬로스는 플라타이아에서 전멸한 박트리아인을 살라미스로 옮겼으리라(고의이건 무지에서이건) 추측할 수 있다.[20]

페르시아 측의 피해에 대한 묘사에 있어서도 아이스킬로스가 전사한 페르시아의 장군명을 하염없이 열거함으로써[21] 페르시아의 피해의 심대함을 강조하는 데 비해 헤로도토스는 페르시아 측의 피해를 상세히 묘사하기는 하나 아이스킬로스와는 달리 '뛰어난 인물' 가운데 아리아비게네스Ariabig enes(크세르크세Xerxes의 형제)의 전사만을 전하고 있을 뿐이다.[22] 그러나 아이스킬로스가 언급한 17명의 전사한 장군의 명단에는 아리아비게네스의 이름은 보이지 않으며 전기한 수수께끼(?)의 250소의 지휘관인 타리비스Tharybis(324)가 아리아비게네스Ariabigenes의 오기가 아닌가 추측할 수가 있다. 환언하면 아이스킬로스는 250소의 함대의 지휘관의 죽음은 알고 있었으나 그것이 누군지 확실히 알 수가 없어 타리비스Tharybis로 대치한 것이라 생각되는 것이다.

그 밖에 아이스킬로스는 Masistios와 마르도니오스Mardonios가 플라타이아전에서, 마르돈테스Mardontes와 티그나네스Tignanes는 미칼레Mycale에서 전사하였으며 하다르네스Hydarnes와 아르타바조스Artabazos, 마시스테스Masistes 등은 함께 도망한 것으로 기술하고 있는데 그것은 크세르크세스가 모든 부하를 잃은 채 홀로 생환하는 것이 극적으로 효과적이기 때문이다.

요컨대 아이스킬로스의 의도는 원정군의 진멸을 강조하는데 있었으며 그러기 위해선 고의적인 사실의 왜곡이 불가피했을 뿐더러 경우에 따라선 보다 효과적이었을 것이다. 사실인즉 시지위크Sidwick의 말과 같

---

18 Salamis전에 동원된 희랍군의 전력에 대해서 Aischylos는 310소의 함선이라 하고 있고(339) Herodotos는 378소(Hdt. Ⅶ 48) Thucydides는 400소(Historiai 1. 71). Demosthenes는 300소(De Symm 35; De Covona 297) Plitarchos는 180소(Themistocles)를 계산하고 있다. 페르시아 측의 전력에 대해선 Aischylos는 1, 내지 1,027소라 주장(340)하고 있으나 J.A.R. Munro는 "600이상이 될 수 없다"(JHS XXⅡ, p.299)고 말하며 W.W. Tarn은 페르시아 함대는 각기 120소로 구성된 5개의 지역별 함대로 편성되어 있기 때문에 600소를 초월할 수 있었다. 거기에다 400소의 보조선을 합하면 Aischylos가 말하는 1,000이란 수가 된다고 하겠으나 '페르사이군이 실제로 동원할 수 있었던 최대한의 수는 380정도라 추산하고 있다'(JHS XXⅧ pp.204~206).
그러나 How & Howells는 "Xerxes의 육군과 해군은 각기 희랍의 군세를 훨씬 능가하고 있으며 1,207~1,200이라는 고래의 설은 가능한 숫자이다"(A Commentary on Herodotos, Appendix, XⅣ, p.364)라고 주장하며 N.G.L. Hammond도 이에 동조하고 있다(ibid. , p.41).

19 Hdt. Ⅶ 113. 2.

20 Herodotos는 해전에 참가한 것은 Persia인과 Media인과 Sacai인이라 했는데(Ⅷ. 96.1) Aischylos는 Bactria인을 Sacai인으로 혼동한 가능성도 충분히 있다.

21 17명 이상을 열거하고 있다. 302~320.

22 Hdt. Ⅷ 89. 1.

이 '시인과 청중은 페르시아인과 비슷한 이름만 들어도 만족했을' 것이므로 가장 널리 알려진 페르시아군의 장군 몇 명의 이름을 언급한 것으로도 충분한 효과를 거둘 수 있었을 것이다.[23]

4. 테마스토클레스의 메시지

아이스킬로스와 헤로도토스의 기술에 있어 또 한 가지 논의가 되는 것으로서 테미스토클레스의 사자의 전갈을 둘러싼 일련의 문제이다.

「페르시아」에 나타나는 사자의 긴 보고[24]를 검토하면, 첫째로 테미스토클레스의 메시지, 둘째로 페르시아의 반응과 행동 그리고 셋째는 실제의 전투의 상황으로 구분할 수가 있다.

먼저 「페르시아」의 사자의 보고에 의하면 테미스토클레스의 메시지를 지닌 사자가 페르시아 진영에 출현한 모습을 다음과 같이 전하고 있다.

> 처음 희랍인이 아테나이의 진영에서부터 우리 진영에 나타나 크세르크세스왕에 고하기를 날이 어두워지면 희랍인은 진陣에서 벗어나 선박의 노좌櫓座에 뛰어올라 제각기 도망을 하고 말 것이다.[25]

이 기술에 의하면 테미스토클레스의 사자는 전일 저녁 이전에 다시 말하면 그날 오후나 이른 저녁에 페르시아 진영에 나타났음을 알 수 있는데 이에 대해 헤로도토스는 이미 밤이 된 연후에 사자가 나타났으며

23 472년에 상연된 Persai는 일등상을 획득했다.
24 Persai 353~371~432.
25 Persai 354~360.

이에 따라 페르시아인은 프시탈레이아도를 점령하였으며 자정 이후에 프시탈레이아도를 양익兩翼을 봉쇄했다고 전한다.[26]

먼로Munro는 양자의 기술의 상치相馳에 대해 헤로도토스의 기술은 "전혀 그릇된 선입관"에서 시작되었으며 전투의 기술에 관한 한 "전투에 직접 참가한 전투원이 8년 후 그의 동지들에게 들려 준 얘기에 따라야 한다"고 전제하고는 페르시아 측에 준비의 여유를 주기 위해 이른 새벽 혹은 아이아키다이Aiacidai를 데려 오기 위해 아이기나로 파견되는 배보다 늦지 않게 혹은 동시에 전투의 전야에 출발하여 익일 일출 직후에 페르시아 함대가 머무르는 팔레론에 도착했을 것이다[27]라고 추측한다.

양자의 기술 중 어느 쪽이 정확하건 아이스킬로스의 기술은 페르시아의 최초의 군대의 이동이 메시지의 직접적 결과이었으며 따라서 그 메시지가 극히 효과적이었음을 강조하기 위한 의도이었으리라 생각할 수가 있다.

아이스킬로스는 테미스토클레스의 사자를 단지 '어떤 희랍인'[28]이라고만 했고 전갈을 직접 크세르크세스에게 전달했다고 기술하고 있는 데 반해 헤로도토스는 테미스토클레스의 가내노예 시키노스Sicinnos가 전갈을 바르바로이의 장군들에게 전달했다고 기술하며 또한 시키노스Sicinnos가 테미스토클레스의 자제의 가정교사이었으며 훗날 사자로서의 공로의 포상으로서 테스페이아Thespeia시민권을 부여하고 부자로 만들었다고도 전하고 있다.[29] 테미스토클레스가 꾸민 이 위계僞計는 아이스킬로스에 의하면 페르시아 측만을 기만했던 것이나 헤로도토스는 '희랍인도 모르게 은밀히'[30] 시키노스를 파견함으로써 페르시아 측뿐 아니라 희랍 측 장군들도 기만했으며 그 이유를 다음과 같이 희랍 측의 내분에 있었다고 전한다.

살라미스에 모인 사람들……한참 동안 제각기 옆에 있는 자와 귓속말을 주고받더니 이윽고 폭발하여 굉굉轟轟한 논쟁으로 변했다.……아테나이인과 아이기나인과 메가라인은 그 곳(살라미스)에 남아 응전해야 한다고 주장했으나 다른 자들은 그곳에 남아 적의 수중에 들어간 나라를 위해 싸울 것이 아니라 펠로폰네소스로 철수하여 그 곳을 위해 싸울 것을 주장했다. 그리하여 테미스토클레스는 자기의 의견이 펠로폰네소스인에 의해 패배하려는 것을 보고 몰래 회장에서 빠져나와 어떤 자에게 구두로 지령하여 그를 군선으로 메디아군의 진지로 파견했던 것이다.[31]

그리하여 많은 희랍인은 테미스토클레스에 기만됨으로써 자기들의 의사와는 달리 마지 못해 투입되게 되었다는 것이다.

헤로도토스가 기술한 이러한 희랍군의 내분과 무질서는 아이스킬로스가 희랍군을 시종 "훌륭한 질서εταάκτως…κόσμω" "늠름한 사기εψνχωθρει"라

26 Hdt. Ⅶ 70. 76.

27 J.A.R. Munro. Cambridge Ancient History I. V. P. 307~308.

28 Plutarchos는 Sicinnos가 페르시아인이라 말했는대(Them 12. 4) Hignett는 Plutarchos가 Hdt, Ⅶ 75.1을 부주의하게 읽은데 기인하는 오류였다고 지적하고 있다(cf. C. Higenett, Xerxes Invasion of Greece, Oxford, 1963, p.404). Macan은 희랍인이라 추측하나(Herodotos, 1.2. 405) Köster는 Phrigia인이라 주장한다(p.110).

29 Hdt. , Ⅷ 75.

30 ibid.

31 ibid. , 74~75.

표현한 것과 상치될 뿐더러 헤로도토스 자신이 말한 "희랍군은 정연히 대형을 정비하여 운운"32 등의 기술과도 모순되는 인상을 준다. 단 VII. 84에서의 기술 즉 아테나이인이 페르시아군과 직면하여 개진함에 있어 후퇴를 하여 육지에 상륙하려 할 때 아테나이의 Parene구區의 아메이니아스Ameinias가 선두에 나서 적의 선박에 돌격함으로써 모든 다른 군선도 싸움에 휩쓸려 탈출할 수 없어 전투에 참가하게 되었다고 전하는 것이라든지 혹은 후퇴하는 희랍군 앞에 한 부인婦人의 환영이 나타나 모든 군세에 들릴만한 큰 소리로 '얼마나 멀리 도망치려고 하는가'라고 일갈함으로써 모든 희랍군을 전진케 했다는 기술과는 일치하는 것이다.

아이스킬로스가 전하는 테미스토클레스의 메시지의 내용은 전기한 바와 같이 극히 간결하며 전갈의 목적을 말하지 않을 뿐더러 사자의 이름조차 밝혀져 있지 않다. 그러나 헤로도토스에 의하면 사자는 "아테나이의 장군은 (왕의 편이며 희랍군보다 귀군貴軍의 승리를 바라기 때문에) 희랍군이 공포에 사로잡혀 도망하려고 평정한 사실을 경들에게 알리기 위해 다른 희랍인도 모르게 인밀히 나를 파견한 것이다라고 전하고는 다음과 같이 첨언한다.

"따라서 지금 만약 경들이 희랍인의 도주를 막으면 경들은 가장 훌륭한 일을 수행할 수 있을 것이다. 즉 희랍인은 상호간 마음이 일치하지 못하고 있을 뿐더러 경들에 항전도 하지 않을 것이며 그들이 양파로 갈라져 그들 사이에 해전을 하는 것을 경들은 보게 될 것이다.33

양자의 기술의 내용은 이렇게 차이가 있으나 그 핵심은 동일하다. 즉 페르시아 측은 테미스토클레스의 전갈을 통해 희랍군은 살라미스에 잔류할 의사가 없다는 것, 희랍군은 바로 그날 밤에 페르시아군 몰래 해협에서 도주하려 하고 있다는 것, 그리고 희랍군은 각기 다른 방향으로 도주하여 하고 있다는 것 등이다.

그러나 헤로도토스의 전갈의 후반부는 희랍군의 동정을 보다 구체적으로 전하고 있기 때문에 먼로Munro는 크세르크세스의 반응을 야기시킨 것은 헤로도토스의 전갈의 후반부일 것이므로 아이스킬로스의 내용을 확대한 헤로도토스의 전갈에 보다 신빙성을 두고 있다. 즉 희랍군이 야음을 틈타 도주할 것이라는 아이스킬로스의 기술은 그것만으로는 크세르크세스의 행동을 야기시킬 만한 충분한 이유가 되지 못한다. 왜냐하면 정녕 희랍군이 도주하려 한다면 후술하는 바와 같이 크세르크세스는 살라미스해협에 진군할 필요 없이 사로니카만의 넓은 해협에서 싸우는 것이 수적으로 우세한 페르시아군의 전술에 합당할 것이기 때문이다. 따라서 테미스토클레스가 페르시아군을 해협으로 유인하는 데는 또 하나의 미끼가 필요했으며 아테나이군은 펠로폰네소스군의 이기심에 대한 반발로 희랍군의 대열에서 이탈하여 페르시아군과 합세할 용기가 있다는 보증이 그것이라 할 것이다. 이러한 먼로Munro의 생각은 퍽이나 납득성이 있는 것으로 많은 사람의 지지를 받고 있다.[34]

하여튼 메시지의 내용으로 미루어 보아 테미스토클레스는 다음과 같

---

32 ibid. , Ⅷ 86.

33 ivid. , Ⅷ 75

34 아테나이인이 Medize로 이동 Persai 측에 가담한다는 것을 Xerxes에게 확신시킨 것은 이 후반부이며 이러한 항복의 약속이 페르시아군의 해협 진입 단행의 이유였다고 주장한 Munro의 설은 Macan, How & Howells 등의 지지를 받고 있다. cf. Munro J.H.S XIX, pp.321~332, How & Howells, ibid. , pp.380~381;H.D. Broadhead, The Persae of Aeschylis, Cambridge, 1960, p.134.

은 조건이 갖추어지면 희랍의 승리는 확실하다고 계산한 것 같다. 즉 첫째로 희랍인은 단결을 유지해야 하며 희랍군에서 펠로폰네소스군이 이탈하면 치명적일 것이다. 둘째로는 페르시아군을 본토와 살라미스 간의 좁은 해협속으로 유인해야만 한다. 왜냐하면 그곳에선 희랍군이 활동하기에 훨씬 용이하기 때문이다. 셋째로 전투는 가능한 한 빨리 개시되어야 한다. 식량이 떨어지거나 희랍군 내부에 동요가 일어나거나 하기 전에, 넷째로 페르시아군이 전 살라미스를 봉쇄케 하여야 한다. 그럼으로써 희랍군을 결속케 하고 또한 페르시아군의 세력을 분산시키는 이중효과를 얻을 수 있다 등등.

이와 같은 테미스토클레스의 계산에 입각한 위계僞計[35]에 대하여 페르시아 측은 「페르사이」에서 다음과 같은 반응을 일으킨다.

> 왕은 그것이 희랍인의 책략이나 신의 질투임을 알지 못한 채
> 즉시에 여러 해군의 지휘관들에 명령했다.
> 태양이 대지를 불태우는 것을 그치고 하늘에 노을이 깃들게 되면 군선을 삼렬로εν στοχοις τρισiν 편성하며 나머지 선박으로 Aias의 섬의 주위를 둘러싸 반의 입구와 파도치는 항로를 지키라 하고.[36]

아이스킬로스의 기술에 의하면 테미스토클레스의 전갈에 접하여 크세르크세스는 크게 놀라 당황하여 즉시에 주력함대로 하여금 만의 입구와 항로를 지키게 하고 잔여 함선으로써 살라미스 전도全島를 포위하여 희랍군의 퇴로를 봉쇄케 했다는 것이다. 그러나 헤로도토스에 의하면 사

자의 전갈이 페르시아군의 즉각적인 행동을 야기시킨 것이 아니라 원래의 계획에 수정을 초래한 것을 말해 준다. 왜냐하면 사자가 도착한 당일 오후에 "크세르크세스가 출항 명령을 내리자 페르시아군은 살라미스 진격을 위해 출항하여 조용히 할당된 위치에 자리를 잡아 전투 대형으로 병행하였다. 그러나 그때는 이미 밤이 되었기 때문에 해전을 명일로 미루게 되었던 것이다"[37] 라는 구절이 있기 때문이다.

그들의 원래의 계획은[38]지구전을 펴 희랍군을 봉쇄하거나 혹은 넓은 해역으로 끌어내는 것이었던 것으로 생각되는데 지구전이 그들의 계획이었다고 하면 지구전을 어느 정도까지 계속하는가가 문제이었을 것이다. 지구전을 펴면 식량 부족을 겪게 되는 것은 희랍뿐 아니라 페르시아군도 마찬가지였을 것이다. 마침내 크세르크세스는 즉결전을 감행해야만 한다고 깨달았을 것이며 전략의 전환의 계기가 된 것이 테미스토클레스의 메시지였을 것이다.

---

35 Hignett는 Themistocles의 사자 파견 그 자체의 효과를 기대할 수 없는 무의미한 계획이란 점에서 부정하고 있다. Hignett, Xerxes Invasion of Greece, Oxford, 1963, p.405.

36 Persai 362~368.

37 Hdt, Ⅶ. 7.

38 그들의 원래의 계획에 대해서 Grundy는 페르시아군이 희랍군을 격파하는 것이 아니라 희랍군의 전함대를 생포하는 것이 그들의 계획이었다고 하였으며(G.B. Grundy, The Great Persian War, London, 1901, p.352) Macan은 "희랍군을 양쪽으로 갈라 Salamis만 외로 끌어내는 것이 그들의 계획이었으며 만의 동쪽 입구를 주력함대가, 서쪽 입구를 Persia함대가 지키기로 되어 있었다"고 주장한다(Macan, p.367), Hammond는 "본토에서 Salamis까지 제방을 쌓음으로써 희랍군이 Peirraieus만의 넓은 해협으로 나와 싸우든지 그렇지 않으면 기아로 항복하든지 하는 것이 그들의 계획이었다"고 하고 있으며(A History of Greece, p.332) Munro도 Salamis의 봉쇄와 지구전을 주장한 Atemisi의 진언(Ⅷ 68)을 Xerxes가 "극히 만족했을 뿐 아니라 종전부터 그녀가 매우 훌륭한 부인임을 알고 있던 터라 한층 칭찬하게 되었다"(ibid)라고 한 것으로 보아 제방구축과 지구전이 그의 계획이었을 것이라 생각하고 있다(C.A.H. Ⅵ. pp.304~306).

그런데 아이스킬로스의 상기의 기술 가운데 문제가 될 수 있는 것은 πσροιλίρρο οι(365) 란 말의 πσροι가 단지 본토와 살라미스 간의 해협을 의미하는 것인지 혹은 살라미스와 메가라 간의 해협까지도 포함하는가 하는 문제이고 또 하나는 στιχοις τρσιν(366)를 어떻게 해석하느냐 하는 점인데 이에 대해선 하몬드Hammond와 먼로Munro의 생각이 납득성이 있는 것 같다.

즉 하몬드는 말하기를 페르시아 함대의 일부는 'Ceos와 키노수라Cynosura 주위'로 진격했는데 그것은 Ceos와 Cynosura 간의 해협이 희랍군이 도주하기에 가장 적합하기 때문이라는 것이다. οικιος에 관하여는 먼로Munro는 생각하기를 3 στσιχοι는 3해협 즉 앗타카와 프시탈레이아 간, 프시탈레이와 살라미스 간, 살라미스의 메가라……3해협에 대응하는 3렬(3중이 아니다)로 해석해야 한다고[39] '나머지 함선'은 메가라해협이 아니라 "살라미스도 주변에 투입되는 희랍함선을 포촉하기 위해 포진"[40]된 것이라 생각하고 있는 것이다. 단 하몬드는 στσιχοι는 분함대를 의미하는 것이라 해석하고 있다.[41]

그런데 페르시아 측의 반응에 관한 헤로도토스의 기술은 다음과 같다. "우선 그들은 많은 수의[42] 군대를 프시탈레이아도에 상륙시켰으며 다음으로 그들의 양익兩翼의 함대가 살라미스를 향하여 주항(舟航, κακλού μενοι πρσs τήν Σαναμ ιαμ ινα)했다.[43]

프시탈레이아 상륙과 살라미스 진격이라는 이 두 가지 행동은 아이스킬로스도 언급하고 있으나 거기에도 약간의 차이를 볼 수 있다.

아이스킬로스는 '잔여의 함대가 살라미스를 포위하도록' 되어 있는

데 반해 헤로도토스는 메가라만의 봉쇄까지도 의미하지 않고 단지 함대가 원형을 그리면서 진격했다고 말할 뿐이다.

헤로도토스는 프시탈레이아 상륙을 크세르크세스가 사자의 전갈을 받은 후에 취한 첫째 행동이라 하고 있으나 아이스킬로스는 "살라미스와 바다를 사이에 두고 작은 섬이 있다. 근접하는 배도 없고 다만 춤을 좋아하는 목신牧神만이 해변의 바위를 뛰어 다닐 뿐이랍니다[44]라고만 할 뿐 동도同島의 이름을 명기하지 않을뿐더러 동도에 페르시아군이 언제 상륙했는가도 말하지 않고 있다. 하기는 헤로도토스 동도의 이름을 명기하나 동도가 "살라미스와 본토 사이"에 있다고 할 뿐 살라미스 간의 어느 섬인가를 분명히 하지 않았기 때문에 동도의 소재에 대하여 현재의 립소코우탈리Lipokoutali라는 설과 St. Gerge라는 설로 갈라져 있는 것이다. 전자가 일반적으로 받아들여지고 있으나[45] 벨로흐Beloch, 하몬드Hammond, Broadhead 등은 후자를 주장하고 있다.[46]

---

39 C.A.H. Ⅵ. p.308.

40 ibid.

41 Hammond, ibid. , p.44.

42 Psyttaleia에 상륙한 페르시아군의 수를 Pausanias는 400이라 명기하고 있다. Pausanias 1. 36. 2.

43 Hdt. Ⅶ, 76.

44 Persai, 447~448.

45 cf. Munro CAH Ⅵ 308;Hignett p.408, A.B. Burn p.472 etc.

46 Hammond는 Beloch의 설(Griechische Geschiche Ⅱ. 299. 107 Sqq)을 재주장, 동도가 St. George임을 다음과 같이 설명하고 있는데 그것은 Broadhead의 지지(ibid, p.332)를 얻고 있다. 즉 (1) Pausanias의 Salamis도(島)에 관한 기술에서 Psyttaleia를 νήας προ προ Σαλαμνος (Ⅰ, 36. 2)라고 했는대 거기서 말하는 Σαλαμνos는 Salamis도를 말하는 것이 아니라 Salamis시(市)를 의미한다는 것. (2) Strabo의 Salamis 해협기행(Ⅸ. 1. 14)에서 출현하는 지명의 순서를 Parmakouss ai Psyttaleia Atatantes Nesion Peiraieus라고 하고 있다는 것. (3) Heracleom의 왕좌에서 Xerxes는 St. Geoge에서 일어나는 일은 한 눈에 바라볼 수 있으나 Liposokoutali의 일은 알 수 없다는 것 등등이다.

동도에 관한 양자의 기술 가운데 유일점은 동도 상륙 목적에 대해서이다. 즉 아이스킬로스는 "만약 바다에 빠진 적병이 헤엄쳐 상륙하면 쉽사리 살육하고 아군인 경우엔 구제를 하기 위해서"[47]라고 하였고 헤로도토스도 "한쪽 편을 살리고 다른 편을 격멸하기 위해서"[48]라고 말하고 있는 것이다.

5. 전투의 경과

아이스킬로스의 증언 가운데 가장 신빙성이 있다고 인정되는 부분은 실전의 상황을 묘사한 구절이라 하겠는데 그것은 Macan이 말한 바와 같이 "시적인 조작, 극적 구성의 필연성을 충분히 감안하더라도 그는 실제의 전투의 가장 권위있는 증인이며 그만이 다른 목격자나 동시대인을 위한 유일한 목격자요 동시대인"이라 할 수 있기 때문이다.[49]

양군의 조우와 전투의 모습은 해전과 육전(프시탈레이아전)으로 구분할 수 있는데, 우선 해전에 관해선 아이스킬로스와 헤로도토스는 전투 실황의 완전한 정보를 주지 못하고 있으나 후자에 비해 전자는 해전 전일의 동향, 야중의 페르시아군의 동정, 양군의 최초의 충돌의 광경 등이 보다 생생하며 전투의 순서도 보다 명확한 느낌이다.

날이 밝아오자 나팔소리와 노젓는 소리가 요란한 가운데 먼저 희랍군의 우익이 질서정연하게 나타나고(339) 마침내는 전함대가 진격해왔다(400~401). 처음 희랍 측이 공격개시, 페니키아함대에 부딪친다(409~411). 페르시아함대는 처음엔 적의 공격을 막고 있더니(415~416)

47 Peersai 451~453.
48 Hdt. Ⅷ. 76.
49 cf. Macan, App Ⅵ. 287~325.

희랍군은 그들을 포위하여 부딪쳐 왔다(417~418). 그리하여 함선은 쓰러지고 부서디고 파괴된 함선의 파편과 병사들의 시체는 바다와 양안의 해변을 뒤덮었다(420). 페르시아군은 무질서하게 서로 빠져나가려 필사적일 뿐이며 희랍군은 마치 생선을 잡듯이 노와 목편으로 해중에서 허우적거리는 페르시아군의 병사를 때려 죽였으며 페르시아 병사들의 단말마의 비명은 바다를 덮고 암흑이 눈을 감을 때까지 그칠 줄 모르는 것이었다(422~427).

아이스킬로스는 전투에 직접 참가하긴 했으나 전투의 진행에 관해 세밀히 관찰할 입장에 있지는 않았는 듯 간결한 인상을 말해 줄 뿐이지만 그것은 퍽 논리적이며 진행의 요점을 비비드하게 말해 주고 있다. 그러나 헤로도토스의 경우는 그것이 장황하기만 할 뿐 치밀하지도 선명하지도 않은 느낌이다.

먼저 전투의 발단에 관해선 "희랍군이 전함대를 취항시키자마자 이적夷狄의 습격을 받았다"[50]고 말하고는 아테나이인은 아테나이의 팔로네Pallone구區의 아메이니아스Ameinias가 최초의 공격을 가했다고 주장하고 아이기나인은 Aiacidai를 데려오기 위해 아이기나로 떠난 그 군함이 전투를 시작했다고 주장하고 있는 것을 전한다.[51]

다음으로 이보다 좀 더 명확하게 아테나이인에 대해선 "페니키아인이 좌익에서 대적하고 라케다이모니아인에 대해선 이오니아군이 우익에서 대적했다"[52]고 언급하고 있다.

그 밖에 아이스킬로스에 보이지 않는 기술로서 "군함의 대부분은 살라미스해전에서 아테나이인 혹은 아이기나인에 의해 파괴되었다 운운" 53이라는 구절이 있고, 동 88~89에는 아르테미나Artemina의 원정의 모습, 동 90에선 페니키아인과 이오니아인의 알력, 동 91에선 아테나이인과 아이기나인의 알력, 동 92에선 아이기나의 폴리크리토스와 테미스토클레스의 알력, 동 93에선 코린트인의 겁나怯懦에 관한 상세한 설명이 있다.

헤로도토스는 해전에 관해서는 동 83~93에 걸쳐 소상히 기술하고 있는 데 반해 프시탈레이아전에 관해서는 동 95에서 "아리스테이데스는 살라미스의 해변에 따라 배치된 다수의 아테나이인 중장보병을 이끌고 프시탈레이아도島에 상륙, 그곳의 페르시아군을 모두 살육했다"고 짤막하게 한낱 작은 에피소드로 취급하고 있다. 그러나 아이스킬로스는 동도의 전투를 살라미스의 해전의 '배가 되는 참극'(433)이라 하고 페르시아의 장군으로서 훌륭하고 혈통이 좋고 왕의 신뢰가 두터운 인물들이 모두 이 전투에서 불명예스러운 굴욕적인 죽음을 당하였다(466)고 하면서 동전同戰을 해전에 필적하는 분량54으로 묘사하고 있는 것이다.

아이스킬로스가 동전同戰을 이렇게 중시하는 것은 다음과 같은 이유 때문일 것이다. 첫째로 동전은 비록 규모는 작으나마 페르시아군을 격파한 최초의 전투이기 때문이며, 둘째로 아이스킬로스가 중장보병으로 동전에

---

50 Hdt. Ⅷ. 83.
51 ibid. 84.
52 ibid. 85.
53 ibid. 86.
54 해전에 관해서는 408~428, 동전에 관해서는 450~470, 각 20행씩 묘사하고 있다.

직접 참가한 때문이 아닐까 추측되기 때문이며, 셋째로는 그의 정치적 배려 때문이라 생각되는 것이다. 즉 살라미스전에 관해 헤로도토스는 그 대부분의 영광을 테미스토클레스에 돌리고 있는 데 대해 아이스킬로스는 프시탈레이아전에 역점을 둠으로써 살라미스전의 영광에 관한 테미스토클레스와 아리스테이데스의 비중을 중재하려 했던 것이다.

5세기에 있어서 바다는 자유, 부, 제국주의적 팽창을 의미하고 육지는 법, 질서, 보수주의를 의미했다. 헤로도토스는 육군에 대해 해군의 공적을 강조함으로써 아테나이 민주정의 진취적 세력에 역점을 둔 것이라 한다면 아이스킬로스는 양자를 중재시킴으로써 아테나이는 hoplites(농민)를 필요로 할 뿐 아니라 해군을 대표하는 상공계급도 필요로 하고 있음을 강조하여 아테나이에 도사리는 두 개의 파당을 중화시키려는 의도를 표명한 것이라 할 것이다.

살라미스의 패전 이후 도주하는 페르시아군에 관한 기술에도 양자에 약간의 차이가 있음을 볼 수 있다. 아이스킬로스에 의하면 살라미스에서 살아남은 함선의 선장들은 앞을 다투어 도주해 버렸고 남은 병사들은 보이오티아에서 "어떤 자는 숨이 차"(483) 사망하고 살아남은 약간 명만이 기아와 피로에지쳐 쓰러져 가면서도 포카이아, 도리스, 텟살리아, 마그네시아, 마케도니아를 거쳐 에드니아에 이른다. 그러나 스트리몬 도강 중 태양열로 인한 갑작스러운 해빙으로 대다수의 병사들이 익사하고 온갖 곤란 끝에 겨우 몇 명만이 귀국하게 되었다고 하여 패주敗走의 모습을 더없이 참담하게 묘사한다(480~512).

헤로도토스에 의하면 페르시아의 함선은 해전 후 공포에 떨면서도 하루를 그곳에서 기다리며[55] 크세르크세스가 이끄는 육군도 며칠 기다린 후 보이오티아로 들어가기로 했으며[56] 마르도니오스가 페르시아 군중에서 30만을 선발하는 동안 텟사리아에서 다시 수일간 체류한다.[57] 여기까지의 페르시아군의 움직임은 퍽 완만하나 그 후부터의 행진은 급속도로 변한다. 텟살리아에서 헬레스폰토스까지 불과 4, 5일밖에 소요되지 않았을뿐더러 행진중 질병과 기아로 많은 병사를 상실하게 된다. 물론 페르시아군의 난행군難行軍의 광경은 「페르사이」의 그것과 상이하며 「페르사이」에서 상세히 기술된 스트리몬 강의 참사에 대한 언급도 없지만 텟살리아 이후의 기술은 「페르사이」의 묘사와 대체로 유사하게 된 것은 플라타이아전까지 별로 손실을 받지 않은 크세르크세스의 방대한 육군이 고스란히 귀국하게 되는 부자연을 없애기 위하여 패주의 처절함을 강조하기에 이르렀다고 생각할 수 있을 것이다.

아무튼 패주의 기사에 관한 한 정도의 차이는 있으나 양자는 함께 과장된 표현을 하고 있음을 부인할 수 없다 하겠다.[58]

---

55 Hdt, Ⅷ. 167. 1.
56 ibid. , Ⅷ. 113. 1.
57 ibid. , Ⅷ. 113~114.
58 cf. Grote, Vol. Ⅳ, pp.489~490.

6. 결어

이상에서 본 바와 같이 전투에 참가한 아이스킬로스가 헤로도토스에 비해 한결 사실의 왜곡, 과장, 생략 등이 심한 것을 알 수 있는데 그것은 첫째로는 극적 통일을 위한 필연적인 작위임은 말할 것도 없다. 극의 흥미를 하나의 사건에 집중되어야 하기 때문에 환언하면 크세르크세스의 재난에 초점을 두어야 하기 때문에 그 이전과 그 이후의 여러 에피소드는 극적 효과를 위해 정리 개주改鑄되지 않을 수 없는 것이다. 그리하여 테르모필라이와 아르테키시온의 싸움은 묵살되고 살라미스전과 플라타이아전 사이의 여러 사건들 예컨대 사건이나 심지어는 마라톤까지도 간략한 언급으로 지나쳐 버리는 것이었다(236, 244, 475).

아이스킬로스의 왜곡의 둘째 이유로는 그의 지극한 쇼비니즘을 들 수가 있다. 비록 헤로도토스는 아이스킬로스와 같이 아테나이 태생은 아니나 아테나이의 공적을 적극적으로 평가하는데 인색하지 않다. Ⅶ. 139에서 그는 "만약 아테나이인이 절박한 위험에 공포심을 품고 국토를 버리고 도주하거나 항복을 했다면 누가 해양에서 왕에 저항하여 싸웠을 것인가, 해상에서 왕에 저항하는 자가 없다면 ……스파르타인도 부득이 고립하여 결국 훌륭한 죽음을 당하였을 것이다. …… 아테나이가 희랍의 구세주라는 것은 잘못일 것이나, 그들의 동향에 사태의 향배가 달려 있었던 것은 사실이다. 희랍이 자유국으로서 존속할 것을 바라면서 메디아인에 항복하지 않은 모든 희랍인을 분기시켜 적어도 신 다음으로 크세르크세스를 격퇴시킨 데에 공을 세운 것은 그들 아테나이인이었던 것이다"라고 아체나이인의 중요성을 강조하고 Ⅸ 41~89에서도 플라타이아전에서 분전한 아테나이인에 대하여 격찬을 아끼지 않는다. 그러나 살라미스전에서 활약한 아이기나인의 용기와 공적에 대해서도 격찬을 아끼지 않으며[59] 플라타이아전에서의 스파르타인의 역할도 적극적으로 평가하여 파우시니아스왕의 승리를 "우리들이 알고 있는 어떠한 승리에도 비할 수 없는 혁혁한 승리"[60]라고 찬양하는 것이다. 그러면서도 그는 아테나이인의 결점도 예리하게 지적하며 테미스토클레스의 지모智謀를 찬양하면서도[61] 그의 탐욕과 용병적 행위를 소상히 지적하는 것이다.[62]

헤로도토스의 비교적 객관적이고도 합리적인 태도에 비해 아이스킬로스는 적이 대조적이다. 그는 아테나이와 스파르타의 이중주의를 용납하지 않으며 크세르크세스의 패배는 오직 살라미스에 있었으며 그 승리는 또한 오직 아테나이인의 것이어야만 한다고 신념하는 맹목적인 애국자이었던 것이다.

그러나 편협하다 하리만한 아이스킬로스의 이러한 애국주의가 곧 페르시아의 일체를 희랍화한 편견과 더불어 역사에 취재한 「페르사이」를 초역사적인 보편성을 띤 비극으로 승화시킨 원인이었다고 할 수 있을 것이다.

59 Hdt, Ⅷ 93. 1.
60 ibid. , Ⅸ. 64. 1.
61 ibid. , Ⅷ. 123~124.
62 ibid. , Ⅷ. 5; Ⅷ.118 etc.

제4장

아이스킬로스와 아테나이의 정치

1. 서언

아이스킬로스는 비극시인으로서 인생관 내지 우주관에 있어 적이 명석하고 진지하고 공정한 생각을 갖고 있었다. 그러나 현실정치에 대해선 어떻게 대응했으며 실제의 사건에 대해서 어떠한 생각과 태도를 지녔을까. 그는 자신의 묘비에 마라톤에서 싸운 전력戰歷을 기명記銘할 만큼 애국적인 아테나이인이며 애족적인 희랍인이었다. 아리스토파네스는 그를 '정치적 교사'[1]라고 부르기도 했다. 그가 정치에 대해서 각별한 관심을 가졌던 것은 사실이며 그의 작품 속에 당시의 사건을 여러모로 반영하고 있는 것도 부정할 수 없다. 그러나 정치가 그의 시작의 프라이마리한 목적은 아니었을 것이다. 시인은 시인이지 정치적 선전가는 아니었기 때문이다. 하지만 당시의 시인은 지극히 정치적인 생활조건에서 살고 있었다. 더욱이 아이스킬로스의 시대는 격동의 시대이었다. 페르시아의 위협과 전쟁의 승리, 일련의 정치적 소요와 개혁 등등 대외적으로 복잡한 정치적 갈등의 시대였다. 이러한 상황에서 시인은 순수하게 예술을 위한 예술에 전념할 수 없었을 것이며 직접적으로나 가탁假託이나 비유를 통해서이거나 정도의 차이는 있으되 정치적 현실을 반영하지 않을 수 없었을 것이다. 시인 역시 폴리스적 동물이었던 것이다.

1 Aristophanes, Batrachoi 1419ff.

물론 현재에도 많은 학자들이 희랍비극을 순수한 비극 이외 아무것도 아닌 것으로 보고 있기도 하다. 운명극이니 성격극이니 혹은 심리극이니 해서 오직 인간 존재의 심오한 단면을 그린 것으로 해석허기도 한다. 현대의 비평가들은 연극 속에 선전이나 교훈을 담는 것에 대한 반감으로 희랍 비극에 담겨진 당시의 시사적인 문제에 대한 시인의 비판이나 예지의 반응을 묵살하거나 극소화하려는 경향이 있는 것이다. 그러나 고대의 비평가들에 있어선 비극시인은 우선 폴리스 생활의 교사였으며, 따라서 그들은 시사의 문제에 대한 참여나 증언은 시인의 불가피한 의무라 여기고 있었다.

그렇기에 스메르텡고는 "우리가 희락극이 상연된 당시의 정치적 상황을 보다 명백히 알고 있다면 여러 작품이 지닌 특정한 위치를 명백히 파악할 수 있을 것이다. 우리가 그런 상황을 잘 알지 못하기 때문에 작가의 의도를 잘못 해석하기 쉬운 것이다"[2]라고 말하였지만 작가의 의도를 올바르게 해석하기 위해 우리는 당시의 상황을 정확히 이해해야 할 것이다. 역으로 작품의 분석을 통해 당시의 상황을 추측하고 통찰할 수 있을 것이며 작가의 작품과 당시의 상황과 관련을 고찰함으로써 작가의 의도, 작품의 의미와 가치, 당시의 상황을 작가 이상으로 명확히 그릴 수도 있을 것이다.

아이스킬로스를 '정치적' 사상가라 인정한다 해도 그 정치색에 대해선 의견이 일치하지 않는다. 클레이스테스에서 페리클레스에 이르는 민주적 개혁파라고 보기도 하고 귀족주의자 보수주의자라 규정하기도 하고 온건민주파로 간주하기도 하고 반스파르타 반페르시아파라 부르기도 한다. 한정된 자료로써 명확히 그것을 단정하는 것은 어려운 일이다. 그러나 그의 가문적 배경과 현존작품에 대한 분석, 당시의 정치가 특히 테미스토클레스와의 관계의 구명을 통해 그의 정치색을 명백히 할 수 있을 것이며 아울러 아테나이 정치의 몇 가지 문제를 해결할 실마리도 찾을 수 있을 것이다.

2 Clara M. Smertenko, "The Political Sympathies of Aeschylus" JHS 52(1932), p.234.

2. 아이스킬로스와 테미스토클레스

아이스킬로스의 정확한 생애나 경력은 신빙성있는 자료의 빈약으로 확실치가 않다. 작자미상의 Vita[3]에 의하면 B.C. 525/4에 엘레우시스에서 귀족의 가문에서 출생했으며 부친 에우포리온Euphorion은 신관神官이었으나 가계에는 비극시인이 많이 배출되었다고 한다.[4] 핀다로스보다 7세 연장이나 양자는 친교가 있었으며 핀다로스가 아이스킬로스로부터 시작의 표현에 있어 영향을 받았다고 전해진다.[5] 그가 525년에 탄생한 것이 사실이라면 그는 생애의 최초 15년간을 참주 히피아스 밑에서 살았으며 청년시절에 클레이스테네스의 개혁과 민주화의 물결을 겪은 후 마침내 482년 페르시아군의 침공을 맞이하게 된다. Vita에 의하면 "아이스킬로스는 마라톤전에는 형 키네게이로스와 함께, 살라미스해전에는 말제末弟 아메이니아스와 함께 참가했으며 플라타이아전투에도 참전했다고 전한다"[6]는 것이다. 그가 마라톤에 참전했을 때는 35세였다고 하는데[7] 그의 참전을 확인해주는 것이 그 유명한 비명이다.[8] 헤로도토스는 이 전투에서 아이스킬로스의 형 키네게이로스가 페르시아 군함의 뱃머리에서 도끼로 팔이 잘려 사망했다고 하는데[9] 아리스토텔레스의 「니코마코스의 윤리학」의 신원미상의 역주자의 언급에 의하면 그때 아이스킬로스 여러 군데 부상을 입어 담가擔架에 실려 나갔다고 전하고 있다.[10] 아이스킬로스의 동시대인 키오스의 이온도 그가 살라미스해전에도 참가했다고 증언하고 있으며[11] Vita엔 아르테미시온해전에도 참가했다고 하는데 빌라모비츠 묄렌도르프는 그의 플라타이아전과 아르테미시온전의 참가는 의문시하고 있다.[12]

아이스킬로스가 언제부터 비극시인으로 활동하게 된 것인지도 확실치가 않다. Vita는 다만 "그는 젊어서 비극작가가 되었다"라고만 언급할 뿐이나 10세기에 편찬된 「수이다스」Suidas에 의하면 제7회 올림피아드(B.C.499~B.C.496)에 프라티나스가 아이스킬로스와 코이릴로스와 함께 경연했다고 전하고 있는데 그것이 아마도 아이스킬로스의 최초의 작품을 의미하는 것 같다.[13] 따라서 그는 500년경부터 극작을 시작한 것으로 추측되나 최초의 승리는 484년이었다.[14]

---

3 희랍비극에 관한 Medici 사본의 서문에 수록되어 있는 것으로 전 18 paragraph로 이루어져 있다. 작자 미상이나 4세기의 비극시인 Chamaileon이 저자라는 설도 있다. cf. A. Lesky, Die tragische Dichtung der Hellenen(Göttingen, 1964) 50.

4 형제는 Cynegeiros, Euphrion, Ameinio 3명이 있었으며 누이의 아들 Philocles는 비극시인으로서 소포클레스의 '오이디푸스왕'에 대해서 승리했다고 하며 그의 아들 Morisimos도 424년에 경연에 승리했으며, 그의 아들 Astydamos도 392년에 승리했으며 그의 아들 Philocles와 Astydamos 2세도 비극시인이었으나 후자는 372년에 'Phathenopaios'라는 작품으로 승리하여 동상이 건립되는 영예를 차지하였다고 하며 그 밖에 4세기에 Astydas라는 유명한 시인도 아이스킬로스의 후예였다고 한다.

5 Vita 3; Eustathios, Prologue to Commentry on Pinder 25.

6 Vita 4.

7 Marmor Parium(IG ?, 5, 444) ep.48; "U.V. Wilamowitz-M?llendorf, Aischylos" Interpretation (Berlin, 1914), 49. no. 4.

8 Gela에 건립되었다는 비묘는 Vita에는 Gela인이, Athenaios는 아이스킬로스 자신이 기명한 것이라 전한다. Pausanias, Ⅰ, 14, 5.

9 Hdt Hist. 6. 114.

10 Wilamowitz-M?llendorf, Aeschlus Interpretation(Berlin, 1914), 44. no.3(이하 W라 약함).

11 W. 26. "Scholarist on Persai" 429.

12 W. 24.

13 A.J. Podlecki, The Political Background of Aeschylean Tragedy(Michigan 1966), pp.4~5.

14 Mar. Par. ep.50;W 49 no.5.

아이스킬로스의 생애에서 가장 중요한 경험은 물론 페르시아 전쟁이었겠으나 다음으로는 시실리 여행이었다고 할 것이다. 그러나 이 점에 관한 한 Vita의 설명에 문제가 있다. 즉 "그는 아테나이인에게 어떤 이유로 문제가 생겨(Katas poudas deis) 그리고 젊은 소포클레스에게 경연에 패배를 하여 시실리의 히에론에게 갔다. 어떤 사람은 말하기를 마라톤 전몰자를 위한 만가의 경시競詩에서 시모니데스에게 패배했기 때문이라고도 한다……그때 하에론은 아이트나Aetna 시를 건설하고 있었기 때문에 아이스킬로스는 정주민에 대한 축복을 위하여 '아이트나의 여인들'을 상연했다. 이 작품은 히에론과 겔라인의 높은 찬양을 받았으며 그는 3년 후 그곳에서 사망했다"[15]라고 말하고 있다. 이 기술에 의하면 그는 단 한 번 히에론의 초청으로 시실리에 가서 사망한 것이 되나 실인즉 그는 2~3차의 시실리 방문이 있었던 것이 분명하다. 1차 방문은 Vita의 말 그대로 하에론의 초청에 의한 것인데 디오도로스는 히에론이 카타나 시를 아이트나라 명명한 것은 파이돈Phaidon의 아르콘의 해 즉 476/5이라 하고 있으니[16] 475년경인 듯하다. 그는 3년 후 472년경에 그곳에서 사망한 것이 아니다. 456/5년 69세로 겔라에서 사망했다는 파로스대리석의 비명이 증언해주기 때문이다.[17] 따라서 재방문을 상정하게 되는데 그것은 「오레스테이아」 상연[18](458년) 후의 일일지도 모른다. 아무튼 이 방문은 하에론의 초청에 의한 것은 아닐 것이다. 그는 이미 467/6년에 사망했기 때문이다. 그것이 소포클레스에 대한 패배 때문인지도 확실치가 않다. 플루타코스에 의하면 소포클레스의 최초의 승리는 아프세피온Apsephion의 아르콘의 해 즉 486년 봄의 일이라 하기 때문이다. 시모니데스에 대한 패배 때문이라는 설은 시모니데스의 디티람보스 경연승리가 있은 후[19] 아이스킬로스의 '아이트나의 여인들'이 상연됨으로써 양자를 결합하는 소전所傳이 발생한 듯하다. 에라토스테네스에 의하면 아이스킬로스는 하에론의 요청에 따라 「페르시아」를 시실리에서 상연했다고 하는데[20] 그것이 사실이라면 그의 3차 방문설도 가능한 얘기가 된다. 아리스토파네스는 아이스킬로스가(2차) 시실리행의 이유를 "그는 아테나이인에게 그 이상 견딜 수 없었기 때문"[21]이라고 하고 있고 그 밖에 엘레우시스 신비교神秘教에 대한 모독 때문이라는 설, 혹은 연극의 공연중 관람석이 무너졌기 때문이라는 설도 있다.[22] 요컨대 아이스킬로스의 시실리 방문의 이유는 명백하지 않으며 따라서 후술하게 되는 바와 같이 그것을 정치적인 문제에서 찾을 수 있을 것이다.

아이스킬로스의 작품에서 그와 가장 밀접한 관계를 나타내고 있는 것으로 생각되는 정치가는 물론 테미스토클레스이다. 아이스킬로스는 마라톤전에서 그와 함께 싸웠을 것이며 살라미스 해전에서는 그의 휘하에서 싸웠기 때문이기도 하거니와 그는 490~460년대의 아테나이 정국의 주역이라 할 인물이었기 때문이기 도하다. 테미스토클레스는 그토록 중

15 Vita 9~10.

16 Diodoros Biblio. 9, 48.

17 Marm, Par. ep. 59; W49 no. 7.

18 아이스킬로스의 현존 작품 7편 중 상연연대가 분명한 것은「Persai」(472년) 「Hepta epi Thebas」(467년)「Oresteia」(458년) 3편뿐이다.

19 Marm. Par. ep. 54 477/6년.

20 Eratosthenes의 「희극론」3권의 아리스토파네스의 「Batrachoi」 1028에 대한 주석에서 인용한 것인데 이것이 사실이라면 「페르사이」의 시실리 공연은 아테나이에서의 공연 이후의 일일 것이다.

21 「Batrachoi」807.

22 Suidas, W50. no.4. p.19.

요한 위치를 차지했음에도 그의 소성素性이나 정치적 배경, 정계에 등장하게 된 경위엔 모호한 점이 있다.

우선 그의 가문이 문제이다. 플루타르코스는 그가 귀족인 리코메데스 Lycomedes가에 속한다고 하고 그 이유로서 리코메데스 가문의 소유인 플리아Phlya의 데메테르 신앙을 위한 사당telesteiron이 페르시아인에 의해 소각되었을 때 사재로서 이를 재건했기 때문[23]이라고 말하고 있다. 테미스토클레스에 의한 사당건축은 그와 리코메데스가의 연루를 강조하기 위한 정치적 의도에서 나온 것이 분명한데 그렇다고 그것이 그와 동가문과의 관계를 부정하는 자료가 될 수도 없음은 물론이다.

테마스토클레스가 리코메데스 가계라고 한다면 그 사당이 데메테르 신앙의 사당이며 또한 그의 후예가 엘레우스의 신관神官가문의 하나인 케리케스Kerykes가와 연관이 있다는 증거가 있으므로[24] 그와 엘레우시스와는 각별한 관계가 있다는 것을 알 수 있으며 그러한 뜻에서 그와 아이스킬로스와는 동일한 계통의 가문출신이라 할 것이다.

테미스토클레스가 리코메데스가계라고 하나 그의 가문에는 정계에서 활약한 인물은 없는 듯하다. 부친 네오클레스는 프레아리오이Phrearrhioi 구區의 레온티스Leontis부족에 속하는 무명의 인물이었지만 경제적으론 유복한 듯하다.[25] 프레아리오구區는 앗티카의 남단 라우레이온 광산 근방이니 만큼 그의 가업은 광업이나 농업이었을 것이다.[26] 단 그의 거주지는 멜리테구區 demos Melite 즉 제도製陶지구의 남서이었는데[27] 그것은 정치활동을 위해 변비邊鄙한 출신구에서 시내로 거처를 옮긴 것을 말하는 듯하다.[28]

그의 모친의 신분에 관해서는 구구한 설이 있으나[29] 아테나이인이 아님은 분명하다. 그러나 페리클레스의 시민법의 실시 이전이므로 그 자신은 순수한 아테나이인임은 물론이다. 하지만 당시 아테나이인과 비아테나이인 간의 소생인 노도스nodos 에 대해 사회적인 편견이 존재한 듯한데 그것은 테미스토클레스 자신이 그러한 편견을 타파하려 노력했다는 다음과 같은 플루타르코스의 전언이 있기 때문이다. 즉

> 노도이nodoi는 성문 밖의 헤라클레스 체육장이 있는 키노사르게스Cynosarges에 가게 마련이었다. 왜냐하면 헤라클레스는 제신 중 합법적gesios이 아니었고 또한 그의 모친은 인간이었기 때문에 노도이이었던 것이다. 그리하여 테미스토클레스는 양가의 청년들을 키노사르게스로 데려 가려 했는데 그것은 그가 노도이와 순아테나이인 gnesioi의 차별을 없애려 했기 때문이다.[30]

23 Plutarchos, Bioi Parallioi, Themistocles 1.3.

24 Pausanias 1. 22.7; Ⅳ. 1.5~7.

25 Plutarchos는 그가 귀족 즉 사회적 엘리트 Kaloi가 아니었어도 가계는 미미하지 않았다고 말하고 있다. Them. 25~23;Arist. 1.4.

26 R.J. Lenardon, The saga of Themistocles(LONDON, 1978), p.18.

27 Plut. Them. 22.2.

28 cf. F.J. Frank, Themistocles' Place in Athenean Politics," Califonia Studies in Classical Atiquity 1(1968), pp.105~124.

29 모친에 대해서는 부친에 대해서 보다 자료가 많으나 한결 불확실하다. 플루타르코스는 그녀를 Abrotonon이라는 미천한 트라키아의 여인이며 따라서 테미스토클레스는 혼합된 양친의 소생(nodos)이라 말하고 있으며 파니아스는 그녀가 트라카아인이 아니라 카리아인이며 이름도 Abrotonon이 아니라 Euterpe라 하고 있으며 네포스는 아카르나이인이라 하고 있다. 그 밖에 창녀가 노예라는 설도 있는데 그것은 Abrotonon(혹은 Habrotonon)은 신희극에서 창녀의 이름으로 나오기 때문이다. Plut. Amat. 9;Moralia 753D.

30 Plut. Them. 1.2.단 Suidas는 Cynosarges를 순수한 외국인(양친이 비非아테나이 인 노도스)이 가는 체육장이라 하고 있다.

요컨대 그의 가계는 귀족에 속한 듯하나 뚜렷한 인물을 배출치 못한 초라한 가문이었으며 따라서 그는 명예욕과 권세욕이 인물을 배출치 못한 초라한 가문이었으며 따라서 그는 명예욕과 건세욕이 유별히 강했던 것 같다. 그는 두 번 결혼했는데 최초의 아내 아르키페Archippe는 알로페카이구區의 리산드로스라는 명문의 딸이었다.31 따라서 그녀와의 결합은 그의 정치적·경제적·사회적 지위의 향상을 나타내는 것이라 하겠는데 역으로 그것은 그의 명예욕에서 나온 정략결혼이라 해석할 수 있을 것이다. 2차의 결혼에서 얻은 여러 명의 자녀에 대한 명명에도 권세지향적인 그의 성격이 여실히 반영되어 있다. 즉 장남(?)인 Archeptopolis(도시의 장관)는 생남 당시의 그의 관직을 나타낸 듯하며 Mneiptolema(전쟁의 기념)과 Nicomache(전쟁의 승리)라는 두 여식의 이름은 살라미스해전에서의 그의 업적을 나타낸 것이며 Italia와 Sybaris라는 여명女名은 서방에 대한 그의 관심을 나타내며 Aisa라는 여명은 동방에의 여행이나 혹은 페르시아와의 관련을 반영한 것이라 할 것이다.

테미스토클레스의 출생연대에 대해선 정확한 기록이 없다. 디오니소스 할리카르네소스는 그가 493/2년에 아르콘 에포콘 에포니모스에 취임했다고 하고 있으므로32 그 때가 적어도 30세라 추측한다면 그의 출생은 524년경이라는 계산이 되며33 따라서 그는 아이스킬로스와 동년배라 할 것이다. 그러므로 그는 아이스킬로스와 같이 히피아스와 히파르코스의 참주정 클레이스테네스의 개혁, 이오니아의 반란 등 일련의 사건을 통해 심각한 영향을 받았을 것이다.

그러나 아르콘에 취임하기까지의 그의 경력은 알 길이 없으며 투키디데스가 전하는 493년이라는 취임연대와 동년에 착수했다는 페이라이에우스 축항築港에 대해서도 논의가 적지 않다.[34] 그러나 493/2년 취임과 동시 축항에 착수한 것으로 보는 것이 타당한 것 같다. 왜냐하면 헤로도토스가 말한 바와 같이 축항 이전의 팔레론은 너무 개방적이고 무방비이며[35] 494년 이오니아 반란 진압 후 페르시아의 아테나이에 대한 위협이 현실화하였으며 또한 아테나이는 아이기나와 여러 차례 교전했기 때문에[36] 동년의 축항이 불가피했기 때문이다.

500년경 아테나이 정국은 매우 복잡한 역학관계를 형성하고 있어서 당파의 구성이나 테미스토클레스의 위치에 대해서 설이 구구하다. 벨로흐는 그것을 참주파, 알크메오니다이, 그리고 이사고라스가 이끄는 그노리모이Gnorimoi의 3가지 파당으로 구분하고는[37] 테미스토클레스는 밀티아테스와 함께 그노리모이에 속한다고 주장한다. 왜냐하면 첫째로 테미스토클레스는 참주파와 속하지 않음은 분명하며 알크메오니다이도 아니며 따라서 그노리모이에 속해야 한다는 것이다. 둘째로 그의 정책에

---

31 Plut. Them. 32. 1~2.

33 Dio. Hal. , Ant. Rom. 6.34.1.

33 cf. A. Davis, The Properted Families(London, 1970), p.214.

34 테미스토클레스의 아르콘 취임연대에 대해선 그것이 493/2년이 아니라 482/1이며 493/2년의 아르콘은 동명인 그의 숙부라는 설이 있으며 페이라이에우스 축항에 대해서도 그것이 살라미스해전 후의 일이라는 설이 있다. cf. Lenardon ibid. , pp.35~36;Lenardon, "The Archonship of Themistocles" Historiai 5(1956), pp.4.2; A.A.Mosshammar "Themistocles' Archonship in the Chronographic Tradition," Hermes 103(1975), pp.222~234.

35 Hdt. 6.. 116;8.66.

36 N.G.L. Hammond는 아이기나와의 교전을 3기로 나눈다. 즉 508, 491~490, 483~482. cf. Hammond "Studies in Greek Chronology of the 6th and 5th century B.C.," Historia 4(1955) pp.406~411.

37 K.J.Beloch, Gesch. Ⅱ 1^2, (Stratzburg Nachdruck, 1931), 130~146.

진보적 경향이나 민주적 경향을 볼 수 없으며 그러한 뜻에서 에피알테스나 페리클레스적 태도와는 거리가 멀다 할 것이며 그리고 또한 함대조령條令도 급진 민주적 조치가 아니며 당시의 이 조령은 빈곤한 시민대중에겐 부담이 될뿐 그 부담이 대중의 권리신장으로 유도되는 것은 일세대 후의 일이었기 때문이란 것이다. 당시의 아테나이 정국을 주로 국내정책을 중심으로 3파로 구분하는 데 있어선 워커나 로빈슨도 근본적으로는 같은 의견이다.[38] 그러나 워커는 상기 3파 외에 클레이스테네스와 테미스토클레스가 속하는 민주파를 상정하여 대외정책에 있어 참주파와 알크메오니다이는 친페르시아적이란 점에서 협동했으며 이사고라스파인 밀티아데스와 민주파인 테미스토클레스는 반페르시아적이란 점에서 협동했다고 한다.[39] 단 로빈슨은 알크메오니다이가 반드시 친페르시아파가 아니며 전쟁 중의 내통설도 부인한다. 그들은 이오니아파병에도 당초 찬성했으며 1차 파병이 실패하자 파병 중지를 주장했을 뿐이라는 것이다.[40]

로젠버그는 460년 이전엔 급진적 개혁이 없었다는 점에서 테미스토클레스가 에피알테스나 페리클레스와 같은 급진파에 속하지 않은 것은 사실이며 그러한 뜻에서 벨로흐의 주장은 정당하다고 시인한다. 그러나 당시 그노리모이라는 당파의 존재는 확인될 수 없으며 따라서 당시의 아테나이엔 참주파와 공화파(온건민주파라고 할까) 2개의 당파만이 존재했으며 따라서 테미스토클레스는 밀티아데스나 아리스테이데스와 함께 클레이스테네스적 원칙하의 공화파에 속하는 것이라 주장한다.[41]

5세기 초엽의 정파를 여러 학자들이 클레이스테네스의 개혁에 대응하여 주로 국내정책면에서 2, 3개의 그룹으로 분파된 것으로 생각하는데 대하여[42] 히그네트는 당시의 국제國制는 안정되어 있었으므로 국내정책면에서 심각한 대립이 없었으며 친페르시아파와 반페르시아파라는 대외관계를 주로 한 파쟁이 존재한 것이라 주장한다.[43] 물론 국내정책면의 대립과 대외정책면의 파쟁은 상호연관된 것이겠지만 페르시아의 위협이라는 거대한 이슈에 당면한 당시의 아테나이의 처지로 보아 후자를 중시하는 히그네트의 견해는 보다 납득성이 있는 설이라 할 것이다. 그런데 페이시스트라토스는 유력한 가문출신이 아니었으며 따라서 'philia'가 없는 '신인'으로서 정치적 기반이 없는 그가 정계에 부상하기 위해서는 민중 특히 상공인층에 직접 어필하여 그들의 지지를 이용할 수밖에 없었을 것이며 그러한 뜻에서 그는 클레온과 같은 데마고고스의 선구였다 할 것이다.

493년 그는 아르콘직 취임에 성공한다. 아르콘으로서 그가 행한 유일

38 Walker, CAH Ⅳ. 169~172, 157~158, etc. ; Robinson, Thee Struggle of Power at Athens in the Early Fifth Century . 그 밖에 여러 학자들이 국내정치개혁을 둘러싼 당파대립을 인정하고 있다. G. Busolt, Grie, Gesch. 11^2(Gotha 1895), 565~567 usw;E. Meyer, Gesch. des Alter, Ⅲ(Stutgart, 1901) 295~417;A.W. Gomme, Athenean Politics, 510~483 B.C. More Essays in Greek History & Literature(OXFORD, 1952), 19~28;W.G. Forrest, "Themistocles and Argos", C.Q. , N.S. 10(1960), 232~240.

39 Walker, op. cit. , 265.

40 Robinson, ibid.

41 Rosenberg, "Die Parteistellung des Themistocles," Hermes 1 iii 1918.

42 그들은 참주파의 존재 각파당의 동향 저명정치가의 위치 등에 관해 견해차가 있지만 국내정책면에서의 당파 대립을 중시한다는 점에선 공통적이다. G. Busolt(Griech Gesch. 11^2, Gotha, 1895). E. Meyer(Gesch. des Alter. Stugr. 1901), A.W. Gomme (Athe, Polit, Oxford, 1952), W.G. Forrest("Themst. & Argos" C.Q. N.S. 10, 1960) 등이 그러한 입장에 있다.

43 C. Hignett, History of the Athenean Constitution(Oxford 1952), 176~189.

한 정책은 페이라이에우스 축항 착수였으며 그것은 그의 해군주의의 제일보라는 점에서 상공인층 지지를 반영하는 조치인 동시에 정치적으로 반페르시아적 입장을 선명히 한 조치라 할 것이다. 하긴 그의 아르콘 취임은 그와 알크메오니다이와의 야합의 결과라는 주장도 있으나[44] 그와 기존세력과의 결합이 있었다면 그것은 밀티아데스와의 결합이었을 것이다. 왜냐하면 트라키아의 케르소네스Chersones의 참주로 있던 밀티아데스는 이오니아반란 후 페르시아의 보복에 의해 페니키아인에게 쫓겨 493년 아테나이에 귀국하였기 때문이다.[45] 밀티아데스는 알크메오니다이와 함께 아테나이에서 가장 유력한 가문인 필라다이Philaidai 출신이었다. 가문으로 봐서는 양자의 결합은 부자연한 것이었으나 양자는 반페르시아 감정에 있어서는 공통적이었으며 또한 테미스토클레스로서는 밀티아데스와의 결합이 정치적으로 실리에 있어서나 권위에 있어서나 유익한 것이었을 것이며, 그러한 뜻에서 그의 아르콘 취임에 있어 양자의 결합을 추측할 수 있는 것이다.

490년의 마라톤 전투에서의 테미스토클레스의 역할은 분명치가 않다. 플루타르코스는 동전투에서 아테나이군의 중심부 즉 페르시아군의 가장 큰 압박을 받던 부문은 레온티스 부족과 안티오코스 부족이었는데 아리스테이데스는 전자에, 테미스토클레스는 후자에 속하였으므로 양자는 나란히 싸웠다고 하고있다[46] 그러나 정치적으로 라이벌이었던 양자가 함께 싸웠다는 것이기도 하거니와 「테미스토클레전傳」에선 마라톤전에서의 그의 활동에 관한 언급이 전혀 없으며 도무지 490년 당시 테미스토클레스의 공적 지위가 무엇인지도 알 길이 없다. 플루타르코스는 또한 동 전투에서의 밀티아데스의 공적을 시기하여 테미스토클레스는 잠을 이루지 못하였으며 483년에는 밀티아데스의 반대를 무릅쓰고 함대 건조를 단행하였다고 하고 있다.[47] 그러나 483년엔 이미 밀티아데스가 사망하였으므로 양자의 알력이 발생하였다면 그것은 483년 이전, 어쩌면 페이라이에우스 축항築港 당시일지도 모른다. 492년 이래 스트라테고스였던 밀티아데스는 동항 건조에 반대를 했을 공산이 크며 그렇다면 양자의 밀월은 극히 단기간이었으며 더욱이 마라톤전 후엔 양자의 간격은 결정적으로 벌어지게 되는 것이다.

사실인즉 페르시아의 위협이 급박해지자 아테나이엔 강력한 친페르시아 감정은 소멸하였으며 국난에 직면하여 국론의 통일을 이룩, 총화總和에 의한 국민정부의 면목을 과시하였던 것이다. 그러나 마라톤전 후 위기가 극복되자 묵은 내분이 재연하였을 것이다. 489년 밀티아데스는 파로스도島 원정계획의 실패로 실각하게 되는데 그의 실각에는 테미스토클레스의 작용이 있었을 것이라 추측할 수 있다.

490~483년간의 테미스토클레스의 경력은 분명치가 않으나[48] 히그네트는 487년부터 시작된 오스트라키스모스는 그가 알크메오니다이를 중심으로 한 친페르시아파의 제거를 위해 실시된 것이며 히파르코스에서 아리스테이데스에 이르는 최초의 5명의 추방자는 모두 그의 획책에 의

44 M.F. McGreger, The Pro-Persian Party at Athens from 510 to 480 B.C. , A.S. 71~95 HSCP.
45 Hdt. Ⅵ, 41, 104.
46 Plut. Arist., 5.3.
47 Plut, Them. , 4.
48 Gomme은 그 기간의 테미스토클레스의 활동에 대해 회의적이다. A. Gomme, Athenean Politics 510~480 B.C. , pp.20~21.

한 것이라 주장한다.[49] 그러나 5면 중 그의 건함 계획에 반대한 아리스테이데스(482년)와 메가클레스(486년)의 추방은 그의 획책에 의한 것임이 확실한 것 같다.[50]

483년 라우레이온 은관의 새로운 광맥의 발견과 그것을 통한 건함 계획에서부터 480년의 살라미스해전 사이가 테미스토클레스의 전성기이다. 건함 계획에 성공한 후 그는 정책 아리스테이데스를 추방하였으며 스트라테고스에 선임된 후 살라미스의 영웅이 되는 것이다.

페르시아전쟁이 일단락된 후 희랍에는 스파르타와 아테나이 양국의 패권체제가 확립된다. 따라서 아테나이의 대외정책에 있어서도 친스파르타파 대 반스파르타파 즉 스파르타와의 패권수립을 지향하는 아테나이 제국주의의 대립이 현저화하며 전자를 대표하는 것이 아리스테이데스이며 테미스토클레스는 후자를 대표한다. 그는 펠로폰네소스 반도에 있어서의 스파르타의 라이벌이었던 아르고스와의 우호를 추구하였으며 그것은 마침내 아르고스 동맹으로 결성된다. 그러나 그의 반스파르타주의는 스파르타와 정적으로부터 페르시아와의 내통이라는 혐의를 받아 결국 아테나이에서 추방되고 마는 것이다.[51]

플루타르코스에 의하면 태미스토클레스는 성장과정에 있어 실제적이고 정치적인 것에 대해서만 관심이 있었을 뿐 문학·음악의 수양에는 무관심하였다고 한다. 그러나 예술에 무관심하기는 했으나 시인이 갖는 사회적 영향력을 지실知悉하고 있었으며 시모니데스, 프리니코스, 티모크레온과의 교분도 그러한 계산에서 나온 것이라 생각할 수 있다.

케오스Ceos 출신인 시모니데스는 원래 참주 히파르코스의 초청으로 아테나이에 왔던 것이나 페르시아 전쟁 시에는 희랍 전체의 수관시인樹冠詩人의 역할을 행했으며 마라톤 전몰자의 비명시碑銘詩 경연에서 아이스킬로스에게 승리했을 뿐 아니라 유명한 테르모필라이의 비명시를 비롯해 여러 편의 전송시戰頌詩를 발표했었다. 그와 테미스토클레스 사이에는 각별한 교분이 있었던 듯하다. 테미스토클레스는 그로부터 기억술을 배웠다는 얘기가 있을 뿐 아니라[52] 그의 「살라미스해전 송시頌詩」는 테미스토클레스 예찬으로 가득 차 있기 때문이다.[53]

476년 시모니데스는 시라쿠사의 참주 하에론의 초청으로 시실리를 떠난다. 476년은 테미스토클레스의 실각의 해이므로 이 두 가지 사실은 우연의 일치가 아닌 듯하다. 그의 시실리행은 테미스토클레스의 실각 여파가 아닐까 생각되며 테미스토클레스가 추방당했을 때 처음 서부행을 계획한 것은 시모니데스를 따르려 한 것이 아닐까 추측할 수 있기 때문이다.[54]

프리니코스와 테미스토클레스의 관계는 시모니데스의 경우보다 더욱

---

49 Hignett, op, cit. , 234.

50 487년에 추방된 히파르코스는 페이시스트라토스의 친척이며(A.P. 22.4) 따라서 참주파의 두목으로 지목된 자이며 486년의 메가클레스는 알크메오니다이 출신이며 히파르코스와 함께 페르시아와 내통의 혐의를 받고 있었다. 485년의 이른바 '참주의 친구'에 대해서는 여러 가지 설이 있으나 근자에는 알크메오니다이의 크라티오스의 아들 칼리아스라는 설이 유력하다(P.J. Bicknell, "Studies in Athenean Politics and Genealogy," Historia, Einzelschriften 19, 1972, 64~65). 484년의 크산티포스는 페리클레스의 부친이며 그는 알크메오니다이의 외척이다. 482년엔 아리스테이데스가 추방된다.

51 Thuc. 1. 135.2~3;Plut. Them. 23, 3~4.

52 Cic. De Or. 2. 357.

53 Plut. Them. 5.

54 D. 101.

긴밀했다. 프리니코스가 밀레토스의 함락을 상연한 것은 테미스토클레스가 아르콘이던 493년 봄인 듯한데[55] 그것은 테미스토클레스가 이오니아반란의 지지를 선동하기 위하여 프리니코스를 격려함으로써 이루어진 것으로 볼 수 있다. 그러나 그 상연은 양자가 다같이 예기치 못한 의외의 결과를 초래했다. 즉 이 작품은 모든 관객에게 너무나 깊은 충격을 주었기 때문에 1드라크마의 벌금형과 재연再演 불허의 선고를 받은 것이다.[56] 그러나 양자의 관계는 476년까지 계속된다. 동년 테미스토클레스가 코레고스가 되어[57] 상연한 「페니키아의 여인들」Phoinssai은 우승을 했으며 테미스토클레스는 그 사실을 명문으로 남겼다고 한다.[58]

아이스킬로스와 테미스토클레스 간에는 개인적인 교분이 있었던 것 같다. 기술한 바와 같이 양자는 살리미스에서 함께 싸웠을 뿐 아니라 마라톤에서도 함께 싸웠을 가능성이 있으며 무엇보다도 테미스토클레스가 아이스킬로스에게 보낸 서한이 남아 있기 때문이다.[59] 그 내용인즉 추방된 테미스토클레스가 델피로 가는 도중 3명의 아르고스의 친구를 만나 그들의 권유에 따라 아르고스로 간 후 그곳에서 아르고스인으로부터 장군이 될 것을 강요받는다는 것이다. 따라서 이 서한의 내용으로서는 양자의 우의의 정도를 헤아릴 수 없다. 그러므로 양자의 관계는 아이스킬로스의 작품을 통해 성찰할 수밖에 없는 것이다.

3. 「페르사이」와 「히케티데스」의 경우

아이스킬로스의 작품중 테미스토클레스와의 관련하에 검토해야 할 첫째 작품은 「페르사이」이다. 이 작품은 테미스토클레스의 운명과 밀접한 관계를 갖고 있음은 사실인 듯하나 상연 당시의 상황, 상연 목적 등에 대해서는 논란의 여지가 있다.

이 작품이 상연된 것은 472년 봄이다. 이때는 바로 테미스토클레스의 정치생명이 위기에 처한 즈음인 것은 분명하나 그것이 그의 추방 전인지 추방 후인지 혹은 추방된 당년인지는 알 길이 없다. 그것이 추방 전이라 한다면[60] 작품의 상연 의도는 테미스토클레스의 이름을 들지 않으면

55 필레토스의 함락의 상연 일자는 분명치는 않으나 일반적으로 493년 봄으로 본다. cf. Wade-Gery, Essays in Greek History(Oxford, 1958, p.177~178. Renahdon, op. cit. , 105.

56 Hdt. Ⅵ. 21.

57 Choregos는 추첨에 의해서가 아니라 임명에 의해 선출되게 마련이었으나(Arist. , A.o. 56) 자원도 가능했다고 한다(Lysias 21. 1~5). Choregos에게 시인이 어떻게 배당되었는지는 불명이나 양자가 추첨으로 순서를 정하여 서로 선택했을 가능성도 있다. cf. A.W.Pickard-Cambridge, Dramatic Festivals of Athens(Oxford, 1953), pp.75~79.

58 Plut, Them. 5.4. 단 "Phoinissai"는 "Miletou Halosis"의 극명이 다른 동일작품이거나 혹은 후자가 전자의 일부라는 얘기도 있으며 "Persai"와 함께 3부작이라는 설도 있다.

59 테므스토클레스의 21개의 서한의 사본의 하나인데 9~10세기의 Palatinus의 사본으로 소전(所傳)된다. 그 어휘 문체로 보아 원본이 아니라 A.D. 2세기에 작성된 것으로 추측되나 그 진위를 알 수 없다. cf. R.J. Robertson, op. cit. , note 260.

60 Gomme는 아테나이인에 의해 추방된 자를 아이스킬로스가 찬양할 수 없을 것이라 하여 당시엔 아직 추방되지 않았을 것으로 본다(Commentary, 1. 401). Podleki는 492년에 테미스토클레스는 오스트라키스모스의 후보에 올랐으나 추방되지 않았고 그 익년에 추방되었을 것이라 추측한다(cf. Saga of Themistocles, pp.37~198).

서도 그 업적을 관중에게 환기시키는 데 있었다고 할 수도 있을 것이며 그런 뜻에서 프리니코스의 「페니키아의 여인들」을 충실히 추종한 것이라 할 것이다.[61]

「페니키아의 여인들」은 테미스토클레스가 페르시아 군선軍船의 목재를 사용하여[62] 극장을 재건한 후 자신이 코레고스가 되어 상연한 최초의 작품이며 아테나이의 영광과 테미스토클레스 자신의 업적에 대한 찬양을 내용으로 하고 있는 것이다.[63]

그러나 이 작품의 상연이 그의 추방 후라 생각하는 설도 있다. 예컨대 살라미스의 해전 직전 테미스토클레스가 크세르크세스에 대해 사자를 은밀히 파견한 사건의 경우 헤로도토스가 테미스토클레스와 사자의 이름을 명기한 데 비해[64] 아이스킬로스는 양자의 이름을 밝히지 않고 있는데 이에 대하여 데이비슨[65]은 다음과 같이 말하고 있다. 즉 작품상연 당시 테미스토클레스는 이미 추방되어 있었을 뿐 아니라 추방 시의 언동으로 말미암아 임시추방에서 영구추방으로 바뀌었을 때이며 따라서 당시 테미스토클레스의 업적을 찬양하는 것은 세평과 권력층에 반대하는 것을 의미하며 그렇다고 그는 침묵을 지켜 좌시할 수는 없었다. 왜냐하면 그는 살라미스전에서 테미스토클레스의 휘하에서 싸워서 그의 군사적 공적을 높이 평가할 뿐 아니라 정치적으로도 그의 노선을 지지하는 입장이기 때문이다. 그리하여 그는 8년 전의 위대한 승리의 최대의 공헌자를 간접적으로 표시했던 것이다. 운운.

그러나 이 작품에는 페르시아의 장군들과 그 활동에 대해서는 상세히 묘사되는데 비해 희랍 측의 장군에 대해서는 테미스토클레스뿐만이 아니라 아리스테이데스나 그 밖에 어떠한 이름도 등장하지 않는 것이다. 따라서 그것은 정치적 배려에서라기보다 작극상의 기술적 의도에서 나온 것이라 해석하는 것이 옳을 것이다.

연극의 상연이 테미스토클레스의 추방 전이건 그 후이건 이 작품엔 테미스토클레스에 대한 지지와 찬양이 여러 가지 형태로 표현되어 있는 것이 사실이며 그것을 우리는 다음과 같이 정리할 수 있을 것이다.

첫째는 라우레이온 은광銀鑛에 관해서이다. 대비 아톳사가 코로스에 대하여 아테나이에 관해 그 세력, 지배자, 무기, 전술에 대해서 묻고 끝으로 그 부에 대해서 물었을 때 코로스는 대답하기를 "그들은 대지에 보고가 있어 백은白銀이 솟아나는 샘을 가지고 있다"[66]라고 한다. 이것은 물론 전쟁 직전 라우레이온 은광의 새로운 광맥이 발견되어 시민에게 그 이익을 분배하자는 중론을 억누르고 테미스토클레스가 군선 200

61 「페니키아의 여인들」의 내용은 소상히 전해지지 않으나 「페르사이」는 거기서부터 그 내용은 물론 그 내용은 물론 그 어구도 그대로 차용했다고 기원전 5세기의 Rhegion의 Glaucus는 말하고 있다.

62 J.A. Allen은 479/8년 테미스토클레스는 페르시아군선의 돛을 사용하여 극장의 ikiria를 만들었으며 446/5년 페리클레스가 오데움의 지붕을 지을 때 사용한 페르시아군선의 목재는(아우구스투스시대의 로마 건축가 비트루비우스의 전언) 바로 그 극장의 목재일 것이라 하고 있다. J.A. Allen, "On the Odeum of Pericles and Periclean Reconstruction of the Theatre," Univ. of Califonia in the Clas낮미 Archaeology 1(1941), 73~78.

63 G. Muuray는 「페니키아의 여인들」(476년 상연)과 「페르사이」(472년 상연)의 주제와 내용이 유사하다는 테미스토클레스가 극장재건후 살라미스전을 주제로 한 작품을 해마다 정기적으로 상연케 했을 것이며 그것은 그가 추방할 때까지 계속되었을 것이라고 추측하고 있다(G. Muuray, "Persae" p.8;Aeschylus:The Creator of Tragdy, p.115). 그렇다면「페르사이」는 5개의 일련의 살라미스 연극 중 최후의 작품이었을 것이며 그러한 뜻에서 각별한 의의를 갖는 것이라 할 것이다.

64 Hdt., Ⅷ, 76.

65 J.A. Davision, Aeschylus and Athenean Politics. American Society and Institution(Oxford, 1966), p.102.

66 Persai, 273~280.

척을 건조하여 페르시아의 침공에 대비한 사실을 말하는 것이라 할 것이다.

다음은 아테나이 철수정책에 대한 언급이다. 전령의 보고에 이어서 아톳사는 "무엇이라고, 아테나이는 아직도 습격을 받지 않았단 말인가"라고 놀라움을 나타내는 데 대하여 전령은 "인간이 있는 한 시市의 성벽은 안전한 것입니다"[67]라고 대답한다. 이 말은 살라미스해전 직전의 회의에서코린트의 대표가 폴리스가 없는 자는 발언할 자격이 없다고 공박한 데 대하여 테미스토클레스가 인간을 만재滿載한 200척의 군선이 있는 한 코린트보다 더 큰 폴리스를 가지고 있다고 반박한 말을[68] 그대로 사용한 것이라 할 것이며 이것은 또한 테미스토클레스가 "나무로 된 첩벽疊壁 안에 있으면 안전하고 그 자손도 혜택을 입을 것이다"라고 한 델피의 신탁을 정확히 해석하여 아테나이인으로 하여금 해전에 대비케 하고 군선을 목제의 첩벽으로 생각하라"고 한 사실을[69] 상기케 하는 것이다.[70] 다음은 테미스토클레스의 이오니아 정책에 관해서이다. 테미스토클레스는 이오니아 정책의 추진자이었다. 그의 이오니아 정책이란 이오니아 반란을 돕고 페르시아군에 동원된 이오니아인의 태업을 선동하고 살라미스해전에서 이오니아함대를 이탈케 하는 것이었다. 그리하여 그는 프리니코스의 「밀레토스의 함락」의 코레고스가 되어 반페르시아 감정을 고취시켰으며 아르테미시움해전 후 각처의 바위에 이오니아 병사들이 크세르크세스에 대해 태업을 사주하는 선동문구를 각인하였던 것이다.[71] 그리고 또한 살라미스전에서 "단지 수명만이 테미스토클레스의 획책에 동조하여 마지못해 전투에 참가했으나 대다수는 그렇지 않았다"[72]

라고 말하고 있으나 디오도로스는 "전투 전에 이오니아인은 사미아와 스위마를 희랍 측에 파견하여 이오니아인의 태업을 약속하였다"[73]고 말하고 있으며 헤로도토스도 전투 전에 4척의 낙소스의 군선이 희랍 측에 왔으며 테노스에서도 1척의 군선이 희랍 측에 왔다고 전하고 있을 뿐 아니라[74] 전투 중에도 "배를 잃은 페니키아인이 크세르크세스에게 와서 이오니아인의 배신을 고발했다"[75]고 하고 있는데 이것은 페르시아세의 동익東翼을 담당하던 이오니아군이 결정적인 순간에 태업을 했거나 항복을 한 것을 의미하는 것이라 할 것이다. 그 밖에 479년 조춘早春 희랍 함대가 아이기나에 정박하고 있을 때 일단의 키오스의 망명자들이 이오니아 해방을 위한 원조를 요청한 일이 있었다는 것이 있었다는 것이며[76] 그후 에이곤, 스키로스, 카리투스에서 이반離反이 성공했으며 궁극적으로 델로스동맹의 결성으로 이오니아정책이 성공을 거두게 되는 것이다.

아이스킬로스는 동족인 이오니아인이 페르시아군에 합세한 사실을 직접적으로 표현할 수 없었다. 그리하여 "전대륙을 지배하는 화미華美한 생할을 즐기는 리디아의 군세軍勢"(42~43행)라고 막연히 표현함으로써

67 op. cit. 349.
68 Hdt. Ⅶ. 141.3.
69 op. cit. Ⅶ. 143.
70 하긴 Hibnerr는 테미스토클레스가 델피 사절에 대하여 압력을 가해 목벽이 군선을 뜻하게끔 했다고 시사하고 있다. C. Hignett, Xerxes' Invasion of Greece(Oxford, 1964), p.443.
71 Hdt. Ⅷ, 19.22.
72 ibid. , Ⅷ, 85.
73 Diddoros 11, 17, 3.
74 Hdt. Ⅷ, 46. 82.
75 ibid. , Ⅷ, 90.
76 ibid. , Ⅷ, 132.

이오니아인이 그들의 혈연인 아테나이인을 공격하게 된 불미한 사실을 은폐하려 했던 것이다. 이오니아인의 태업怠業이 즉각 성공적이지 못한 사실에 대해서도 "이오니아에 대한 페르시아의 멍에가 너무나 무거워서……"라고 변명을 해주며 에이곤, 스키로스, 카리투스의 이반에 대해서는 결국 그것이 테미스토클레스의 공임을 거듭 암시를 주는 것이다.

그러나 희랍군의 최종적인 승리를 그는 신의 섭리로 돌린다. 즉 아톳사에 대한 전령의 보고에서 "어떤 다이몬이 군대를 파괴했습니다"(845) "모든 화근은 복수신이나 다이몬 때문이었습니다"(353~4)라고 말하며 테미스토클레스의 크세르크세스에 대한 메시지에서는 "희랍인의 간계인 줄도 신의 질투인 줄도 깨닫지 못하고……"(361~2)라고 말하며 그 밖에 다음과 같은 표현이 계속된다. 아톳사의 개탄: "오! 가증한 다이몬. 그토록 완전히 페르시아인을 기만할 줄이야."(472~3) 코로스의 합창: "가혹한 다이몬. 얼마나 무겁게 페르시아인을 짓밟았는고!"(515~6) 망령인 다레이오스왕의 탄식: "생각컨대 어떤 다이몬이 그의 의도를 도운 짓이 틀림없다."(724) 크세르크세스의 귀국제일성: "오! 가증할 운명에 패배했다. 가혹한 신의 운명이 페르시아인을 유린한 것이다!"(910~912)

이러한 신의의 강조는 전승이 오직 테미스토클레스의 공만이 아님을 강조하고 있다는 뜻에서 이 작품은 아이스킬로스가 테미스토클레스를 폄하하고 오히려 신의의 개입 없이 프지탈레이아 전투에 승리한 아리스테이데스를 찬양하기 위한 것이라는 해석도 있는 것이다.77

사실인즉 전령의 보고의 클라이맥스는 아리스테이데스가 지휘한 프시탈레이아Psytaleia전戰이라 할 만하다. 그는 이 싸움을 살라미스해전의 배가 되는 참극(437)이라 하고 페르시아의 장군 중 가장 빼어나고 혈통이 좋고 왕의 신임이 두터운 자들이 모두 이 싸움에서 굴욕적인 최후를 당하였다고 말하면서 전투의 경과를 소상히 보고한다. 하긴 히그네트는 이 전투의 묘사는 아이스킬로스의 과장이며 그것은 "호플리테스의 승리가 희랍의 승리의 영광에 큰 몫을 차지한다는 것을 나타내기 위한 것"[78]이라 주장하고 있다.[79]

테미스토클레스와 아리스테이데스의 반목은 오래된 것이나 480년 페르시아의 침공에 즈음한 추방자소환령 후 양자의 알력은 해소한 듯하다.[80] 뿐만 아니라 소환된 아리스테이데스는 곧 스트라테고스로 선출되는데 이 역시 테미스토클레스의 배려에 의한 추측된다.[81] 양자는 479/8 아테나이가 성벽을 완성할 때까지 스파르타에 대한 연기공작에 협력하였으며[82] 살라미스전에서도 협동하였던 것이다.

아이스킬로스가 신의神意를 강조한 것은 인간의 능력 특히 테미스토클레스의 공을 과소평가하기 위해서가 아니라 오히려 테미스토클레스

77 Eugine O'neil. Jr. Note on Phrynichus' Phonenissae and Aeschylus' Persae, Classical Philogy 37(1942) 425~7. O'neil은 코레고스이었던 페리클레스도 관중과 함께 테미스토클레스를 찬양하지 않는 점에 만족과 즐거움을 느꼈을 것이며 그런 뜻에서 알크메오니다이계인 페리클레스가 이 작품의 코레고스가 된 이유를 알 만하다고 하고 있다.

78 Hibnett op, cit. , note, 25.

79 이에 대해 Tarn은 오히려 이 묘사에서 아이스킬로스는 아리스테이데스가 희랍의 자유를 위해 공헌한 바는 몇사람의 난파선원을 살육하는 것에 불과하다는 것을 나타낸 것으로 그런 뜻에서 아이스킬로스가 반테미스토클레스, 친아리스테이데스라고 하는 것은 와전된 것이라 주장한다. W.W. Tarn, "The Fleet of Xerxes" JHS 28(1908) 226.

80 vf. Hot. Ⅷ, 79.

81 J.B. Bury, "Aristides at Salamis" CR 10(1876) 414~418.

82 Thuc. 1. 91.3;Arist. A. P. 23, 3~4.

의 업적을 적극적으로 평가하려는 문학적 기교라 보아야 할 것인데 그것은 호메로스이래 시인들은 신의 섭리와 인간의 능력을 언제나 평행시키기 때문이다. 하긴 헤로도토스에 의하면 테미스토클레스 자신도 자기의 업적을 신의 섭리로 돌리고 있는 것이다.[83]

그러나 아이스킬로스는 테미스토클레스를 무조건 예찬하지는 않았다. 그는 희랍인의 전략의 기만성을 거듭 강조하고 있는데 이것은 '현명한 이중성'에 대한 예찬이라기보다 테미스토클레스의 간계에 대한 은근한 불쾌감의 표시라 보는 것이 옳을 것이며 그는 또한 아리스테이데스에 대해서도 응분의 찬사를 아끼지 않고 있으며 테미스토클레스와 오랜 적대관계에 있었던 알크메오니다이계의 페리클레스가 이 작품의 코레고스가 될 수 있었던 것도 이러한 이유 때문이라 할 것이다.

요컨대 이 작품은 주제의 선택, 내용과 표현, 발표시기 등으로 보아 테미스토클레스의 운명과 연관이 있는 것을 인정할 수가 있는 것이다. 그러나 위기에 처한 테미스토클레스를 구제하는 것이 이 작품의 프라이마리한 목적은 물론 아니라 할 것이다. 아이스킬로스와 테미스토클레스의 개인적 관계가 어떠했건 아이스킬로스 자신의 정치적 경향이 어떠했건 그는 무엇보다도 열렬한 반페르시아적 애국자이었다. 그런 뜻에서 이 작품은 반페르시아주의의 매니페스토라고도 할 수 있을 것이다. 그러나 그것만이 아닌 것이다. 아이스킬로스는 하나의 역사사실을 비극의 눈으로 보고 거기에서 초역사적 사실, '히브리스와 네메시스'라는 보편적인 생의 법칙을 제시하려 할 것이다.[84]

그리하여 「페르사이」는 경연에서 일등상을 획득했다. 그러나 테미스토클레스는 끝내 추방되고 만 것이다.

아이스킬로스와 테미스토클레스의 연관을 나타내는 또 하나의 작품은 「히케티데스Hiketides」이다. 이 작품은 종래 문장의 스타일로 보아 그의 현존 작품 중 최고의 것으로 간주되어 왔으나 1952년 이른바 옥시린쿠스의 발견으로는 그것이 463년 봄에 상연된 것이라 일반적으로 인정되고 있다.[85]

이 작품의 줄거리는 대충 다음과 같다. 이집트왕 다나오스와 그의 딸 50명이 왕위를 뺏은 4촌 아이기프토스의 아들들의 결혼 강요를 피해 아르고스에 당도한다. 그녀들은 조상 이오와 아르고스와의 연고를 들어 아르고스왕 펠라스고스에 대해 망명과 보호를 탄원한다. 펠라스고스는 단독으로 결정을 내리지 못하고 아르고스의 민중에게 가부를 물은 후 민중의 결정에 따라 이집트와의 일전을 무릅쓰고 타원자의 수용을 결정한다. 추격해온 아이기프토스의 아들들이 그녀들을 돌려 줄 것을 요구하나

83 Hdt, Ⅷ, 109.3; Aes. Per. 809~812.

84 본서 제1장 및 제3장 참조.

85 나일강의 Oxrhynchus에서 희랍비극작품 다수를 포함한 1,200개의 Papyrus가 출토되었다. 이 가운데에 아이스킬로스의 Danaid 3부작(Hiketidea, Aigyptai, Danaides 및 Satyros 극 Amymine)이 1등상, 소포클레스가 2등상, 메사토스가 3등상을 획득했다는 기록리 남아 있으나 상연일자에 관한 부분이 다음과 같이 결손되어 있다. επι αρ [ ]. 이 결손부분의 해석에 대해 ar[chon……]이라는 추측하는 견해도 있으나 그보다는 ar로 시작되는 archon의 이름이라는 견해가 유력하다. 그런데 플루타르코스에는 Apsephion의 아르콘의 해(486/5)에 소포클레스가 최초로 참가한 경연에서 1등상을 얻어 아이스킬로스에게 승리했다는 기록이 있는데(Plut, Cimon 8.8) 그것은 468년의 일이므로 Danaid 3부작은 468년 이후에 공연되었을 것이다. 468~456년간 ar로 시작되는 아르콘은 archedemides(464/3)이며 따라서 Hiketides는 463년 봄에 상연된 듯한 것이다(cf. G,F, Hill, Source for Greek History, 1957; p.397. J.A. Davision, op. cit. 95). 단 464년의 Hiketides 상연은 재연이라는 설도 있으며 아이스킬로스 사후의 공연이라는 설도 있다(H.J.Rose, Handbook of Greek Literture, 1961m 149, note 63& 422).

왕은 이를 거절, 어두운 재앙이 예고되면서 연극은 끝난다.

망명자들이 아르고스인에게 받아들여진다는 이 얘기는 아테나이를 추방당한 테미스토클레스가 아르고스에 의해 수용되었다는 사실과 매우 유사하다 할 것이며 따라서 아이스킬로스가 이 작품을 쓰게 된 것도 테미스토클레스의 아르고스정책 내지 테미스토클레스 자신의 운명과 밀접한 관련이 있다는 설이 유력한 것이다.[86] 투키디데스에 의하면 472년 주로 반스파르타파라는 이유로 아테나이에서 추방당한 테미스토클레스는[87] 아르고스로 가서 그곳에서 망명이 허용된다. 그러나 스파르타인은 파우사니아스의 페르시아 내통 사건의 조사의 결과 테미스토클레스도 공범인 사실이 드러났다고 주장, 아테나이가 그를 처벌할 것을 요구해 온다. 아테나이는 이를 수락, 포리捕吏를 페르시아인과 함께 아르고스로 파견하여 그를 발견하는대로 연행할 것을 명령한다. 이러한 움직임을 알게 된 테미스토클레스는 펠로폰네소스를 벗어나 케르키라에 피신했다가 다시 여러 곳을 전전, 마침내 몰로소스의 아드메토스왕에게 망명을 요청한다. 망명은 허용되나 아테나이와 스파르타의 포리가 도착하여 신병인도를 요구하나 아드메토스는 이를 거절, 테미스토클레스의 희망대로 피드나까지 호송하였다는 것이다.[88] 투키디데스의 이상과 같은 기술은 디오도로스와 플루타르코스의 기술과 부분적으로 차이가 있으나 대체의 줄거리는 동일하다.[89]

이 작품과 테미스토클레스와의 관련을 주장한 설은 이미 1921년 까봐이약에 의해 제창되었다. 그는 이 작품에서 아이스킬로스가 탄원자들의 신병 인도를 거부한 아르고스인을 명백하게 찬양하고 있는 점을 들어 아르고스인의 탄원자의 수용은 이 작품의 한낱 에피소드가 아니라 중심적인 문제라 주장했던 것이다.[90] 그러나 최근에 이 작품과 테미스토클레스 및 그의 아르고스정책과의 관련을 가장 명백하게 논술하고 있는 것은 포레스트이다. 그는 「히케티데스」의 주제는 아르고스의 딜레마, 즉 전쟁의 위험을 무릅쓰고 탄원자들을 받아들여야 할 것인가 하는 문제에 있다고 지적하고는 "470년에 아르고스는 동일한 현실적인 딜레마에 직면했다. 연극에 있어서와 같이 아르고스는 동일한 현실적인 딜레마에 직

86 물론 이 연극의 소재는 신화에서 유래된 것이며(Hdt. VI,55) 6세기 전반 「다나이오스의 딸들」이라는 서사시도 있었으며 프리니코스도 같은 소재로 비극을 작성한 것으로 알려져 있다.

87 디오도로스는 테미스토클레스가 추방당한 경위를 다음과 같이 말한다. "스파르타인은 다음과 같이 테미스토클레스의 모반을 고발했다. 즉 그는 파우사니아스의 친구이며 양자는 크세르크세스에게 희랍을 팔아넘길 것에 합의했던 것이다라고. 그리고 또한 스파르타인은 스파르타의 적들과 상의하였으며 그들에게 돈을 주었다……. 테미스토클레스는 고발되었으나 곧 방면되었으며 방면 후 그의 인기가 상승하자 이를 시기하는 자들이 그의 공헌을 잊고 그의 세력과 명예를 실추시킬 것을 기도했다."(17, 54, 55) 추방후의 테미스토클레스에 대해서 디오도로스는 55장에서 다음과 같이 말한다. "테미스토클레스는 추방되어 아르고스로 갔다. 이 소식을 들은 스파르타인은 다시 사절을 아테나이에 보내어 테미스토클레스와 파우사니아스의 공모를 고발하여 테미스토클레스를 헬레네스동맹회의의 재판에 회부할 것을 요구했다……. 그들은 테미스토클레스 자신이 행한 자기변호를 고발의 증거로 내세웠다. 즉 아테나이에서 그가 자신을 변호할 때 파우사니아스가 모반을 제의하는 서한을 받았음을 시인했으며 그가 파우사니아스의 요구를 거절하지 않았더라면 파우사니아스가 그에게 그러한 요구를 하지 않았을 것이라고 하는 그의 주장을 증거로 삼았던 것이다."

88 Thuc. 1. 135~136.

89 디오도로스의 기술이 투키디데스와 다른 점은 첫째로 테미스토클레스가 자기변호를 행했다는 기술이며, 둘째로는 스파르타인은 테미스토클레스를 두 번 고발했다는 사실이며, 셋째로는 스파르타인은 아테나이 내의 반테미스토클레스파와 접촉하여 그들에게 돈을 주었다는 사실이다(주 87 참조). 한편 플루타르코스의 기술이 전기 양자와 다른 점은, 첫째로 테미스토클레스에 대한 아테나이의 고발자의 이름(Argaule구의 Alcmeon의 아들 Leobotes)이 명기되어 있는 점(Them. 23. 1), 둘째로 파우사니아스의 테미스토클레스에 대한 접근을 테미스토클레스의 추방 후로 하고 있다는 점(Them. 23. 2), 셋째로 테미스토클레스가 아르고스에 망명 중 "여러 가지 훌륭한 행위로 큰 명예를 누리면서 살았다"Them. 8. 2)고 하고 있는 점이다.

90 C. Cavaignac, "Eschyle et Thémistocle", Rev. de philologie 45(1921) 103~104.

면했다. 연극에 있어서와 같이 아르고스는 스파르타와의 전쟁, 나아가서는 키몬의 아테네와의 전쟁을 무릅쓰고 탄원자인 테미스토클레스를 받아들였다. 따라서 「히케티데스」는 정치적 연극임이 분명하다"라고 하고는 "605~624행(아르고스의 인민들이 민주적 방식에 의해 다나오스의 딸들의 망명허용을 결정하는 얘기)의 민주적인 아르고스에 대한 찬양은 어떠한 신화적인 상황과는 무관하며 그것은 460년대의 정국과 밀접한 연관을 가지며 특히 그것은 급진파들의 테미스토클레스에 대한 수용과 지지를 찬양하는 것이다.[91] 라고 하여 아이스킬로스를 테미스토클레스와 함께 급진민주파로 간주하고 있다. 그뿐 아니라 포레스트는 이 작품을 5세기 초엽의 아테나이의 대아르고스정책변화의 증거로 삼는 것이다. 즉 461년 친스파르타파의 지도자인 키몬이 실각한 직후 아르고스와의 동맹이 체결되었으므로 동맹안은 이미 키몬의 세력이 쇠퇴하기 시작한 465년경부터 추진되었을 것이며 따라 「히케티데스」는 464~463년의 민주파의 공공연한 정책을 반영하고 있다는 것이다. 그리고 또한 254~259행에서 다나오스의 딸들이 펠라스고스의 지배영역이 전희랍에 미쳐 있다고 대답하는데 이것은 스파르타에 대립하는 아르고스의 전펠로폰네소스, 나아가선 전희랍에 대한 지배권의 정당성을 아이스킬로스와 민주파가 지지하고 있음을 나타내는 것이라 주장하는 것이다.[92]

그러나 「히케티데스」를 테미스토클레스와 아르고스와의 관계라기보다는 이나로스[93]와 아테나이의 관계로 보는 설도 있다. 즉 귈케Gülke는 467년에서 458년간의 아테나이의 대외활동이 「히케티데스」에 반영되어 있다고 전제하고 다나오스의 딸들이 펠라고스왕에게 구원을 탄원한 것은 이나로스의 부하가 아테나이에 대하여 정의는 그들에게 있으며 부당하게 억압당하는 자를 돕는 것은 강자의 의무라고 하여 원병을 요청한 사실을 반영하는 것이며 페라고스왕이 결전을 주저하는 것은(324, 358, 379f, 491, 439ff) 페르시아의 적대감정의 재연을 경계하는 아테나이의 태도를 반영하는 것이라 말하고 있다.[94] 살라니트로G. Salanitro는 「히케티데스」가 이나로스사건을 다룬 것이라는 점에서 귈케와 같은 입장이면서 그 해석에 있어선 상반된다. 즉 이 작품에는 희랍인의 족외혼에 대한 이집트인의 동족혼, 아르고스의 민주정에 대한 이집트의 전제군주정에 대한 규탄이 표명되어 있는 점에서 반이집트 감정이 넘쳐 있다 할 것이다. 따라서 이 작품의 근본 취지는 이나로스의 구원요청을 거부하도록 아테나이정책을 결정케 하는데 있었으며 아이스킬로스가 이집트 원정을 민주파 특히 상인과 테타이Thetai계급의 경제적·정치적 이익을 추구하는

91 W.G. Forrest. "Themistocles and Argos"C.Q.n.s. 10(1960) 239~240.

92 이 점에 관해서 Gülke는 펠라스고스의 영역은 스파르타에 대한 아르고스의 주장에 대한 지지라기보다 "아테나이인이 그의 동맹국의 도움과 아르고스와의 연합으로 아테나이의 세력의 확장에 함께 학를 요구하는 것을 의미한다"라고 하여 이는 아테나이의 제국주의적 팽창의 야욕에 대한 지지를 의미하는 것이라 생각한다. C. Gülke, "Mythos und Zeitgeschicht bei Aischylos" Beiträazeur Klassischen Philogie 31(Meisenheim 1969) 69.

93 투키디데스는 Inaros사건에 관해 대충 다음과 같이 기술하고 있다. 525년 페르시아왕 다레이오스에 의해 정복된 이집트는 다레이오스 사망 직후 반란을 기도하고, 크세르크세스왕 사망 후 다시 반란을 기도한다. 즉 459년 리비아왕 Inaros는 페르시아의 Atharxerxes에 대하여 봉기하여 이집트의 태반을 페르시아로부터 이반시키고 아테나이에 대하여 원병을 요청한다. 아테나이는 페르시아 타도를 목표로 동맹제국의 세력을 합한 200척의 함대를 파견, 나일 하구(河口)를 제압하고 멤피스를 장악한다. 그러나 456년 Megabyzos가 대군을 이끌고 이집트에 당도하여 반란군과 동맹군을 격파하고 Inaros를 사로잡아 처형한다. 아테나이는 다시 동맹군의 군선 50척을 증파하거나 페르시아군에게 궤멸됨으로써 6년간의 싸움이 끝나는 것이다. Thuc. 1. 104, 109.

94 C. Gülke, op. cite.

「제국주의적 정책」이라 보기 때문에 아이스킬로스의 정치적 성향은 '본질적으로 반민주적이며 보수적'이라 규정하는 것이다.[95]

그러나 포들레키는 아테나이의 이집트 원정은 「히케티데스」에서보다 오히려 「에우메니데스」에서 보다 명백히 나타나 있다고 본다. 즉 오레스테스는 아테나 여신에 대하여 아르고스가 아테나이의 영원한 맹우盟友로 남을 것이라 말하고 "여신이 리비아에서…… 맹우를 도우고 있을지라도 자기를 구원해 줄 것을 기원"(Eum. 292~5)하고 있는데 이것은 이나로스의 반란군을 돕고 있는 아테네의 군대를 가르키고 있음이 분명하다는 것이다.[96]

「히케티데스」와 실제정치와의 관계에 대해서 이렇듯 설이 구구하다. 그러나 이나로스사건과의 관련을 주장하는 설은 연대적인 면에서 납득성이 부족한 듯하다. 왜냐하면 투키디데스에 의하건대 그 사건은 458년의 일인 듯한데 「히케티데스」의 상연은 462년임이 거의 명백하기 때문이다. 더욱이 462년의 상연을 재연이거나 아이스킬로스 사후의 상연이라는 설[97]이 있으며 나아가서는 이전 아이스킬로스가 친아르고스정책을 지지하기 위하여 완성했던 것을 그 후 반아르고스파의 우세로 발표를 미루어 오다가 463년에 비로소 상연하게 되었다는 설[98]까지 있는 것이다. 이 작품으로서 아이스킬로스를 급진파나 보수파로 단정하는 것은 지나친 일일 것이나 이 작품이 친아르고스적 분위기가 농후한 것은 사실이며 아르고스와 테미스토클레스와의 관계를 연상시키는 것도 사실일 것이다. 투키디데스에 의하면 아르고스 망명 중 테미스토클레스는 "펠로폰네소스반도의 여러 곳을 방문했다"고 하는데 그 방문 목적은 펠로폰네소스 내의 반스파르타세력의 규합에 있었을 것이며 당시 엘리스와 만티네이아는 아르고스와 연합하여 민주적 헌법을 제정했는데 이 역시 테미스토클레스의 이면 공작에 의한 것이라고 추측할 수 있는 것이다.[99] 그것이 사실이라면 스파르타는테미스토클레스의 신병에 관해 모종의 요구를 했을 것이 분명하며 아테나이도 그에 동조했을 것이다. 아무튼 아르고스는 스파르타와 아테나이의 압력을 받으면서도 테미스토클레스를 보호하고 그의 활동에 대해 안전과 편의를 제공한 것이 사실이며 아이스킬로스는 아르고스의 민중이 전쟁을 무릅쓰고 망명자를 보호한 얘기로서 수년 전 아릇고스인의 테미스토클레스에 대한 행위를 상기시킨 것이라 추측하는 것은 황당하다 할 수 없을 것이다.

그렇기는 하나 이 작품에는 테미스토클레스와 아르고스의 관계를 말해주는 명백한 언급이 전혀 없고 또한 산실散失된 3부작의 나머지 줄거리 즉 아르고스는 결국 다나오스의 딸들을 아이기프토스의 아들들에게 넘겨준다는 것과 테미스토클레스의 운명과 반드시 일치하지 않는다는 점에서 이 작품을 테미스토클레스 옹호를 위한 정치극이라 단정할 수는 없을 것이다. 하지만 이 작품이 아르고스의 민중에 의한 탄원자의 수용 결의 과정은 희랍 민주정의 양상을 뚜렷이 반영하고 있음은 틀림없는 사실이라 하겠다.

---

95 cf. A. J. Podlecki, "Politics in Aeschylus Supplices", Classical Flora 1, 68.

96 ibid.

97 H.J. Rose, Handbook of Greek Literature(1961), 149, note 63 & 4222.

98 A. Diamanantopoulos, "The Danaid Tetratogy of Aeschylus". JHS 77(1957), pp.220~229.

99 Strabo, 8.3. 336~337;Diodolos 11.54.1; cf. A. Andrews, "Sparta and Arcadaia in the Early Fifth Century" Phoenix 6(1952), 2~3.

4. 아이스킬로스와 데모크라티아

「히케티데스」에 나타난 한 가지 중요한 특색은 왕과 왕정의 모습이 미케나이시대의 왕정에 관한 일반의 통념과 적이 거리가 있다는 점일 것이다.

왕이 처음 등장할 때 다나오스의 딸들은 왕에 대하여 당신의 신분이 무엇이냐고 묻는다(248). 그는 일반시민과 외견상 차이가 없는 차림이었음이 분명한 것이다. 탄원자들의 보호의 요청을 받자 왕은 이집트와의 전쟁을 무릅쓰고 탄원자들을 받아들일 것인가 혹은 그녀들의 애소哀訴를 묵살함으로써 신의 법을 유린할 것인가 하는 딜레마에 빠진다. 왕은 스스로 "나로서는 우선 모든 시민에게 이 일을 밝혀야 하며 그렇지 않고서는 분명한 약속을 할 수 없다"(365)고 대답한다. 그녀들이 "당신이 곧 국가가 아닙니까. 군주는 비판을 받지 않으며 신들의 제단이나 국토의 화로火爐도 오직 당신의 판단에 의해 다스려지는 것입니다"라고 군주왕의 절대성을 강조하자 그는 그것을 부정은 않으면서도 "나는 국민을 떠나서 행동할 수 없다……위험 없이는 나는 그대들을 도울 수 없으며 나는 어찌할 바를 모르겠으며 두려움에 떨 뿐이다"(379~380)라고 고백한다. 왕의 우유부단에 초조해진 나머지 '신의 편에 서서' 결단을 내리도록 그녀들이 촉구를 해도 왕은 여전히 "선택은 용이하지 않다. 나를 심판인으로 만들지 말라. 나는 시민과 협의 없이는 아무 일도 할 수가 없다. 비록 내가 통치자이기는 하나……"(379~399)라고 망설일 뿐이다. 마침내 그녀들이 목을 매어 자결하겠다고 위협을 하자.

> 아! 너무나도 답답하고 어려운 처지. 강물과 같이 온갖 화가 밀어닥쳐 끝이 없는 재앙의 대해大海.
>
> 건널 길 없는 바다 속에 발을 넣었다. 화를 피할 항구는 보이지 않는 것이다.

라고 영탄詠嘆을 하고는 신에게 구원을 기원하는 자가 있음을 민중(데모스)에게 알려 그들의 동정을 사도록 하기 위해 유목幼木의 가지를 신단에 바치도록 그녀들에게 권한다. 그러고는 "그렇게 함으로써 데모스는 왕의 말을 함부로 배척하지 않게 될 것이다. 왜냐하면 데모스는 통치자를 비판하기 쉬운 것이기 때문에"(485)라고 첨언하는 것이다.

왕은 여인들에 의해 신분을 밝힐 것이 요구되자 자신이 통치자임을 밝히지만 막상 문제에 부딪치자 자주적인 통치자가 아님이 밝혀지는 것이다. 공동체 전체(To koinon)에 관해선 어떤 문제든지 '모든 민중'에게 상의하며(369) 통치자이면서도 민중과의 상의없이는 아무 행동도 취하지 못하는 것이다(398).

그가 결정을 하지 못하는 이유는 주로 그의 지위 즉 국가의 헌법 때문이다. 그는 국민의 지도자이며 국민은 그의 충고를 따르게 마련이다. 그러나 국민의 승인없이는 그는 무력한 것이다.

그리하여 여인들의 운명은 아르고스의 민회에 맡겨진다. 민회에서는 왕의 설득이 주효奏效하여 민중은 만장일치로 탄원자들을 받아들일 것을 승인하는 것이다.

민회나 법정에서의 왕의 임무는 외국인을 위하여 변론하는 시민의 임무와 같다. 그는 그녀들의 prositates(대변자)인 동시에 그녀들의 운명의 보호자요 친구(proxenos)이다. 그는 민중의 동의를 얻기 위해 그들을 때로는 지도하고 때로는 설득하고 달래는 변론가요 데마고고스이기도 하다(615f, 623f). 그는 민중의 약점을 지실知悉하고 있다. 즉 민중은 남의 허물을 캐는 것을 좋아하며(485) 긴 연설을 싫어한다는 것이다(273). 그리하여 다나오스에게 민중의 호의를 얻는 방법을 가르쳐 주며(518ff) Peitho(설득)와 Tyche(행운)가 도와야 한다고 일러 주는 것이다(523).

그가 가장 두려워하는 것은 전쟁의 위험이다. 그것은 폴리스가 가장 바라지 않은 바이기 때문이며(365ff). 그 자신 민중으로부터 '외국인을 위하여 폴리스를 파괴했다'는 비난을 듣는 것을 가장 꺼리기 때문이다.

이러한 왕의 모습은 전설시대의 전제적인 군주가 아니라 민주정시대의 정치적 지도자의 모습을 방불케하는 것이다. 물론 「히케티데스」엔 Boule나 그 밖에 민주정하의 기구에 대한 언급이 없으며 전설 속의 왕을 민주정하의 관리와 완전히 동일시할 수 없을 것이다. 그러나 아이스킬로스는 전설 속의 국가를 가능한 한 당시대적인 색깔로 그리려 노력한 것은 사실이며 여기 그려진 통치자도 민중의 결정을 따르며 변론으로 민중을 지도하는, 군주정과 적이 대척적인 성격임은 분명한 사실이라 할 것이다.

더욱이 주목할 것은 민중의 결의에 이르는 과정의 양상이다. 이것은 민주적·법적 회의의 진행과정을 그대로 반영하고 있는데, 이 점에 있어서 에렌버그는 「히케티데스」가 희랍 민주정의 기원을 말해 주는 최초의 증거가 된다는 주목할 소론을 주장하고 있다.[100]

에렌버그는 헌법이나 제도는 어떤 강력한 권력자에 의해 부여되는 경우가 아니라면 그 기원을 명확히 알 수 없는 것이며 굳이 그 기원의 가능성 있는 날짜를 찾다면 그것은 당대인들이 그 제도에 대한 최종적인 명칭을 부여한 순간일 것이다. 즉 민주정의 경우 국민들이 당시에 존재한 제도를 민주정이라 지칭할 때 민주정은 존재한 것이라 할 수 있다고 전제한다. 그리고는 「히케티데스」에 나타나는 민중의 투표방식이 민주정적임을 다음과 같이 논급한다. 즉 모든 문제는 국민의 의사에 의해 결의되는데 그 결의를 표현하는데 있어 투표에 쓰이는 돌을 뜻하는 psephos란 말도 나오나[101] 거수투표keirotonia에 의한 것이 일반적이다.

희랍의 민회의 투표방법은 비밀투표의 경우에는 (투표석)에 의하나 그 외의 경우엔 거수투표에 의한다. 이 제도는 반드시 민주정하에서만 실시되는 것이 아니라 할지라도 왕정하에서는 특수한 경우(법정의 형식적인 결정의 경우)를 제외하고는 사용하지 않는다. 따라서 공개거수투표는 민주정하의 민회에 있어서의 관리선거나 민중 법정의 판정에 있어서의 필수적인 투표제이다. 「히케티데스」에 있어서 keirotonia는 시민들이 그들의 의사 즉 시민의 지배적인 거수demou kratousa keir를 표현하는 방법

100 V. Ehrenberg, "Orgin of Democracy", Historia Heft 4(1950), 515~537.

101 δήμου δέδοχται παντελή ψηφίςματα(606), φήφος 'ΑρΥείων(739) etc.

이다. 탄원자들이 민회에서 돌아온 다나오스에게 민중의 의견의 결과를 묻자 그는 "전시민의 연설을 들은 민중은 "전령의 말을 기다리지 않고 손을 들었다"(621)라고 전하는 것이다.

이 거수의 표현은 인민의 지배 democratia를 의미하는 것이라 할 것이며 이 구절만으로도 Democracy란 말과 개념을 아이스킬로스가 익히 알고 있었음을 말해 주는 것이라 할 수 있다. 아이스킬로스가 추상명사인 democratia란 말을 알고 있었는지 혹은 단지 demos kratei 즉 데모스가 지배권을 행사하는 국가형태를 가리키는 말(동사구)만을 알고 있었는지 분명치 않으나 상기 두 가지 말은 본질적으로는 동일한 것이며 아이스킬로스도 동일한 뜻으로 알고 있었을 것이다. 말하자면 아이스킬로스는 democratia라는 개념이 형성되고 그러한 표현이 나타나지 않고서는 demoi kratousa keir, demos kratenon이란 표현을 쓰지 않았을 것이며 그뿐 아니라 「히케티데스」에는 데모스의 권력을 (군주)의 권력과 대조시키고 그 밖에 monarchia란 말도 사용하고 있는 것이다(881).

다음으로 그는 445~428년간에 집필된 것으로 생각되는[102] 헤로도토스의 「히스토리아이」에 나타나는 데모크라티아의 개념과 아이스킬로스의 그것을 비교하고는 표현상 아이스킬로스가 헤로도토스보다 이른 단계의 민주정을 반영하고 있으나 양자가 말하는 제도에는 차이가 없으며 그들은 동일한 모델 즉 클레이스테네스에서 페리클레스 사이의 아테나이의 민주정의 모습을 나타내고 있다고 말한다.

끝으로 그는 「히케티데스」의 상연연대를 490년대로 잡고 이 작품이 당시의 아테나이에 알려진 '민주주의의 개념'의 문서화된 증거로 간주하며 그러한 뜻에서 민주정의 기원을 나타내는 중요한 의의를 지닌 것이라 결론하는 것이다.

이상과 같은 에렌버그의 이론, 특히 데모크라티아란 표현(명명)은 그 개념과 제도의 완전한 전개를 반영하는 것이라는 주장은 적이 설득성이 있는 것이라 할 것이다. 그러나 민주정의 개념을 클레이스테네스의 개혁의 직접적인 결과로 보고 작품의 발표연대를 490년대로 잡은 것은 수정이 불가피함은 물론이다. 그것은 오늘날 옥시린쿠스의 공간公刊을 통해 460년경을 상연연대로 보는 것이 일반화되었기 때문이기도 하거니와 그가 설정한 490년대는 민주정이 완전히 전개되었다고 하기엔 너무 시기가 이르기 때문이기도 하다. 민주정은 클레이스테네스개혁과 더불어 시작되어 페르시아전쟁 후 보다 진전되어 마침내 460년대에 개념화 되었다고 보는 것이 자연스러운 것이라 생각되기 때문이다.

물론 「히케티데스」를 정치적 알레고리로 보는 견해에 대한 신랄한 비판도 여전히 존재한다. 키토는 "이 작품에서 당시의 민주정의 소박한 모습을 본다든지 아르고스적 방식에 대한 어떤 막연한 천미를 본다는 것은 그릇된 판단이다"[103] 라고 하고는 이 작품의 중심은 어디까지나 펠라스고스왕의 비극적 행동이며 아이스킬로스는 펠라스고스왕을 두 개의 악 가운데 택일케 하는 심각한 처지에 몰아넣고 있으며 왕이 고민과 망설임 끝에 "결정을 국민에게 맡기는 것은(민주정의 반영이 아니라) 딜레마

102 Historiai의 상재(上梓)에 대해서는 여러 가지 설이 있으나 Ehrenberg는 A. Kirchoff의 설(Die Entstehungzeit des Herodoteschen Geschichtswerkes)을 취하고 있다.

103 H.D.F. Kitto, The Greek Tragedy(London, 1950), p.10.

의 심각성을 강조하기 위한 연극적 수단에 불과"[104] 하며 그러한 점에서 에우리피데스의 「히케티데스」의테세우스와 동일한 입장이라고 말하는 것이다.

「히케티데스」는 아이스킬로스의 다른 작품과 같이 정치적 견해의 표명이 주목적이거나 유일한 목적은 아니었을 것이나 그것이 여실히 표현되어 있음은 무시할 수 없을 것이다. 이 작품의 목적이 키토의 말과 같이 극한 상황에 처한 왕의 고민과 그 비극적 행동을 그리는 데 있었다 하더라도 최후의 결정을 아르고스 민주정에 두고 있음을 간과할 수 없기 때문이기도 한 것이다.

그리고 이 작품에 대한 에렌버그의 설을 받아들여 이것이 아테나이 민주정의 최초의 표현이라 하고 그 연대를 462년이라 한다면 그것은 에피알테스 개혁과 시기적으로 비슷하다 할 것이다. 말하자면 아테나이인이 생각하는 진정한 민주정의 역사는 에피알테스 개혁과 더불어 시작한다는 말이 되는 것이다. 그리하여 아이스킬로스는 에피알테스의 개혁이라는 중요한 정치적 사건을 자기의 또 하나의 작품 「에우메니데스」에서 반영하게 되는 것이다.

5. 아이스킬로스와 에피알테스

「오레스테이아」 3부작 중 「에우메니데스」는 아이스킬로스의 정치적 견해가 표명된 대표적인 작품으로 오랫동안 거론되어 왔다. 왜냐하면 페르시아 전쟁 후 국내정치의 가장 중요한 쟁점은 아레이오스 파고스 회의의 권한에 관한 것인데 이 작품은 462/1년의 에피알데스개혁의 결과라 할 동회의의 직능을 반영하고 있기 때문이다. 「에우메니데스」의 줄거리는 다음과 같다.

친모 살해를 범한 오레스테스는 복수의 여신Erinyes들에 쫓겨 델피의 아폴론 신전에 온다. 오레스테스를 보호하는 아폴론과 그를 쫓는 에리니에스는 다같이 정의의 여신(디케)에 호소하여 자기들의 정당성을 주장한다. 그리하여 심판은 아테나이의 수호신 아테나이에 위임된다. 아테나는 이 문제를 다룰 특별 법정을 아레이오스 파고스에 개최할 것을 선언한다(「히케터데스」에선 결정을 민회에, 여기선 아레이오스 파고스에 위임하는 셈이다). 그리하여 연극의 중심은 재판의 진행과정이 된다. 먼저 아테나는 에리니에스와 오레스테스에 대하여 예비심판을 행하며(408ff) 양자는 각기 자기들의 입장을 진수란다(에리니에스 425, 오레스테스 463ff). 아테나는 마치 5세기의 아르콘과 같이 이 사건에 합당한 재판정을 설정하고 시민

104 ibid.

중 최상의 자 11명을 배심원으로 선정한다(579).

개정이 선언되자 먼저 원고인 에리니에스가 피고인 오레스테스에 대하여 반대심문에 나서 살인행위(568)와 살인방법(592)을 확인한다. 그러나 피고는 살인이 아폴론의 명령에 의한 것이라는 점에서 자신의 정당성을 주장한다(610, 612). 양자의 논쟁이 끝난 후 아테나는 판정을 배심원에게 위임하면서 배심원들은 "유혈사건에 관한 최초의 재판"(682)에 판결을 내리는 것이며 이 법정은 "아이게우스의 국민을 위해 영원히 재판을 행하는 장소가 될 것"(683~684)이라 선언한다. 아테나를 포함한 배심원의 투표의 결과 동수가 되어 재판 전의 약정에 따라 오레스테스는 석방된다. 에리니에스는 재판의 결과에 불만과 분노를 터뜨린다. 그녀들은 이미 재판 전에 디케를 얻지 못할 땐 아테나이인에게 화를 줄 것을 선언한 터이므로 그녀들이 분노를 진정시키지 않고서는 피의 복수의 연속을 끝낼 수 없다. 아테나는 그녀들을 무마하여 아테나이에 정주케 하고 '애우메니데스'(자비의 여신)라 부르게 한다. 피에는 피라는 디케는 새로운 디케의 개념 즉 법적 디케에 의해 대치됨으로써 연극은 끝난다.

458년에 상연된 이 작품은 수년 전의 애피알테스의 개혁을 다루거나 반영하고 있다는 점에 대해서는 이론이 없는 듯하다. 그러나 애피알테스의 개혁의 내용에 대해서도 이견이 있거니와 동 개혁에 대한 아이스킬로스의 태도나 그의 정치적 경향에 대해서도 의견이 구구하다.

일반적으로 애피알테스의 개혁은 아테나이 정치사에 있어서 온건민주정에서 급진민주정에의 전기로 인정된다. 즉 솔론에서부터 페르시아 전쟁 후까지의 정체는 온건민주정이라 할 수 있다. 그러나 464년의 스파르타에 대한 원병援兵사건을[105] 계기로 키몬 등 보수파는 타격을 입고 보수파의 거점이던 아레이오스 파고스는 살인사건재판 이외의 권한이 박탈당하며 그 사건을 계기로 급진민주정이 시작된다는 것이다.[106]

아이스킬로스가 에피알테스의 개혁을 「에우메니데스」에서 반영하고 있음은 다음과 같은 점에서 인정될 수 있다. 첫째로 그는 전승을 크게 수정하고 있는 점이다. 예컨대 전승에는 오레스테스의 모친 살해 후 오레스테스가 정화되는 데 있어 여러 가지 방식이 나타나 있으나[107] 아이스킬로스는 그러한 방식을 택하지 않고 아폴론신전에서 정화를 받게 하고는 아레이오스 파고스의 재판에 넘기는 것이다.[108]

105 464년 스파르타에 지진이 발생하자 해일로타이가 반란을 일으켜 이토메 산중에 농성을 한다. 반란진압을 위해 스파르타는 아테나이에 대해 원병을 요청한다. 에피알데스파의 반대를 무릅쓰고 키몬은 스스로 지휘관이 되어 이토메 작전에 참가한다. 그러나 작전이 장기화하자 스파르타는 도리어 아테나이군의 철병을 요구해 옴으로써 키몬은 면목을 잃어 결국 추방된다. 이것이 계기가 되어 스파르타와 아테나이의 관계는 악화하여 아테나이는 아르고스와 동맹을 체결한다. cf. Thus. 1. 102. 1~3_2; Plut. Cimon 16. 8.

106 Bengstone(Griechische Geschichte 1965) Hignett(op. cite) 등이 이러한 설을 대표한다. 그러나 소수의견이긴 하나 당시의 정치적 대외문제 즉 친스파르타주의와 반스파르타주의에 두고 Ephiales의 개혁을 반스파르타파의 친스파르타파 거세를 위한 정치적 연극이라는 설도 있다. R. Sealey, "Ephialte", Historiai 15(1966)s 269ff.

107 파우사니아스는 세 가지 방식을 제시하고 있다. 즉 (1) 오레스테스는 Laconia의 Gytheion 근방의 Zeus Kappotas라 불리는 바위위에 앉은 후 광기에서 깨어난다(Pausanias Ⅲ, 22. 1). (2) Megalopolos 근처의 Ake에서 자기의 손가락을 물어뜯음으로써 광기에서 깨어난 후 에리니에스에게 머리카락을 바친다(Ⅲ, 34. 2~3). (3) Artemis 신전 앞에서 9명의 트로이젠인에 의해 정화된다(Ⅱ, 31. 4).

108 전승에서 아레이오스 파고스가 살인법정으로 그려진 예가 없지는 않다. 우디세이아엔 군신(軍神) 아레스가 할리콘티오스 살해로 아레이오스 파고스에서 12신의 재판관에 의해 재판된다는 전승이 있으며(Ody, iii 306ff; Paus, Ⅰ, 28.5; Eur. Eie. 1258~60) 에우리피데스도 오레스테스가 12신 앞에 재판받는 모습을 그리고 있다(Or. 1643ff). 단 후자는 아이스킬로스의 예를 따른 것이었겠지만, 아무튼 아이스킬로스가 아레이오스 파고스의 재판의 장면을 최초로 창안한 것은 아니더라도 이 전승을 택하고 12신이 아닌 시민대표로 재판케 했다는 데 의의가 있는 것이다.

다음으로 3부작의 최초의 무대를 전승에 따라 미케나이나 스파르타로 하지 않고[109] 아르고스로 설정한 점이다. 이것이 아이스킬로스의 창안인지 아닌지는 알 수 없으나 아무튼 그가 아르고스를 선정했다는 사실은 의미심장한 것이다. 464년 아토메작전 철수 후 "아테나이는 스파르타와의 대페르시아동맹을 폐기하고 그들의 적이었던 아르고스와 동맹했다"[110]는 투키디데스의 기술과 같이 461/0년의 아르고스와의 동맹은 반스파르타정책의 일환이요 그것은 또한 에피알테스개혁의 일환이었기 때문이다. 그리하여 아이스킬로스는 이 작품에서 아르고스와의 동맹을 세 번이나 언급하고 있는데[111] 이러한 사실은 그가 아르고스동맹을 중시하고 이를 지지하는 것을 의미하는 것이라 보아야 할 것이다.

셋째로 아이스킬로스는 5세기 당시의 법적 절차를 그대로 그리고 있는 점이다. 그는 오레스테스의 살인재판을 아테나이 법정의 재판관의 규칙을 그대로 따르게 하고 있는 것이다. 즉 법정에선 배심원diakastai만이 판결하며 집정관은 논쟁자anakristos에 대하여 심판만 할 뿐 논고는 주지 않는다. 재판이 헬리아이아(집행관이 주재하는)에 넘겨지면 집행관은 단지 절차상의 문제에 한해 발언권을 가질 뿐인 것이다. 아테나는 이 집행관의 역할을 그대로 수행한다. 즉 그녀는 논쟁anakrisis 후 판결을 하지 않으며 배심원의 투표가 끝난 후 캐스팅 보트를 행사할 따름이다. 재판 중에도 681행을 제외하고는 운영절차에 관해서만 발언한다.

웨이드 게리는 주장하기를 「에우메니데스」는 아마도 에피알테스에 의해 수행되었으리라 생각되는 법정절차에 관한 최근의 개정을 반영하고 있다고 한다. 즉 아르콘의 권한의 제한(선고의 권한을 상실하고 단지

eisagoras 즉 어느 법정에 재판을 귀속시키느냐 하는 것을 결정하는 권한만을 갖게 하는 것)과 ephesis(법정이관) 즉 예비심판에서 법정(아르콘과 테스모테타이가 참석하는)으로의 이관제도가 그것이다.[112] 그리고 또한 그는 아테나가 개설한 것은 아레이오스 파고스가 아니라 헬리아이라고 주장하고 있는데 그것은 아이스킬로스가 급진파에 의해 이루어진 최근의 개혁, 즉 헬리아이아(민중법정)가 자동적인 ephesis의 창설로 중대한 법적 권한을 획득한 사실을 반영하고 있다는 것을 의미하는 것이다.

하긴 아이스킬로스는 의도적으로 당시의 법적 절차를 반영하는 것이 아닐지 모른다. 그로선 단지 당시의 관중에게 가장 친숙한 법정의 모습을 그렸을 뿐 다른 선택의 여지가 없었던 것인지도 모르기 때문이다. 그러나 그는 과거의 법적 절차에의 환원을 주장한 것이 아니라는 점에서 당시의 민주적 경향을 인용한 것이라 해야 할 것이다.

이상에서 본 바와 같이 「에우메니데스」는 당시의 정치·법적 상황을 반영하고 있음은 분명하지만 아이스킬로스가 어떠한 정치적 경향을 띠고 있었으며 당시의 정치를 어떻게 평가하고 있었는가에 대해선 의견이 일치하지 않는다.

109 호메로스는 아가멤논을 미케나이의 왕이라 하였으나(Od. 11. 304) Steischoros는 라케다이모니아왕이라 하고 있다(Paus 111. 19. 6).

110 Thuc. 1. 102. 4.

111 첫 번째는 재판에 앞서 아르고스의 왕위계승자인 오레스테스가 아테나에게 구제대가로 동맹을 제안하는 것이며(289), 두 번째는 아폴론이 아테나에 대하여 신의를 지켜 영원히 동맹자로서 신뢰를 할 수 있게 하기 위해 아르고스의 왕자를 보냈다고 설명하는 것이며, 세 번째는 오레스테스의 석방이 이루어진 후 아르고스는 절대로 아테나이에 침입하지 않을 것이라 맹세하는 것이다(762).

112 H.T. Wade-Gary, Essays in Greek History(Oxford 1958), 174~179.

「에우메니데스」에 대한 평가의 대립은 이미 19세기부터 나타나고 있는 데 19세기엔 대체로 아이스킬로스를 구아레이오스 파고스 지지자, 반민주적 보수파로 간주하였다.[113] 그러나 현재에는 그를 민주파의 개혁의 지지자로 보는 것이 지배적인 의견이다.

리빙스톤은 「에우메니데스」가 연극으로서 예술적 통일성을 완전히 결여하고 있다고 지적하면서 그것은 정치적 알레고리로 쓴 것이기 때문이라 주장한다. 그는 아폴론과 에리니에스의 대립을 급진파와 보수파의 대립으로 보여 아레이오스 파고스가 갖는 재판권은 에피알테스 개혁 후에도 유지되었던 권한이란 점에서 아이스킬로스가 민주파에 대해 동정 내지 지지를 표명한 것이라 한다. 단 그가 지지하는 민주파는 온건민주파이며 그것은 무통제나 포학한 전제정치에 대한 반대발언(689)에 나타나 있다는 것이다.[114] 아이스킬로스가 온건민주파 내지 정치적 중간파라는 설은 리빙스톤 외에도 베랄,[115] 톰슨,[116] 돋드즈[117] 등도 주장하고 있다.

그러나 도버는 696행의 무정부와 포학한 전제 상태를 피하라는 말이 아이스킬로스의 온건민주정 입장을 나타내는 것이라는 설을 반박하여 그것은 고대 희랍의 도덕일반의 기준에 입각하여 정치활동에 있어 폭력적인 과격한 행동보다는 신중한 절도 있는 태도를 권하고 있을 뿐이며 693행의 경고도 개혁의 추진에 대한 경고가 아니라 개혁파 내부에서 행해진 논리를 인용한 것에 불과하다고 하여 그는 어디까지나 급진개혁파의 지지자라 주장하고 있다.[118]

아이스킬로스가 당시의 정치적 상태를 의식적으로 반영하고 있는 것은 사실이며 특히 아레이오스 파고스회의를 에알테스개혁에 의한 법정으로 묘사하고 있는 점으로 보아 그가 그 개혁을 인용하는 것은 분명한 일이다. 그렇다고 해서 그거 아른바 급진파의 정책을 지지한 것이라 추측할 수는 없을 것이다. 왜냐하면 그는 그 개혁이 필요불가결한 유익한 개혁이라 생각했다고도 할 수 있고 반대로 그것이 하나의 불가피한 기정사실로서 소극적으로 용인한 것이라 생각할 수도 있기 때문이다.

따라서 그를 보수파나 급진파나 중간파라 규정짓는 것은 정당치 못할 것이다. 사실인즉 517행과 530행의 코로스의 노래에서 그리고 696행의 아테나의 연설에서 거듭 존경과 질서와 화합을 예찬하고 역설하는데 그것은 우익이나 좌익을 나타내는 정치적 슬로건도 아니요, 도버의 말과 같은 정치활동에 있어서의 신중한 행동의 권유도 아니요, 중간파라는 자

113 예컨대 K. O. Müller는 "아이스킬로스가 종교적으로나 정치적으로나 보수적이며 살인사건에 관한 아레이오스 파고스의 권위를 지키는 것이 그의 계획이 있을 것이라"고 하여 그가 에피알테스 개혁에 반대를 표명한 것이라 주장했다(Dissertation on the Eumenides of Aeschylus, Cambridge 1835, p.113). 단 Müller의 주장은 「Athenaion Politeina」의 발견 이전의 일이므로 그는 에피알테스 개혁의 시기를 알지 못했다. A. Sidwick도 아이스킬로스가 보수적 과두주의적 본능으로 에피알테스의 개혁에 대하여 페리클레스에 의해 이루어진 다른 입법에 대해서와 같이 당연히 반대했을 것이라 주장했다(Aeschylus Eumenides Oxford 1887. 25). 물론 19세기에도 아이스킬로스가 민주파지지자라는 견해를 표명한 학자도 없는 것은 아니다. B. Drake(Aeschyli, Eumenides Cambridge 1853), Bury가 그 예이다.

114 R. W. Livingston, "The Problem of the Eumenides of Aeschylus" JHS 45(1928).

115 A. W. Veral, The Eumenides of Aeschylus(London, 1908).

116 George Thomson, The Oresteia of Aeschylus(Cambrigge, 1938).

117 Dodds는 693행("흙탕물을 일으켜 물을 못마시게 하지 말라"는 아르콘 직(職)의 Zeugitai에 대한 개방에 대해 아이스킬로스가 반대하는 것을 나타내는 것이라 하고 있다. E. R. Dodds, "Notes on the Oresteia", Cla. Qua. n. 5. 3(1953); "Morals and polics in the Oresyeia", Proc. of the Cam. Phil. Soc. 186(1966), 19~31.

118 K. J. Dover "The Political Aspect of Aeschylus' Eumenides" JHS 77(1957) 233~234.

신의 위치의 정확한 표현Dodds도 아닐 것이다. 그는 국내의 정파의 대립과 지휘자 간의 상쟁이 비극적 낭비라 개탄하며 국가의 현상을 실현하는 방법으로서 양파의 화합을 도모하려는 이상주의자라 보는 것이 좋을 것이다.

「에우메니데스」의 종장에서는 아테나는 에리니에스를 무마하는 말에서 "전쟁은 대외적인 것으로 충분하며 국내의 싸움은 삼가라"(862~864) "대지가 시민의 검은 피를 삼키는 일이 없도록 하라"(976)고 충고한다. 이것은 패배한 보수파에 대해 변화된 정치상황을 수용할 것과 당쟁을 넘어서 아테나이에 대해 충성을 맹세할 것을 종용한 것이라 해석할 수 있을 것이다.[119] 사실인즉 투키디데스에 의하면 보수파는 민주파 분쇄를 위해 스파르타에 대해 원조를 요청했다는 것이다.[120] 따라서 "판결은 패배를 의미하거나 불명예라 할 수 없다"(795) "같은 새장 속에서의 새의 싸움은 부질없는 짓이다"(867)라는 말은 특히 보수파에 대하여 회합을 촉구하는 것이며 "온갖 재앙과 끊이지 않는 당쟁이 이 도시에 불타오르지 않게 하도록/복수의 살육으로 이 도시를 파멸케 하지 말기를/원컨대 서로 사랑하는 마음에서 기쁨과 슬픔을 함께 나누는 한마음 되기를"(977~979) 양파에 대하여 촉구하는 것이다. 그리하여 에루리피데스가 에리니에스를 단지 지하로 잠적시킬 뿐인데 비해 아이스킬로스는 그녀들을 에우메니데스(자비의 여신)로 만들어 안주할 사당을 마련하여 시민의 숭앙을 받도록 하는 것이다.

말하자면 아이스킬로스는 어느 한쪽을 강력하게 지지하는 것이 아니라 확고한 권위하의 평화로운 도시를 원하는 것이다. 따라서 그가 아레이오스 파고스를 살인 법정으로 그리는 것도 상징으로 선택한 것인 동시에 양파의 파쟁의 현실적 타협을 말해주는 훌륭한 상징라 생각한 것이다.

왜냐하면 아레이오스 파고스는 '부가적'이라 할 권한이 박탈당하는 일면[121] 살인법정이라는 고래古來의 명예와 국민의 법률적 보루라는 명예를 되찾았기 때문이다. 그렇기에 그는 "그것(아레이오스 파고스)은 보다 제한되었으되 원래의 권력과 권위를 보존하여야 한다"(693)고 주장했던 것이다.

따라서 궁극적인 화평을 희구했다는 점에서 그의 시대에 대한 관념은 정파적인 것을 초월하여 윤리적이며 도덕적인 것에 이른 차원 높은 것이었다 할 수 있을 것이며 그러한 의미에서 급진파의 영수요 아테나이 제국주의 내지 펠로폰네소스전쟁의 상징적인 존재인 페리클레스에 대해 그가 어떠한 태도를 지녔는가를 우리는 충분히 짐작할 수 있는 것이다.

---

119 W. Müllendorf는 이 말을 에피알테스의 암살에 대한 급진파의 보복을 말리는 말이라 해석하며 (Aeschylus Interpretation) Podlecki도 같은 의견을 말하고 있다(Polit. Backg. of Aesch. Tra. p.91).

120 Thuc., Ⅰ. 107. 4.

121 Arist., A. P. 25. 2.

6. 아이스킬로스와 페리클레스

472년 봄「페르사이」가 상연될 때 페리클레스가 그 코레고스를 담당했다. 아이스킬로스와 페리클레스는 다같이 친테미스토클레스적 입장이었다는 점에서 양자의 결합은 자연스러운 일인 것 같이 보인다. 그러나 페리클레스가 정계에 등장하게 된 것은 463년 키몬에 대한 고발을 통해서 이며[122] 그 후 그는 곧 스트라테고스로 피선된 듯하다. 따라서 472년 당시 그는 크산티포스의 아들이라는 점 외에는 아무것도 알려지지 않은 연소한 무명의 청년이었을 것이다. 그러한 청년이 어떻게 아이스킬로스의 코레고스가 되었는지 알 길이 없다. 추첨의 결과였는지 모르나 그렇다고 한다면 그것은 적이 훌륭한 추첨이었다 할 것이다.

463/2년 에피알테스가 정권을 장악할 때의 페리클레스의 역할은 분명치가 않다. 아레이오스 파고스회의에 대한 개혁의 입안자는 에피알테스와 아르케스트랄로스Archestralos라고 하나[123] 개혁에 페리클레스가 협력한 것은 사실인 듯하다.[124] 아마도 당시 무명의 아르케스트랄로스가 페리클레스를 대표한 듯한데[125] 그때 페리클레스는 스트라테고스로서 국외에 출정出征중이었는지 모른다.[126]

에피알테스 일파의 신정권의 최초의 행동은 페르시아에 대한 전쟁준비이었다. 그것은 두 가지 이유 때문이었을 것이다. 즉 페르시아적인 키몬 일파를 신정권에 동조시키기 위해서이며 그리고 도한 공세貢稅를 납부한 동맹국들의 불만을 무마하기 위해서이었을 것이다. 동방작전은 처음엔 소규모였으며 레반트에 출병했을 때 페리클레스는 50척, 에피알테스는 30척의 군선으로 출병하였었다.[127]

그러나 461년 에피알테스 암살사건이 발생함으로써 정국은 새로운 단계에 들어간다. 암살자는 분명치가 않다. 아리스토텔레스는 타나가라의 아리스토디코스Aristodicos란 자라고 하나[128] 이도메네우스는 암살의 막후 인물은 페리클레스의라 말한 것으로 전해진다.[129] 사실 여부는 고사하고 에피알테스의 사후 페리클레스는 민주파의 제1인자가 되어 '민주정하의 1인지배'를 행한다. 동방정책은 적극화 하고[130] 펠로폰네소스 동맹에 대해서도 적극적으로 대처하게 되는 것이다.

475년 타나가라 해전 후[131] 아테나이는 내외적으로 심각한 곤경에 처하게 된다. 동맹군이 이 싸움에서 상당한 피해를 입었을 뿐더러 예상되

---

122 Plut. Cim. 14; Per. 10; Arist. A. P. 27. 1.

123 Arist. A. P. 35. 2.

124 A. P. 27. 1; Polit. 127a7.

125 Plut, Per. 7.

126 Plut. Cim. 13.

127 ibid.

128 A. P. 25. 4.

129 Plut. Per. 10. Idomeneus(c. B.C.325~B.C.270) Lampsacos인으로 Epicuros파 학자이다.

130 459년 200척의 대함대가 키프로스에 파견되며 이 함대는 그 후 아나로스를 구원하기 위해 이집트로 진군한다(Thuc. 1. 104).

131 457년 스파르타는 자국중장보병 1,500척과 동맹군 1만 명을 아테나이의 동맹국인 Phocis인이 점령한 3시(Boios Cytinion Elinen)에 파견한다. 귀로 Boiotia의 Tannagra에 체류할 때 반페리클레스파의 스파르타와의 내통을 막기 위해 페리클레스는 전병력 15,000명과 아르고스병 5,000명을 동원하여 타나가라에서 회전(會戰)한다. 양측은 막대한 전사를 냈으나 승패를 가리지 못한다. 그러나 전략적으로는 스파르타의 승리라 할 수 있었다. 왜냐하면 그들은 퇴로를 얻어 메가라와 코린트지협을 거쳐 무사히 펠로폰네소스로 회군할 수 있었기 때문이다(Thuc 1. 108~109).

는 적 측의 반격으로 충성심이 동요될 가능성이 커진 것이다. 대내적으론 호플리테스로서 가장 희생이 컸을 뿐 아니라 출전으로 농토의 황폐를 겪게 된 소지주 농민의 불만이 표면화되기 시작하였으며 펠로폰네소스군의 앗티카 침입의 움직임도 중대한 것이다.

페리클레스는 장벽을 완성하여 스파르타의 침입에 대비하였으며 국민의 큰 센서스를 얻기 위해 키몬의 소환을 시사하고 그의 귀국에 대비하기 위한 일련의 대민 회유책으로써 급진적인 조치를 실시한다. 그리하여 민중법정의 배심운에 대한 수당과 관극수당이 지급되고 아르콘의 피임자격이 제우기타이 계급에까지 확대되었던 것이다.

페리클레스는 대외정책에 있어 테미스토클레스의 후계자로 간주된다. 아이스킬로스와 그가 「페르사이」 상연 시 결합하게 된 것도 그 때문이었으리라 상상할 수도 있다. 양자의 밀월은 에피알테스의 개혁까지 계속된다. 그러나 그 후 그 관계는 냉담해진 것이 아이스킬로스의 작품에서도 반영이 되어 있는데 양자의 관계 악화의 이유를 다음과 같이 지적할 수 있을 것 같다.

첫째는 페리클레스와 테미스토클레스의 기질의 차이 때문이라 할 것이다. 양자는 다같이 탁월한 통찰력과 실행력을 갖춘 정치가였으나 노련하고 원숙하며 청탁을 병탄한 테미스토클레스에 비해 페리클레스는 적이 냉정하고 고고하고 과격하였다. 양자는 반스파르타적이며 해상발전을 추구하는 해군주의자라는 점에서 공통적이나 대내정책에 있어서는 반드시 주의나 이해를 같이하지 않았다. 사실인즉 테미스토클레스는 이렇다 할 국내정책을 실시한 일이 없으며 굳이 말한다면 아레이오스 파고스파라 할 것이며 그러한 뜻에서 에피알테스의 지지자는 아니었다 할 것이다.

페리클레스는 정계에 등장했을 당시 위대한 선구자인 테미스토클레스를 지지했던 것이나, 그 후 정치적 이해와 문벌적인 감정으로 그의 태도는 변하게 되었을 것이다. 야코비가 지적한 것처럼 "페리클레스는 그의 위대한 서구자의 친구는 아니었을 것이다. 왜냐하면 테미스토클레스는 그의 부친 크산티포스의 추방에 책임이 있었기 때문이다."[132] 그리하여 그는 국내정책에 있어서 테미스토클레스보다는 물론 에피알테스보다 한결 과격한 민중파적 정책을 추구하였었다.

아이스킬로스는 페르시아전쟁의 베테랑이요 Marathonomachos이었다. 그는 두 작품에서 테미스토클레스에 대한 지지를 표명하였으며 유일한 현존 3부작에서 에피알테스를 지지하였다. 그러나 페리클레스는 상위하는 세대의 인물이요 개인적 매력에 있어서도 테미스토클레스와 비교할 수 없거니와 그의 정책 역시 아이스킬로스로서는 너무나 '과격'한 것이었을 것이다.

에피알테스 사후 페리클레스는 아레이오스 파고스의 남은 권리 즉 nomophilakia를 박탈하였는대 그것은 "법률 준수에 관한 감시권을 말하며 이 권한으로 아레이오스 파고스는 법률(내지 국토)의 수호자라 불리던 것"[133]이었다.

132 F Jacoby, Atthis(Oxford 1949) 396 n. 43.
133 Arist. A. P 3. 6, 4. 4, 8. 4.

아우메니데스에서 아이스킬로스는 아레이오스 파고스에 대해 "이 회의는 금전에 의해 더럽혀지지 않고 모든 인간의 존경을 받고 잠자는 인간을 위해 항상 눈을 떠서 국토를 감시하도록 하기 위해 설치하는 것이다"(705~710)라고 하였다. 이 말은 nomophilakia권 박탈에 대한 아이스킬로스의 반대의사를 나타낸 것이라 해석해도 무리는 아닐 것이며 특히 '금전에 의해 더럽히지 않고서노'란 말은 페리클레스에 의해 실시된 헬리아이아의 수당제에 대하여 무보수의 아레이오스 파고스의 특색을 옹호한 것이라 해석될 수 있으며 따라서 이 말에서 그는 페리클레스에 의한 동일계획인 nomophilakia 박탈과 수당제를 묶어서 비판한 것임을 알 수 있는 것이다.

아리스토텔레스는 페리클레스의 정치를 연대순 없이 열거하고 있으나 한 가지 예외는 451년에 통과된 시민권제한법이다.[134] 루르예는 「에우메니데스」에서 아이의 출생에 있어 어머니보다 아버지가 보다 중요하다는 아폴론의 주장(658~667)은 "458년 당시 이미 페리클레스의 법안에 대한 논의가 있었다는 것을 의미한다"[135]라고 하였는데 이러한 주장은 지나친 추측일지 모르나 테미스토클레스가 활약 중이었던들 그의 시민권도 박탈하게 될 이 입법을 아이스킬로스는 결코 찬성하지 않았을 것이다.

아이스킬로스는 두 번(혹은 세 번) 시실리를 방문했다. 1차 방문은 474년 히에론의 신식민지 아이트나에서 아이트나의 여인들을 상연하기 위해서이었으며, 2차(혹은 3차 ?) 방문은 458/7년의 일이었는데 도착 후 3년만인 456/5년 69세를 1기로 겔라에서 사망한다.

프로메테우스 데스모테스의 작품연대는 알 수 없으나 아마도 그가 겔라에서 사망하기 1년 전 시실리에서 상연된 듯하다.[136] 따라서 이 작품은 그의 최종작일 것이며 그의 최후의 심경이 반영되어 있다는 점에서 중요하다 할 것이다.

이 작품의 줄거리는 너무나 익히 알려져 있었다. 프로로그스에서 제우스의 명을 받은 '권력'Kratos과 '폭력'Bia 양신이 나타나 프로메테우스를 책형(磔刑 ;시체를 저자에서 찢어 죽이는 형벌-편집자주)에 처하고 퇴장한다. 프로메테우스는 제우스의 포학과 자기가 입은 무고한 형벌을 호소한다. 제우스는 크로노스를 타도할 때 자기의 도움을 받았음에도 자기를 배신하여 인류에게 불을 줌으로써 문화를 갖게 한 자기에게 이러한 형벌을 주었다는 것이다. 오케아노스와 그의 딸들이 등장하여 타협을 권고하나 끝내 거부한다. 드디어 제우스의 분노는 폭발하여 뇌전과 천지를 요동하는 굉음과 함께 프로메테우스는 해중으로 함입陷入하고 만다.

이 작품에 대해서도 구구한 해석이 가해져왔다. 신권에 대한 인간정신의 항거라는 오소독스한 견해가 있는가 하면 순수한 연극 이외 아무것도 아니라는 견해, 종교극 혹은 역사극이라는 견해가 있고 마르크시스

---

134 IBID. , 26.4.

135 S. J. Lurje, "Die Politische Tendeng der Trag?die 'Die Eumenidrn' " Bibleotheca Classica Orientalis 5(1960) 295~297.

136 상연연대에 대해서 구구한 설이 있으나 독불학자들은 대체로 그의 생애의 전기에, 영미학자들은 후기에 둔다. 즉 F. Croiset는 「헤프타 에피 테바스」와 「오레스테이아」 사이에 둔다. 한편 H. J. Rose는 458년 이후(Commentary 1,9~10), G. Thomson은 사망 2년 전 내(Aeschylus, The Prometheus Bound, Cambridge 1932, 46), L. R. Farnel은 오레스테이아와 비슷한 시기("Paradox of the Prometheus Vintus" JHS 53, 1933, 45), J A. Davision은 457년으로 본다("The Date of Prometheus" TAph A80, 1949~1973).

트는 계급전쟁을 나타낸 것이라 하는가 하면 아이스킬로스의 작품이 아니라는 견해도 있다.

이 작품을 역사극 내지 정치극이라 할 때 이것은 티라노스Tyrannos를 나타내고 있다는 견해와 소피스테스의 수난을 그리고 있다는 견해 두 가지가 있다. 전자의 경우 아이스킬로스가 알고 있는 참주(페이시트라토스, 히피아스, 히에론, 혹은 크세르크세스) 중 누구를 가리키느냐에 대해서 여러 가지 의견이 있으며 '참주의 친구' 내지 알크메오니다이가라는 견해도 있다.[137] 특히 포들레키는 「프로메테우스」와 아리스토텔레스의 「정치학」(5권 8장)에 나타난 티라노스에 관한 용례를 비교하여 그 유사성을 지적하고 있다.[138]

그러나 보다 흥미 있는 것은 후자의 경우 즉 소피스트를 그리고 있다는 견해이다. 그것은 프로메테우스가 불(문화, 지식)을 인류에게 알려 준 인류의 벗이요 교사라는 점에서 그리고 또한 제우스에 반항하며 신의 운명까지 지실知悉하는 지적 존재라는 점에서 5세기의 아테나이에게 '계몽' 사상을 전달한 무신론적인 소피스트와 유사한 성격을 띠고 있기 때문이다. 아테나이에서 활동 중 반종교적 언설로써 수난한 대표적인 소피스트는 아낙사고라스와 프로타고라스인데 둘 중 아이스킬로스와 보다 밀접한 관련이 있는 것은 후자일 것이다.

아이스킬로스를 사상적으로 소피스테스와 연결시키는 것은 운터스타이너이다.[139] 그는 프로타고라스의 유명한 명제 "만물에는 상호대립하는 두 가지 로고스가 있다"를 들면서 이러한 antilogia의 사상은 아이스킬로스의 전작품에 지배적이며 특히 그 대표적인 것이 프로메테우스라고 지적한다. 그리고 프로메테우스와 프로타고라스의 언어사용의 유사성을 그 단적인 예로서 로고스logos의 속어적 용법의 경우를 들어 지적한다. 즉 아이스킬로스의 현존작품 7편 중에 logos란 말의 사용은 적어도 108[140]이나 되는데 호메로스의 경우 그것은 두 번밖에 안 되며 그러한 뜻에서도 프로메테우스는 본질적으로 소피스트적 작품이란 것이다. 역으로 프로타고라스는 대표적 아이스킬로스스형 사상가이며 고르기아스나 그 밖에 모든 소피스트의 작품에도 유화宥和할 수 없는 쟁투의 존재, 쟁투를 표현하는 비극이 깃들어 있으며 그러한 뜻에서 소피스트는 비극작가의 계열에 속한다는 것이다.[141]

어법의 용례를 떠나서 현실적으로 아이스킬로스와 프로타고라스 사이의 각별한 관계를 상정할 근거가 있다.

프로타고라스는 484/3년경 아브데라에서 출생하였으며 421년경 40년간의 소피스테스 생활 끝에 70세로 사망한 것으로 알려져 있다.[142] 그의 최초의 아테나이 방문은 460년대였으며 제84회 올림피아드(444/3)경

137 cf. A. J. Podlecki, "The Political Significancce of the Athenean Tyrannicidae-cult", Historia 15 (1966).

138 A.J. Podlecki, The Polit. Backg. of Aesch. Tra. 115~122.

139 M. Untersteiner, The Sophist (Oxfor 1954), pp.24~35.

140 Hiked. 에 16. Persai에 9. Sept.에 14, Agam.에 21. choe.에 14. Eum.에 15 Prcm.에 29번이 나온다. 그 밖에 logos의 유어인 mythos가 23, epos가 32번이나 나타난다.

141 하긴 W. Jaeger는 소피스트를 고유의 철학사보다 호메로스 이래의 문인의 계열에 넣는 것이 정당하다고 말하고 있다(Paideia 1(Berlin 1954) s.287).

142 W. K. C. Guthrie, Sophist(Cambridge, 1971), p.262. 그의 생가는 텟살리아 최대의 부호였으며 크세르크세스의 침입 시 그의 집에서 크세르크세스를 대접하였으며 이 때 왕의 허가를 얻어 프로타고라스는 마기(magi)로부터 교육을 받았는데 그의 무신론적 태도는 이때의 교육의 영향인 듯 보인다. 그의 사인에 관해서는 사형선고를 받고 아테나이를 탈출, 항해 중 파선으로 익사했다는 설 외에 체육장에서 원반을 맞아 사망했다는 설이 있다.

이 그의 전성시대였던 것 같다. 그때 그는 아테나이인의 주도하에 건설된 식민시 투리이Thurii의 헌법 기초를 위임받았던 것이다. 그는 여러 번 아테나이에 입국하여 체류하였는데 421년 3차 입국 후(혹은 4차 입국 ?) 희극작가 에우폴리스로부터 「콜라케스Kolakes」(가부배呵附輩)에서 공격을 받았으며 그 후 피도로스란 자에 의해 「신론神論, peri Theon」이란 저작으로 말미암아 불경죄란 죄목으로 고발되어 책자는 분서되고 추방 혹은 사형을 선고받는다. 재판을 피해 망명했는지 혹은 추방을 선고받았는지 아테나이를 탈출하여 항해 중 파선으로 사망했다고 전해진다. 데이비슨은 아이스킬로스의 프로메테우스를 프로타고라스라 가정하여 아테나이에 있어서의 그의 활동에 관해 다음과 같이 대담한 추리를 한다.143 즉 프로타고라스는 두 번 고발되었으며 첫 번째 고발은 키몬의 보수정권이 전복된 463년경으로 본다. 키몬은 프로메테우스의 크로노스를 가리킨다. 프로메테우스의 충고를 크로노스가 거절하자 프로메테우스는 모친 가이아와 형제격인 오케아노스 및 아틀라스와 함께 제우스의 편이 되어 크로노스를 타도한다. 그러나 제우스와 프로메테우스의 관계는 악화되어 결국 프로메테우스는 파멸된다.

프로타고라스는 친키몬(크로노스)파였으며 그의 제자들은 프로타고라스에게 보수를 지급할 재력이 있는 키몬파였다. 그러나 키몬파의 스파르타 원병안援兵案에 대하여 프로타고라스는 반대하여 이를 계기로 민주파로 전향한다. 이때 프로타고라스와 함께 보수파에서 전향하는 자가 나타난다. 누군지 확정할 수 없으나 에피알테스일 공산이 크다. 왜냐하면 그는 키몬의 원병안에 대한 반대파의 지도자로 갑자기 등장하기 때문이며

144 그리고 또한 그는 키몬이나 투키디데스와 함께 청빈과 정의감에 있어 아리스테이데스 다음 가는 아가토스agathos로 간주되었기 때문이다.145 그러나 에피알테스 암살 후 페리클레스(제우스)가 정국을 좌우하게 되자 페리클레스와 프로타고라스의 관계(제우스와 프로타고라스의 관계)는 악화되어 마침내 프로타고라스는 추방되었다. 이상이 데이비슨의 추리이다.

아테나이에서의 프로타고라스는 정치활동이 금지되었던 외국인이었다. 따라서 그의 활동은 제자들에게 강의하고 토론하는 교육자로서의 활동에 제한되게 마련이었을 것이다. 그러나 그는 유능하고 야심적인 청년이었으며 그의 강의 또한 설득술·토론술이라는 실제적이며 또한 지극히 정치적인 과목이었다. 따라서 당대의 가장 탁월한 정치사상가로서 그는 아테나이의 정치에 대하여 족히 평가와 비판을 가했을 것이다. 그는 텟살리아의 명문 출신이었으므로 그의 정치적 경향은 처음엔 보수적이었을 것이며 페리클레스의 지우知遇를 얻어 법적인 문제나 철학적인 문제에 대한 토론으로 하루를 보냈다는 플루타르코스의 증언146으로 보아 민주파에의 사상적인 전향도 있었을 것이다. 추방 내지 사형선고가 사실이라면 그것은 페리클레스에 의한 것이라 생각할 수 있으며 양자의 관계 악화는 「신론神論」이라는 종교적인 문제 때문이 아니라 정치적인 문

143 J. A. Davision, op. cit. , 81~89.
144 Plut. Cimon. 16.
145 Plut. Mor. 802c.
146 Plut. Peri.

제, 특히 페리클레스의 적극적인 전쟁 추진책이었을 것이며 오래 전에 발표된 「신론」을 새삼 구실로 삼은데 불과했을 것이다. 따라서 데이비슨의 추리는 다소 과장과 비약이 있다 하더라도 타당성이 없는 것은 아니라 할 것이다.

프로타고라스는 아테나이에 체재하는 동안 시실리를 방문하여 그곳에서 히피아스를 만났다고 한다.[147] 그의 시실리 방문일자는 확실치가 않으나 아이스킬로스의 2차 시실리 방문 시인 458년경일 가능성이 있다 할 것이다. 아이스킬로스는 그곳에서 「프로메테우스」를 완성한다. 이 작품에서 프로타고라스와 페리클레스의 관계를 비유할 때 그는 실제의 사건에 관한 정보를 프로타고라스로부터 직접 얻었을 것이다.

아이스킬로스와 프로타고라스가 친교를 가졌다 해도 아이스킬로스는 프로타고라스를 전폭적으로 지지할 수는 없었을 것이다. 신앙심이 깊은 아이스킬로스로서는 프로타고라스의 무신론적 태도나 불가지론에 찬성할 수 없었을 것이며 그의 오만하고 조야粗野한 휴머니즘에도 동조할 수 없었을 것이다. 그러나 페리클레스의 과격한 '1인지배'에 대한 반감을 품고 있는 점에선 양자는 공통적이었을 것이다.

아이스킬로스가 이 작품을 완성했을 때 그는 작가의 이름을 밝히지 아니하였다. 그 이유를 알 수가 없으나 어쩌면 그는 페리클레스로부터 (라기보다 그의 하찮은 추종자들)의 보복을 두려워했기 때문인지 모른다. 그리하여 아리스토텔레스는 이 작품을 포리키데스 혹은 에라토트의 작품이라 했던 것이다.

이 작품이 완성된 후 곧 아이스킬로스는 겔라에서 사망했다. 극장에서 독수리가 물고 가다 떨어뜨린 자라에 맞아 죽었다는 전설도 있다. 당시 당지當地에 사절로 와 있던 페리클레스의 추종자들이 그를 암살하고 이 사실을 은폐하기 위해서 자라의 전설을 꾸몄을 것이라는 데이비슨의 설[148]은 자라의 전설 이상으로 황당하다고 할 수는 없을 것이다.

147 Platon, Hippias 282 D-E.
148 J. A. Davison, op. cit. ,86.

7. 결어

아리스토텔레스는 「시학」에서 시와 역사에 대한 고전적이라 할 정의를 내렸다. 역사가는 일어난 일을 기술하는 데 시인은 일어날 수 있는 일, 일어났으리라 생각되는 일을 그리며 따라서 시는 보편을 말하고 역사는 개별적 사실史實을 기록한다는 것이 그것이다.

그러나 역사가는 언제나 사실을 확신할 수 없는 일이며 실제로 일어난 일을 기술할 수 있는 것도 아니다. 오히려 그는 그가 입수 가능한 증거에 입각하여 개연성과 필요성에 따라 있을 수 있는 일, 일어났으리라 생각되는 일을 결정하지 않으면 안 된다. 따라서 시인과 역사가의 임무와 영역은 상호배제적인 것은 아니라 할 것이다.

아이스킬로스는 예술가의 눈을 통해서 과거를, 일어난 일, 일어났으리라 생각되는 일을 그렸다. 따라서 「페르사이」에서 「프로메테우스」에 이르는 그의 작품은 아이스킬로스라는 예술가의 시각에 비친 5세기의 역사라 할 것이다. 문제는 그 시각에 있다. 그 시각은 반드시 확고하게 고정된 것은 아니었다. 페르시아 전쟁이 일단락될 때까지 그는 반페르시아적이었으며 따라서 친테미스토크렐스적이었다. 470년대 이후엔 반스파르타적[149]이었으며 에피알테스의 정변에 있어선 친민주적인 입장에 섰으며 그 이후에 있어선 반페리클레스적이었다. 그러나 근본적으론 애국적이었다는 점에선 변함이 없었다. 물론 그의 애국심은 편협한 쇼비니즘이 아니라 초당파적 입장에서 폴리스의 화합을 추구하는 동시에 보편적 평화를 희구하는 격조 높은 것이었다. 그는 보수적인 종교적 가문 출신이었으나 그의 사상은 결코 편협하지 않았으며 시대의 새로운 사조에 대해서는 적이 유연한 태도를 지닐 수 있었다.[150] 말하자면 편협하고 당파적인 정치사상가가 아니었으며 그러한 뜻에서 그는 어디까지나 아테나이의 위대한 교사요 위대한 시인이었다 할 것이다.

---

149 아이스킬로스는 스파르타에 대하여 직접적으로 언급한 것은 현재작품에 관한 한 단 한번(Persai 817밖에 없다. 그러나 마라톤전에 참가한 그로선 마라촌전에 불참한 스파르타인의 간교한 구실(口實)에 불쾌감을 가졌을 것이며 스파르타인의 생활양식과 키몬에 대한 스파르타인의 태도에 불쾌감을 느꼈을 것이며 그것이 462년 이후의 민주파의 외교노선을 지지케 하였을 것이다.

150 「페르사이」는 형식적으로 변론술의 일부문인 장송(葬送)연설과 같은 것이었다는 점에서 소피스트적이었다. 본서 제1장(13~37쪽) 참조.

제5장

소포클레스와 아테나이의 정치

1. 서언

기원전 5세기의 아테나이는 정치적으로나 문화적으로나 아크메akme에 달한 시대이었다. 이 시대에 관한 연구 가운데 지식인과 정치와의 관계, 지적·정신적 세계와 실제의 정치적 세계와의 관계는 매우 흥미있고 중요한 토픽일 것이나 이에 관한 연구는 거의 없는 형편이다. 그것은 이 토픽에 적합한 인물이 그리 흔하지 않기 때문이기도 한데 그 흔찮은 예 가운데 하나가 소포클레스라 할 것이다. 소포클레스는 전성기의 아테나이에 있어 상당한 정치적 역할을 담당한 뛰어난 예술가이다. 물론 그는 정치적 활동을 한 유일한 예술가라곤 할 수 없다. 그러나 그의 정치적 경력은 일반 아테나이 시민이 겪어야 하는 공직의 경험과는 다르다. 예컨대 소크라테스는 406년에 평의회bouledml 프라타네이스ptytaneis로서 장군들에 대한 재판을 담당하였다. 그러나 소크라테스의 이 경력은 일반 시민으로서 수행해야 할 공적 봉사에 불과했다.[1] 그러나 소포클레스는 소크라테스의 경우처럼 추첨에 의한 공직이 아니라 선출에 의해 취임하는 중요한 관직에 여러 번 취임했다고 전해지는 것이다.

희극의 완성자이며 성격적으로 원만하고 고결한 순수한 예술가라는 이미지를 지닌 소포클레스가 여러 번 공직을 경험한 것은 과연 사실일

1 Xenophon, Hellenica 1, 7. 15.

까. 그것이 사실이라면 예술가인 그가 어째서 실제의 정치에 관여하게 되었을까. 그것은 정치에 대해 각별한 관심과 능력을 가졌기 때문이었을까. 아니면 단지 비극시인으로서의 명성 때문이었을까. 그가 실제의 정치에 가담했다면 그는 어떠한 정치관을 가졌으며 그것은 그의 작품에 어떻게 반영되어 있을까. 이러한 문제는 소포클레스의 인간상의 이해에 도움이 될뿐더러 5세기 아테나이 현실의 이해에도 도움이 될 것이다.

2. 소포클레스의 정치적 경력

소포클레스의 출생연대는 확실치 않으나 일반적으로 496년 설이[2] 받아들여지고 있다. 사망년은 406년으로서 펠로폰네소스전쟁에서 아테나이가 패배하기 2년 전이며 따라서 소포클레스의 전생애는 아테나이가 희랍 체계의 패권을 장악하던 영광의 시기였다고 할 수 있다. 그의 부친 소필로스는 클로노스에 거주하는 부유한 생산업자였다고 한다. 그것은 그가 데카스테리온을 소유하는 유복한 상층계급 출신으로서 에우메니데스나 프로메테우스의 사당이 있는 성역에서 자랐다는 것을 의미하는데 그것은 그의 정치관 내지 정치노선에서의 보수적 경향을 형성하는데 영향이 있었을 것이라 생각된다.

소포클레스의 정치적 경력에 관해서는 다음과 같은 자료가 있다.

A. 4세기 내지 5세기의 자료

1. 소포클레스는 443/2년 헬레노타미아 Hellenotamia였다(1G 1² 202. 36; B.D. Meritt, H.T. Wade-Gery, & M. F. McGreger, The

2 소포클레스의 생년은 500년에서 485년 사이 여러 설이 있으나 497~495년 설이 일반적이다(Marmor Parium 56. 64; cf Jacoby, RF, Suppl. Ⅱ, 223). 따라서 525년에 탄생한 것으로 전해지는 아이스킬로스보다 28~30세 연하이며 480년 태생의 에우리피데스보다는 17~15년 연장인 셈이다. 전설인즉 살라미스 해전 당시 아이스킬로스는 45세의 나이로 동 해전에 참가했으며 소포클레스는 17세의 소년으로서 코로스의 일원이었으며 에우리피데스는 그 해에 바로 살라미스에서 탄생했다고 한다.

Athenian Tribyte Lists, vol. 1. pp.59~60, vol.2, list 12, line 36).

2. 소포클레스는 441/0년에 스트라테고스 Strategos였다(Androtion, FGr Hist. 374F 38; Ion of chios, FGr Hist. 392 F6).

3. 소포클레스는 413~411년간 프로 불로스 Proboulos를 역임했다 (Arist. Technes Phetorikes 1219a 26~31).

B. 후대의 자료

1. 니키아스의 동료 스트라테고스였다(Plut. Nicias, 14.2).

2. 작자미상의 소포클레스전(vita)

a. sec. 1. 소포클레스는 페리클레스와 투키디데스(멜레시아스의 아들)의 동료 스트라테고스였다.

b. sec. 1. 정부의 사절로 근무했다.

c. sec.9. 소포클레스는 아니아인과의 전쟁 시 스트라테고스였다.

이상의 각 자료의 신빙성에 대해서는 여러 가지 논란이 있으나 A 자료에 비해 B 자료는 신빙성이 부족하며 특히 작자미상의 전기는 신빙성이 없는 것으로 알려져 있다.[3] 따라서 B_2이외의 자료가 말하는 소포클레스의 경력은 한결같이 선출에 의한 공직이다. 아리스토텔레스는 "추첨에 의한 관직의 임명은 민주적이며 관직의 선출은 과두정적이었다"[4]라고 말했지만 추첨에 의한 공직은 공직의 윤번輪番을 꾀한 민주적인 조치이며 따라서 그것은 공직의 중요성을 극소화시키는 반면, 민회의 권한을 극대화시키려는 의도에서 나온 것이었다. 그러나 선출에 의한 공직은 각별한 기술적 능력 예컨대 군사적·외교적·변론적 능력이 필요한 관직이며 전자의 임기가 1년으로 제한된 데 비해 후자는 연임이 가능했다.

소포클레스의 공직 중 헬레노타미아는 재무직이다. 5세기 아테나이에서 가장 중요한 재무직은 헬레노타미아와 콜라크레타이Kolakretai였다. 후자는 데모스의 재정을 담당하나 동직同職의 내용에 대해서는 확실히 알려져 있지 않다. 전자는 델로스동맹의 재정을 담당하는 기금관리원이라 할 것으로서 아테나이인 가운데에서 선출되기 마련이었다.[5]

프로불로스는 시실리 원정 실패 후 극심한 경제적 위기에 즈음하여 선출된 일종의 재무직이다.[6] 따라서 헬레노타미아와 프로불로스 양직은 일반인이 선출될 수 없는 전문직임으로 소포클레스와 같은 시인이 취임할 수 없었다는 견해가 있다. 예컨대 A. C. 헤리는 다음과 같이 주장한다. 즉 양직의 취임에는 전문적 기술을 필요로 하는 것인데 소포클레스가 그러한 자격이 있다는 경력상의 증거가 없으며 설혹 시인의 명예로서 동직에 취임하게 되었다고 가정하더라도 그것은 평상시라는 전제조건이 필요한데 그가 양직에 취임한 443/2년이나 423/2년은 그러한 시기가 아니었다. 따라서 프로불로스에 취임했다는 아리스토텔레스의 언급은 다음 셋 가운데 하나에서 기인한 것일 것이다. 첫째는 아리스토텔레스의 오해이거나 둘째는 그가 언급한 소포클레스는 시인 소포클레스가 아닌

3 H. C. Avery, "Sophocles' Political Career" Historia 22, 491973), 510.

4 Aristoteles, Politica, 4. 9; cf 6. 1. 15.

5 아리스토텔레스는 동직(同職)을 스트라테고스와 동급 시 하고 있다(Aristoteles, Athenaion Politica, 47~48).

6 Thucydides, Historiai 8.1.2~3; 4.1;15.1.

동명이인일 것이다. 사실인즉 과두파혁명의 주역 페이산드로스와 친교가 있는 소포클레스란 이름은 3·4명이 되며 플라톤도 「국가론」에서 (3296) 케팔로스의 입을 통해 또 하나의 소포클레스에 대해 언급하고 있다. 셋째로는 413~411년 동직에 취임한 인물에 대해 그가 잘 알지 못하여 각별한 관심을 갖지 않았다. 이 셋 가운데 가장 가능성이 있는 것은 셋째일 것이다. 그리고 또한 413년의 프로불로스에 대한 아리스토텔레스와 투키디데스의 언급[7]에는 모순이 있으며 아리스토텔레스가 또한 30명의 프로불로스 가운데 이름을 밝힌 것은 소포클레스 외엔 테라메네스의 부친인 하그논뿐인데, 그는 440/39년 스트라테고스에 재임하였으나 그 역시 재무직에 경험이 없었다. 더욱이 그들은 경제적으로 국가를 구출하기는커녕 과두파혁명을 일으켰으니 그것은 프로불로스직의 본래의 목적에 상반되는 것이다. 따라서 소포클레스의 정치적 경력은 전거가 분명한 441/0년의 스트라테고스 뿐이다 운운.

그러나 소포클레스가 재무직 경력이 없음으로써 동직 취임 가능성이 희박하다는 견해는 소포클레스가 군사적 재능이 없으면서도 스트라테고스에 임명되었다는 사실을 충분히 설명해주지 못하며 또한 프로불로스가 원래의 목적에서 벗어나서 과두파 혁명에 관련했다고 해서 소포클레스의 동직 취임을 부정하는 것도 납득성이 희박한 것이라 할 것이다.

자료 B_1, 즉 소포클레스가 니키아스의 동료 스트라테고스였다는 플루타르코스의 증언을 부정하는 설도 있다.

우드베리의 견해가 그 예이다.[8] 플루타르코스의 증언에 의하면 스트라테고스들의 어느 작전회의에서 니키아스가 소포클레스에 대해 상위자presbitatos로서 맨 먼저 의견을 개진할 것을 요구하자 소포클레스는 대답하기를 나이에 있어선 내가 연상palaistatos이지만 권위에 있어서의 상위preibastos는 니키아스라 했다는 것이다. 이 때 니키아스는 스트라테고스 가운데서 발언권을 부여할 자격을 가졌던 것으로 보아 의장의 지위에 있었던 것은 분명하다. 그러나 그가 어떻게 의장이 되었는지는 분명하지 않다. 선출에 의해선지 윤번에 의해선지 혹은 스트라테고스로 선임될 때 부족의 대표로서가 아니라 군사적·정치적·사회적 명망으로서 전 시민중에서ex apanton 선출되었는지 알 수 없으나 소포클레스의 대답에서 미루어 보건대 그는 동료 중 각별한 권위가 인정된 듯한 것이다. 그 권위가 법적으로 존재했는지 사실로서 존재했는지는 알 수 없으나 권위가 확립되어 있었다면 이 당시 그는 스트라테고스로서는 취임 초기가 아닐 것이다. 투키디데스는 니키아스가 스트라테고스에 처음 취임한 것이 427년[9]이라 하고 있으며 플루타르코스는 그가 페리클레스와 동료였다고 하고 있으나[10] 그것은 페리클레스가 사망한 429년 이전인 셈이 된다. 에렌버그는 소포클레스와 니키아스가 동료이던 연대를 421년과 415년 사이로 보고 있으며[11] 히그네트는 니키아스가 ex apanton으로 스트라테고스에 선출된 것으로 알려진 것이 415년과 414년 사이로 보고 있다.[12]따라서 우드베리는 소포클레스가 니키아스와 동료이던 것이

---

7 cf. Arist Ath. Pol. , 29.2;Thuc. 8. 1. 3.

8 L. Woodbury, "Sophocles among the Generals", Phoenix, Vol.24(1970), 3.

9 Thuc. 3, 51.1.

10 Plut. Nic, 2. 2.

11 V. Ehrenberg, Sophocles and Pricles(Oxford, 1954) p.117, note 1.

12 C. Hignett, A History of the Athenian Constitution(Oxford, 1967), 349.

75~80세였을 것이므로 스트라테고스로서는 지나치게 고령이므로 두 번째 동직에 취임한 것을 부정하는 것이다. 그러나 설혹 소포클레스가 415년경에 동직에 취임했다 해도 포키온은 80세에 장군이 되었다는 플루타르코스[13]의 증언이 있은즉 전혀 불가능한 일은 아니라 할 것이다. 더욱이 비록 신빙성이 희박한 것이라곤 하나 작자미상의 vita 9에는 소포클레스가 처음으로 동직同職에 취임한 것은 69세 되던 해, 펠로폰네소스전쟁 발발 7년 전 아나이아인과의 싸움이 벌어졌을 때라고 하고 있는 것이다.[14] 따라서 자료 B_1 즉 소포클레스의 제2차 스트라테고스 취임설도 일단 인정해도 무방하리라 생각된다.

소포클레스의 경력 가운데 아무 이의 없이 받아들여지고 있는 것은 자료 A_2 즉 441/0년에 스트라테고스였다는 설이다. 이유인즉 첫째로 안드로티온이 밝힌 동년의 스트라테고스의 명단에 소포클레스의 이름이 있으며, 둘째로 이온이 고향 키오스에서 레스보스로 가는 도중에 함대의 스트라테고스인 소포클레스를 만났다는 증언이 있으며, 셋째로 동년同年에 일어났던 사모스반란에 관해서 투키디데스의 다음과 같은 기술이 있기 때문이다. 즉 동년 사모스인이 아테나이로부터 이반을 선언하고 사모스에 주둔하는 아테나이인 감시병과 시정관을 체포했다는 소식이 전해지자 아테나이인은 사모스 방면에 군선 60척을 파견했는데 그 중 16척을 다른 임무에 참가케 하고 나머지 44척은 페리클레스를 비롯한 10명의 스트라테고스의 지휘아래 트라키아 수역에서 사모스 해군 70척과 해전을 벌여 아테나이인이 승리했다 운운. 이 때 페리클레스를 비롯한 10명의 스트라테고스 가운데 안드로티온이 말한 소포클레스가 기어 있었을 것이며 그리고 사모스 작전중 별도 임무를 부여받은 16척을 키오스와 레스보스로부터 증원군을 얻기 위해 파견된 분견대分遣隊를 말하는 것인데, 소포클레스는 이 분견대의 스트라테고스의 한 사람이었을 것이다. 이온이 키오스에서 레스보스로 가는 도중에 소포클레스를 만났다는 증언은 바로 이 경우를 말하는 것으로 생각되는 것이다.[15]

이상 소포클레스가 경험한 관직에 대해서 여러 가지 논의가 있으나 vita 이외의 자료는 일단 인정해도 무방하리라 생각된다.

---

13 Plut. Phoc., 24.5; H.D. Westake, Hermes 84(1956), 114. Note 6.

14 아나이아인과의 싸움에 대해서는 Thuc. 3, 19.2; 32.3;4, 75.1에 언급이 있다. 그리고 이 견해에 대해서는 다음과 같은 반대가 있다. T. B. L. Webster, An Introduction to Sophocles(Oxford, 1936), 12; V. Ehrenberg, Sophocles and Pericles 117, Note 1.

15 Thuc. 1.116; cf. Plut. Peri., 8;25~28; Diod. Sic. 12, 27~28.

3. 소포클레스와 페리클레스

전 장에서 본 소포클레스의 경력 가운데 가장 중요하고도 취임이 확실시 되는 관직은 443년의 헬레노타미아와 441년의 스트라테고스 양직兩職이라 하겠는데 이 양년은 바로페리클레스가 집권하던 시기이며 따라서 소포클레스와 페리클레스의 각별한 정치적 관계를 상정치 않을 수 없다.

양자의 관계에 대해서는 두 가지 상반되는 견해가 있다. 즉 마이어와 웨이드 게리는 소포클레스가 강력하고도 실제적인 정치가이어서 양자의 정치적 관계는 각별히 밀접하였다고 하고 있으며, 특히 웨이드 게리는 소포클레스가 "페리클레스의 우완右腕의 한 사람"이라고까지 표현하고 있다.[16]

이에 반해 에렌버그나 웨스트레이크는 소포클레스가 정치적 인물이 아니라는 견해이며, 에렌버그는 소포클레스가 스트라테고스직에 취임함에 있어 페리클레스파라 볼 수 없는[17] 것이라 하고 있다. 단 441/0년 이래 스트라테고스가 된 사람은 반드시 페리클레스파는 아닐지라도 페리클레스의 제국주의 정책에 참여한 사람들일 것이며 이 가운데 수년간 동직에 재임한 자도 있는데 여기에는 페리클레스의 의견이 개입되거나 영향이 있었으리라 추측된다고 하고 있다.[18] 웨스트레이크는 소포클레스가 페리클레스의 지지자가 아닐 뿐더러 정치적으로 보수파이며 따라서 페리클레스의 반대파인 키몬의 지지자였다고 말하고 있다.[19]

키오스의 이온의 전언에 의하면 페리클레스가 소포클레스에 대하여 "그는 작시作詩는 잘 하나 스트라테고스의 일은 잘 모른다"고 평한 바 있는데 소포클레스도 이를 시인했다는 것이다. 여기에는 소포클레스의 자신의 군사적 능력에 대한 세련되고도 유머러스한 자조와 페리클레스에 대한 우정이 재미있게 표현되어 있다 하겠는데 양자의 관계를 단적으로 말해주는 이러한 류의 일화는 다른 곳에서도 산견되는 것이다.[20]

443년 소포클레스는 헬레노타미아의 의장으로 선출된다.[21] 443년은 아테나이 정치에 있어서 매우 중요한 해였다. 그 해는 멜레시아스의 아들 투키디데스가 추방된 해인데 이것은 투키디데스의 정적인 페리클레스의 패권이 확립되었음을 의미한다. 테미스토클레스의 해상제국주의 정책 이래 아테나이에는 과두파와 민주파의 파쟁이 격렬하게 전개되어 왔다. 471년 체미스토클레스의 추방으로 과두파가 득세하였으나 463년 키몬의 추방으로 민주파의 열세가 현저해진다. 461년의 에피알테스의 암살은 과두파의 음모였으나 443년 투키디데스가 추방됨으로써 과두파는 일단 소멸하게 된다. "페리클레스가 적대적인 헤타이리아를 해체[22]했

16 E. Meyer, Forshungen zur alten Geschiche(Halle 1889), 87; H. T. Wade Gery, JHS 52(1932) 219, Note 58=Eassy in Greek History(Oxford, 1958), 25, Note 1.

17 V. Ehrenberg, ibid. , 136.

18 ibid. , 117.

19 H. D. Westlake, Hermes 84(1956), 115.

20 Woodbury, op, cit. ,209;cf. Plut. Peri. , 8.8;Nic. , 15.2; Platon. R데 1, 329 b-c;Arist. Tech. Rhet, 1, 14.3; 1374 b35~1375 a2; 3, 15.3;1416a 13~17;3, 18.6; 1419a 26~31 etc.

21 443년 어느때 동직에 선출되었는지는 알 수 없으나 일반적으로 스트라테고스가 선출되는 제7프라타네이스와 동시기라 하여진다. cf. W. K. Pritchett, "Hellenotamiai and Athenian Finance", Historia Heft 3(1977) 295.

22 Plut. Peri. , 14.3.

기 때문에 이로써 가히 1인정이라 할 페리클레스시대가 시작된 것이다. 정치적 이슈는 제국주의적 재정정책밖에 없게 되었으며 이 문제와 직결한 기관이 헬레노타미아였다.

사실인즉 페리클레스는 444년 아테나이의 대건축사업으로 자금을 탕진했으며 이로 인해 정적으로부터 공격을 받았을 뿐더러 금후의 사업 추진을 위해 새로운 자금의 염출捻出 필요한 터였다.[23] 그리하여 443년 재정정책의 재정비가 시작되었다. 페리클레스는 헬레노타니마의 재편성을 단행하고[24] 헬레노타미아에 제2서기를 임명하였으며[25] 공세貢稅를 재사정하고[26] 공세표에 처음으로 지역명을 기록하게 되었다.[27]

헬레노타미아는 야심적인 정치가가 노릴 만한 요직은 아니었지만 동직에 취임하기 위해선 상당한 부와 사회적 지위가 필요하였으며 재무관의 경우와 같이 펜타코시오메디므노이pentakosiomedimnoi계급에서 배출되기 마련이었다. 그리고 동직同職은 전원 공동책임제였으며 의장은 동등자중의 대표에 불과했다. 따라서 소포클레스가 동직의 의장으로 선출되었다 해도 각별한 책임은 없었을 것이나 아무튼 현직顯職에 취임한 것은 사실이라 할 것이다.

실인즉 소포클레스가 5세기의 아테나이의 파쟁에 있어 어떠한 태도를 지녔는지는 분명치가 않다. 그러나 그의 성품으로 보아 국내 문제에 있어선 과두파이건 민주파이건 과격파를 싫어하고 온건파에 동조했을 것이라 생각된다. 웨스트레이크의 주장과 같이[28] 그가 과두파였다고 한다면 동직에 특히 의장으로 선출될 수는 없었을 것이다. 그렇다고 해서 그가 민주파이거나 페리클레스의 제국주의적 정책을 지지했기 때문이거나 더욱이 '페리클레스의 우완右腕'이었기 때문에 선출된 것은 아닐 것이다. 그러한 뜻에서 소포클레스를 페리클레스파의 일원이나 혹은 과두파의 일원으로 지목하는 학자들의 설은 둘 다 정당화될 수 없을 것이다. 단 소포클레스는 페리클레스의 찬양자이었던 헤로도토스와 가까운 사이였으며[29] 그러한 까닭으로 페리클레스의 위대성을 충분히 인정하는 터였을 것이다. 그렇기는 하나 정쟁에는 무관심 내지 초연한 입장이었을 것이다.

따라서 소포클레스가 동직의 대표자로 선출된 것은 어떤 정치적 이유나 동직에 대한 각별한 지식이나 능력 때문이 아니라 그가 누린 시인으로서의 명성과 사회적 지위 때문이었을 것이다. 그가 비극의 경연에서 최초로 우승한 것은 25년 전인 468년이었으며[30] 그가 동직에 취임한 것

---

23 ibid. ,14.1.

24 Ehrenberg, 120.

25 443/2년과 442/1년은 제2서기가 임명된 유일한 해이며 더욱이 제2서기는 2년간 사티루스라는 동일인물이 담당하였는데 이것은 그가 매우 중요한 임무를 맡았으며 그것은 1년간의 임기내에 종료되지 않았음을 의미한다. c.f. Ehrenberg, 121.

26 Ehrenberg, 120.

27 cf. ibid. , 122~130.

28 웨스트레이크가 소포클레스를 과두파로 보는 근거는 이온의 다음과 같은 말이 있기 때문이다. 즉 "소포클레스는 정치적 문제에 있어 현명하지도 적극적이지도 아니하였다. 그는 여느 지체있는(*xpησιων*) 아테나이인과 같았다"(Frg. 6[8]). *xpησιων*은 'good men'이란 뜻이며 정치적으로는 일반적으로 키몬적 고두파로 인식되었다는 것이다. 사실인즉 소포클레스는 *xpησιων Αθήναίων*이었다. 그러나 이것을 반드시 정파적으로 해석하는 것은 정당하지 않을 것이다. 정치에 관한 한 그는 보통의 아테나이의 gentle man이었다(Eg . D. W. Lucas, Greek Tregedians, 116). 이온이 "현명하지도 적극적이지도 아니"라 한 것은 전문적인 정치가도 과두파도 아닌 인물이란 뜻일 것이며 소포클레스가 당시의 정쟁에 관심은 없었으나 국가에 대한 봉사를 자연적인 의무라 생각한 것이라 해석해야 할 것이다.

29 Ehrenberg, 137.

30 Marm, Par. 56;Plut. Cimon, 8.8.

은 50세경이었으니 이 무렵의 그는 아이스킬로스 사후 아테나이 최대의 시인으로서 성공의 절정에 있었던 것이다. 하지만 그가 명망 때문에 동직에 취임했다고는 하나 거기에는 페리클레스의 동의가 필요했을 것이다. 페리클레스는 소포클레스의 인기와 명망을 외면할 수 없을 뿐 아니라 오히려 그것을 이용하려 했을지도 모른다. 페리클레스의 재정책 특히 헬레노타미아 개혁안은 국내뿐 아니라 동맹국 내에도 반대가 컸을 것이며 페리클레스는 소포클레스를 의장으로 임명하는 것이 동 개혁안을 추진하는데 유익할 것이라 판단했을 것이다.

2년 후인 441년 소포클레스는 스트라테고스로 선출되어 사모스 원정에 참가한다. 그의 동직同職 취임은 「안티고네」의 성공 때문이라 전해진다.[31] 말하자면 그의 헬레노타미아 재임 시의 능력 때문이 아니라 시인으로서의 인기 때문이란 것인데 이 역시 헬레노타미아의 경우와 같이 페리클레스의 동의 하에 이루어졌을 것이다.

페리클레스는 소포클레스의 군인으로서의 능력이나 행정가로서의 능력은 인정치 않았지만 시인으로서의 위대성은 충분히 인정하였다. 한편 소포클레스는 페리클레스의 정책에 대해서는 적극적인 찬의贊意를 표명하지 않았을지 모르나 그의 정치가로서의 역량은 충분히 지실知悉하고 높이 평가하였을 것이다. 양자의 이러한 관계는 「안티고네」에 그려진 크레온상에서 보다 명백하게 인정할 수 있을 것이다.

4. 「안티고네」

소포클레스의 현재 작품 7편 가운데 상연연대가 확실한 것은 405년의 「필로크테테스」와 401년의 「콜로노스의 오이디푸스」 두 편뿐이며, 「안티고네」를 포함한 나머지 작품의 연대[32]에 대해서는 의견이 분분하다. 기술한 바와 같이 소포클레스는 「안티고네」의 호평으로 사모스 원정군의 스트라테고스로 임명되었다고 전하는데 사모스 원정군은 440년에 파견되었으므로 이를 통솔하는 스트라테고스는 그 전년인 441년 5월에 선출되었을 것이며 비극의 경연은 3월에 개최되었을 것이라 추정된다.[33] 그러나 아리스토텔레스 상연 연표에 의하면 441년의 경연 우승자는 에우리피데스라고 하고 있다.[34] 이 모순으로 상연 연대에 대해 이설이 제기되고 있는데 웹스터[35]와 커크우드[36]는 442년으로 추정하고 있으며

31 알렉산드리아의 학자 비잔티온의 아리스토파네스의 원본 복사본 서문 말미에 "소포클레스가 사모스 정벌군의 스타라테고스의 지위를 얻게 된 것은 '안티고네' 상연의 호평 때문이라 전해진다"라는 기술이 있다.

32 휘트먼은 작품연대를 다음과 같이 추정한다. 「아이아스」(447년), 「안티고네」(442/1년), 「트라키니아이」(437~432년), 「오이디푸스왕」(429년경), 「엘렉트라」(418~414년), 「필로크테테스」(409년), 「콜로노스의 오이디푸스」(401년) C. H. Whitman, Sophocles(Cambridge, 1966, pp. 42~48).

33 441년에 상연되었을 것이라는 견해가 일반적이다. cf. C. M. Bowra, Sophoclean Tragedy(Oxford, 1965), 63.

34 FGr Hist. 239F A 60.

35 T. B. L. Webster, An Introduction to Sophocles(Oxford, 1936), 2, n.3.

36 G. M. Kinrkwood, 'A Study of Sophoclean Drama', Cornell Stud. in Class. Phil. 31(1958) 53, n. 20.

443년이라 주장하는 설[37]도 있다.

「안티고네」의 상연 연대가 언제이든간에 동작품이 소포클레스의 스트라테고스 임명과 관련이 있다고 한다면 동작품은 당시의 시국과 전혀 무관하다고는 할 수 없을 것이다. 소포클레스는 페리클레스의 15년 통치가 시작했을 무렵 당시의 아테나이 사회에 가장 유명한 인사였으며 당시는 제국주의의 고조된 야망이 넘치는 활기에 찬 시대였다. 물론 아테나이인의 업적을 영광화하고 어떤 특별한 국가적 성격을 고양했기 때문이라 할 수는 없을 것이다. 사실인즉 동작품에는 그러한 것이 직접적으로 언급되어 있는 것이 아니다. 아테나이에 관한 구체적인 언급도 없고 아테나이적인 정치적 선전도 없으며 애국주의에의 호소도 없다. 그러한 의미에서 「안티고네」의 성공은 "그 주제가 시사적인 매력을 가졌기 때문은 아니었다. 그것은 우리의 일상 문제보다 훨씬 폭넓은 문제, 현대에 있어서도 효용성을 갖는 보편성이 있는 문제, 즉 가정과 국가, 개인과 국가, 인간의 법과 신의 법의 갈등을 다르고 있기 때문[38]이라 할 수도 있을 것이다.

사실인즉 「안티고네」의 주제에 대해서는 여러 가지 해석이 가해지고 있는데 가장 대표적인 것은 물론 헤겔의 해석이다. 그는 「안티고네」의 주제가 가족의 권리와 국가의 권리의 알력이라는 고전적인 해석을 내리고 두 가지 권리 어느 쪽도 전적으로 정당화 혹은 부당화 할 수 없는 것이라 주장했다.[39] 바인슈톡은 이를 종교와 국가의 알력이라 표현했고[40] 슈미드는 관용과 자기 억제라는 두 가지 윤리의 표출이라 보는가 하면[41] 동同 적품엔 아무런 관념의 대립이 존재하지 않는다는 라인하르트의 견

해도 있다.[42]

이 작품의 주제를 어떤 관념의 대립으로 볼 수 있건 없건 간에 아무튼 이 비극은 안티고네와 크레오닝라는 두 인물을 중심으로 전개되며 비극의 결말에 어느쪽에 책임이 있느냐에 대하여 논의가 집중된다. 이에 관해서는 두 가지 의견이 대립되는데 안티고네 유죄론과 무죄론(크레온 유죄론)이 그것이다. 안티고네 유죄론자는 그녀가 이스메네와 같은 여자로서의 정상적인 태도에서 이탈했을 뿐더러 집권자인 크레온에 대한 불복종하는 태도로 보임으로써 비난을 받아 마땅하다고 주장한다. 예컨대 빌라모비츠는 "사람들은 그녀가 행한 행위를 승인한다 해도 그녀가 범한 사실을 용인하지 않는다"[43] 라고 하며 샤데발트는 "크레온의 포고는 옳지 못하다. 그러나 그것에 불복종하는 안티고네는 더욱 옳지 못하다. 비록 그녀의 행위가 정당화된다 해도"[44]라고 말한다. 말하자면 크레온이 언명한 것처럼 "그대의 의지적 성격이 그대를 파멸케 했다"(Ant. 875)는 것이다.

현대의 학자 가운데 안티고네의 무죄를 주장하는 대표적인 학자는 휘트번인데 그의 견해는 대충 다음과 같다. 즉 소포클레스의 비극은 폴리

37 cf. W. M. Calder Ⅲ, 'Sophocles' Political Tragedy, Antigone. Greek, Rom. & Byzant. Stud. 9(1968), 389.
38 M. Bowra, Sophoclean Tragedy(Oxford, 1944), 63.
39 G. W. F. Hegel, The Philosophy of Fine Arts, tr. by Osmeston(London, 1920) 1, 293.
40 H. Weinstock, Sophocles(Berlin, 1931), Antigone.
41 K. Schmid, Philogus 62(1903), pp.1~34.
42 K. Rheinhardt, Sophokles(Frankfurt am Main, 1933), pp.75, 87.
43 U.V. Wilamowitz-Möllendorf. Einleiting in die Griechisch Tragödie(Berlin, 1921) XⅣ, 112f.
44 W. Schadewaldt, "Sophocles, Aias, und Antiqone", Neue wege zur Antike, Ⅷ 93~97.

스라는 사회적 코스모소에 대응하는 신적 코스모스를 전제하고 있으며 그 대표적인 예가 「안티고네」이다. 안티고네는 신의 법을 내세우고 그것을 지키기 위해 그녀의 생명을 바친다. 안티고네에 대립하는 크레온도 안티고네와 싸우는 것이지 신의 법과 싸우는 것은 아니다. 말하자면 안티고네의 가장 뚜렷한 성격적 특징은 '자기 억제'이다. 그녀의 강한 개성을 "개방된(통제가 없는) 개인주의"라 오해해서는 아니된다. 아이아스와 같이 그녀는 올바르지 않게 사느니 차라리 죽음의 길을 선택한다. 이러한 행위는 자기통제가 되어 있지 아니한 인간의 특징이라 할 수는 없다. 아이아스와 같이 그녀는 자기파괴적인 히로이즘을 소유하고 있다. 뿐더러 아이아스 이상의 것을 소유하고 있다. 그것은 그녀의 정치적 아레테와 신의 법적 비존인 것이다……말하자면 그녀는 오딧세우스의 아레테와 아이아스의 아레테를 결합한 것이다……그녀의 내적 도덕적 빛은 적이 우주적이며 그녀가 나타내는 강렬한 성격은 영웅적이며 또한 유익한 것이기도 하다. 안티고네가 비난받은 그 고집스러운 성격은 실인즉 진정한 도덕적 용기이녀 그녀는 '과도'하지 않았으며 그녀의 성격에는 어떠한 결함도 없다. ……어떠한 이유로서도 안티고네의 파멸을 정당화할 수는 없을 것이다. 그것을 정당화하려는 것은 소크라테스의 법적 살해자를 변호하는 일과 같이 어리석은 일일 것이다. 사실인즉 「안티고네」는 399년의 분위기에서 상연되어야 했을 것이다 운운.[45] 요컨대 희랍인의 한 가지 중요한 특성이 영웅상의 창조에 있다고 한다면 그 영웅상의 전형적인 구현화가 안티고네라는 것이다.

안티고네에 대한 예찬은 상대적으로 크레온에 대해 폄하하는 경향을 낳게 한다. 크레온을 전형적인 참주로 보는 견해가 그 예이다.[46] 그는 타자의 비판을 거부하고 급격하게 분노하고 여성을 증오하고 국민이 타락할 세라 시기심에 가득 차 있고 국민에 대해 절대적 복종을 요구한다(Ant. 280, 289, 302ff, 726, 484, 678, 478, 666f, 1055). 이러한 성격은 희랍의 참주에 볼 수 있는 전형적인 태도라는 것이다. 휘트먼은 크레온이 참주일 뿐더러 과두주의적이기도 하다고 주장한다. 크레온이 표방하는 안정과 질서, 법의 준수는 과두정이 각별히 강조하는 표어이며 그것은 억압, 통제, 감시를 의미하다는 뜻에서 지극히 스파르타적이라는 것이다. "크레온의 상에는 과두주의와 스파르타주의, 거기에다 참주적인 개인적 성격이 3중으로 영상映像되어 있다. 5세기의 아테나이인에게는 30인 과두정에서 보듯이 참주는 과두파였다. 크레온의 선언(Ant. 639ff)은 법의 준수와 통제에 대한 복종의 필요성을 역설하는 아르키다모스의 연설(Thuc. 1. 84,3~4)과 비교할 필요가 있다. ……페리클레스의 민주정시대에 있어 참주와 같이 행동하고 과두파와 같이 발언하는 자를 아무도 좋게 말하지 않는다. 아무리 그가 국가의 안녕이라는 그럴싸한 명분을 내세우고 있다 해도."[47]

휘트먼은 크레온에게서 비극적 영웅상은 아니더라도 적어도 하나의 도덕적 교훈 즉 자오自傲, hybris에는 몰락沒落, nemesis이 따른다는 철칙을 보려는 견해[48]에 대해서도 부정적이다. 즉 그러한 견해는 몰락의 이면에

45 Whitman, 88~90.
46 Bowra, pp. 72ff. cf. Pholenz, p.196. Weinstock, p.250.
47 Whitman, 90.
48 Eg. Bowra, ξ3.

는 과오가 있다는 안티고네에 대한 아리스토텔레스적 편견에서 오도된 생각이며 크레온의 경우에는 비극적이거나 도덕적으로 흥미롭거나 하는 점은 볼 수 없으며 크레온은 하찮은 존재로서 그와 대비해서 안티고네의 탁월성을 돋보이게 할 뿐이라는 것이다.

휘트먼의 경우와 같이 크레온을 극단적으로 낮게 평가하지는 않더라도 일반적으로 크레온은 연극의 부역이나 제3역으로 취급되기 일쑤이다.[49] 그러나 크레온의 역할과 위치를 적극적으로 평가하여 그를 연극의 주역으로 보는 견해도 있는데 그 예가 피카드 켐브리지이다. 즉 크레온 역役은 3부작의 제1배우에 해당된다. 크레온은 무대에서 가장 오랫동안 등장하여 가장 많은 대사를 담당하고 또한 「필로크테테스」의 경우와 같이 최초의 에페이소디온을 시작하고 종장終章을 지배한다. 따라서 「안티고네」가 우승했다면 그것은 크레온 역의 배우가 뛰어난 연기를 연출했기 때문이었다는 것이다.

이 작품의 주역이 안티고네, 크레온 어느 쪽이든간에 이 작품은 중요한 도덕적 이슈를 내포하고 있으면서도 중요한 정치적 이슈를 표현하고 있는 것이 사실이며 그러한 뜻에서 국가의 주권자로서의 크레온의 역할을 보다 중시할 필요가 있는 것이라 하겠다. 빌라모비츠는 정부가 이 작품의 주역이며 따라서 이 작품은 정치극이라 지적하고 그 이유를 다음과 같이 설명한다. 전시하의 과도적인 처지에 있는 (크레온의) 정부는 그 주권의 정당성을 확신하고 또한 시민의 동의를 얻어 국가의 공적公敵에 대한 법령을 제정한다. 강력한 왕족이 정당한 절차없이 왕권의 정당성에 도전하고 정부의 지상권地上權을 부정한다. 정부는 이 무시할 수도 거부

할 수도 없는 파워엘리트의 도전에 어떻게 대처하느냐 하는 것이 이 작품의 주제라는 것이다.[50]

「안티고네」의 첫 장면은 어두운 새벽이다. 그것은 이 연극의 음산한 분위기와 내용을 단적으로 표현하고 있다. 왕족인 안티고네와 이스메네 자매는 국법에 위배되는 행위를 논의한다. 안티고네는 신왕新王 크레온의 포고를 어기고 국가에 대하여 무력으로 반란을 일으켜 왕을 살육한 동생 폴리네이케스의 시체를 매장할 것을 이미 결심하고 있다. 안티고네는 이 결심에 있어 아무런 비극적 딜레마에 빠지지 않고 있다. 이 결심에 이르기까지 내부적 갈등이 있었다 해도 그것은 작품에는 나타나지 않는 것이다.

크세온은 왕인 동시에 스트라테고스라는 2중의 자격으로 전장에서 발포되는 칙령의 형식kerygma으로 법령을 선포한다. 그것은 국내에서 반역자의 무덤을 만드는 것을 금지하고 위반자에 대해서는 극형에 처한다는 내용인데 반역자의 매장을 금지하는 것은 아테나이인에겐 생소한 일이 아니었다.[51]

당시의 상황은 침입자는 격퇴되어 전투는 중지되고 테바이의 승리는 선언되었지만 아직도 화평和平은 체결되지 않았으며 전쟁 상태는 여전히 계속된다. 가까운 시일에 재차의 침입이 있을 것이라는 테이레시아스

---

49 이러한 견해는 데모스테네스에까지 소급된다(Demosthenes 19, 246~247).그러나 대표적인 예는 제브의 저서이다. R. C. Jebb, Sophocles: The Play and Pragment Part Ⅲ:The Antigone, ed. 3(Cambridge, 1900), 7.

50 A. Pickard-Cambridge, The Dramatic Festival of Athens(Oxford, 1953), 142..

51 Xenophon, Hellenica 1, 7. 22;cf. H.T. Mette, 'Die Antigone des Sophokles', Hermes 84(1956), 129~134.

의 시사까지 있는 처지였다(Ant, 1080~83).

전시 중에는 아테나이의 스트라테고스는 비상한 사법권을 소유하고 있었으며 그 휘하에 반역으로 간주되는 자를 재판 없이 처벌한 권한을 가지고 있었다.[52] 이스메네는 크레온의 포고가 강제성을 띤 결정이라 보고 이를 위배하는 것은 법의 유린(Ant. 59)과 시민공동체에 대한 배반(Ant. 79)이라 생각한다. 그러나 안티고네는 매상을 감행하는 것이다. 피락스가 등정하여 두 번에 걸친 매장이 있었음을 크레온에게 보고한다. 매장이 두 번 행해진 데 대하여는 여러 가지 의견이 있으나[53] 그것은 안티고네의 행위를 강조하기 위해서라고 할 수 있으며 그것은 결국 안티고네의 행위에 대한 크레온의 반응을 강조하기 위해서라고 할 수 있다.

이윽고 안티고네와 크레온의 대결이다. 이 대결에서 딜레마에 빠진 것은 크레온이다. 크레온은 주권자이긴 하나 그의 정권은 국가 비상시의 과도정부에 불과한데 무시할 수도 거부할 수도 회피할 수도 없는 막강한 왕족의 도전에 직면하게 된다.

안티고네는 고발 그대로 자신의 유죄를 고백한다(Anti. 443). 그리고는 그 유명한 항변(Anti. 450~470)에서 국가의 법보다 신의 법, 쓰이지 않는 법에 호소하는 것이다(Anti. 454~455). 배심원이라 할 수 있는 코로스는 이에 대한 반박을 통하여 정부의 입장을 밝히고 그 성문법에 의거하여 논의되지 않는 변명을 인정할 수 없다고 하고는 자신의 죄를 오히려 자랑하는 그녀의 오만한 법적 태도를 비난한다. 말하자면 그녀의 '법정모욕'을 규탄하는 것이다. 이스메네도 공모의 혐의로 체포된다. 이스메네의 체포에 대한 안티고네의 반응(Anti, 535ff)은 적이 흥미롭다. 그녀는 이스메네의 무죄를 주장하지만 그것은 그녀가 무죄이기 때문이라기보다 그녀와 영광을 공유하는 것을 원치 않기 때문인 듯한 것이다. 코로스는 안티고네의 유죄를 인정하고 그것은 그녀의 고집스러운 성격 탓이라 설명한다.

다음은 크레온과 하이몬의 장면이다. 양자의 대화에서 세대차가 뚜렷이 드러난다. 하이몬은 크레온이 지성prenas에 입각하여 관대할 것을 호

---

52 시실리원정 중 장군, 라마코스는 한 병사가 적에게 신호를 보내는 것을 발견하고 즉결 처형한다(Lysias 13, 65).

53 폴리네케이스는 세 번 매장되는 셈이다. 최후의 크레온의 승인 아래 행해지는 공식적인 매장을 제외하면 두 번 비밀리에 매장되는 셈인데 여기에는 두 가지 의문이 제기될 수 있다. 즉 최초의 매장은 누구에 의해 행하여졌는가. 그리고 그것이 안티고네에 의해 행해졌다면 그녀는 무엇 때문에 두 번째 매장을 당해야만 했던가.

최초의 매장에 대해서는 세 가지 회답이 있다. 첫째로 그것은 이스메네에 의해 행해졌다는 의견이다(W. H. D. Rouse, "The Two Burials in Antigone" CR, 1911, 40~42). 그녀는 그 사실을 두 번이나 시인하고 있다는 것이다(Ant. 536, 558). 라우스는 매력적인 성격을 갖는 그녀를 안티고네보다 더욱 좋아하는 것을 본다. 자식을 위해서 여자가 행하는 행위가 그 예이며 이스메네는 안티고네를 위해 행한 것이다"라고 하고 있다. 그러나 일반적으로 그 줄거리로 보아 이스메네가 매장을 했다고 볼 수는 없다는 의견이다(Eg. R. R. Winnington-Ingram, Gnomen 25, 1953, 300).

두 번째로는 신에 의해 매장이 되었다는 의견인데 그것은 코로스가 신임을 시사하고 있다는 것이다(Ant. 278). 이 설은 아담스가 주장한 것이나 키토, 세파드 등이 지지하고 있다(S. M. Adams, CR 45, 1931, 110~111; "Sophocles the Playeright" Phonex Suppl. Ⅲ, Toronto 1957, 451~50; J. Sheppard, The Wisdom of Sophocles, London, 1947, 51; H.D.F. Kitto, The Form and Meaning in Drama, London, 1956, 156, etc.).

세 번째 후보는 안티고네인데, 그것은 그녀가 매장을 분명히 시인하고 있기 때문이다(Ant, 434~36). 그렇다면 그녀는 왜 두 번째 매장을 위해 돌아왔는가에 대해 여러 가지 의견이 있다. 그것은 희랍의 장례의식의 관례에 따라 고찰하여 안티고네에는 첫 번째 매장에서 어떠한 미비한 점을 깨닫고 그것을 시정하기 위해서 돌아왔다는 의견이 있는가 하면(R. C. Jebb, 245ff & 429) 그녀는 최초의 매장을 할 때 제식대로의 호곡(號哭)을 할 수가 없었으며(호곡의 관습은 현재에도 존재한다) 호곡을 위해 돌아와서 호곡 중 파수꾼의 눈에 띄게 된다(Ant. 425ff)는 의견도 있다(Eg. E Struck, "Der zweimalige Ganz der Antigone zur Leiche des Polyneike", Gymnasium 60, 1953, 327~334; M. Pholenz, Die Griechische Tragödie, Erläterungen Göttingen 1954, 80). 혹은 안티고네는 크세노폰이 그리는 소크라테스와 같이 자기희생에 대한 불건강한 편집을 가지고 있어 발전되기를 원했다는 의견도 있다(H. F. Johansen, Lustrum 7, 1962, 186).

소한다(Anti. 683). 그는 시민 사이에 퍼져 있는 소문을 알리고 크레온이 적절히 양보한다 해도 군주의 위신에 손상이 없을 것이라 주장한다(Anti. 710ff). 그러나 크레온의 원칙은 명백하다. 즉 "국가가 일단 통치자를 산출하면 일의 대소를 막론하고 모두가 그에게 복종해야 한다"(Anti. 660~67). 불복종anarkia은 최대의 악이다. 그것은 국가와 가정과 전선을 파괴하는 것이기 때문이다(Anti. 673). 크레온은 하이몬의 반대를 과소평가하며(Anti. 740) 양자의 대화는 마침내 결렬되고 만다. 그러나 하이몬의 호소는 전혀 효과가 없는 것은 아니다. 이스메네는 구제되었으며 안티고네의 사죄死罪도 사형에서 감금으로 감형되었는데(Anti. 771ff) 그것은 면죄의 기회를 주는 것이 되는 것이다.

다음은 맹목의 예언자 테이레시아스의 등장이다. 그는 크레온에 대한 정중한 출고(Anti. 998~1032)에서 비극을 초래할 징조를 말하고 "크레온의 이익을 위해"(Anti. 1031~32) 충고를 받아들일 것을 권고한다. 그러나 크레온은 그것을 테이레시아스 자신의 이익을 위해서 하는 말이라 오해하고 그가 매수되었다고 공박한다(Anti. 1055). 아이러니칼하게도 소포클레스의 '오이디푸스왕'에서는 오이디푸스는 테이레시아스가 크레온에 의해 매수되었다고 공격했던 것이다(Oidipus Tyrannos, 387~389). 크레온의 어처구니없는 비난에 테이레시아스는 크게 분격하여 최악의 사태가 닥칠 것이라 예언하고 퇴장한다.

이윽고 크레온은 코로스의 권고에 따라 자신의 고집을 반성하여(Anti. 1095) "운명과 싸울 수는 없다"(1105~06)고 말하고는 양보할 것을 결정한다. 국가가 종교에 대해 양보를 한 셈이다. 1108행에서 1114행은 크레온의 성격을 잘 나타내고 있다. 그는 자기의 과오를 깨닫게 되면 그것을 시정하는데 일각의 유예도 없이 전력을 다한다. 그의 가장 중요한 관심사는 국가의 이익이기 때문이다. 신정책은 즉시에 실행된다. 동국 입구의 돌은 제거되고 폴리네이케스의 매장이 허용되는 것이다.

마지막 장면. 사자에 이어 왕비 에우리디케가 등장한다. 사자의 보고. 크레온은 사자의 전갈을 받고 동굴로 달려간다. 입구는 이미 파괴되고 하이몬이 안티고네의 시체 위에 엎드려 있는 것이 보인다. 크레온이 하이몬이 발광하여 안티고네를 살해한 것이라 오해한다. 하이몬은 부왕父王에게 달려드나 크레온이 피하자 자인自刃하여 안티고네의 몸 위에 쓰러진다. 이윽고 왕비의 자인自刃 의 보고. 크레온의 통탄…….

크레온은 완고하고 흉악하고 복수심이 강한 악한은 결코 아니다. 그의 원칙은 지극히 엄격하다. 그러나 그것은 법의 준수를 위한 것이며 더욱이 당시는 아직도 전운이 완전히 가시지 않은 전시요 바야흐로 새로운 정권이 발족했을 때이었다. 신정권은 기본정책에서 도전을 받는다. 여기서 양보를 하면 정권이 무너질 위험이 없지 않다. 그만큼 도전은 절실하였으며 크레온은 엄혹할 수밖에 없는 처지이기도 했던 것이다.

크레온의 포고布告는 어쩌면 아테나이의 민회의 포고를 연상케 한다. 민회의 결정은 상소가 불가능한 절대적인 것이었다. 그것은 국가를 형성하는 시민의 집회 이상의 권위는 없기 때문이었다. 소포클레스는 민회의 결정의 권위와 그 결점을 지실知悉하고 있었다. 그렇기 때문에 현실적 법질서를 초월하는 도덕적인 쓰여 있지 않는 법을 내세운 것이다.

440년대는 아테나이 정치에 있어 각별히 중요한 시기이었다. 449년

카리아스의 평화조약의 체결로 페르시아의 위협은 끝났으나 특정한 배상을 받지는 못하였으며 전시동원은 중지되고 전쟁경기가 끝남으로써 경제적 파국이 초래된다. 국내적으로는 민주정, 대외적으로는 제국주의를 추진하는 페리클레스는 델로스동맹의 기금을 유용하여 아테나이에 거대한 건설계획을 실시함으로써 자신에게 충실한 하층계급의 일자리를 마련하려 한다.[54] 민회는 페리클레스의 계획을 승인하였으며[55] 그것은 곧 법률이 된다. 귀족파의 지도자인 투키디데스는 기금의 유용을 공격한다. 도덕적 견지에서 용납할 수 없는 법안은 실행될 수 없다는 것이다. 말하자면 현실의 법률에 대한 쓰여지지 않은 법을 내세운 것이다. 페리클레스는 크레온과 같이 고립되어 지극히 곤란한 처지에 몰리게 된다. 그러나 극적으로 투키디데스를 추방하는데 성공함으로써 난국을 타개하여 15년 세도勢道를 시작하게 되는 것이다.

페리클레스는 소포클레스의 이 작품을 각별히 높이 평가했을 것이다. 그 예술적 가치는 물론 크레온상에 투영된 자신의 모습을 인식했기 때문이기도 했을 것이다.

소포클레스는 이른바 3대 비극시인 중 가장 아테나이인적이었다. 그의 작품의 주제는 그 자신의 창의라기보다 당시의 지적·사회적·정치적 이슈를 반영하고 있는 듯하다. 물론 어떤 구체적인 사건을 시사하는 것을 회피하고 있지만 시대의 대표적인 면을 표현하고 부각하고 때로는 고양하고 있는 것이다. 예컨대 「안티고네」의 반역자의 매장이라는 문제는 당시의 아테나이인에겐 페르시아로 망명했던 테미스토클레스의 유골이 그의 유족들에 의해 비밀리에 아테나이로 귀환한 사건을 상기시켰

을 것이다.[56]

따라서 크레온상이나 오이디푸스상은 소포클레스의 천재성의 창조물이긴 하나 그것이 통치자의 유형이란 뜻에서 페리클레스라는 실존인물의 영향을 전혀 무시할 수가 없는 것이다. 물론 페리클레스의 성격과 모습을 그대로 모형화한 것은 아닐지라도 두 인물의 상을 참조할 때 페리클레스의 영광과 죽음, 그의 탁월한 지도력이 의식적이건 무의식적이건 투영되지 않을 수 없었을 것이다.

사실인즉 크레온과 페리클레스 사이엔 여러 가지 유사한 점이 있다. 크레온은 왕으로서의 권한을 충분히 인식하고 있었으며 그와 동시에 자신의 지성과 판단에 대한 확고한 신념을 소유하고 있다. 그는 국가의 안녕을 가장 중요시하며 그것을 개인의 인기나 개인적인 우정보다 한결 무거운 것으로 보이며 그것이 개개 시민의 안전의 기초가 된다고 생각한다(Anti. 178, 189f). "무정부상태는 도시를 파멸시킨다. 그러나 통치자에 대한 복종이 확립되면 많은 시민의 생명이 구제된다"(Anti. 675)는 것이다. 그는 자신을 국가와 일체화시켜 자신에게 위험한 세력을 공공의 적으로 간주하며 나아가서는 통치자는 국가를 소유한다(Anti. 738)는 반민주적인 독재적인 언급을 하기에 이른다. 물론 페리클레스는 크레온과 동일한 말을 하는 것은 아니다. 그러나 일부 시민들은 그의 통치를 독재정이라 간주했으며 심지어는 투키디데스도 그를 명목상 민주정이지만 1인 지배와 다름이 없는 것이라 생각했던 것이다.

54 Plut. Peri. , 141~143.
55 449년 초라 추정된다. H. T. Wade-Gery, op. cit. 239ff.
56 Thuc. 1. 138; Plut. Them. , 32. 4ff.

더욱이 페리클레스의 언급에는 크레온의 그것과 비슷한 점이 없지 않다. 즉 페리클레스는 그의 마지막 연설[57]에서 자신의 입장을 변호하면서 강력한 정권은 개개인에게 유익하며 그것은 전체를 희생으로 하여 얻은 개인의 이득보다 훨씬 큰 것이라 강조하고 있는데 이 말은 크레온의 주장(Anti. 676)과 같은 내용인 것이다. 크레온이 말하는 tens aoxopylin 즉 국가의 권위와 권력을 높이려는 통치자의 자연적 욕구는 페리클레스의 전몰자 추도연설에서도 유사한 표현으로 표명되어 있다.[58] 그것은 국가 존재 혹은 국가 통제의 정당화라 할 수 있는데 이러한 다분히 독재적이기도 한 통치자의 애국주의는 5세기 중엽 아테나이에 처음으로 나타나는 관념이며[59] 이것이 페리클레스와 크레온의 언명에 유사한 표현으로 나타난다는 것은 우연한 일이라 할 수 없을 것이다. 이 밖에도 페리클레스는 모든 시민은 가정의 일과 국가의 일을 아울러 보살펴야 하며 국정의 방향에 유념해야 한다고 말하고 있는데[60] 크레온도 가정의 일과 국가의 일에 아울러 봉사하는 것을 찬양하고 있는 것이다(Anti. 661ff).

페리클레스와 크레온은 신의 법인 쓰여 있지 않은 법에 대하여 근본적으로는 동일한 태도를 나타낸다. 그러나 크레온이 안티고네가 주장하는 불문의 법을 부정하는 것은 안티고네가 그것에 의거 국가와 통치자의 법에 대해 반대하기 때문이다. 하지만 페리클레스는 쓰여 있지 않은 법을 사회질서의 필요한 부분으로 간주한다. 그것은 인간에 의해 만들어졌으며 국법과 권위의 지배를 보충하는 것인 것이다. 따라서 안티고네의 쓰여 있지 않은 법과는 성격이 다를 뿐더러 반대되는 것이라고 할 수 있다. 그렇기에 크레온과 페리클레스는 쓰여 있지 않은 법에 대하여 동일한 태도를 지닌 것이라 할 수 있는 것이다.

페리클레스와 크레온은 다같이 정치가요 통치자이며 동일한 사상을 가지며 유사한 용어를 사용한다.[61] 쓰여 있지 않은 법에 대해서도 동일한 생각을 나타낸다. 그것은 소포클레스가 페리클레스를 전형적인 통치자로 보고 정치가로서의 페리클레스의 자세에 공명을 나타내는 것이라 볼 수 있는 것이다.

그러나 펠리클레스와 소포클레스는 모든 점에서 동일한 태도를 지닌 것은 아니었다. 특히 그것은 시대를 풍미하던 합리주의 사상에 대한 그들의 태도에서 그러했다. 예컨대 페리클레스는 대표적인 합리주의적인 아낙사고라스와 각별한 친분이 있었다.[62] 그는 아낙사고라스를 극히 존경하였으며 그 자신의 정치가로서의 예지와 자세의 형성에 아낙사고라스의 영향이 적이 받은 바가 있었다.

아낙사고라스가 태양에 대한 합리적인 해석으로 인해 태양신에 대한 불경이라는 죄목으로 재판을 받게 된 것은 합리주의와 전통주의에 대립의 심각성을 나타내는 것인 동시 그것은 페리클레스에 대한 반대파의 공격의 일단을 말해 주는 것이라 할 것이다. 왜냐하면 반대파들은 정치적으로 페리클레스를 공격할 수 없는 처지였기 때문에 종교적으로 간접

57 Thuc. 2, 60. 2f.
58 Thuc. 2, 36. 3.
59 Ehrenberg, 145.
60 Thuc. 2, 40. 2.
61 cf. Ehrenberg, 146.
62 Plut. Peri. , 5.6..

적으로 페리클레스에 대해 공격을 가한 것이라 할 수 있기 때문이다.[63] 그것은 스파르타가 아테나이에 대하여 알크메오니다이 일문一門을 추방하여 아테나이를 정화할 것을 요구한 것과 유사한 성격의 공격이라 할 수 있다. 스파르타는 페리클레스의 추방을을 요구한 것이 아니라 페리클레스가 민중의 지지를 상실하게 될 것을 노렸었다. 5세기에는 소피스트에 의해 대표되는 합리주의 사상이 팽배했지만 그것은 어디까지나 상층계급에 한정되어 있었으며 대중과 보수파는 여전히 비합리적전통적 신앙에 얽매어 있었던 것이다.

합리주의 사상은 개인주의적이고, 반폴리스주의 내지 범폴리스주의적이며 반종교적·반전통적이기도 했다. 그러한 일면 도덕적 합리주의를 표방하였으며 그것은 통치자의 경우 도덕적인 기준을 통하여 방법에 적용하는 것을 의미하였다. 페리클레스는 합리주의적이긴 했으나 반폴리스주의자가 아니라 가장 철저한 애국자였다. 말하자면 그에게 있어 개인주의와 애국주의와 도덕적 이상주의자가 하나로 결합된 모습으로 나타난 것이다. 그러한 뜻에서 페리클레스는 반국가적인 알키비아데스와는 물론 에우리피데스와도 유를 달리하는 합리주의자였다.

한편 소포클레스는 일반대중의 신앙보다는 한결 고차적이긴 했으나 경건한 신앙가[64]요 비합리주의자였다. 그의 작품의 두드러진 주제가 휴머니즘이라 할 것이었다. 그는 합리주의사상을 부정하지는 않더라도 그것이 갖는 사상적·정치적 위험성과 전통적인 것에 대한 파괴성에 대해 우려를 품고 있었던 것이다. 따라서 소포클레스와 페리클레스의 대조는 무엇보다도 전자가 종교가인데 비하여 후자는 도덕주의자라는 데 있었던 것이다. 페리클레스가 소포클레스에 대하여 "스트라테고스는 깨끗한 손을 가져야 한다[65]고 한 말은 도덕주의자로서의 페리클레스의 성격을 단적으로 표현한 것이라 할 것이다.

양자는 성격이나 생활태도에 있어서도 대조를 이루고 있다. 페리클레스는 위대했으나 인간적으로 고독하였다. 그는 예술가를 애호하고 스스로 예술가적이기도 했으나 고답적이고 비사교적이어서 어떠한 지적인 교양인의 써클에 가담하지 않았으며 심포지움이나 회합을 가급적 기피하였다. 그는 정치적인 추종자는 많이 가졌으나 진정한 친구를 갖지 않았으며 그것이 그를 1인지배라 비난을 받게 한 원인이 되기도 했다. 이에 비해 소포클레스는 인간성이 원만하고 관대하여 사교적인 우아한 생활태도를 지녔다. 그는 페리클레스와는 달리 아테나이의 지적인 써클인 무사를 위한 티아소스를 주재하였었다.[66] 그는 단숨하고 완고한 보수주의자가 아니라 새로운 사조에도 통효한 유연한 성품이 소유자이었던 것이다.

페리클레스는 뛰어난 정치가요 철저한 도덕가요 냉철한 지성인이었다. 그러나 소포클레스는 정치가나 도덕주의자나 지식인으로서는 페리

63 E. R. Dodds, The Greek and Irrationals(Boston, 1957), 190.

64 소포클레스의 경건성을 나타내는 몇 가지 에피소드가 있다. 420년 괴질이 끝난 후 도시의 정화를 위해 아스클레피오스신을 맞아들일 때 사당이 마련될 때까지 그 신을(아마 그 신상을) 소포클레스는 자기 집에 맞이했다고 하며(vita 11) 만년에는 헤라클레스를 위해 사당을 헌납하기도 했다(vita 12)는 것이다. 406년 그가 사망했을 때 연극의 신 디오니소스가 그의 장례행렬을 데켈레이아에 이르는 길까지 지켰다고도 한다(Plut. numa 4). 아무튼 그의 생애는 아이킬로스나 에우리피데스보다 한결 신과 깊이 관련되어 있는 것이 사실이다.

65 Plut. Peri., 8.9.

66 vita 6.

클레스와는 비교될 수 없는 존재이었다. 그러나 그는 훌륭한 예술가요 완전한 인격자이었다. 그렇기는 하나 양자는 서로 이해하고 존경하는 사이였다. 양자는 사상적으로는 5세기의 두 줄기 사조를 대표하는 셈이었지만 서로 대립하거나 반목하지는 않았다. 양자 간의 이러한 상호이해야말로 시인이 이례적인 정치 경험을 갖게 된 가장 큰 원인이었을 것이다.

5.「아이아스」

「안티고네」에 그려진 크레온상을 통해 우리는 동 작품에서 현실정치의 반영을 볼 수 있기는 하나 동 작품의 주제는 어디까지나 아레테의 문제요, 쓰여 있지 않은 법의 문제요, 휴머니즘의 문제이다. 그러나 창작의 동기나 작품의 내용에 있어 「안티고네」보다 한결 구체적으로 현실정치와 관련되어 있는 것은 「아이아스」라 할 것이다.

「아이아스」의 무대는 트로이의 교외 아이아스의 진영陣營 앞이다. 오딧세우스와 아테나 여신이 등장한다. 먼저 오딧세우스가 여신에 대하여 간 밤에 진중의 가축이 무참히 도살되었는데 범인은 아이아스라는 풍문이라 고한다. 이에 대해 여신이 대답하기를 아킬레우스의 무구武具를 둘러싼 경쟁에서 오딧세우스에게 패배한 아이아스는 아가멤논 형제와 오딧세우스에 대해 원한을 품고 세 사람을 살해하려는 것을 자신이 그를 발광케 하여 세 사람 대신 가축을 도살케 한 것이라 밝힌다. 다음은 아이아스의 아내 테크멧사와 아이아스의 부하로 구성된 코로스의 등장이다. 소문을 들은 그들은 근심에 쌓여 아이아스를 찾는다. 한편 광기에서 깨어난 아이아스는 어처니없는 자신의 소행에 수치와 분노에 못이겨 죽음을 결심한다. 이리하여 마지막으로 어린 자식과 상면하고 진영으로 사라진다.

해변의 장면. 텅 빈 무대에 초연히 아이아스가 등장한다. 신들에게 최후의 기도를 드리고 숲속에 들어가 자인自刃한다. 테크멧사와 코로스가 아이아스를 찾아 헤메다가 그의 시신을 발견하곤 비탄에 잠긴다. 매장의 예를 분비하려 할 때 메넬라오스가 등장하여 매장의 금지를 명함으로써 양측의 언쟁이 일어난다. 테크멧사를 비롯한 유족이 시신에 대한 정화의 의식을 치르고 있을 때 아가멤논과 메넬라오스가 등장하여 매장 금지를 재차 통고한다. 아가멤논과 아이아스의 동생 테우크로스 사이에 격심한 언쟁과 욕설이 응수될 때 오딧세우스가 등장, 그의 중재로 매장이 허락된다. 그리하여 시체는 장례를 위해 묘지로 운구되어 간다…….

이 작품의 줄거리의 윤곽은 이미 호메로스의 「오딧세이아」에 나와 있다.[67] 거기엔 아킬레우스의 사후 그의 무구武具가 희랍군 제일의 용사에게 유증遺贈되기로 되어 있어 아이아스와 오딧세우스가 다투다가 결국 오딧세우스가 차지하게 되었다는 얘기만 나와 있을 뿐 소포클레스의 「아이아스」에 나타나는 여러 가지 작의作意, 즉 아이아스의 광란, 복수심, 가축의 살육, 자결 등은 나타나지 않는다.

서사시권圈 중의 두 가지 시가 또한 이 사건을 다루고 있는데 아르크티노스작 「아이티오피스」와 레스케스작 「소小 일리아스」가 그것이다. 이 가운데 「소 일리아스」에서는 무구의 경쟁에서 패배한 아이아스가 광기에 빠져 지휘관을 살해하려는 계획을 세웠으나 과실로 가축을 살육한 후 광기에서 깨어나 자결했다는 얘기가 나온다.

아이스킬로스는 이 재로로서 3부작 「무구의 재판」Hoplon Krisis, 「트라키아의 여인들」Thrassai, 「살라미스의 여인들」Salaminia을 썼는데 3편 모두

분실되어 약간의 단편 외엔 전해지지 않기 때문에 단지 그 내용을 유추할 뿐이다.

소포클레스의 「아이아스」의 소재는 일반적으로 이상 두 가지 자료 즉 서사시권의 「소 일리아스」와 아이스킬로스의 작품일 것이라 추측되고 있다.[68]

그러나 아이아스의 창작에 직접적인 자극을 주었을 뿐 아니라 그 내용이나 이념에 있어 결정적인 영향을 준 것은 핀다로스의 「제8 네메아」 「제6 이스트포스」, 「제8 피티아」 등 일련의 송가, 특히 「제8 네메아 송가」에 읊어진 아이아스의 비극이라 할 것이다.

핀다로스의 「제8 네메아」는 아이기나의 아이아코스 신전의 일부로서 낭송된 것인데 시는 3부분으로 구성되어 있다. 첫째 부분은 아이기나의 영웅 아이아코스에 대한 찬양인데 여기에서 핀다로스는 아이아코스에게 덕과 지와 힘의 완전한 결합을 보고 있으며 이것은 아이기나의 위대했던 과거를 나타내는 것이다. 둘째 부분은 아이아스와 오딧세우스 사이의 무구를 둘러싼 싸움의 묘사인데 이것은 아이아스로 상징된 아이기나의 현재의 투쟁과 고난을 나타내고 있다. 셋째 부분은 아이아코스로 상징된 고래古來의 전통에 대한 신앙을 재확인하는 것이 그 내용이

67 Homeros, Odysseis 12, 541.

68 cf. Whitman 62; Schmid-Stählin 1, 2, 331; von Blumenthal RE 3A. 1084 etc. 플루타코스는 말하기를 소포클레스는 자신의 작품을 세 가지 형식으로 나눌 수 있는 것이라 말했다고 한다(Plut. Mor., 76b). 즉 첫째는 아이스킬로스의 권위('ορχos)를 모방한 것, 둘째는 신랄하고 기교적인 것(πικρστ και κατεχγον), 셋째는 가장 성격적이고, 가장 훌륭한 것(η ικωτάτον και ρελτιστον)이 그것이다. 핀리는 아이아스가 첫 번째 형식의 마지막 작품이며 안티고네는 두 번째 형식을 대표하는 것이라 했다(J. H. Finley, "The origins of Thucydis' style." HSCP, 1939, pp. 57~59.

다. 따라서 이 시의 구성은 3부작적 통일성을 나타내고 있다 하겠다. 그리고 이 시가 표명하는 기본적 의미는 현실의 아이기나는 아이아스가 겪었던 바와 같은 비참한 역경에 처해 있지만 고래의 전통에 충실함으로써 아테나이의 영광을 되찾아야 한다는 것이다. 따라서 이 시의 창작의 계기는 아이기나의 역사적 경험에서 찾아야 함이 마땅한데, 그것이 어느 시기냐, 다시 말해서 창작연대가 어느 때이냐에 대해서 가설이 제기되어 왔다.

19세기 학자들은 작품 연대를 491년으로 잡는 데에 대체로 의견의 일치를 보이고 있다. 491년 다레이오스의 사절이 희랍에 와서 복종의 징표로서 흙을 바칠 것을 요구했을 때 아이기나는 이에 동조했다. 아테나이는 스파르타에 대하여 아이기나의 행위를 희랍의 자유에 대한 배반이라 비난 고발했으며 스파르타왕 클레오메네스는 이를 받아들여 아이기나의 귀족 10명을 인질로서 아테나이로 보낼 것을 결정하는데 이 때 클레오메네스왕은 아테나이 측에 매수되었다는 것이다. 베리는 말하기를 핀다로스는 이 시의 중심을 아이아스의 비극에 두고 있으며 오딧세우스는 변설과 기지에 뛰어났다는 점에서 아테나이를 상징하고 있는 아이아스는 물론 곤경에 처한 아이기나를 상징하고 있다. 따라서 핀다로스는 아이기나의 상처의 아픔을 달래기 위해서 이 시를 썼다는 것이다.[69]

20세기의 학자들은 이 시를 아이기나의 역사 가운데 460~457년의 위기와 관련시키려 하는 경향이다. 그 당시 아테나이는 페리클레스 영도하 최초의 제국주의적 팽창운동을 시작하였으며 아이기나를 공략하여 공세국貢稅國의 위치를 떨어뜨렸다. 핀다로스는 아이기나의 독립의 상실을 아테나이의 패배, 나아가서는 아이아스의 패배라 간주하였다는 것이다. 그러나 이 시의 제작이 457년의 아이기나의 함락 이전이냐, 이후이냐에 대해서는 의견이 갈라진다. 예컨대 파아넬은 아이기나가 독립을 상실하기 이전 이미 아테나이의 위협을 받고 있을 때인 460년을 제작 연대로 생각하고 있으며[70] 빌라모비츠는 그것을 아이기나 함락 후인 457년이라 하고는 시의 마지막 부분, 아이기나를 위한 기도에서 핀다로스가 아이기나에 대한 희망과 아테나이에 대한 신념을 재확인한 것은 아이기나 함락 후에도 아이기나에 자치가 허용된 까닭이라고 말하고 있다.[71]

그러나 이러한 견해는 아이기나를 아이아스에 비유하고 오딧세우스를 아테나이에 비유하고 있는 것인데 457년 당시 아테나이는 아이기나를 무력에 의해 강제로 복속시켰지 「아이아스」의 경우처럼 어떤 사술詐術이나 부정不正에 의해 복속시킨 것은 아니었다. 따라서 이때의 아테나이를 오딧세우스와 동일시 하기는 어려우며 따라서 그것은 아이기나가 부정이나 기만이나 음모에 의해 패배한 시기와 연관시키는 것은 납득성이 있다 할 것이다.

그런데 이 점에 관해서 N. 브라운은 매우 흥미있는 설을 주장한다. 즉 그 시에는 과거 아테나이인과 스파르타인이 함께 아이기나의 영웅 아이아코스의 지도력에 복속했음을 회상하고 있는데 이것은 스파르타도 아테나이와 함께 음모에 가담했음을 의미하는 것이라 해석할 수 있다. 그

69 J. B. Burry, The Numean Ode of Pindar(London, 1890), 145~146.
70 L. R. Farnell, The works of Pindar(London, 1930), 1, 214; 2, 203.
71 Wilamowitz, Pindaros(Berlin, 1922), 439.

리고 또한 그 시의 마지막에서 아이기나의 미래에 대해 시사를 하고 있는 것은 아이기나가 처한 모호한 상태 즉 예속하이면서도 자치가 허용되어 있다는 점에서 자유임을 나타내고 있는 것이라 할 수 있는데 이러한 두 가지 조건은 446/5년 아테나이에 스파르타 사이에 체결된 30년의 화약和約을 반영하는 것이라 하고 있다.[72]

사실인즉 30년 화약은 아이기나의 장래를 강세에 의해서가 아니라 아테나이와 스파르타 양대 세력의 협상에 의해 결정하고 있는데 이 협상에서 아테나이가 이득을 얻었다는 데에 사가史家들의 의견이 일치하고 있는 것이다. 말하자면 아이기나는 협상이라는 음모의 희생이 되었으며 이 음모의 주모자는 아테나이나 스파르타도 이에 가담하고 있다는 것이다. 기실 30년 화약 체결 시 어떤 음모가 있었다는 풍문이 반아테나이 측에 널리 퍼져 있었는데 그것은 스파르타의 플레이스토아낙스왕과 그의 고문 클리안드리다스가 앗티카 침입을 포기한 것은 페리클레스 측의 매수에 의한 것이며 그 결과 왕은 왕위에서 물러나고 고문은 추방되기에 이르렀다는 것이다. 그리고 30년 화약의 아이기나에 관한 조항은 아이기나가 자치권을 보유하되 아테나이 제국에 속하여 공세를 바친다는 것이었는데[73] 이러한 조건은 아이기나가 그 시에 말하는 바 '모호한 상태' 즉 항복은 했으되 자유로운 상태에 있었다는 것을 말하는 것이라 할 수 있을 것이다.

그러면 보이오티아의 귀족 출신인 핀다로스가 30년 화약을 그의 시에서 반영할 만큼 중시한 것은 무엇 때문일까.

457년 아테나이는 보이오티아를 점령한다. 그러나 10년 후인 447년

보이오티아는 반란을 일으켜 코로네아에서 아테나이군을 격파하여 독립을 회복한다. 이어서 446년 여름 메가라와 에우보이아가 아테나이에 대하여 반란을 일으켰으며 스파르타군은 앗티카를 침공한다. 그리하여 희랍을 하나의 제국으로 통합하려던 아테나이의 기도는 좌절되었으며 그 해 겨울 아테나이와 스파르타 사이에 30년 화약이 체결되기에 이른 것이다. 동 화약은 아테나이가 육상제국이 되는 것을 포기하는 대신에 에게 해에 있어서의 해상제국의 유지를 스파르타가 양해한다는 것을 기초로 하고 있는데 이로써 페르시아전쟁 중에 형성되었던 양국 간의 일종의 세력균형이 재현된 것이다.

아이기나는 457년 테바이와 함께 아테나이에 의해 정복당했으나 테바이와는 달리 446년에도 여전히 독립을 회복하지 못한 상태에 있었다. 섬나라인 아이기나는 아테나이의 육상제국의 꿈이 무너진 후에도 그 해상제국의 지배하에 자유도 예속도 아닌 모호한 상태하에 남게 된 것이다.

동 화약은 테바이의 아테나이에 대한 승리를 외교적으로 확인한 것이기도 했지만 핀다로스는 그것을 축하할 기분이 아니었다. 그것은 핀다로스의 아이기나에 대한 동정 때문만은 아니였었다. 그것은 핀다로스의 아이기나에 대한 동정 때문만은 아니었다. 그는 단지 보이오티아의 귀족으로서 혹은 아이기나의 오랜 친구로서라기보다 오히려 희랍의 전통적 보수주의자로서 오래 불렀던 것이며 그에게 있어 희랍적 보수주의를 나타내는 여신은 「제8 피티아」의 에이레(평화의 여신)이며 보수주의의 윤리는 「제8

72 N. O. Brown, "Pindar, Sophocles, and the 30 Year's Peace" TAPA(1951), 13.
73 E. M. WALKER, CAH 5. 90~61.

피티아」의 아레테였다. 그리고 핀다로스에 있어 아이아스는 고래의 귀족적 아레테의 상징이었다. 말하자면 아이아스의 패배와 자결은 5세기 중엽의 귀족적 이상의 역사적 패배를 상징하며 오딧세우스의 승리는 새로운 부르조아 질서의 시작을 상징하는 것이라 할 수 있는 것이다.

소포클레스의 창작의 직접적인 계기가 핀다로스의 시에 있었다고 한다면 핀다로스에 나타난 이러한 상징은 소포클레스의 「아이아스」에 그대로 투영되어 있다 할 것이다. 소포클레스는 핀다로스와 같이 아이아스를 귀족주의적 에토스의 본질을 나타내는 인물로 그린다. "고귀한 인간은 아름답게 살든지, 아름답게 죽든지 두 가지 가운데 하나를 택한다" (Aias 479~480)라고 아이아스는 말한다. 그는 또한 가문의 명예를 지극히 중시한다. 그것은 그의 부친에게 불명예에 대한 혐오(Aias 434~440, 470~472 etc)를 토로한 말이나 어린 아들에 대해 말한 유언에 잘 나타난다(Aias 550~551). 아이아스의 추종자인 테우크로스나 코로스도 진정한 귀족이 갖는 중세적 충성을 나타낸다(Aias 158~171). 아내 테크멧사도 아이아스의 자살을 만류할 때 가문의 명예와 귀족적 규율에 호소하는 것이다.

바우라는 주장하기를 아이아스의 비극은 아테나이의 청중에게 있어 테미스토클레스의 운명을 연상시켰을 것이라 한다.[74] 즉 아이아스와 테미스토클레스는 둘 다 화려한 경력 끝에 좌절을 한다는 점에서 유사한 운명을 겪는다. 테미스토클레스는 아테나이와 희랍을 살라미스에서 구제한 영웅이었으나 반역이라는 죄목으로 결석 재판을 받았으며 사후 아테나이에서의 매장이 금지되었으나 그의 유해는 비밀리에 아테나이로

운구되어 그의 친척들에 의해 매장된다.[75] 아이아스는 지휘관의 살해를 기도했으므로 반역자라 해야 할 것이며 자인自刃으로 처형은 면했으나 매장이 금지되었다가 오딧세우스의 중재로 유해에 의해 매장되었던 것이다.

양자의 운명은 이와 같이 유사하지만 양자의 성격은 오히려 대조적이다. 아이아스는 직접적이고 강직하고 고결한 데 비해 테미스토클레스는 타산적인 능숙한 정략가로 알려져 있기 때문이다. 따라서 성격적으로 아이아스에 비교될 수 있는 인물은 테미스토클레스가 아니라 키몬이라 할 것이다. 플루타르코스는 키몬을 "유창한 변설도 앗티카적 총명함도 갖지 못했다. 그러나 그의 태도에는 고귀하고 진지함이 있었으며…… 그의 사후에는 다시는 그와 같은 인물을 볼 수 없었다"라고 평하고 있는 것이다.[76]

휘트먼은 아이아스와 키몬의 유사점을 다음과 같이 열거한다.[77] 우선 키몬이 지닌 단순하고 귀족적인 미덕은 아이아스의 고결한 성격과 일치한다. 그리고 스파르타에 헤일로타이의 반란이 일어났을 때 그가 원군을 이끌고 스파르타 간 사건은 아이아스가 트로이에 온 것은 펠로폰네소스의 왕의 부하로서가 아니라 우군으로서이다(Aias 1097ff)라는 발언에 희미하게나마 반영되어 있다 할 것이다. 그리고 또한 키몬의 경력이 마지막 10년은 급진파인 페리클레스에게 그 지위가 잠식되는 과정이었는데

74 C. M. Bowra, Sophoclean Tragedy(Oxford, 1944), pp. 49~50.
75 Plut. Them. , 23.
76 Plut. Cim. , 4. 5. 7. 10.
77 Whitman, 45.

보수파인 키몬의 눈에는 페리클레스는 믿음성이 없는 정치적인 인물로 보였으며 그것은 아이아스의 눈에 비친 오딧세우스의 모습과 같았던 것이다.

소포클레스는 키몬과 페리클레스 양자와 친숙했으며 따라서 양자의 알력에 각별한 관심을 가졌을 것이다. 그것을 신화적 관념으로 파악했을 때 "아킬레우스의 무구武具의 경쟁"이라는 당시 널리 알려진 관념으로 표현했던 것이다. 키몬은 449년에 사망했는데 「아이아스」라는 작품은 소포클레스로선 친우[78]인 키몬을 위해 작성한 추도연설에 해당되는 것이었을 것이다. 「아이아스」는 사자와 그의 적수이던 페리클레스를 다 같이 명예롭게 하는 내용이 시사되어 있기 때문이다(Aias 1382).

소포클레스에 있어서 아이아스의 오딧세우스는 키몬과 페리클레스라는 구체적인 정치가를 표상하는 것이기도 했고 따라서 귀족파와 민주파를 나타내는 것이기도 했고 아레테의 두 가지 면을 표현하는 것이기도 했다. 그것은 핀다로스가 양자를 두 가지 윤리적 유형을 나타냄과 동시에 오딧세우스를 비귀족적·부르조아적 가치체계를 나타낸 것을 물려받을 것이라 할 것이다.

「아이아스」는 아이아스의 자결을 중심으로 두 가지 부분으로 구분될 수 있을 것이다. 제1부의 주제는 아이아스가 현재라는 시대상황에 어떻게 대처하는가 하는 것이다. 아킬레우스의 무구武具는 과거를 나타내는 것이라 볼 수 있으며 아이아스는 과거를 되돌리려는 기도에서 행동을 시작한다. 이 기도는 아테나라는 신의神意의 개입으로 좌절된다. 휘트먼은 아테나를 어떤 추상적인 도덕적인 원칙을 나타내는 것이라 했지만[79]

그것은 역사과정의 불회귀不回歸를 의미하는 법칙을 나타내는 것이라 생각해도 무방할 것이다. 아이아스를 시대에 반항하려 했지만 결국은 역사와 현재를 인정하게 된다. "광대무궁한 시간은 만물을 어둠에서 끌어내어 햇볕을 보게 한 후 다시 어둠 속으로 가려 버린다(Aias 646~692)"에서 시작되는 아이아스의 대 영탄詠嘆은 만물이 따라야 하는 영구한 질서가 존재하는 것을 깨닫고[80] 자신의 운명과 새로운 오딧세우스의 시대(Aias 678~683)의 윤리를 인정하는 것을 나타내는 것이다.

제2부는 아이아스의 사후 아이아스로 대표되는 아레테가 오딧세우스의 시대에 어떻게 대응하는가를 다룬다. 아이아스의 죽음은 하나의 종언을 의미하는 것이었다. 아이아스 사후의 세계에서는 아이아스의 아레테를 물려받은 그의 추종자들과 무자비한 권력의 사도인 아가멤논 및 메넬라오스가 대립한다. 그러나 오딧세우스의 넓은 도량과 중용의 정신에 의해 아이아스의 아레테는 인정되고 양측은 화합을 이룩하게 되는 것이다.

요컨대 소포클레스의 주제는 귀족적 아레테의 위치 등등이라 할 수 있는데 이러한 것은 제8 네메아의 주제이기도 한 것이다. 그러나 소포클레스는 핀다로스로부터 주제를 물려받아 그것을 「아이아스」의 주제로 삼았으나 중요한 몇 가지 점에서 핀다로스와 다른 현저한 변화를 시도하고 있음을 볼 수 있다.

78 소포클레스와 키몬은 친우일뿐더러 혈연적으로 인연이 있다. 즉 키몬은 피라이다이 씨족에 속하는데 동족은 아이아스의 아들 필라에오스를 통해 아이아스의 후예라 주장되었던 것이다. cf. Hdt. 6, 35, 4; Pausanias. 1, 35, 2; 2, 29, 4.

79 Whitman, 67~70.

80 ibid., 51.

우선 소포클레스는 핀다로스가 그린 오딧세우스상을 수정하려 노력한다. 핀다로스의 눈에 비친 오딧세우스는 간사하고 사기적인 성격의 소유자이며 그의 능란한 변설은 오히려 그의 비도덕적인 지혜를 상징하는 것이었다. 그러나 소포클레스의 눈에 비친 오딧세우스는 영웅적 아레테의 또 하나의 측면을 나타내는 것이었다. 아이아스의 아레테가 고귀하고 준엄한 품격이라 한다면 오딧세우스의 아레테는 중용과 화합의 정신이라 할 것이다. 아이아스가 고귀하고 자족적인 생활을 영위하는 데 대해 오딧세우스는 자신을 국가의 복지를 위해 헌신한다(Aias 23~24, 1328~1329). 아이아스가 융통성이 없는 고집스러운 성격인데 비해 오딧세우스는 역사적 변화에 적응하는 탄력성 있는 능력과 뛰어난 설득력을 갖는다(Aias 1361 , 1347, 1359). 아이아스의 아레테가 가문의 명예를 기초로 하고 있는 데 비해 오딧세우스의 중용은 휴머니스틱한 비존을 갖는다. 그리하여 이 극의 대단원에서 아이아스의 추종자들은 그들(과 그리고 핀다로스)의 오딧세우스관이 오해 되었다고 고백하고 오딧세우스의 훌륭한 품격을 찬양하게 되는 것이다(Aias 1381~1382).

핀다로스는 승자인 오딧세우스에게 아무런 장점을 보지 않고 그를 단지 살인자라 단정해 버릴 뿐이다. 따라서 핀다로스의 시는 희망이나 화합으로 끝나지 않고 과거에 대한 집착이 있을 뿐이다. 그러나 소포클레스는 핀다로스와는 대조적으로 승자에 장점을 보았기 때문에 현재와 미래에 대한 낙관적인 전망으로 끝낼 수 있었다. 양자의 이러한 차이는 핀다로스가 보이오티아인이며 소포클레스가 아테나이인이라는 점에서 비롯한 시대의식 내지 시국관의 차이라 할 것이다.

소포클레스가 그리는 아이아스상도 핀다로스의 그것과 현저하게 다르다. 핀다로스는 아이아스의 자결을 명예가 손상되고 정의가 유린된 데 대해 취해진 정당한 행위라 본다. 그러나 소포클레스는 그의 자결을 패배를 인정하지 않으려는 고집에서 나온 결과로 보며 또한 아테나 여신을 패배의 번복을 불허하는 힘을 상징하는 것이라 본 것이다.

핀다로스와는 달리 소포클레스는 아이아스의 아레테만이 유일한 아레테라 보지 않았다. 아이아스가 패배를 인정할 것을 거부하는 것은 '히브리스'이며 현재를 승인하는 것이야말로 '소포로시네'이었다. 그리고 과거의 반복을 막으려는 아테나의 간섭은 도덕적 원칙을 고양하려는 간섭이었다. 말하자면 소포클레스는 아이아스의 패배를 객관적으로 평가했는데 대해 핀다로스는 그렇게 하는 것이 불가능했던 것이다.

핀다로스는 한 가지 아레테, 즉 아이아스의 귀족적 아레테만을 인정했다. 그 외의 아레테는 있을 수 없었다. 그러나 소포클레스는 핀다로스의 단순한 흑백 판단을 받아들일 수 없었다. 그에겐 구질서와 신질서는 각기 특징적 아레테를 가지고 있으며 양자의 최종적인 화합이 가능한 것이었다. 그리하여 오딧세우스는 아이아스라는 역사적 과정 속의 비극적 희생자에 대해 다음과 같이 동정과 이해를 표명하는 것이다. "비록 적이긴 하나 나는 그를 불쌍하게 생각한다. 그는 무서운 재앙의 사슬에 묶여 있으니, 그의 운명은 어언간 나의 운명이 될 것을. 우리들 인생은 환상과 같은 것, 그림자와 같은 것……"(Aias 121~126). 그리고는 아이아스의 고결한 아레테에 대해 깊은 이해를 나타낸다(Aias 1340, 1355, 1387, 1780).

이 작품의 전반부에서는 오딧세우스가 아이아스를 동정하고 그의 아레테를 이해하며 후반부에서는 아이아스의 추종자들이 오딧세우스의 아레테를 이해하게 되는 것이다.

「아이아스」의 주제는 아레테의 상이相異하는 이념의 상극과 화합, 과거와 현재의 시대적 상극과 화합이라 할 수도 있겠는데 그것은 이 작품이 역사적 위기를 다루고 있음을 의미하는 것이라 할 것이다.

443년 당시의 아테나이는 일종의 정치적 위기를 맞는다. 이 때 아테나이에는 아테나이 제국의 도덕성에 관해 물의가 일어났던 것이다. 델로스동맹의 기금의 유용을 둘러싸고 페리클레스에 대해 도전했던 투키디데스 일파는 패배하여 투키디데스는 결국 추방되고 마는데 그것이 433년 봄의 일이었다. 소포클레스가 정치적으로 활동하던 때가 바로 이 무렵이었으며 그의 활동은 아테네제국과 직접 관련되어 있었다. 기술한 바와 같이 그는 443/2년에 델로스동맹의 공세관리위원회의 의장이었으며 440년에는 사모스 원정군의 지휘관의 한 사람이었던 것이다.

이 시기는 또 소포클레스가 「안티고네」와 「아이아스」를 집필하던 때라 추정된다. 따라서 그의 작품에 정치적 이슈가 투영된 것은 당연한 일이라 할 것이다. 사실인즉 리베니우스에 의하면 「아이아스」가 상연되었을 때 극장에는 프리니코스의 「밀레토스의 함락 상연 시와 같은 큰 센세이션이 일어났다고 하는데 그것은 「아이아스」와 「밀레토스의 함락」이 다같이 동시대의 정치사건을 다루었기 때문이었다는 것이다.[81]

앞서 말한 바와 같이 이 시기에 소포클레스는 공직에 두 번 취임했는데 이 가운데 사모스는 원정 시의 스트라테고스 취임은 「안티고네」의 성공 때문이라 전해진다. 하긴 전문적인 군사직 취임과 비극 작품의 성공과의 관련을 부정하는 의견도 있지만[82] 아무튼 소포클레스의 동직 취임은 그가 군사적으로 무능했다는 점에서 볼 때 정상적인 임명은 아니었다. 동직 임명이 전언대로 「안티고네」의 성공 때문이었다고 한다면 그가 헬레노타미아에 취임한 것은 「아이아스」의 상연의 결과라 할 수 있을 것이다. 그의 동직 취임을 웨이트 게리가 말한 것처럼 그가 "페리클레스의 우완右腕의 한 사람"이었기 때문이 아니라 「아이아스」에 표명된 그의 중용과 화합의 정신 때문이기도 했을 것이다. 아테나이인은 이 작품에서 그의 정치적 프로그램, 즉 적에 대해 동정적 이해를 나타내는 중용과 화합의 계획을 읽을 수 있었을 것이며 그의 이러한 계획이야말로 당시의 시대 상황에 있어 가장 적절한 정치적 처방이라 생각되었던 것이다. 이것은 페리클레스로 하여금 그를 선택케 한 또 한 가지 중요한 이유이었을 것이다.

81 Libenius, Declamelio 14. 20(rol. 6. p.99).
82 Eg. Whitman, 45.

6. 소포클레스와 과두파 혁명

아리스토텔레스의 「변론술」에는 질문에 대한 회답(반론)의 방법을 설명하는 대목에 다음과 같은 언급이 있다. "논적이 질문의 형식으로 내리면 여러분은 회답을 함에 있어 이유를 말하지 않으면 아니된다. 예컨대 페이산드로스가 소포클레스에 대하여 400인 과두정 성립에 즈음하여 당신도 다른 10명의 프로불로스와 함께 투표(승인)를 했느냐고 물었을 때 소포클레스는 그러했다"고 대답했다. 페이산드로스가 "뭣이라고. 그것이 나쁜 일이라고 생각하지 않았느냐"라고 다시 묻자, 소포클레스는 "그렇게 생각했다. 하지만 보다 나은 길이 없어 어쩔 수 없었다"라고 말했다.83

아리스토텔레스는 「변론술」에서 소포클레스를 11번 인용하고 있는데 84 이 가운데 여덟 번은 소포클레스의 비극작품에 관해서이고 나머지 세 번은 작품과는 무관한 언급이다. 위에서 인용한 구절에 나오는 소포클레스는 작품과 무관한 채 언급된 3명 중의 한 사람인데 이것이 시인 소포클레스와 동일인물이냐 아니냐에 대해서는 논란이 있으나85 일반적인 의견에 따라 동일인물이라 한다면 나머지 2명의 소포클레스도 동일인물로 보아야 할 것이다. 왜냐하면 세 인물은 다같이 「변론술」에 관한 언급에서 등장하기 때문이다.

소포클레스가 프로불로스직職에 선출된 것은 413년 시실리 원정 패배

후 비상시국에 대처하기 위해 선출된 10명의 프로불로스[86]의 일원으로서이다. 소포클레스는 헬레노타미아에 선출된 경우와 같이 국가의 위기에 즈음하여 그 명망과 권위로 국익에 이바지 하리라는 기대속에서 다시 한번 국가의 중책을 맡게 된 것이다.

당시 프로불로스에 선출된 자는 고령이었다. 소포클레스 외에 그 이름이 알려진 유일한 인물은 테라메네스의 부친 하그논인데 그 역시 고령으로서 페리클레스의 파당이었으며 민중으로부터 각별한 존경을 받은 인물로 알려져 있었던 것이다.[87]

소포클레스의 출생이 497/6년이라 한다면 당시의 그의 나이는 80세 이상이었을 것이다. 그의 연령과 그에게 부여된 임무와 당시의 정치적 상황으로 보아 당시의 아테나이인은 경험이 풍부하고 존경을 받으면서도 시실리에 가담하지 않은 원로급 인사를 동직에 추대했던 것 같다.

---

83 Arist. , Technes Rhetorikes 3, 18. 6; 1419a 25~30.

84 M. H. Jameson, "Sophocles and the Four Hundred," Historia 20(1971), Note 8.

85 5세기 후기의 아테나이 정계에 등장하는 소포클레스라는 이름은 이것 외에도 둘이 존재한다. 한 명은 404/3년의 30인 과두정의 일원(Xen. Hell. , 2,3.2)이며 다른 한 명은 424년 시실리원정 실패로 추방당한 장군(Thuc. 4, 65.3;cf. H. D. Westlake, Historia 9(1960), 399~402)이다. 양자는 동일인물일 가능성은 있으나 시인 소포클레스일 가능성은 없다. 그는 406년에 사망했기 때문이다.
프로불로스에 취임한 소포클레스가 시인 포포클레스와 동일인물이냐 아니냐에 대해선 동일인물시하는 경우가 일반적인 듯한데(Eg. J. Beloch, Die attische Politik seit Perikles, Leipzing 1884, 66;W. S.. Ferguson, CAH 4, p.321; T. B. L. Webster, Introduction to Sophocles, Oxford, 1936, p.13. etc.) 이를 부정하는 경 경우(Eg. G. Grote, A History of Greece, London, 1888, 4, p.322; R. C. Jebb, The Rhetoric of Aristotle, p.137. etc.)는 예술가가 정치에 관여한 가능성을 인정하기 싫어하는 현대인의 성향 때문인 듯하다.

86 Probouloi는 시실리원정 실패 후 국가재건을 위해 40세 이상의 시민 중에서 선출된 10명의 입법최고위원이다(Arist. A. P., 29.2). 평의회(Boule)의 프리타네이스의 직무 외에 행정권을 장악하였다.

87 Lysias, 7, 65; Xen. Hell. , 2,3. 30.

소포클레스의 대화의 상대인 페이산드로스는 과두파의 지도자이며 411년 조춘早春에 있었던 사모스 도島 등의 민주정 폐지의 주역이었을뿐더러 411년의 아테나이의 과두혁명의 주역이었다. 우드헤드는 그가 혁명의 '간판적' 인물이었으며 핵심적 실무자는 안티폰이었다고 말한다.[88] '간판'은 선량하고 순결한 외견을 가져 민중의 신뢰를 받고 순수한 혁명적 신념을 갖는 인물이어야 하며 페이산드로스는 원래는 민주파이었으나 과두정 수립을 통감하여 혁명의 주역이 되었다는 것이다. 과두정이 도괴倒壞한 후에는 그는 데켈레이아로 망명했으며 그 후 다시 아테나이로 귀국했다는 증거는 없다.

상기 대화는 일견컨대 매우 기이한 느낌을 준다. 이 대화에서 보건대 소포클레스가 혁명에 가담한 것은 분명하나 혁명의 주역인 페이산드로스가 소포클레스에 대하여 혁명에 가담한 '죄'를 문책하고 있는 듯하기 때문이다. 그러나 실인즉 페이산드로스는 소포클레스의 죄를 고발하는 것이 아니다. 혁명의 주역인 자신과 같이 소포클레스도 혁명에 가담한 공범임을 시인케 함으로써 자신을 변호하려 하고 있는 것이다. 말하자면 변호자인 것이다.[89] 페이산드로스는 자신이 결론을 내리는 대신 소포클레스로 하여금 "다른 좋은 방도가 없었다"는 해답을 하게 함으로써 혁명의 불가피성을 변호하려 한 것이다. 소포클레스가 고발자라 할 때 소포클레스가 과두정 수립에 책임이 있음을 시인한 것으로 보아 동 정권 수립 자체가 소포클레스의 페이산드로스에 대한 불평이 아니었음을 알 수가 있다. 동 혁명에 관한 아리스토텔레스와 투키디데스의 기술에는 상위하는 점이 있으나[90] 투키디데스에 따라 사건의 전말을 간략하게 기술하면 다음과 같다.

413년 시실리원정이 끝난 후 스파르타는 페르시아의 시트라프인 티싸페르넷와 동맹을 체결한다. 이에 대응하여 아테나이의 과두파도 페르시아의 원조를 얻기 위해 민주정 정복의 기운을 조성한다. 411년 초 사모스 및 여타 도서도시의 민주정을 전복하고 귀국한 페이산드로스는 민회에 민주정 전복을 설득하는 한편 페르시아의 총독 티싸페르네스와의 동맹을 획책한다.

드디어 동년 5월 과두파는 민회를 해산하고 안드로클레스 이하 민주파를 숙청하고 400인 정권을 구성하여 실권을 장악한다. 그리고는 데켈레이아 주류 중인 스파르타왕 아기스에 대해 현상유지를 조건으로 화의

88 A.G. Woodhead, Thucydides On the Nature of Power(Cambridge, Mass. , 1970). 73.

89 cf. L. A. Post, CW 46, 150~512.

90 동 혁명에 관해서는 아리스토텔레스의 Athenaion Politeia, 29.2~32.3의 기술과 투키디데스의 Historiai, 8, 1. 기술이 있는데 양(兩)기술은은 Syngrapheis(전권입법위원) 구성과 400 인정권 구성에 있어 차이를 나타낸다. 즉 A. P.에 의하면 피토로스의 결의문에 의하여 시실리원정 실패 후 국가재건을 위해 선출된 10명의 Probouloi 외에 40세 이상의 시민 20명을 합하여 30명의 Syngrapehis를 구성하였으며 이 때 클레이폰은 클레이스테네스의 헌법을 모델로 하여 신헌법을 제안하여 민회적 절차를 통해 5,000명을 등록하고 400인 회의를 구성했다고 하고 있다. 이에 반해 투키디데스는 페이산드로스가 사모스에서 귀국한 후 411년 5월, 10명의 Syngrapheis autokratores를 선출하고 이들이 새로운 입법을 강행하여 종래의 일체의 제도를 폐지하고 민회를 클로노스에 봉쇄하고는 극히 비민주적인 방법으로 400인 정권을 구성했다고 하고 있다. 따라서 A. P.의 5,000인 선출규정, 평의회 규약, 400인 선출규정은 민중을 기만하기 위한 형식적인 절차로서 공표된 것이고 실제로는 투키디데스의 말대로 비민주적인 방법으로 강행된 것으로 보인다. 5,000인이라는 조직이 아무런 실권이 없는 형식적인 모임이었다는 점에 대해서는 양자의 의견은 일치한다. 그리고 A.P에 따르면 소포클레스는 시실리원정 실패 후 Proboulos로 산출되었다가 혁명이 시작될 때 Syngrapheis의 일원이 되었다고 할 수 있으며 투키디데스에 따르면 최초의 10명의 Syngrapheis 구성에 하그논과 함께 참여한 것이라 생각해야 할 것이다. 그러나 투키디데스가 말하는 최초의 10명의 Syngrapheis autokratores는 A.P.가 말하는 10명의 Proboulos를 시인한 것이 아닐까 생각되어진다.

를 제안한다. 그 후 사모스에 민주정이 회복되자 과두파는 동요하여 에티오네이아의 성벽 건축에 전력을 다한다. 스파르타와의 화평 교섭이 결렬되고 스파르타에 사절로 파견되었던 플리니코스가 귀국하여 암살된 후 테라메니스 일파가 사절로 파견되었던 과두파가 구축하였던 성벽을 파괴한다.

동년 여름 에레트리아 해전에서 아테나이군이 패배하여 전全에우보에아가 아테나이로부터 이반한다. 이것은 아테나이인에게 시실리 패배 이상의 충격을 준다. 왜냐하면 전全앗티카의 자원 이상을 소유하는 에우보이아를 상실했을 뿐더러 해군이 분쇄되었으므로 델로스 동맹의 지배권을 상실할 위험에 놓이게 되었으며 당장에 적해군이 페이라이에우스항에 침공해 올 상황이 되어 버린 것이다.

그리하여 테레메네스 일파의 활약으로 민회가 소집되어 400인 회의를 해체하고 국정을 5,000인이 장악케 하는 새로운 국제國制 제정이 결의된다. 페이산드로스 이하 과두파의 중추 인물은 몰래 데켈레이아로 탈출함으로써 4개월간 존속된 과두파 정권은 붕괴되고 만 것이다.

투키디데스의 기술은 과두파 정권의 성립의 사정에 대해서는 비교적 상세하다. 그러나 동 정권 붕괴 전후의 사정에 관해서는 특히 군사적 면보다 정치적 움직임에 관해서는 너무 개략적이어서 확실한 사정을 파악하기 힘들다. 그러나 과두정 성립 시의 격렬한 움직임에 비해 붕괴 시의 과두파는 큰 파란없이 비교적 평온리에 퇴진한 것으로 보인다.

그런데 페이산드로스와 소포클레스의 대화는 혁명의 초기가 아니라 혁명의 마지막 단계 즉 플리니코스 암살후 과두파의 권력이 동요되면서부터 페이산드로스가 망명하기 전 사이에 일어난 것이라 볼 수 있으며 장소는 민회나 법정과 같은 공식석상인 것으로 보인다.

투키디데스의 기술에는 400인정에 대한 법적인 규탄은 보이지 않는다. 400인정에 대한 공적 공격은 스파르타와의 평화교섭의 실패 외에 그들의 매국적 행위데 대해서이다. 즉 그들은 민주정의 부활로 자기들이 희생되느니 차라리 적측과 공모하여 자기들의 신병과 권력을 유지하기를 바랐으며 그러기 위하여 성벽을 쌓을 때 적군을 영입할 수 있도록 뒷문과 입구를 만들어 놓았다는 것이다.[91]

사실인즉 과두정의 수립 내지 과두정에의 참여가 고발의 대상이 될 수는 없었다. 왜냐하면 과두정에의 참여가 고발의 대상이 될 수는 없었다. 왜냐하면 과두정 붕괴 후의 5,000인 회의의 지도자들이 과두정 수립에 참여할 수 있었기 때문이다. 온건파의 지도자인 테라메네스와 아폴렉시스는 과두정이 수립될 때 신그라페이스이었으며[92] 5,000인 회의의 스트라테고스였던 티모카레스는 과두정권의 스트라테고스이기도 했던 것이다.[93] 플리니코스가 암살된 후 그의 일파도 숙청되었는데[94] 그의 암살의 내막은 분명치 않으나 스파르타와의 교섭에 실패한 책임과 그 밖에 어떤 배반적 행위가 그 이유라 생각되는 것이다.

---

91 Thuc. 8, 90.2~91.1.

92 Lysias 7, 67; Diod. Sic. , 8, 49.2.

93 Thuc. 8, 92.2; Xen. Hell. , 1.1.

94 플니코스 암살의 주모자인 트라시불로스와 아폴로드로스는 2년 후 국가로부터 표창되었으며 크리티아스는 폴리니코스의 무덤을 파헤쳐 유골을 앗티카 밖으로 버릴 것을 제안했으며 그를 변호한 아리스타르코스와 알렉크시크레스는 그 변호를 이유로 처형되었다고 전해진다(Xen. Hell. , 1,7.28;Lyc. 115). 그리고 또한 과두파들이 망명한 후에도 아테나이에 남았던 안티오픈과 아르케플로레모스도 처형되었는데 그들 역시 플리니코스 보호에 연류(連留)된 것으로 보인다.

400인 과두정에서 5,000인 회의에의 전환은 하루아침에 이루어지지 않으며 따라서 페이산드로스에 대한 고발도 어느 시점에서 행해졌는지 알 수 없고 고발의 죄목 역시 분명치가 않다. 그러나 고발자가 소포클레스였다고 한다면 페이산드로스 역시 과두정 수립이 죄목이 될 수 없었을 것이다. 소포클레스 역시 원래의 10명의 프로불로스의 일원이었던 만큼 피토도로스 법령에 따른 신그라페이스의 일원이었을 것이며 따라서 그 스스로 시인했듯이 과두정 수립에 책입이 있었기 때문이다. 페이산드로스 또한 스파르타에 파견된 사절이 아니었던 만큼 플리니코스와 동일한 죄목으로 규탄될 수는 없었다. 그렇다면 소포클레스가 페이산드로스를 고발한 이유는 무엇일까.

이에 대해 제임슨[95]은 「변론술」 1장의 다음과 같은 구절을 고려해야 한다고 주장한다. 즉 "악의 크기는 그 피해의 크기에 의해 판단된다. 범한 죄에 필적할 만한 벌이 없는 그러한 악은 큰 죄악이다. 피해를 입은 자가 가해자에게 법적으로 징벌할 길 없는 악, 이러한 악은 치료될 수 없는 악이다. 피해자 즉 부정을 입은 자가 스스로 자신을 혹심하게 해를 입혔을 경우도 그러하다. 이 때 악을 범한 자는 한층 혹심하게 징벌됨이 마땅하다. 예컨대 소포클레스가 에우크테몬을 위해 변론하기를 '그는 부당하게 해를 입어 스스로 자결했으므로 나는 피해자가 자신에게 가한 것보다 적은 범을 가해자에게 스스로 요구하지는 않을 것이라 말했다'고 한다."[96]

여기에서 소포클레스는 그의 친구 에우크테몬의 자살에 책임있는 자에 대하여 사형을 요구하고 있는 것이다. 에우크테몬의 자살에 책임있는 자는 파이산드로스였으며 소포클레스는 무죄한 인간을 죽게 한 책임을 물어 페이산드로스를 고발했다는 것이다. 에우크테몬이 누구인지 알 수 없으며 에우크테몬과 소포클레스와의 관계, 에우크테몬과 페이산드로스와의 관계 역시 분명치가 않으나[97] 3자의 관계가 제임슨의 추정대로라 하더라도 에우크테몬 사건으로 소포클레스가 페이산드로스에 대하여 사형을 요구했으리라고는 그의 인격으로 보아 생각하기 어렵다. 따라서 소포클레스의 페이산드로스에 대한 고발은 어디까지나 과두정권에 관련된 정치적인 이유에서 찾아야 마땅하리라 생각되는 것이다.

소포클레스가 프로불로스로서 400인정을 위해 투표했을 때 그는 400인정의 성격을 충분히 지실知悉하고 있었을 것이다. 그러나 그것은 그에겐 불가피한 필요악이라 생각되었을 것이다. 사실리 패배 후에 소집된 프로불로스들은 특히 국가의 재정문제에 관여하고 있었다. 그들이 스파르타와의 화평을 희망하는 경향을 보였다면 동직同職에 진출하지 않았을 것이다. 그들은 스파르타에 대한 항전을 계속하기 위해 자금의 필요성을 통감했을 것이다.

소포클레스는 과거에 헬레노타미아직에 재임한 경험이 있었으므로 재정면에 관해서는 문외한이 아니었다. 당시에 아테나이가 얻을 수 있는 직비職費는 페르시아의 자금뿐이었다. 그것은 알키비아데스나 과두정권을 통해서만 얻을 수 있는 것이라 페이산드로스는 주장했다.[98] 민주파는

95 Jameson, op. cit. ,15.
96 ARIST. Tec. Rhet. 1,14:1374B, 1375A.
97 cf. Jameson, op. cit. , 16~17.
98 Thuc. 8, 53; 65.2. cf. Arist. AP 29.2.

이에 반대했으나 과두파는 조국 구제를 위해선 페르시아와의 동맹이 불가피하며 그러기 위해서는 과두정을 실시해야 함을 시민들에게 납득시키는데 성공한다. 프로불로스들도 물론 과두파에게 동조하게 된 것이다. 말하자면 그들은 정치적 이념에 의해서 아니라 현실적 동기에 의해 과두정 수립에 동의한 것이다.

프로불로스가 과두정 수립을 위해 어떠한 행동을 했는가에 대해서는 아리스토텔레스는 다음과 같이 언급한다. 우선 피토도로스의 결의에 의해 10명의 프로불로스가 30명의 신그라페이스로 확대재편되고 그들 30명은 두 가지 국제상의 제안을 한다. 첫째로 프리타네이스는 국가 구제를 위한 모든 제안을 투표에 부치며, 둘째로 개혁을 위한 모든 제안에 대한 모든 법적 방해를 제거한다는 것이 그 내용이었다. 그러나 다음 단계로 구체적으로 400인정이 어떻게 성립했는가에 대해선 명백한 언급이 없는 데 반해 투키디데스는 10명의 신그라페이스가 민회에서 선출되어 그들이 중요한 제안을 하여 400인정을 수립한 경위를 비교적 명백히 기술하고 있다.

투키디데스가 말하는 10명의 신그라페이스는 아마도 아리스토텔레스가 말하는 프로불로이와 동일체일 것이다. 투키디데스는 신그라페이스가 원래 10명으로 구성된 프로불로이로 확대된 것임을 모르고 그것이 새로운 조직체라 생각했을 것이다. 따라서 프로불로이가 과두정 수립에 책임이었다는 사실에는 변함이 없다 할 것이다.

신그라페이스에 관한 한 아리스토텔레스의 기술이 정확하다면 페이산드로스는 무엇 때문에 종래의 10명의 프로불로이를 확대하여 30명의 신그라페이스로 재편했을까. 기존의 10명의 프로불로이는 페이산드로스의 출국 중에도 헌법개정을 위한 아무런 계획이나 움직임을 보이지 않았다고는 할 수 없을 것이다. 그러나 비상시국에 더욱이 과두정을 수립하려는 즈음에 있어 그들의 움직임은 너무 온건하고 원칙적이기 때문에 보다 실제적이고 적극적인 계획을 추진하기 위하여 개편을 단행하게 되었을 것이다.

소포클레스에게는 혁명의 매력은 이념적인 것에 있는 것이 아니라 실제적인 것에 있었다. 그의 실무적 경험과 개인적 명성으로 위기에 처한 아테나이의 정국에 그는 재등장하기에 이르렀다. 그는 조국 경제의 최선책으로서 과두정 수립에 동조했었다. 그러나 그의 기대는 배반당했다. 페이산드로스가 역설한 페르시아의 원조의 희망은 무산되었다. 전세는 치명적인 상태에 이르렀고 국내의 분쟁은 격화되었으며 과두파들은 적측과 음모라고 할 수상쩍은 협상을 진행한다. 그리하여 그는 조국에의 봉사라는 애국적인 입장에서 과두파와 결별하고 과두정의 주역을 고발하기에 이른 것이다.

소포클레스는 아테나이에 있어 양식과 조국의 상징이었다. 그러나 소포클레스로부터 고발당한 페이산드로스는 자신의 탁월한 능변으로서도 자신을 정당화하는 것이 불가능하다고 깨달았을 것이다. 그리하여 그는 판결을 기다리지 않고 망명의 길을 택하였을 것이다. 그리하여 그는 다시는 아테나이에 귀환하지 않았다. 그 후의 아테나이의 정국의 진전으로 보아 페이산드로스 역시 현명한 판단과 행동을 취했다고 할 수 있을 것이다.

7. 결어

소포클레스가 살던 5세기는 정치적으로나 사상적으로나 신구의 제 조류가 제각기 아크메에 달했던 시대이었다. 델피의 신화의 권위와 아낙사고라스의 회의주의가 공존하는 시대이며 무신론자인 알키비아데스와 경건한 신앙가인 니키아스가 함께 시실리 원정군을 지휘하였으며, 아이기나와 아크폴리스에는 상이하는 양식의 조각과 건축이 제작되었으며 과두주의와 민주주의가 경합하는 시대기도 했다. 이러한 조류들이 하나의 흐름으로 소용돌이 치는 곳이 아테나이였다. 페리클레스는 말하기를 아테나이는 모든 세계의 물자를 향유한다고 했으나 아테나이에 집중한 것은 물자뿐이 아니었던 것이다.

이른바 3대 비극시인 중 소포클레스는 가장 아테나이인적이었다. 그의 작품은 아테나이의 지적·정신적 생활과 밀착하고 있었으며 당시의 여론과 논란이 그 배경을 이루고 있었다. 물론 그는 어떤 구체적인 사건이나 문제를 시사하는 것을 회피하고 있으며 어떤 의미에 있어서는 호메로스 이래 가장 순수한 시인이라 일컬어지기도 한다. 그러나 그의 작품의 주제는 개인적인 창의라기보다 언제나 당시의 중요한 이슈를 반영하고 있었다. 예컨대 「오이디푸스」의 주제인 신의와 인간의 착각 사이의 상극은 종교적으로나 철학적으로나 희랍 사상의 가장 알려진 토픽이었다. 그의 작품에는 아이스킬로스의 작품에 비해 여성이 한결 중요한 역할을 한다. 이스메네, 테크멧사, 크리소테누스와 같은 여성적인 여성이 묘사되는가 하면 안티고네, 엘렉트라, 이오카스테 등 영웅적인 등장하기도 한다. 특히 여성은 남성 못지 않게 영웅적인 성격이 될 수 있다는 발견은 인간 존재에 대한 심오한 관찰과 지식의 결과이며 이것은 소포클레스 예술의 두드러진 특색이었다.

그러나 그의 작품의 핵이 되어 있는 것은 위대한 남성상, 영웅적인 성격의 창조에 있다. 아이아스나 데이아네이와 같은 귀족적 인물은 아이스킬로스와 에우리피데스는 끝내 창조하지 못했다. 그는 민주정과 친숙하면서도 귀족주의적 전통에 깊은 동정을 품는다. 그리하여 종교가 쇠퇴하는 시대에 종교 대신 인간의 종교화라 할 영웅상을 창조한 것이다.

정치적 취향으로서는 그는 오히려 보수적이라 할 것이었으나 완고한 보수주의자는 물론 아니었다. 새로운 시대의 아레테와 모랄을 이해하고 새로운 시대와 구시대의 화합과 조화를 지향하였다. 그는 국가의 위기에 즈음하여 스스로 군사적·관료적 재능이 없음을 인정하면서 국가의 요청에 사양치 않았었다. 그리하여 그는 페리클레스와 협력하였으며 니키아스와 어깨를 나란히 하였었다. 그리고 또한 페이산드로스에 동조했으며 그것이 국가에 해가 된다는 것이 명백해지자 과두파와 결별하였었다. 그러한 의미에서 그는 아이스킬로스 못지 않게 애국적이었으며 또한 이상주의적이었으며 필경 아테나이적이었다.

비극의 세계에 있어서는 그는 비극의 대성자大成者로서 모든 사람의 존경을 받았다. 그러나 정치의 세계에 있어서는 그의 아테나이적 이상주의는 성공적이었다 할 수는 없었다. 정치는 화합과 조화를 잃고 폭력은 폭력을 낳고 음모와 혼란이 소용돌이쳤으며 급기야는 패전의 비운을 맞이하기에 이르렀었다.

그러한 의미에서 볼 때 그의 이상과 현실은 가장 심한 괴리를 겪었다 할 것이며 따라서 그는 가장 비극적인 비극시인이었다 할 수 있을 것이다.

제6장

에우리피데스 사상의 두 가지 면

1. 서언

희랍적 정신구조를 가장 두드러지게 나타내는 말로서 합리주의적 rational이라는 표현이 있다. 희랍예술에 있어서의 자연과 인간 간의 절묘의 조화, 예술적 구도상에 있어서의 면밀한 계수적 처리, 비극에 있어서의 대담하면서도 세밀한 구성, 철학에 있어서의 인간과 자연에 대한 근원적 추구…, 이러한 것이 '희랍적'이란 말을 '합리적'이란 말의 동의어로 생각하게끔 했다. 그러나 합리적이라는 말이 계수적, 이성적, 이지적 등등을 뜻하는 것이라 할 때 그것은 역으로 신비성의 결여, 인간경험의 보다 심오한 면에 대한 추구정신의 결여, 상상력이나 감성적 · 영감적 능력의 부족을 뜻하는 것이기도 하다. 하지만 희랍인의 사유생활엔 이른바 합리적인 면에 못지않게 rational한 경향이 강한 사실을 간과할 수 없으며 오르페우스, 테메테르 등 비교秘敎의 융성은 그 단적인 예라 할 것이다. 합리적과 비합리적, 전통적과 비전통적 혹은 니체적 용어로서의 아폴론적과 디오니소스적, 이 두 가지 경향은 고전기의 예술적 제 방식을 배경하는 두 가지 사상적 인자인 동시에 희랍사상사의 불효기(拂曉期: 날이 막 밝을 무렵-편집자주)에서 일모기(日暮期: 날이 막 저물 무렵-편집자주)까지 누비는 두 가지 주류적 사조이기도 했던 것이다. 그런데 여기서 말하는 '합리적'이란 말은 희랍적 의미에선 두 가지 뜻을 갖는다. 즉 종교적 이념상에 있어서 합리적이란 말은 전통적 신앙에 대한 반발적인 것을 말하며 예술적 구도상에 있어서의 그것은 조화적 균제적인 것을 뜻한다. 본고에서 운위하는 합리적이란 것은 전자의 경우에 국한한 것인데, 종교상에 있어서의 합리적 사유와 비합리적 사유의 이 두 가지 경향은 일관해서 병행하는 것이 아니라 시기적으로 5세기 중엽을 분기점으로 그 세력의 우열에 따라 양분될 수 있는 것이었다. 환언하면 B.C. 5세기 중엽은 합리적인 사상과 비합리적인 사상의 대립기 진환기이며 전통과 반전통의 충돌이 빚어낸 혼란기이기도 했다. 이 시대에 살던 희랍 특히 아테나이의 대부분의 사상가들은 이 두 가지 사조의 소용돌이 속에 휩쓸려 여러 가지 뜻에서 격심한 고민을 겪지 않을 수 없었거니와 그것은 특히 비극작가의 경우 각별히 심각한 바가 있었다. 왜냐하면 비극은 그 기원에 있어 디오니소스 숭배와 연관되어 있었을 뿐 아니라 그 형식과 내용의 성립 및 발전에 있어서도 종교와 불가분의 관계를 지니고 있었기 때문이다. 즉 비극은 일정한 동작을 극적으로 재현한다는 근대적 의식에서 출발한 것도 아니요, "보다 높은 교양을 가진 인사나 어떤 특권계급을 위한 오락이나 위안을 위해 형성된 것도 아니며 그것은 제전에 참가하는 시민단체 전부를 위한 폴리스의 중대한 종교적 행사의 일부로서 성립되었다"[1]는 점에 제1의적인 의의를 지녔던 것이며, 비극시인 역시 단순히 무사Musa의 사도라는 자부보다도 오히려 시민의 정신적 교도를 책무로 하는 종교사상가라는 점에 보다 큰 긍지를 지녔던 것이다. 그럼으로써 비극시인은 과거의 사상적 유산을 물려받아 정리 발전시키는 동시에 시대의 새로운 사조를 전래의 사상과 조화해야만 하는 난삽한 작업을 완수해야만 하는 것이었다.

물론 사상가에 따라 이 책무에 당면하는 자세에 차이가 없을 수 없는 것이었다. 어떤 자는 신구의 사상의 상극에 당혹하여 부과된 신성한 업무를 방기하는 경우도 있을 것이며 어떤 자는 아예 신사상에 외면함으로써 자기의 본래적 자세로 고집할 수도 있을 것이며, 어떤 자는 진지하게 문제에 직면하여 자기의 책무를 성공적으로 수행함으로써 교도자로서의 권위를 더 없이 확고하게 하는 경우도 있을 것이다. 그러나 이 과업에 가장 과감하게 도전하여 시대 사조의 양극에 스스로의 사상을 끝까지 투입시켜 끝내는 자기의 과업에 파탄을 겪어야만 하는 가장 비극적인 비극시인이 있었다. 에우리피데스인 것이다. 일반적으로 전형적인 합리주의적 시인으로 지목되어 온 에우리피데스는 합리주의 사상뿐 아니라 그 대척점인 위치에 있는 비합리주의 세계에 깊이 침전함으로써 사상의 이율성二律性을 끝내 가누지 못하고 만 전환기를 상징하는 비극시인이었으며, 그러한 의미에서 가장 고전적 희랍인이라 할 수 있을 것이다. 본고에선 우선 그의 합리적 사상을 낳게 한 시대적 배경과 그의 사상의 일단을 논급한 연후 그의 비합리적 사상에의 몰입과 그 전환의 동기를 그림으로써 그의 사상적 이면성을 밝히고자 하는 것이다. 작가로서의 에우리피데스는 여러 가지 다양한 문제를 명시하는 것이나 전언한 바와 같이 비극작가의 제1의적 의미가 종교사상가라는 점에 있었으니 만큼 문학사상적 문제를 완전히 묵살한 채 종교사상의 관견(管見: 좁은 소견-편집자주)에만 그친 것은 적어도 그의 기본적 사상을 이해한다는 의미에

1 Burckhard, Griechische Kulturgeschichte(新關譯) IV, 124.

서 에우리피데스 연구의 기초작업으로서 적절한 것으로 생각된다. 원래 에우리피데스 연구서설이라는 부제를 붙였던 이유가 있기에 있는 것이다.

2. 합리적 사상의 형성

합리주의자로서의 에우리피데스를 이해하기 위해서는 우선 그의 시대의 상황과 그 시대정신을 이해해야만 할 것이다.

에우리피데스가 탄생한 것으로 알려진 480년은 살라미스 해전의 해이었다.[2] 살라미스 해전은 페르시아 전쟁의 전국의 양상을 결정적으로 일변시켰을 뿐 아니라 희랍인의 운명과 아테나이의 정치적 · 문화적 위치에 새로운 기원을 획하는 중대한 전기이었다. 동 해전을 정점으로 한 페르시아 전쟁에 있어서 헬레네스가 과시한 민족적 자부를 부여했던 것이어니와 특히 전쟁을 지도하여 희랍의 궁극적 승리를 초래케 한 아테나이는 헬라스의 자유를 수호했다는 자부와 정치 · 경제 · 문화 등 모든 분야에서의 절대적 노력에 의하여 이른바 고전기문화를 현출시켰었다. 고전기古典期문화의 현출을 약속한 살라미스 해전의 그가 탄생하였다는 것은 적이 흥미로운 우연이거니와 에우리피데스의 사상의 형성에 있어 가장 중요한 영향을 끼친 것이 또한 페르시아 전쟁을 전후하여 희랍으로 이주한 이오니아인이었다는 사실 역시 흥미로운 일이라 할 수 있다.

이오니아의 도시들은 리디아, 메디아의 영향 내지 지배하에서 경제적

2 3대비극작가는 모두 Salamis 해전과 관련되어 있다. 즉 Aischylos는 Phalanx로서 동전에 참여했었고 Sophocles는 소년합창단에서 동전의 축가를 불렀다 한다. cf. G. Murray, Euripides and His Age, (Oxford U.P, 1955), p.11.

인 번영을 누려왔던 것이나 페르시아 지배 후 페르시아전쟁을 전후하여 그 세력이 급속히 몰락함에 따라 이오니아의 현인, 철학자, 시인, 예술가, 경사가經史家, 과학자들은 반란 시3의 유일한 후원국이었던 아테나이로 집중 이주하게 되며 그에 따라 헬라스의 불꽃이 타는 화로가 된 아테나이는 그 문화적 · 역사적 위치에 있어 현저한 변화가 생긴다. 아무런 전통과 인습에 구애됨이 없이 자유로운 담구정신에 살넌 이오니아의 학풍이 아테나이에 이입되었으며 종래 비교적 냉담 시되던 인생 문제가 자연에 관한 학구와 동등한 권리를 갖게 되었다. 그러나 무엇보다도 아테나이 문화에 영향을 준 것은 이오니아적 정신에 입각한 희랍인의 전통적 신관에 대한 비판적인 태도이었다. 그 지리적 조건으로 희랍 본토와 비할나위 없을 사상의 자유를 누리던 이오니아인에게 있어선 전승적 신화와 그 정신적 요구 간의 의식에서 생야生惹(야기惹起-편집자주)되는 문제에 아무런 고통이나 번민을 느낄 필요가 없었으며, 전승신화의 취급 그 자체도 전승종교의 입장에서 종교 자체의 정화향상을 위한 노력에서 발생한 것이 아니었던 만큼 폐리弊履(헌신발-편집자주)를 버리듯 전승에 의해 주어진 종교관념을 부정할 수 있었던 것이다. 종교관념에 있어서의 이오니아적 자유를 가장 전형적으로 중시하는 것으로 크세노파네스를 들 수 있다.

크세노파네스는 이오니아의 계몽적 풍토에서 자란 후 각국을 유랑하여 해시오도스에 의해 완성된 통속신관, 특히 그 의인화에 대해 준열한 비판을 가하였던 것이다. 즉 그는 여러 민족의 신관의 상위와 주관적 상대적 관념의 공허함을 개탄하면서 "만약 소와 말이 인간과 같이 신을 그릴 수 있다면 그들은 반드시 그들 자신의 모습을 그릴 것이다"라고 조소를 퍼붓는다. 그리고는 인간적인 사고와 용모, 그리고 인간으로서도 치욕적인 비도덕적 행위를 신격에 부여한 통속신관의 근본적 결함을 지적하고 도덕적 완전성이 신의 본질적인 특징일 것을 요구하였다.[4] 그리하여 "신 가운데 최대이며 형태도 사상도 인간과 같지 않은……하나의 신"[5]을 상정하고 "온몸으로 보고 온몸으로 생각하고 온몸으로 들으며……애쓰지 않고 정신의 힘으로 만물을 지배하며,……한곳에 머물러 움직이지 않으며", "하나인 동시 일체이며 세계전체를 바라는 일자一者"[6]라는 범신론적 경향이 농후한 일신론적 신관을 수립하였던 것이다.

아테나이 동변 플리아phlya의 부유한 가문에서 출생하여 아테나이에서 청년기를 맞이한 에우리피데스는 인류사상 가장 지적 활동이 활발한 시대를 맞이한 것이며 전통적인 사조에 등을 돌리고 신사상의 범류에 몸을 던졌다. 그는 소포클레스의 써클에 들지 않고 이오니아에서 이주해 온 아낙사고라스의 제자가 된 것이다. 아낙사고라스는 달이 태양광선의 반영이라든지, 태양은 신이 아니라 거대한 펠로폰네소스 반도의 수배나 되는 돌이라는 등[7] 희랍종교의 신앙의 상징에 대해 자연철학적 태도에

3 Dareios의 Persia에 대해 Ionia가 반란을 야기한 것은 B.C. 510이었다.

4 도덕적인 완전성을 신의 본질적인 특성으로 요구한 것은 Xenophones이 처음이었다, 물론 Hesiodos 이하 신의 정의를 믿는 자는 많았지만 그들은 신의 정의를 인간에 있어서의 행불행의 분배에 착안하는데 그쳤으며 도덕적 가치의 완전한 실현을 신의 본질에서 구하기까지는 하지 않았으며 그것은 Platon의 출현을 기다리지 않으면 아니 되었다.

5 Diels, 「단편집」 23.

6 ibid. , 24, 25, 26, cf. Aristoteles, Metaphisica 1, 5, 986.

7 Aristoteles, Metaphisica 1, 5, 986

입각하여 과감히 부정적 태도를 취했을 뿐더러 일종의 원자론, 일종의 물질불멸설을, 말하자면 근대과학이나 현대과학의 논제이기도 한 설을 주장한 진보적 사상가이었다. 아낙사고라스의 대담한 자연철학적 태도나 전승종교에 대한 부정적 논설은 에우리피데스에게 고스란히 옮겨지는 것은 아니라 할지라도 그의 작품에 적이 반영되어 있는 것은 분명하다. 예컨대 "……사물은 하나에서 다른 것으로 번동하여 상이하는 형태를 보이기 위해 결합한다"[8]라는 언급이라든지 「트로이아데스」(884~88)에서의 "오! 그대 지구를 받치며 지구 위에 자리잡은 그대여, 그대가 제우스인지 '필연'인지 또는 인간의 정신인지는 알길 없으나 그대에게 공경히 기도를 드리네, 그대의 고요한 움직임 속에 만무를 정의로 이끄는 힘이 깃들여 있으니"[9] 등등이 그것이다.

이오니아 학자와 더불어 고전기의 아테나이에 크나큰 사상적인 파문을 일으킨 것은 소피스트들이나 그들의 계몽사상가로서의 역할은 경언警言할 필요가 없는 주지의 사실이다. 우리는 소피스트의 종교관에 대해선 사료의 부족으로 확실히 알 수가 없다. 그러나 그들의 종교에 관계되는 저서의 단편으로서 유일한 현존물인 프로타고라스의 언설이 에우리피데스의 가정에서 낭독되었다는 사실을 알고 있으며, 이것은 에우리피데스와 프로타고라스의 관계, 나아가서는 에우리피데스에 대한 프로타고라스의 영향을 말해주는 하나의 단서가 될 것이다. 「Peri theon(신에 대하여)」라는 논문의 낭독의 일부에서 그는 "신에 관해서는 그것이 존재하는지 않는지 그것이 어떠한 형태를 하고 있는지 나는 알지 못한다. 문제의 모호함과 인간의 단명으로 그에 대한 통효通曉(환하게 깨달아서 앎-

편집자주)를 방해하는 것이 너무 많기 때문이다.[10] 프로타고라스의 이 말이 소피스트적 상대주의나 회의주의적 태도를 반영하는 것인지, 순수한 불가지론을 피력한 것인지, 혹은 신의 존재에 대한 전적인 부정을 뜻하는 것인지는 각자의 수용의 자세에 따라 해석이 다를 것이나, 전통적 습관에 대한 비판적이던 소피스트트 일반의 태도로 보아서나 「알레테카」에서 표명된 일련의 인간기준적 태도로 보아 통속 종교의 신에 대한 부정적이라 할 수 있으며 그러한 의미에서 프로타고라스의 에우리피데스의 영향은 명백하다 할 것이다. 하긴 프로타고라스의 이른바 인간기준론을 취약聚約하는 이른바 '인간은 만물의 척도'라는 정립에 대해서는 에우리피데스의 명확한 언급은 없다. 하지만 "행위자 자신이 치욕적이라 생각하지 않을 때 치욕이란 과연 무엇을 의미하는 것일까"[11]라는 말이라든지 인간의 독자적인 주관적 태도를 속박하는 법률에 대해 비판적 태도를 표현한 것으로 보이는 "법률을 만듦으로써 생활을 복잡하게 하는 자…"[12]에 대한 조소는 프로타고라스의 권위주의에 대한 비판 및 상대주의의 영향을 나타내는 것이라 생각해도 무방할 것이다. 그리하여 프로타고라스의 사망에 대하여 에우리피데스는 다음과 같은 비탄을 읊을 수

8 Euripides Fragment 839. cf. D.W.Lucas, The Greek Tragic Poets, 1959, p.235.

9 하기야 이것은 Hecabe의 Hellene 징벌을 위한 기도이나 그녀의 믿음도 결국 정당화되지 않으며 그 후로 Hecabe는 보다 자신을 잃은 어조로 권력에 호소하고 있다. 또한 이것은 Anaxagoras의 이론보다는 그의 제자인 Appolonia의 Diogenes의 이론에 근사하다는 설도 있으며(cf. D. Q. Lucas, G. T. P. p.235), 한편 Anaxagoras와는 아무런 연관이 없으며 Euripides의 합리주의적 태도가 양자를 결합시킨 것이라는 설도 있다(cf. Murray, E. H A. 45).

10 Diogenes Laertios Ⅸ, 54.

11 cf. Euripides Frag. 506. 286. 19.

12 "Cyclops" 338.

있었던 것이다.

그대는 죽었다. 헬레네스의 나이팅겔인 그대는 마침내 죽었다.
인간에게 아무런 해를 준 일이 없는 무사musa의 날개를 헬레네스는 찢어 버렸다.[13]

다음으로 소피스트적 사유의 초극자로 알려진 소크라테스가 에우리피데스에게 적잖은 영향을 미쳤다는 설이 있음을 간과할 수 없다. 즉 니체는, 소크라테스에게가 에우리피데스의 시작을 도왔다는 당시 아테나이에 유포되던 풍설과 "육체 및 정신에 있어서 마라톤적 남성적 유능성이 심신의 힘의 위축을 수반하는 야릇한 문명개화의 희생이 되어 스러지는 것은 소크라테스와 에우리피데스의 영향에 의한 것"[14]이라는 아리스토파네스의 언급을 피력하고는 소크라테스와 에우리피데스의 밀접한 관계를 이른바 '고대적 감각'에서 증명하는 것이었다. 즉 첫째로 소크라테스는 비극예술의 적으로서 비극의 상연을 무시했던 것이나 에우리피데스의 작품이 상연될 때는 반드시 관극觀劇에 참석했다는 것이다. 둘째로 델피의 어느 신화에 인간 중 최대의 현인으로 소크라테스를, 다음으로 에우리피데스를 들어 양자를 병기했다는 사실이었다는 것이다.[15] 그리하여 그는 "에우리피데스는 어떤 하나의 가면에 불과하다. 그의 입을 통하여 나오는 신이란 디오니소스도 아폴론도 아닌 소크라테스라 불리우는 전혀 새로이 탄생한 미신이었다"[16]고 단정했던 것이다. 물론 니체가 에우리피데스와 소크라테스를 밀접하게 결합시킨 것은 양자를 디오니소스적 정신의 파괴자로서 규탄하기 위한 방편이었으니만큼 거기엔 니체적 편향과 강변의 기미가 없지 않다. 더욱이 플라톤의 대화편엔 양자의 결부를 시사하는 아무런 언급이 기록되어 있지 않다는 사실은 양자의 관계를 명확히 단정지을 수 없게 하고 있다. 하지만 소크라테스의 논리의 전개에 나타나는 소피스트적 태도 혹은 인간의 감정이나 행위에 관한 것 이외의 모든 철학에 대한 절대적인 배격, 혹은 "들과 나무는 나에게 아무런 말도 걸어주지 않으며 오직 도시의 인간만이 그러하다"란 말에서 시사되는 인간의 지혜에 대한 신뢰 등등은 이오니아인이나 소피스트에 못지 않게 에우리피데스의 합리사상에 연관이 있는 것이라 할 수 있다.

이상에서 에우리피데스가 흡수한 시대의 신사상의 대표적 사상가의 종교적 태도를 단편적으로 기술했거니와 그러한 정신적 풍토에서 형성된 에우리피데스의 합리사상은 어떠한 것일까. 아이스킬로스의 경우와 대비해서 검토하기로 하자.

서언에서 말한 바와 같이 비극이 국가의 종교적 행사의 일부이었다는 사실은 극예술가로 하여금 예술가로서보다 국민의 정신적 교도자로서의 자각과 자부를 가지게 하였으며 전승적 종교의 기반 위에서 그 정신적 내용을 천명하는 임무를 느끼는 동시에 새로운 시대의 요구에 응하여 그들 자신의 체험과 확신에 따라 그것을 순화, 향상, 보정하는 임무가 있었다. 호메로스에 의해 희랍 각지의 지방적 신앙이 국민적 종교로 '창

13 산실된 작품 Palamades의 한 구절. cf. G. Murray, Euripides and His Age, p.89.
14 F. Nietsze, Die Geburt der Tragedie Tr. by F. Golffing, 1956, Doublday, p.121.
15 ibid.
16 ibid. , 112.

생'되었을 때 거기엔 희랍 재래의 신들이 의인화되고 미화 · 순화되고 이상화 되어 종교의 본질적 요소인 정신적 · 도덕적 요구와는 상반되는 경향이 깃들게 되었다. 그러나 헤시오도스 이래 희랍의 종교사상이 점차로 정신화되고 일원적 경향과 윤리적 특질이 선명화 하고 국민의 도덕적 의식이 현저히 진보함에 따라 호메로스적 신관엔 마땅히 수정이 가해져야만 할 것이었다. 그러니 이오니아의 자유로운 풍토에서 자라나 망국 후 표랑으로 생을 끝낸 정신적 고아라 할 크세노파네스와는 달리 문화의 모든 부문에 뿌리 깊이 세력을 박은 전승 종교에 의해 배양되고 더욱이 비극의 재료를 주로 호메로스가 그린 신화 세계에서 구해야만 했던 비극작가들은 신사상의 섭취와 신구新舊의 이데올로기적 단면의 가교 작업에 큰 어려움을 겪어야만 했다. 이 문제에 가장 심각하게 부딪친 것은 에우리피데스이지만 그것은 정도의 차이는 있으되 다른 작가에 있어서도 마찬가지였다. 예컨대 아이스킬로스의 경우를 보자.

아이스킬로스는 누구보다도(물론 에우리피데스보다도) 한결 종교적 경향이 강한 작가이다. "그의 예술은 다른 어떤 시인보다도 종교적 입장에 밀착되어 있는 것이 특색이 되어 있으며 그러한 특색은 그의 모든 작품에 침투되어 그의 세계관, 인생관의 기조를 형성"17 하고 있는 것이다. 그의 가정적 분위기나 그의 본래의 종교적 성질은 그를 경건하고 순수한 전승적 종교사상가로 만들었던 것이나 그에게도 시대 사조를 탄 반전통적 신관이 투영하게 된다. 크세노파네스의 사상 이외 탈레스, 아낙사만드로스의 영혼불멸론, 피타고라스의 지육론, 페르나우데스의 신비론 등 그의 동시대인의 사상의 영향으로 그도 전승신화의 비리와 무질서를 각성하게 되고 분노를 느끼게 되는 것이다. "인간에 대해선 신들은 모든 양습良習과 정의의 보호자이다. 그러나 신 자신은 윤리의 권위가 아닌 것이다. 자연계엔 보편적인 도덕이 존재하지 않으며 신은 일종의 자연력의 원시적 폭력에 의해 움직인다. 제우스는 자신의 아버지와 싸우며 육친의 자매와 상간相姦한다. 기만과 유혹과 폭행을 감행하면서도 아무런 수치심을 느끼지 않는다. 제우스는 또한 전능하지도 않다. 인간에 대해서는 그 운명의 지배자이나 자연계에선 그의 위에 어떤 구원의 가차 없는 운명이 지배하고 있어 그는 그것에 복종해야만 하는 것이다."[18] 모든 진보적 사상가가 직면하게 될 특히 에우리피데스가 부딪쳐야 할 동일한 고민과 의문에 아이스킬로스도 당면하게 된 것이며, 그러한 의미에서 아이스킬로스는 "그의 생애가 급속한 진보의 시대의 초두에 해당하고 있었다는 외부적 사정으로 그의 정신 일반은 심히 오해를 받고 있으나 실인즉 아이스킬로스는 궤변철학운동의 선구자이며 종교사상 일반에 있어선 에우리피데스의 선구자이다"[19]라는 평언評言을 받기까지 한다.

아이스킬로스의 역작 「사슬에 묶인 프로메테우스」Prometheus demotes에서 종교적 태도의 취약적 표현을 볼 수 있다. 이 작품은 신을 주인공으로 한 유일한 희랍비극이라는 점에서 뿐 아니라 프로메테우스 신화의 취급에 있어 그의 신의관神義觀을 가장 역감 있게 부조하고 있다는 점에

17 Gunther, Grundzüge, 598.

18 E. Meyer, Geschichte des Altertums 1, 510.

19 G. Murry, A History of Acient Greek Literature, 1956, Univ. of Chicago, p.222.

서 아이스킬로스의 작품 중 가장 종교적 색채가 농후한 것이 되어 있었다. 이 작품에서 첫째로 주목을 끌게 하는 것은 종래의 신화에 있어 프로메테우스가 유죄有罪하므로 제우스의 박해를 받는다는 제우스의 프로메테우스에 대한 징벌이라는 복선이 강조되어 있는 데 대해 아이스킬로스는 그것을 전연 무시하고 있다는 점이다.

프로메테우스가 제우스의 소유인 불을 훔친다는 죄 자체에 대해선 전혀 언급함이 없이 인류에게 불을 전달함으로써 인간문화의 창조자 내지 발명자가 되었다는 다분히 소피스트적 경향이 농후한 견해가 강조되어 있으며, 또한 제우스를 잔학하고 무자비한 독선적인 폭군이요 인류의 적으로 그리며, 한편 프로메테우스를 부당한 압박에 대해 정의의 반항을 감행하는 영웅으로 그리고 있으며, 제우스의 횡포와 악, 그에 대한 프로메테우스의 반항과 선이라는 대조를 통해 신계神界의 불통일不統一을 폭로하기도 한다. 그러나 둘째로 주목할 것은, 제우스의 정의성과 전능성에 대한 아이스킬로스의 의혹이 제우스의 정의에 대한 본능적인 그의 신념을 끝내 무너뜨리는 데까지 이르지 못할 뿐 아니라 오히려 프로메테우스와 제우스의 상쟁相爭의 결과 양자의 악을 상쇄相殺시키고 선을 한층 강조함으로써 양자의 화합과 조화로 발전시켜 버리는 점이다.

프로메테우스가 제우스의 소유인 불을 훔친다는 죄 자체에 대해선 전혀 언급함이 없이 인류에게 불을 전달함으로써 인간문화의 창조자 내지 발명자가 되었다는 다분히 소피스트적 경향이 농후한 견해가 강조되었으며, 또한 제우스를 잔학하고 무자비한 독선적인 폭군이요 인류의 적으로 그리며, 한편 프로메테우스를 부당한 압박에 대해 정의의 반항을 감행하는 영웅으로 그리고 있으며, 제우스의 횡포와 악, 그에 대한 프로메테우스의 반항과 선善이라는 대조를 통해 신계神界의 불통일을 폭로하기도 한다. 그러나 둘째로 주목해야 할 것은, 제우스의 정의성과 전능성에 대한 아이스킬로스의 의혹이 제우스의 정의에 대한 본능적인 그의 신념을 끝내 무너뜨리는 데까지 이르지 못할 뿐 아니라 오히려 프로메테우스와 제우스의 상쟁의 결과 양자의 악을 상쇄시키고 선을 한층 강조함으로써 양자의 조화로 발전시켜 버리는 점이다.

3부작의 제3부 「프로메테우스 · 리오메노스Prometheus lyomenos 풀려난 프로메테우스」(미전未傳)에선 제우스는 프로메테우스의 사슬을 풀어 화해함으로써 스스로의 멸망의 길을 면하여 정의의 신으로서 신계 및 인간계에 군림하는 것을 그리고 있다 한다.

환언하면 세계를 지배하는 신은 맹목적 자연력을 상징하는 티탄을 극복했을 뿐더러 자신 속에 깃드는 티탄이라는 맹목적인 극복함으로써 진정한 도덕적 존재가 되는 것이며, 그럼으로써 현실에 폭로되는 충돌과 모순, 신의 정의와 불의의 상극하는 성격을 화해와 통일로 이끌어 보다 깊은 우주와 인생을 창조하고 조화하는 신의 질서를 수립하려 하는 것이다. 시대의 신사조에 영향을 받아 전승신화의 부당성과 모순성을 인식하면서도 신 자체의 도덕적 발전을 인정함으로써 종교적 의혹을 씻으려 하는 아이스킬로스의 고민은 「오레스테이아」의 경우 한결 비극적으로 묘파描破된다. 아폴론의 명령에 따라 아버지의 원수인 어머니를 살해한 오레스테스가 오히려 복수의 여신에 쫓기는 몸이 됨으로써 폭로되는 아폴론의 무능, 아폴론의 악행의 희생인 카산드라가 호소하는 자신의 숙명, 오레스테스에 대한 판결에서 노정되는 신의 무력無力과 자유와 정의의 전당으로 과시하는 아테나이의 법정, 복수의 여신의 자비慈悲의 여신에의 전신轉身(도덕적 발전)으로 표시되는 신의 정의의 회복 등등은 요컨대 자연적인 것, 부조리적인 것은 신의 궁극적인 선과 정의의 실현을 위한 하나의 과정이라는 말이 될 것이며 정의의 추구정신과 본래적, 전승적 신앙의 안이한 티협이라 할 수도 있을 것이나. 발하자면 신의 정의에 의혹을 품고 강력한 항변을 시도했던 것이나 끝내는 전승의 신의관神義觀과의 타협이라는 안이한 안전권으로 피신함으로써 정신적 교도자로서의 지위를 보존하게 되는 것이다. 그러나 전통과 타협한 아이스킬로스나 전통에 맹종한 소포클레스에 반해 합리주의사조에 너무나 깊이 침투된 에우리피데스는 그가 의거한 사상에 입각하여 끝장까지 전승의 신에 반항하여 전승종교를 붕괴시켜 버리는 것이다.

에우리피데스의 이지적理知的 · 합리적 태도는 여러 가지 면으로 발현되나 가장 특징적으로 나타나는 것은 극작에 있어서의 사실주의적 수법이라 할 것이다. "나는 인간의 약점과 강점, 감정 욕구와 그 죄악을 적나라하게 묘사하며 나아가서는 인간의 감정 뒤에 숨은 비밀까지도 척결하려 애쓴다." 물론 이러한 사실적 태도가 순수한 관상에서의 이탈이나 사실주의적 다양성에 대한 아테나이인의 어떤 취향이나 감상에 이바지하기 위해 혹은 일상적인 경향에 일치시키기 위해[20] 시도되는 점도 없지는 않지만 그의 사실주의의 근본적인 태도는 이상성과 그에 따른 비합리적인 허구와 과장과 이지적인 것에서의 회피에 대한 반발, 말하자면 철저한 이성적 추구의 태도에 입각하고 있다 할 것이다. 그는 비극의 묵계적인 금기가 되어 있는 풍속적으로 비천한 인물을 즐겨 무대에 등장시킨다. 「엘렉트라」Electra의 이피게네이아는 왕녀이면서도 일 농부와 결혼케 하여 농부의 아내로서 무대에 등장시킨다. 「히플리토스」(Hippolytos, 451~458)에 있어선 파이드라의 사연邪戀을 세탁부洗濯婦의 입으로 누설케 된다. 일상생활의 범속한 인물이 그에 의해 관객석에서 무대로 뛰어 올랐고 "이전엔 그 속에 위대하고 담대한 양상만을 표현하던 거울에 이젠 자연의 실수의 선마저 양심적으로 재현하는 까다로운 충실성을 표시하게 되었으며 그 결과 관객은 에우리피데스의 무대에 자기의 분신을 보고 그 분신이 말하는 교묘한 소피스트적 대화에 갈채를 보내고 그 대화를 습득하게 된다.[21] 그리하여 그는 일반적인, 모든 인간이 지실知悉하고 있는 일상생활이나 일상업무를 표현하고 '전 대중을 철학'하게[22] 함으로써 비극예술은 그가 만든 환약으로써 '그 화려한 비만증에서 해방'[23]시켰음을 자랑했던 것이다. 말하자면 범속한 인물을 무대에 등장시켜 생활의 진실을 전개케 하여 관객으로 하여금 올바르게 연극을 비판할 능력을 길러 주었던 것이며 그런 의미에서 아이스킬로스나 소포클레스와는 또 다른 점에서 지도자로서의 비극작가의 책무를 수행했다 할 수도 있을 것이다. 그는 또한 영웅의 성격을 자유로이 구사함으로써 희랍인의 이상상으로서 영광에 쌓였던 영웅을 격하시켜 그 약점을 샅샅이 드러낸다. 「헤카베」(Hecabe, 355~370)의 오딧세우스는 간악한 사기한으로 타락

20 Burckhard, Griechisch Kultur Geschichte(新關譯) IV, p.160.
21 Nietze, p.103.
22 ibid.
23 ibid. , p.104.

하며 헬레네는 외잡하고 간사한 창부娼婦로, 메넬라오스는 우매한 무골한無骨漢,[24] 이크시온과 벨레로폰은 인색한 수전노가 되어 버리는 것이다. 아킬레스에 의해 부상당한 텔레포스는 누더기를 걸친 걸인의 모습으로 등장하는가 하면 필로크테테스는 불구의 몸으로 무대를 절룩거린다. 그 밖에 신성한 종교행사로서의 연극의[25] 이념과는 전혀 상반되는 부도덕적인 장면이 노골적으로 전개되기도 한다. 「히폴리토스」는 파이드라의 사연극이며 산실된 작품 「아우게」에서 아우게가 헤라클레스에 의해 난행을 당하고 자신이 무녀직에 있는 아테나 신전에서 불륜의 씨를 분만하고는 신전 내에 은닉하며[26] 「아이올로스」에서 카나카는 형제인 마칼레우스와 상간하고 불륜의 씨를 버리는가 하면[27] 천한 뚜장이가 비극조의 넋두리를 장엄하게 읊으며[28] 노예가 주인 못지않게 훌륭한 변론을 개진하기도 한다.[29]

이러한 영웅상의 파괴의 시도는 인간 내지 영웅의 성격에 깃들인 사악성을 드러내려는 의도와 더불어 특정한 위치에 처한 개개인 간의 감정의 세부를 해부하기 위한 의도에서 나온 것이라 할 수 있을 것이다.

다음으로 에우리피데스의 합리적 사상의 최대의 과녁인 전승 신화 내지 전승 종교에 대한 그의 태도에 검토를 가하기로 한다. 희랍 비극의 소재는 전승 신화에 국한되어 있었으며 따라서 이것을 극화하는 데 있어 작가가 상당한 제약을 받는 것은 불가피한 일이었다. 그러나 전승 신화에 철저하게 충실한 소포클레스와는 대조적으로 에우리피데스는 자료의 사용에 있어 퍽이나 자유로운 태도를 지닌다. 예컨대 「히폴리토스」의 종막에 아르테미스를 등장시키는 것이라든지 다른 작가에게도 적이 영향을 미친 바 있는 이른바 데우스 엑스 마키나Deus ex Machina(기계상의 신)의 수법이 그것이다. 이러한 신화의 부분적인 개주改鑄는 극적 효과를 노린 것이 그 주요한 목적이었겠으나 거기엔 신화에 대한 자유주의적 이지적 태도의 일단을 엿볼 수 있는 것이 사실이다.

그런데 사실인즉 희랍종교의 본질은 신화의 스토리에 있는 것이 아니라 그 제식에 있는 것이었으며 제식 가운데 있어서도 가장 중요시 당하던 것이 사자의 매장, 즉 진혼鎭魂에 있었다.[30] 프시케(영혼)에 대해선 호메로스 이래 비교적 냉담하던 희랍인도[31] 사자의 매장에 대해선 기이하리만큼 정중하고 경건한 태도를 보이고 있다. 예컨대 니키아스는 승리를 희생하여 가면서도 부하 2명의 시체를 찾기 위해 적진에 특사를 파견했던 것이며 아테나이 역사 중 가장 수치스러운 사건이라 일컬어지는 Arginusai전에선 생자와 더불어 사자의 시체를 유기했다는 죄목으로 스트라테고스(장군) 10명이 처형된다. 「일리아스」의 헥토르의 시체를 찾기 위한 플리무스의 아킬레스에 대한 애원은 너무나 유명하다.

---

24 Troiades.

25 Euripidea는 신화 중의 줄거리에 따라 핍인(乏人)이나 비천한 자를 실제대로의 분장으로 등장시켰다. 당시의 비극의 약속에 위배되는 이러한 태도는 비난의 대상이 되었으며 특히 Aristophanes, Batrachoi 835, 843, etc.

26 Arisoteles, Batrachoi 1080. Aischylos도 불륜의 행위를 무대에 등장시킨 적이 있다(Oresteia, Agamemnon), Aristophanes가 Euripides를 비난할 때 Aischylos에 대한 익살도 잊지 않는다. cf. Batrachoi, 1044.

27 Batrachoi, 1081.

28 Hippolytos에 나타나는 Phaidra의 유모를 가리키며, Aristophanessms Thesmopolyzousai에서 Euripidesfmf 뚜장이로 그린다.

29 Batrachoi, 944.

30 Lucas, Greek Tragic Poet, 1959, Cohen and West, p.14.

31 Homeros는 영혼에 관해선 그것이 그림자와 같은 것이라는 의미의 언급밖에 없으며 전승종교에 있어선 Aristoteles에 이르기까지 영혼에 대해 각별히 중요성을 부여하지 않았다.

매장을 중요시한 이유를 명확히 알기는 힘드나[32] 아무튼 매장은 신성한 의무요 관습이며, 그 의무의 불성실한 이행은 신의 불쾌를 일깨우는 것이라 믿어졌다. 에우리피데스는 「트로이아데스」(트로이의 여인, 1084)에서 '매장되지 않은 시체는 집없는 방랑자와 같다'는 말이 있을 뿐 매장의 의의나 중요성을 시사하는 아무런 어구도 남기지 않고 거의 완전히 묵살하다시피 하고 있다. 그것은 매장이 하나의 '선행'이란 관념에서 무비판적으로 안이하게 관습화한 데 대한 그 나름의 반발이라 할 수 있을 것이다.[33]

제식과 더불어 희랍인의 신앙생활을 지배하던 전조 예언에 대한 에우리피데스의 태도는 명백지는 않으나 투키디데스와 같이 매우 회의적이었던 것은 분명하다. 예컨대 「엘렉트라」의 코로스Choros는 아트레우스의 황금의 자양仔羊의 도난으로 태양이 서전西轉했다는 얘기를 하고는 "전문은 그러하나 나는 믿을 수 없네…… 전설은 신의 신앙을 돕기 위해 인간에게 공포를 일으키기 위한 것이니……"[34] 라는 어구에서 단적으로 그의 태도를 궁지窮知할 수 있는 것이다.

전조나 예언에 대한 회의는 전설에의 회의를 낳고 전설에 대한 회의는 급기야 신의 존재 자체에 대한 회의적인 태도로 이끌게끔 한다. 「헤카베」에서 폴리메스토르를 벌하기 위해 아가멤논의 도움을 청할 때 헤카베는 말한다. "나는 연약하나 신은 강하며, 노모스nomos 역시 강하며, 신보다 더욱 위대한 것이 노모스가 아니겠소. 노모스를 통하여 우리는 신을 믿으며 노모스를 통하여 선악을 구별하지 않소……"[35] 이 어구의 표면적인 뜻은 이러하다. 인간은 노모스(관습, 법률, ?) 때문에 신을 믿으며 그것은 정의가 지배하여 악이 징벌되게 마련이기 때문에 「엘렉트라」에서와 같은 "만약 불의가 지배하면 신은 불신이 된다"[36]는 말이 되는 것이다. 요컨대 노모스를 통해 신을 믿는 것은 신에 대한 신앙이 관습에 기초하고 있다는 말이며, 이것은 "신이란 비상한 발명적 재능을 갖는 사상가가 인간의 범죄를 막기 위해 인간이 숨기는 모든 비밀을 탐지하는 절대적인 권력자로서 발명한 것이다"[37]라는 크리티아스의 종교작위설적인 종교불신을 방불케 하는 것이다. 그리하여 에우리피데스는 관습의 궁극적인 원천인 호메로스 등에 의한 신화의 작위에 불신을 표하고 전승의 신의 사악성을 통매(痛罵: 몹시 꾸짖음-편집자주)한다.

「헤라클레스」에서 임종의 헤라클레스는 "신의 행위와 나의 불행과는 아무런 상관이 없다. 신이 사악한 관계를 용서하고 자유를 빼앗는 것이라 믿을 수 없다. 그것(신)은 시인들의 터무니없는 작위일 것이다. 진정한 신이라면 완전무결할 것이기 때문이다."[38] 「엘렉트라」[39]에서는 아폴

32 하긴 사자의 노여움이 생자에게 보복을 가하지 않을까 하는 생자의 공포감이 그 이유라는 설도 있다. cf. , G.T.P. , p.14.

33 Lucas, G. T. P. , p.15.

34 Electra, 737~745.

35 Hekabe, 798~805.

36 Electra, 583.

37 Critias는 30인 참주의 지도적인 1인이며 Socrates의 친구이다. Critias의 이 말은 근세의 계몽시대에 왕왕 주장되던 바 종교를 다른 목적을 수행하기 위한 수단으로서 고의로 만들어진 것이라는 설의 가장 오랜 예이다.

38 Heracles, 1342.

39 3대비극작가의 종교관을 단적으로 비교하는 데 가장 편리한 것은 Orestea 설화 취급에 있어서의 3자의 태도이다. Aischylos는 설화의 취지와는 달리 모친 살해와 그에 따른 자매의 정신적 갈등을 주제로 삼은 데 대해 Sophocles는 설화의 취지를 살려 Orestes의 Aigystos 살해를 주제로 하여 복수극으로서 happyend로 끝맺는다.

론이 오레스테스로 하여금 어머니를 살해케 하여 오레스테스가 복수의 여신에게 쫓기게 되었을 때 카스토르는 아폴론에 대해 '빛 속에 거하면서 어둠을 주는 자'라 비난을 퍼부어 그의 최대의 반신적 작품 「이온」에서 아폴론을 극단적인 악신 마신으로 그린다. 아포론은 크수토스의 처가 되기 전의 왕녀 크레우사에 난행을 가하여 불의의 씨 이온을 크수토스의 실자實子라 허언하고 사실을 알게 된 이온이 아폴론에 반항할 때 아테나마저 동원하여 이온을 무마한다. 「이온」의 주제는 명백하다. 무법의 강간자이며 간악한 이기주의자인 악한 아폴론에 규탄이며 신의 제식과 신화와 아나가선 아테나로 상징되는 아테나이의 모든 것[40]에 대한 날카로운 익살인 것이다.

요컨대 종교에 대한 에우리피데스의 태도는 "신이 만약 추행을 범한다면 이미 신이 아니다"라는 유명한 명제에서 보는 바와 같은, 혹은

신에의 믿음이 가슴에 가득 찰 때
온갖 괴로움 씻은 듯 사라지나
인생의 무상을 몸소 겪을 때
신의 섭리를 믿을 길 없네.[41]

라는 「히폴리토스」의 종막의 시정 넘치는 영탄에서 보는 바와 같은 적이 착잡한 것이었다. 그것은 이 무신론 내지 반신론이라기보다 국가가 숭상하는 또한 국가가 숭상토록 한 신이 그의 이상과는 너무나 상반된 데 대한 고민과 분만憤懣의 폭발에 불과했으며 그의 본래적인 태도도 어쩌면

경신적敬神的이라 할 수 있었던 것이다. 물론 그가 이상하는 신은 아이스킬로스의 제우스 지상의 일신론적인[42] 것과는 달리 다분히 이지적 경향을 띤 것이었으며 이오니적 소피스트적 Arche론, 특히 디오게네스의 Ather론의 영향을 농후하게 반영하고 있었다. 디오게네스는 말하기를 우주의 근본물질인 Ather는 생명의 숨이며 우주와 개체에 향하는 지성이기도 하다. Ather와 Nous(정신)는 상이한 모습을 한 동일체이며 그것은 불멸적이며 따라서 신성하다. 영혼은 이것에서 우러나며 사후엔 영혼은 육채애서 떠나 그 본래의 고장인 Ather에 합일하게 된다[43]는 것이다. 에우리피데스가 디오게네스의 이론을 어느 정도 추종하고 있는지 이 또한 명언할 수 없지만, 때때로 그는 영혼이 Ather에 재합일할 때 육체는 먼지로 되돌아간다고[44] 하고 "가 없는 하늘이 지구를 가뿐히 안고 있는 것을 그대는 아는가……이것을 제우스라 생각하여라. 이것이 신이라 생각하여라.[45]…… 딸들아 그대를 낳게 한 것은 아테르이며 그것이 곧 사람들이 제우스라 부르는 것이다"[46], "그대는 불의不義가 하늘로 날아 올리며, 그 누가 제우스의 장기帳記에 기록하면 제우스가 그것을 보고 정의正義를 나누어 주는 줄 아는가. 제우스가 그것을 기록한다고 하면 하늘은

40 「Ion」에 있어서의 Apollon은 Alcibiades를 비유했다고 한다. Alcibiades와 Euripides는 친숙한 사이였으나 Melos사건을 계기로 양자의 사이는 갈라진다.

41 Hippolytos, 111.

42 Arischylos에 있어선 Zeus는 거의 일신교적 권위를 갖는 것으로 그려진다.

43 Potidaia전(432~430)의 전몰용사의 비명에 「아르테는 그들의 영혼을 받아들이며 대지는 그들의 육체를 받아들이다」고 각인되어 있듯이 Ather론은 널리 일반에게 수용된 것으로 보인다. cf. G. T. P. , p.238.

44 G.T.P. , p.236.

45 Euripides frg. , 941.

46 ibid. , 877.

인간의 죄를 기록하는데 족하지 않을 것이며 제우스가 인간의 죄를 지켜보고 낱낱이 벌할 수도 없을 것이다"[47]라는 회의적인 신관을 토로하는 것이다.

그러나 이상과 현실의 괴리에 고민하나 궁극적으로 현실에 타협하여 현실 속에 이상을 구축할 수 있었던 아이스킬로스에 반해 에우리피데스는 이성의 힘으로 끝까지 이상을 추구하여 현실의 기존종교를 파괴했던 것이나 끝내 이상적 신상神像을 창조할 수 없었던 것이며(Ather도 결코 그의 이상적 신상일 수 없었다) 그리하여 합리주의의 막다름에 선 에우리피데스는 합리주의의 방기라는 하나의 사상적 전기를 맞이할 수밖에 없었던 것이다.

3. 비합리적 사상에의 전환

407년, 아테나이에서 마케토니아로 이주한 에우리피데스는 문제작 「박카이」Bakchai를 완성한다.[48] 그의 최후의 작품인 이 걸작의 특색은 희랍인의 원시종교의 의식과 디오니소스 전설에 극히 충실하다는 것이다. 전설이 주는 악령에 관한 견해, 열육裂肉, 비탄과 환호의 교착 등등 디오니소스 의식의 특징이 고스란히 여기에 담겨져 있으며[49] 디오니소스의 설화의 줄거리, 나아가서는 디오니소스 설화를 극화한 극작가, 특히 아이스킬로스의 줄거리를 충실히 따르고 있으며 심지어는 아이스킬로스가 시도한 줄거리의 변경마저 따른 곳이 있다는 평언이다.[50] 이것은 자유로이 자료를 구사하던 종래의 극작과는[51] 퍽이나 대조적이다. 예컨대 전작 「이프게네이아」Iphgeneia의 경우 플롯plot은 전설과 완전히 달라지고 음률은 파괴되고 줄거리와 아랑곳없는 엉뚱한 삽입구로 가득 찬 전설과는 전혀 다른 새로운 구성인물의 새로운 성격을 묘사한 심리극이 되었

47 ibid. , 506.

48 B.C. 407 Euridides는 Machelaos의 초청에 응하여 Macedonia로 옮겨 2년 후 그곳에서 사망했다. 따라서 Bakchai는 그의 최후의 작품인 듯하다.

49 E.H.A. , p.117.

50 예컨대 Aischylos는 Pentheusrk 신녀(信女)들은 공격하기 위하여 군대를 인솔한 것으로 그렸는데 대해 Euridides는 그것을 그대로 답습하지는 않더라도 그렇게 그린 생각임을 말했다는 것이다. cf. Aischylos, Eumenides. 25f; "Bakchai" 50ff, 809;fragment 58.

51 ca. E.H.A. , 119.

는데 비해 「박카이」에선 운율이나 코로스의 사용에 있어서까지도 공식적인 장엄한 극적 효과를 노리고 있음으로써 '우리가 알고 있는 극중 가장 공식적이며……가장 전통에 충실한 작품[52]이 되어 있는 것이다. 물론 형식면에 있어서의 전승의 충실은 그 표현에 있어서의 충실을 뜻하는 것은 아니며 오히려 그토록 충실한 형식에서 그토록 창의적인 표현이 가능할까 경탄할 만큼 자유로이 시의 형용력形容力과 상상력을 구사하고 있는 것이다. 하지만 형식상에 있어서의 전통에의 순종은 아무튼 통속적인 지식, 통속적인 관습에의 복종을 뜻한다는 의미에서 그의 사상의 큰 변화를 말하는 것으로 주목할 사실이며, 작품의 내용이 또한 이 변화를 뒷받침해 주고 있는 것이다. 예컨대, "신들은 드높은 곳에 계시나 인간의 업을 지켜보시며,[53]……아무런 괴로움 없이 우리를 인도해 주신다"[54]라고 신의 우월성을 찬양하고는 인간의 지혜와 인간의 오만을 꾸짖는다.

신령 앞엔 인간의 지혜는 하찮은 것이며, 조상에서 물려받은 전통은 영겁과 더불어 오래인 것.

온갖 현명과 지혜를 다하여도

전통을 끝내 따를 수 없으리[55]……

힘이 세계를 지배한다 여기지 말라. 인간이 분별을 가졌다 여기지 말라.[56]

현명은 참된 지혜일 수 없으며 인간의 지나친 자부自負 또한 그러리[57]

말을 삼가지 않고 무엄한 짓을 범하면 마침내 인간은 화를 입으리[58]……

종교에 관해 너무나 많은 이설을 주장한 에우리피데스는 이제 생애의 마지막에 즈음하여 안온한 생활을 희구하게 된 것이다. 상식적인 관념에서의 이탈을 경고하고 범속한 관습에 매몰되어 평화로운 생활을 보내는 것이 지혜의 본빌이라 생각하는 듯한 것이다.

> 고요한 생활을 즐기며, 분수를 지켜 살면 위험을 당할 리 없으며 가정 또한 안온하리[59]……
>
> 바라는 것은 오직 아프로디테가 거하시는 곳, 키프로스의 섬에 가는 것뿐.
>
> 인간의 마음을 사로잡는 에로스의 보금자리이어늘[60]……

그러나 그가 희구하는 평온한 생활이란 단순히 지적으로 다듬어진 아폴론적 세계에의 환원을 뜻하는 것이 아니다. 온갖 지성의 탈을 청산한 순수한 반지성의 세계, 원시적 종교와 세계가 주는 인간과 자연의 근원적 조화의 세계, 열광과 격정 뒤에 오는 오는 황홀한 카타르시스의 경지에의 향수를 뜻하는 것이다. 말하자면 지성을 통해서가 아니라 감각을

52 ibid.
53 "Bakchai", 391.
54 ibid., 194.
55 ibid., 200~205.
56 ibid., 310.
57 ibid., 393~399.
58 ibid., 387~388.
59 ibid., 391~392.
60 ibid., 402~403.

통해 도달할 수 있는 반아폴론적 · 반문명적 괴기와 광란의 경지, 맹목적인 동기에 움직이어 새롭고도 기이한 로맨틱한 신 디오니소스에의 절대적인 귀의歸依를 말하는 것이다.

디오니소스가 베푸는 의식과 숭배는 너무나 비아테나이적 · 비지성적 세계이다. 냉랑한 임야, 야수의 규성, 산정山頂에서 조망되는 일출, 환몰, 포만의 고통, 여명에 스며드는 깊은 잠, 조아하고 소박한 자연의 웅대……. 원시세계의 풍습이 고스란히 살아남은 듯한 종교적 관습이 거기에 있으며 도원의 선경으로 몰아 쫓는 격정이 평범한 산문적인 실생활에서 찾을 길 없는 색채와 빛을 구가하는 시와 암시에 가득한 미개의 풍속이 거기에 있는 것이며, 이 모든 디오니소스적인 것에 대한 절대적인 희원이 「박카이」의 전편에 흐르고 있는 것이다.

물론 이 격정의 찬미의 와중에 있어서도 신의 사악성에 대한 비난은 잊지 않는다. 「박카이」에 그려진 디오니소스는 제우스나 아폴론과 다름없는 정의와 도덕을 유린하는 신이다. 자기에게 굴복하지 않고 자기를 숭배하지 않는다는 단 한 가지 이유만으로 어머니 아가베를 광란상태에 빠뜨리게 하여 아들인 펜테우스왕을 살육게 하고 아가베에 다시 정기正氣를 주어 자기가 범한 무의식중의 살해를 의식케 하는 혹독무비한 무자비의 신이다. 그러나 디오니소스의 사악성에 대해 이토록 원망과 분만을 토로하면서도 선악을 초월한 절대적인 귀의를 이 광란의 영靈에게 바치는 것이다. "……이 신은 또한 예언자이기도 하다. 신령에 들려 무아의 경지에 이르면 강력한 예언이 얻어진다. 신의 힘의 발현發顯은 빠르지도 않고 지나치지도 않는다. 인간의 마음이 광기에 서려 아집에 사로잡혀

이 신을 업신여기며 신의神意는 그 자에 징벌을 가한다……. 예로부터 지켜오던 법을 초월하여 사리를 따지는 것은 옳지 않다. 신령의 존재를 믿어라. 긴 세월을 내려와 법이 되었을 때 그것은 본연의 이치에 합당하여 진리 또한 여기에 있음을 알리렸다.[61]

아테나이 시대의 합리적인 태도에서부터 디오니소스 찬미에 이르는 변화에는 에우리피데스의 전통에의 복귀를 뜻하는 요소가 없지는 않다.[62] 그러나 그 정신적 본질에 있어서 전통이나 관습적인 것에의 환원은 결코 존재하지 않는 것이다. 그가 그리는 디오니소스는 귀의자에게 환희와 감격을 주는 생명의 령靈, 생의 향락과 그 위안과 평화를 주는 령이며 그것은 호메로스적 신이 아닐 뿐더러 아테나이의 비극의 흥행의 중심이 된 농업의 신 디오니소스도 아닌 이념상에 있어서 전혀 '새로운' 신이었던 것이다. 이지理知의 세계로부터 격정의 세계에의 돌연한 전환, 그것은 에우리피데스의 사상에서 가장 흥미로운 점이며 따라서 장을 바꾸어서 그 원인을 언급하기로 한다.

61 ibid., 883~897.
62 cf. E.H.A., 123.

4. 사상의 변화의 원인

전 장에선 에우리피데스의 반전통적 사상과 반이성적인 디오니소스에의 귀의에 이르는 극적 전환에 대해 언급했는네, 그 전환의 원인에 대해선 한마디로 단정하기가 매우 곤란한 것이나 다음 몇 가지 이유를 상정할 수 있을 것 같다.

첫째로는 에우리피데스의 내부에 침잠되어온 격정Pathos에 대한 그의 견해 내지 찬탄한다.

희랍인은 항상 파토스의 경험을 어떤 시비적인 가경可驚한 것이라 생각해왔으며 자신에 의해 지배되는 것이 아니라 자신의 내부에서 자신을 지배하는 어떤 힘에 지배되는 것이 아니라 자신의 내부에 자신을 지배하는 어떤 힘에 지배되는 것이라 느꼈었다. 말하자면 "우연히 야기되는 것, 그 자신이 수동적인, 희생이 되어 있는 것"63을 파토스의 경험이라 생각했던 것이다. 호메로스의 영웅들이나 고졸기古拙期, Archalic시대의 인간들은 그러한 경험을 종교적 용어인 아테Ate라 표현하기도 하고 혹은 메노스Menos의 교통 혹은 인간의 정신과 육체를 기계로 사용하는 다이몬Daimon의 직접적 사용이라 해석했던 것이며64 그것이 단순한 희랍인의 일반적인 견해로서 5세기말까지 존속되었었다. 예컨대 아리스토텔레스는 파토스의 상태를 수면 중의 상태, 광적인 혹은 취중의 상태에 비유했으며 그러한 상태에 있을 때 인간의 이성은 정지상태에 있어서 인간에게 책임이 없는 것이라 했다. 파토스에 대한 에우리피데스에 대한 사련邪戀의 고백에서 메데이아는 "나는 내가 행하려는 과오를 잘 알고 있다. 하지만 나의 격정은 나의 이성보다 강하다"[65]라고 고백한다. 메데이아는 그녀가 알라스토르alastor에 의해서가 아니라 그녀 자신의 티모스thymos에 사로잡혀 있음을 알고 있었으며 무자비한 주인에게 애소하는 노예와 같이 그녀 자신의 격정에 대해 용서를 비는 것이나 그것은 무익한 일이었다. 이성이나 자비가 닿을 수 없는 행동의 충동이 격정엔 숨겨져 있는 것이다.[66] 냉철한 합리주의자인 에우리피데스의 심중에는 이미 이성에 대한 격정의 승리를 의식하고 있었던 것이며 합리정신의 그늘에 숨겨 왔던 격정이 「박카이」에서 디오니소스 숭배라는 의상을 빌어 극단적으로 발현한 것이라 할 수 있다. 환언하면 합리적과 비합리적 두 줄기 사조가 희랍사상사를 누비는 것과 같이 에우리피데스에 있어서도 그러하였던 것이며, 그러한 의미에서 에우리피데스의 사상의 전환은 그의 생애의 대부분에 걸쳐 억압되던 요소의 최종적인 승리를 의미하는 것이며 따라서 격정은 에우리피데스 사상의 근원적인 요소라 할 수 있을 것이다.

다음으로 우리는 에우리피데스의 전환의 이유를 외부적 객관적인것, 환언하면 5세기 후반에 일어났던 전승종교에 대한 일련의 반동의 기운에서 구할 수 있을 것 같다. 그러나 여기에서의 전승 종교에 대한 반동이란 합리적 사상을 말하는 것은 아니다. 전승 종교에 대한 비판은 거론한

63 C. Dodds, Greek and Irrational, 1957, Beacon, p.185.
64 Aischylos, Oresteia, Agamemnon, 1497.
65 cf. Page; Greek Literary Papyri 1. 70.
66 Medeia, 1078~79.

바와 같이 5세기 초에 이오니아학자나 소피스트들에 의해 시도되었던 것이나 그것이 일반에 침투된 것은 아니었던 것이며 펠로폰네소스전쟁의 발발에 이르러 비로소 전승 종교의 동요의 징조가 나타나게 되는 것이다. 민중엔 페리클레스시대의 엄격한 체제에서 탈출하려는 경향이 나타나기 시작하며 공고한 아테나이의 체제에 균열이 생기는 것이다. 일단 균열이 생기면 그것을 막을 길이 없이진다. "소수의 지식인들은 그늘 자신의 세계로 인퇴하고 대중은 사상적인 무방비상태에 빠져들며 통속 종교의 연대의 완화로 말미암아 사람들은 그들의 조상이 믿던 단순한 신앙 대신 그들 자신의 신을 선택하게 되고 원시적인 쾌락과 위안을 찾게 된 것이다."[67]그리하여 아테나이엔 다음과 같은 전승 종교의 쇠퇴를 말해주는 현상이 야기된다. 첫째는 마법치료의 유행이다. 이것은 430년 아테나이에 괴질로 말미암아 전승 종교에 대한 신앙이 병의 예방에 아무런 도움이 되지 않음으로써 나타난 전승종교에 대한 불신의 반동적 현상이며, 투키디데스가 말한 바와 같이 "괴질의 유행은 사람들로 하여금 종교를 무의미한 것으로 여기게끔 한"[68] 결과이다. 그리하여 "5세기의 20 · 30년간 마법의 신 아스클레피오스[69]는 소영웅에서부터 주요 신으로 승격하고 에피다우로스의 그의 신전은 중요한 순례지가 된"[70] 것이었다. 둘째의 현상은 외래종교의 유행이다. 예컨대 오리기아스토스Origiastos교, 벤디스Bendis 숭배, 사바지오스Sabazios 숭배 등 야성적이며 격정적인 종교가 아테나이에 유입함으로써 원시적 격정에의 동경이 일반적인 풍조로 화했던 것이다.[71]

전환의 셋째의 원인은 5세기 중엽 이래 존재했던 계몽사상가들에 대한 공사적 탄압운동을 들 수 있다. 플루타르코스에 의하면[72] 태양을 물질적으로 생각하는 것과 같은 초자연력의 불신이나 천문학의 교시는 아테나이 당국의 탄압을 당했다고 한다. 아낙사고라스는 450년 추방을 당했으며, (일설에 사형) 디아고라스는 망명의 길을 떠났고, 소크라테스는 처형되었으며[73] 계몽사상가의 저서는 분서당한 예도 있었다 한다.[74] 당국의 공적 탄압 외에도 보수적인 민중의 제재를 받는 경우도 허다하였으며 연극에 있어 비도덕적, 비종교적 내용을 표현하면 민중의 격노와 폭력을 유발하게 마련이었다. 모든 아테나이 시민의 존숭을 받던 아이스킬로스까지도 비극에 비교의 예식의 일부를 표현하려다 민중의 격분을 사서 오케스트라Orchestra의 제단으로 도망하여 간신히 죽음을 모면한 일이 있었으며[75] 에우리피데스 역시 독신적瀆神的인 대사를 민중의 비난으로 정정한 일이 허다했으며 금전 예찬으로 상연이 중지당한 적도 있었다.[76] 에우리피데스는 일찍이 아낙사고라스의 처형에서 받은 충격으로 철학 지망을 단념하고 극작가로 진출했다는 설이 있으니 만큼[77] 계

---

67 ca. C. Dodds, Greek and Irrational, p.186.

68 ibid. , 192.

69 Thucydides, Historiai Ⅱ, 53, 4.

70 C. Dodds, p.193.

71 제2차 Poeni 전쟁 중 Roma에도 이와 유사한 현상이 있었다고 한다. cf. Dodds, 194.

72 Plutarchos, Pericles 32, Nicias 23.

73 Aristophanes의 Nepherai의 상연 시 관객들은 Socrates의 죽음에는 개의치 않고 Socrates의 소피스트학교의 방화의 장면에 갈채를 보냈다고 한다. cf. G. Murray, Arisophanes 94ff.

74 cf. Dodds, 189.

75 T.E. High, Greek Genius and Its Influence, 1952, p.82.

76 ibid.

77 ca. E.H.A. , 35.

몽사상의 황금기를 뒤덮는 이러한 탄압에 적지 않은 그것이 아테나이 탈출을 결심케 한 동기의 하나인 것은 분명한 일이라 할 것이다.

다음 넷째의 이유는 그의 본질적 성격의 하나인 그의 염세관을 들 수 있겠다.

> 모든 진지한 인간, 이마에 주름을 갖는 인긴에겐 인생은 행복이 아니며 끝없는 고초에 불과할 뿐[78]

등등 염세적 영탄詠嘆은 그의 전작품에 빈번히 나타나며 인생의 고초에 대한 가눌 길 없는 염악厭惡은 죽음에 대한 막연한 동경을 낳고 죽음에 대한 애수어린 향수는 그칠 줄 모르게 되풀이되는 것이다.

> 그 누가 알리, 죽음이란 것이 진정한 삶인지를, 하늘 아래의 모든 삶은 병과 괴로움뿐, 죽음만이 병과 악마에서 우리를 건져줄 뿐[79]……

이러한 염세관과 더불어 그의 만념에 나타나는 주목할 현상은 우매한 농민들에 대한 동정과 원시적 산촌 생활에 대한 동경이다. 에우리피데스는 항상 민중들의 '법', 특히 법이 지닌 도덕적 가치표준에 반감을 품어왔던 것이나 만년에 이르러 그 대상이 약간 변경되어 법이 주는 지적 분위기, 사회의 고정화, 도시적 생활의 반영, 데모스가 지닌 민주주의체제 등에 대해 반감을 품게 된다.[80] 그리하여 「오래스테스」 「엘렉트라」에서 보이는 바와 같은[81] 속화되지 않은 농촌 생활, 산촌에서의 부유하지도 않고 가난하지도 않은 자작농민의 생활, 법에 얽매이지 않은 '자연인'을 몽상하여 왔던 것이다.

상기한 바와 같은 아테나이적 생활에 대한 염악厭惡, 반이지적 격정에의 동경, 원시적 생활에의 염원을 현실화 해주는 이상향이 희랍 북변에 존재하였다. 마케도니아인 것이다. 마케도니아는 야성의 땅이며 모든 점에서 아테나이와 대척적인 고장이다. 학예의 신 아테나에 대한 반인반수半人半獸의 켄타우로스의 땅이며 호메로스시대의 생활이 그대로 간직되어 있으며 더욱이 다른 지방에서 거의 소멸되어 버린 디오니소스숭배의 광적인 의식이 아직도 살아 있는 땅인 것이다.

헬레니즘에 대항하면서도 헬레니즘의 문화의 섭취에 의욕적이어서 아테나이에 실망한 여러 지식인들[82]을 흡수해 간 마케도니아왕 아르켈라오스의 누차의 초청을 거절할 아무런 이유도 에우리피데스엔 없었던 것이다. 아테나이의 지적 망명처의 이러한 상황 속에서 「박카이」와 같은 격정의 예찬이 구가되는 것은 당연한 일이라 할 것이다.

78 Alestes, 800~802.
79 ca. Euripides, frag. , 833.
80 ca. E.H.A. , 126.
81 Orestes, 917~922, Electra, 717.
82 비극시인 Timotheus, Agathon, 화가 Zeuxis, 사가 Thucydides 등 Macedonia에 망명한 아테나이인은 허다하다.

5. 결어

에우리피데스에 대한 평언評言은 퍽이나 다양하다. 그는 신의 적, 건전한 도덕의 파괴자, 자유로운 해방자, 평화주의자, 합리주의자, 이성의 취약성의 발견자 등등으로 간주되어 왔다.[83] 하지만 이 모든 견해가 제각기 약간의 타당성을 지니고 있는 것이긴 하나 에우리피데스의 사상가로서의 본질을 단적으로 정확하게 지정한 것은 아니다. 서언에서 말한 바와 같이 비극작가로서의 에우리피데스는 본질적으로 합리주의적 종교사상가와 예술가라는 이원적 성격을 지녔던 것이다. 그러나 그가 디오니소스로 귀의함으로써 아테나이 시민이 신성시한 것, 그들의 정신생활 그 자체를 파괴했던 것이며 나아가선 비극 그 자체의 정신적 자멸을 초래시켰던 것이다. 그리하여 비극작가로서의 에우리피데스는 소멸되고 순수한 예술가로서의 에우리피데스만이 남게 된 것이다.

406년 소포클레스는 그의 최후의 작품에서 코로스에게 상복을 입혔다. 에우리피데스가 마케도니아에서 사망했다는 소식이 전해졌기 때문이었다. 그것은 아마도 하나의 위대한 시인의 사망에 대한 애통의 뜻만을 표한 것이 아닐 것이다. 어쩌면 그것은 비극 나아가선 예술 자체에 대한 조의를 표한 것일지도 모른다. 왜냐하면 아리스토파네스의 익살과 같이 에우리피데스가 사망한 후 그의 지위를 계승할 자가 없어졌기 때문이다. 그러한 의미에서 에우리피데스의 죽음을 고전기古典期 아테나이 예술 그 자체의 낙조를 상징하는 것이기도 했던 것이다.

83 cf. G.T.P. , p.243.

제7장

에우리피데스, 테세우스, 알키비아데스

1. 서언

주지하다시피 희랍 비극의 주제는 약간의 예외가 있기는 하나 신화전설로 한정되어 있다. 따라서 비극엔 순수한 픽션이 허용되지 않는다.[1]비극작가 가운데 적이 진취적이었다 할 에우리피데스는 작극作劇에 있어 여러 가지 새로운 것, 예컨대 인물의 묘사나 분장을 리얼스틱하게 표현한다든지 결말을 데우스 엑스 마키나Deus ex Machina로 처리한다든지 하는 것들을 시도했으나 순수한 픽션을 시도하지는 않았다.

주제가 한정되고 픽션이 없기 때문에 작가는 익히 알려진 얘기, 이미 상연된 얘기를 재연할 수밖에 없다. 따라서 전설의 기본적 줄거리에는 변화가 없으되 모티브나 성격이나 세부 묘사에 있어 변화와 윤색을 가하거나 새로운 해석을 시도할 필요가 생긴다. 더욱이 비극은 하이 브로한 지식인을 위해 써지는 것이 아니라 모든 계층, 모든 직업에 종사하는 전시민을 대상으로 하는 것이니 만큼 동료 시민이 이해할 수 있는 말로 씌어져야 하는 것이었다. 그리고 또한 비극시인은 시민의 교사요, 정신적인 지도자라 인정되었었다. 그래서 그들은 시대의 사상을 무대에 재현할 뿐더러 시민에게 어떤 메시지를 전하려 했던 것이며 이 점에서는 아

1 예컨대 아이스킬로스는 「페르사이」에서 살라미스 해전에 대한 리얼한 묘사와 페르시아 궁전에서의 반(半)상상적인 픽션을 시도했으며 아가톤도 픽션을 시도했으나 성공하지 못했다고 한다(Arist. Poetica 1451, 6.21).

이스킬로스와 에우리피데스가 특히 그러했다 할 것이다.

고대작가는 대체로 장수하였으며 또한 다작이었다. 아이스킬로스는 71년의 생애에서 90편, 소포클레스는 91세에 127편, 에우리피데스는 78세에 92편을 집필하였는데 현대의 작가들이 작품 활동에만 전념할 수 있는데 비해 그들은 여러 가지 일에 종사하지 않을 수 없으면서도 이러한 양산을 할 수 있었던 것이다. 즉 그들은 60세까지 병역에 종사하였으며 그동안 여러 가지 공직에 봉사하고 당쟁에도 참여하여야만 했으며,[2] 거기에다 생계를 따로 꾸려가야만 했다. 특히 공직엔 추첨에 의한 것과 선출에 의한 것이 있는데 전자의 임기가 1년으로 제한된 데 대해 후자는 연임이 무제한 가능하며 따라서 전문성을 띤 직책이었다.

순수한 비극시인이라는 인상을 주는 소포클레스는 뜻밖에도 선출에 의한 공직에 여러 번 취임하였었다. 즉 스트라테고스에 두 번이나 취임한 외에 헬레노타미와 프로불로스 등을 역임하였다고 한다.[3]

그러나 에우리피데스는 한번도 선출에 의한 공직에 취임한 일이 없었으며 실제의 정치에도 휘말리지 않았다. 에우리피데스가 시인으로서 고고한 자세를 지킨 것은 정치에 대한 무관심이나 에고티즘 때문이 아니었다. 오히려 그는 어느 시인보다도 현실에 관심이 컸다. 그는 정계에 뛰어드는 대신 작품을 통해 무수한 청중 앞에 공적인 문제를 제기하고 실제의 사조를 비판하고 시사문제에 대한 의견을 피력하였다. 특히 시사문제를 다룰 때 그는 소포클레스와 같이 암시를 하는 것이 아니라 때때로 현재의 정치 상황을 직설적으로 다루기도 하였다. 말하자면 그는 시인의 역할을 일종의 공직이라 간주한 것 같기도 한 것이다.[4]

에우리피데스의 현존 작품 가운데 가장 시사성이 농후한 작품은 「히케티데스」(탄원하는 여인들)와 「트로이아데스」(트로이의 여인들)일 것인데 이 두 작품을 통해 그가 시사문제를 어떻게 반영하고 있으며 그가 어떠한 정치적 견해를 지녔는가를 분석해 보기로 한다.

---

2 당쟁에 있어 중립을 지키는 자는 시민권이 박탈되었다고 한다. cf. Aristoteles, Athenation Politeia. 8.5.

3 본서 제5장 소포클레스와 아테나이의 정치, 175~176 참조.

4 P. decharme, Euripides and the Spirit of his Drama, Mcmilan, N. Y. , 1906, pp.119~120.

2. 「히케티데스」와 테세우스

이 작품은 「탄원하는 여인들」이라는 이름이 붙여져 있으나 엄격한 의미에서는 주인공이 없다고 할 수 있는데 굳이 말한다면 구원을 탄원하는 아르고스의 여인들이 아니라 그 탄원을 받아들여 행동하는 테세우스가 주인공이라 할 것이다. 에우리피데스가 테세우스를 다룬 작품은 이 작품 외에도 3편(「헤라클레다이」 430년, 「히폴리토스」 428년, 「헤라클레스」 420년)이 있으나 테세우스의 영웅적 성격을 가장 이상화 하고 그 업적을 가장 예찬하고 있는 것이 이 작품이다.

이 작품은 아이스킬로스의 「테바이로 향하는 일곱 장군들」의 후일담으로서 전사한 아르고스의 장군들의 시체 수용과 매장이 주제인데 그 줄거리는 대충 다음과 같다. 오이디푸스가 왕위에서 물러난 후 그의 두 왕자 에테오클레스와 폴리네이케스가 공치共治를 하는 가운데 형제 간에 싸움이 벌어져 폴리네이케스는 아르고스로 망명, 아르고스왕 아드라스토스의 도움을 얻어 테바이 원정군을 일으킨다. 테바이 공방전에서 원정군이 패배하고 두 형제와 아르고스의 일곱 장군이 전사한다. 테바이의 신왕新王 크레온은 반역한 폴리네이스와 7명의 장군의 시체를 전장에 방치하고 매장을 금한다. 아르고스왕은 7명의 장군의 어머니들코로스과 함께 아테나이에 와서 테세우스왕에게 이 문제에 개입해 줄 것을 탄원한다. 테세우스는 결국 이를 받아들여 크레온왕에 대해 시체 수용을 허락해 줄 것을 요청한다. 크레온이 이를 거절하자 마침내 테세우스는 전쟁을 벌여 무력으로 크레온을 굴복시키고 시체를 인수하여 엘레우스신전 옆에 매장한다.

이 작품의 상연 연대는 알려 있지 않으나 그것을 시사해 주는 두 가지 사항이 있다.

첫째는 424년에 있었던 델리온 전투이다. 그 해 겨울 아테나이는 국가의 총력을 동원하여 보이오티아의 델리온을 침공, 보이오티아 군이 철수한 후 델리온을 점령하여 요새화한다. 이에 보이오티아 군이 반격을 가하여 이 회전에서 아테나이 군이 참패를 당한다. 패배한 아테나이군은 전사자의 시체수용을 요구했으나 보이오티아 측은 아테나이 군이 철수하지 않는 한 시체를 인도할 수 없다고 거절한다. 단 보이오티아 군이 그 후델리온을 탈환한 연후에야 시체 수용을 허용한 것이다.[5]

말할 것도 없이 「히케티데스」의 중요한 모티프는 시체 수용의 문제이다. 따라서 델리온 사건과 「히케티데스」의 상연과는 연관이 있다고 보는 것이 당연하며 「히케티데스」의 상연 일자도 424년경으로 보아야 할 것이다.

둘째는 이 작품의 말미(1183~1195)의 구절이다. 전쟁이 끝난 후 아테나이 여신이 등장하여 아드라스토스왕에 대해 다음과 같은 서약을 요구한다. 즉 "아르고스인은 결코 아테나이에 대해 무기를 들지 않으며 다른

---

5 E.g. Thuc. Historial Ⅳ, 97~101. 이 전투에서 패배한 아테나이군이 퇴각할 때 알키비아데스가 소크라테스를 구했다고 한다. Plut. Alc.

나라가 이 나라를 침공할 때에는 창으로 저지할 것이다. 만약 이 서약을 어길 때에는 아르고스에 비참한 파멸이 있을 것을 신에게 기도한다."

이 구절은 아테나이와 아르고스 사이의 동맹체결을 반영하고 있음이 분명하다. 아테나이의 대스파르타 정책은 펠로폰네소스 반도에 친아테나이 동맹을 형성하여 반도에 쐐기를 박는 것이었다. 아르고스에는 이미 테미스토클레스가 페르시아전쟁 후 방문하여 아테나이형 민수정을 설립한 바 있었다. 420년 아테나이는 마침내 아르고스, 만티네이아, 에리스와 100년간의 동맹을 체결하는데 성공하였으며 그 조항에는 아테나이에 외적이 침입했을 때 위 3국은 아테나이에 대해 구원을 할 것을 규정하고 4국의 합의없이는 적과 강화講和할 수 없음을 규정하고 있다.[6]

이 동맹체결에 활약한 것이 알키비아데스였는데 어쩌면 이 작품은 동맹체결을 기념하기 위해 상연되었을지도 모르며[7] 적어도 이 부분은 그것을 의식해서 씌어진 것이 분명하다 할 것이다. 따라서 이 작품의 상연 연대는 420년 동맹체결 직후라 보는 것이 타당할 것이다.

그런데 이 작품은 일반적으로 에우리피데스의 애국심에서 우러난 아테나이 및 아테나이의 도덕성에 대한 예찬이라 평가되고 있으며 그것은 테세우스의 효심과 용감성에서 우러난 고귀한 행동으로 표현된다는 것이다.[8]

테세우스는 아르고왕의 요구, 즉 테바이왕 크레온에게 시체 인도를 허용하도록 압력을 가해줄 것을 처음에는 거절한다. 만약 크레온이 테세우스의 요청을 거부할 때엔 전쟁을 각오해야 하며 그것은 수많은 아테나이 시민의 희생을 의미하기 때문이다. 아테나이에 아무런 이득이 없는 타국의 분쟁에 개입할 필요가 없었던 것이다. 그러나 모후母后 아이트라의 간곡한 청을 받아들여 아르고스왕의 요청에 응하기로 한다. 그가 전쟁을 결심하면서까지 분쟁에 개입하게 된 것은 아르고스나 아르고스왕을 위해서가 아니며 실인즉 거병에 있어 아르고스 측의 참전을 배제했던 것이다.[9]

테세우스의 입장으로서는 전몰자의 매장을 금지하는 크레온의 행위는 희랍의 관습법, 즉 희랍인 상호간의 일종의 국제적인 약속을 유린한 것일[10]뿐 아니라 신의 법, 나아가서는 우주의 법칙에 위배되는 것이었다. 따라서 이러한 법의 준수에 아테나이뿐 아니라 희랍의 모든 폴리스의 안전과 존엄성과 존재가치가 달려 있다고 생각하여 아테나이의 운명을 걸었던 것이다. 말하자면 테세우스의 행동은 공략이나 전략을 위한 것이 아니라 휴머니즘과 범헬레니즘에 입각한 고귀하고 용감한 행위였다는 것이다.

테세우스의 행동에 대한 찬양 다음으로 지적될 수 있는 것은 테세우스의 최대의 업적, 즉 민주정에 대한 예찬이다.

---

6 Thucydides, V, 47, Leob. C. L. (1964).

7 에우리피데스의 「안드로마케」는 동맹체결을 기념하기 위해 아르고스에서 초연되었다는 설도 있다. cf. G. Murray, Euripides and His Age, 1955, Oxford, p.71.

8 cf. Bates 194~197.

9 Hikedides 589.

10 전몰자의 매장은 우주의 법칙이었다. 왜냐하면 대지가 그들 시신을 요구하기 때문(V.534)이란 것이다. 그리고 그것은 또한 전 희랍인이 인정하는 관습이기도 했다. 왜냐하면 이 관행이 무시된다면 어떤 병사도 죽음에 직면하려 하지 않을 것이며 그것은 전쟁의 도덕의 종말이 될 것이기 때문(V.540)이란 것이다. 따라서 아테나이인의 요구는 우주의 법칙에 합당할 뿐더러 범희랍적 관습과 이해에도 일치한다는 것이다.

아이트라의 청을 받아들여 테바이에 대해 시체인수를 요구하기로 결심할 때 테세우스는 다음과 같이 말한다.

테세우스 우선(테바이에 대해) 설득을 시도한 후 그것이 용인되지 않으면 창의 힘으로 결판을 낼 것이다. 그러면 신도 용인해 줄 것이다.

또한 이 일을 시민 전체에게 물어 승인을 받아야 한다. 왜냐하면 나는 이 나라를 모나르키아monachia에서 해방하여 평등한 참정권을 갖는 폴리스로 es tenisopsephon polin으로 만들었기 때문이다(「히케티데스」 343~358).

이소프세피아isopsephia는 동등한 투표권, 곧 민주정을 의미한다. 이어서 테세우스와 테바이의 사자와의 대화가 계속된다.

테바이의 사자 이 나라의 티라노스tyrannos는 누굽니까……

테세우스 이국인이여 그대는 처음부터 말을 잘못 사용하고 있소. 이 나라는 한 사람이 지배하는 나라가 아니라 자유로운 나라요.

민중이 해마다 교대로 정권을 담당하며 부자에게 특권이 없고 빈자에게도 평등한 권리가 부여되어 있소(「히케디데스」, 398~408).

요컨대 아테나이의 민주정, 즉 1인 지배가 아닌 다수의 지배, 특권이 없는 평등한 권리 등등은 테세우스에 의해 이루어졌다는 것이다. 원래 아테나이는 테바이 전설이나 아르고스의 장군들의 테바이 공격의 전설과는 아무런 연관이 없었다. 그러나 6세기 이래 아테나이의 세력이 커짐에 따라 전설이 빈약한 앗타카지방에서는 테세우스가 크게 각광을 받게 된 것이다.

테세우스는 앗타카의 13세기의 전설상의 왕인데 그에 관해서 가장 상세한 기록은 플루터르코스의 「테세우스전」이다. 여기에는 테세우스의 온갖 모험담이 장황하게 기술된 다음 그가 왕에 즉위한 후에 이룩한 정치적 업적을 대충 다음과 같이 언급하고 있다.

첫째로 테세우스 이전에는 앗티카는 혼란과 무질서 상태에 있었는데 그것은 아테나이왕의 지배력이 약하여 국내의 공동체들이 독립적이었기 때문이었다. 테세우스는 시노이키스모스를 단행하여 각 촌락공동체의 고유의 프리타네이온Prytaneion과 불레Boule를 폐지하고 공통의 것을 신설했다.

둘째로 그의 통합정책에 대해 일반 평민이나 빈민들은 지지하였으나 귀족들은 거부반응을 나타낸다. 그리하여 테세우스는 귀족들에게 왕이 없는 국제國制와 민주정을 약속하고 태새우스 자신은 통합된 군지휘관과 국법의 옹호만을 담당하기로 한다.

셋째로 시민을 귀족eupatridai, 농민georgoi, 수공업자demiourgoi로 분류하여 권한을 평등하게 정했다.[11]

말하자면 테세우스는 앗티카를 통합하고 민주정을 창시하고 시민의 권한을 평등케 했다는 것이다.

플루타르코스 이외에도 테세우스와 민주정을 결부시킨 언급은 적지 않다. 로마 시대에는 A.D. 2세기의 파우사니아스, B.C. 1세기의 스트라

11 Plutarchos, Theseus 24~25, Loeb. . C. L.

본 및 디오도로스의 언급이 있고 희랍시대에 소급해서는 B.C. 3세기에 파로스 대리석비문marmor parium에 그러한 언급이 있으며 나아가서는 데모스테네스와 이소크라테스의 연설문에도 그러한 것을 볼 수가 있다. 그러나 플라톤과 아리스토텔레스에는 테세우스에 대한 언급은 있으되 국제개혁엔 말이 없다. 주목할 것은 투키디데스이다.

플루티르코스보다 4세기 앞신 투키디데스는 테세우스에 대해서 비교적 상세하게 기술하고 있는데 그의 정치 업적에 대해선 다음과 같이 말하고 있다.[12]

첫째로 테세우스는 종래 앗티카 내에서 독립적이어서 상쟁하던 공동체들을 통합하여 공동체들의 공공기관을 아테나이에 집중시켰다. 둘째로 주민들은 종전대로 거주지에 머물게 하였다. 셋째로 이를 기념하기 위하여 시노이키아synoikia를 개최했다.

정치 업적에 관한 한 플루타르코스와 투키디데스의 기술은 대체로 일치하고 있으나 투키디데스에는 테세우스가 민주정을 창시했다는 언급은 없다. 과학적이고 객관적인 투키디데스로서는 13세기의 테세우스가 5·6세기의 산물인 민주정을 창시했다는 신빙성이 없는 얘기를 기술할 수 없었을 것이다. 그러면 테세우스에 의한 민주정 창시의 설화는 어떻게 누구에 의해 이루어졌을까. 기술하였다시피 6세기 이후 아테나이의 강대화에 따라 일종의 테세우스 피버가 일어나게 되어 그를 테바이왕가의 내분과 연관케 하고 나아가서 민주정까지 창시한 명군으로 추앙하게 되었을 것이다.

그런데 파우사니아스가 테세우스의 민주정 창시에 관해 언급하는 가운데 "민중들 사이에는 진실이 아닌 전설도 많이 유포된다. 왜냐하면 그들은 역사를 모르고 어릴 때부터 코로스나 비극에서 보고 들은 모든 것을 믿었기 때문이다[13]라고 하고 있는데 이것은 비극이 테세우스 전설의 유포에 크게 작용하고 있었음을 말해 주는 것이라 할 수 있을 것이다.

아이스킬로스의 「히케티데스」에 나오는 아르고스왕 펠라스고스는 민주적 성격이 자못 뚜렷하다. 구원을 요청하는 이집트의 다나오스의 딸들(코로스)에 대해 그는 이렇게 대답한다.

펠라스고스 나는 우선 이일을 모든 시민에게 알리지 않고서는 확실한 약속을 할 수가 없소(「히케티데스」, 368).

이에 대해 코로스는 왕이 곧 국가요, 왕은 아무런 비판을 받지 않고 왕홀王笏에 의해 신의 제단이나 국토의 모든 것을 재판하고 통치하는 몸이 아니냐고 반문한다. 왕은 다시 대답한다.

민중과 상의하지 않고서는 아무 일도 할 수가 없소. 비록 내게 지배할 권한이 있다 해도.

만일에 일을 그르쳐 민중들의 비난을 받아서는 안 될 일. 나그네를 위해 나라를 망쳤다는 비난을(아이스킬로스, 「히케티데스」, 398~400).

---

12 Thuc., Ⅱ, 15.1~2.

13 Pausanias, Discription of Greece, 1. 3. 3, Leob. C. L. (1964).

펠라고스왕의 이러한 모습은 에우리피데스가 그리는 테세우스와 다를 바가 없다. 그러나 아이스킬로스는 필경 민주정에 대한 신뢰를 아르고스왕에 투영했을 뿐 그것을 테세우스와 결부시키지는 않았었다.

소포클레스도 「콜로노스의 오이디푸스」Oidipous epi Colonoi에서 테세우스를 등장시키고 있으나 그것은 에우리피데스의 테세우스와는 오히려 반대의 모습이다. 망명하여 방랑하던 오이디푸스가 최후를 맞기 위해 앗티카의 콜로노스에 당도한다.

오이디푸스 누가 이곳을 다스리고 있는가. 민중을 지배하는 것은 로고스인가.

콜로노스의 사나이 바실레우스에 의해 지배되고 있습니다.

오이디푸스 말과 힘으로 지배하고 있는 분은 누구인가.

콜로노스의 사나이 이름은 테세우스, 선왕 아이게우스의 아들입니다(「콜로노스의 오이디푸스」, 66~69).

소포클레스가 그리는 테세우스 역시 민주정과는 아랑곳 없다. 로고스logos와 크라테krate로 지배권을 행사하는 전형적인 바실레우스basileus이다. 이어서 나타나는 테세우스와 오이디푸스의 해후의 장면에서 보이듯이 그는 인자하고 관대한 왕자일 뿐인 것이다.

따라서 에우리피데스가 테세우스를 민주정의 창시자로 그린 것은 비극작가 가운데에서는 물론 적어도 문헌상으로는 최초의 일이라 할 것이다.

물론 이것은 에우리피데스가 당시의 풍조를 반영한 것이겠지만 역으로 파우사니아스가 말한 것처럼 에우리피데스의 이 작품이 테세우스의 민주적 성격을 대중에 유포시키는데 큰 몫을 한 것이 틀림없다 할 것이다.

아무튼 이것은 에우리피데스는 누구보다도 민주정에 대해 깊은 신념을 가졌음을 말해 주는 것이라 할 것이며 그러한 그의 정치관은 다음과 같은 그의 전제정에 대한 비판 내지 전제정과 민주정의 대비에서 한결 뚜렷이 나타난다.

테세우스 티라노스만큼 나라에 해를 주는 것은 없다. 그러한 제도에서는 우선 법은 만인을 위한 것이 아니며 한 인간이 법을 수중에 장악하여 권력을 휘두른다. 이보다 불공평한 일이 어디에 있을까.

허나 법이 확립된 곳에서는 부자나 빈자가 한결같이 평등한 권리를 소유한다. 약자라도 비난을 받았을 때는 강자에게 복수를 할 수 있으며 적은 자의 말이 옳으면 큰 자에게 이긴다.

자유를 한 마디로 표현한다면 '누가 국가에 유익한 의견을 모든 이 앞에서 말할 자는 없는가'일 것이다. 의견을 갖는 자는 각광을 받으며 의견이 없는 자는 침묵한다. 국가에 있어서 이보다 공평한 일이 어디에 있을까.

그뿐더러 민중이 나라를 지배하는 곳에는 젊은 시민은 장래가 촉망된다. 그러나 전제군주는 그들을 싫어하며 왕좌王座를 빼앗기는 것을 두려워한 나머지 훌륭한 젊은이, 지혜가 뛰어난 자를 모두 죽여 없앤다.

모든 시민이 자신들의 고초를 통해 부하게 만든 한 인간, 그는 그의 허욕을 위해 시민들의 딸을 요구하며 전쟁을 위해 시민의 아들들을 요구한다.

봄의 들꽃 같이 그의 칼에 의해 쓰러질 운명을 지닌 인간들은 그의 칼 앞에 몸을 떨 뿐이다(「히케티데스」, 427~455).

요컨대 민주정의 특색은 법은 만인의 것이며 평등한 권리와 언론의 자유가 있으며 따라서 유능한 젊은이에센 상래가 약속된다. 그러나 전제정 하에선 법은 한 사람의 수중에 있으며 유능한 젊은이는 왕좌를 노리는 자로 지목되어 살해되며 왕은 개인의 딸을 약탈하고 그 재산을 탈취함으로써 시민은 공포에 떨게 된다. 따라서 이러한 체제에서는 국가의 번영을 기대할 수 없다는 것이다.

그러나 민주정의 장점을 전제정과 대비함으로써 한결 강조하지만 민주정이 갖는 약점을 그는 간과하지 않는다. 그것은 테바이의 사자의 입을 통해 다음과 같이 표현된다.

테바이의 사자 나의 나라는 한 인물에 의해 통치되며 민중이 지배하는 곳이 아닙니다.

자기의 개인적 이익을 위해 교묘하게 시민을 선동하여 마음대로 끌고 다니는 자도 없습니다. 그들은 오늘은 감언이설로 민중을 현혹시키고는 내일은 악행을 범합니다. 더욱이 자기의 죄를 은폐하고 벌을 면하기 위해 남에게 비난을 돌립니다.

남의 얘기를 올바르게 판단할 수 없는 민중들이 어떻게 나라의 키를 올바르게 잡을 수 있을 것입니까. 사물을 이해하는 데는 시간이 필요하며 성급함은 금물입니다.

가난한 농부들은 설혹 총명한 재질을 타고났다 해도 자기 일에 사로잡혀 나라의 정치에 주목할 여유가 없습니다.

출생이 천한 자가 변설의 힘으로 민중을 회유하여 득세를 하여 중책을 맡게 된다면 뛰어난 인물의 눈으로 보아 실로 통탄할 일이라 할 것입니다(「히케티데스」, 410~425).

사자의 입을 통해 피력되는 민주정에 대한 비판은 세 가지라 할 것이다.

첫째는 대중지배의 폐단이다. 데모스는 몽매하고 정책 결정에 있어서 비능률적이며 책임감이 약하며 나쁜 지도자를 맹목적으로 따른다는 것이다. 이러한 비판은 그의 작품의 여러 곳에서 피력된다.[14] "데모스가 일단 혈기에 타오르면 맹화猛火를 끄는 것과 같이 진정하기 어렵다"(「오레스테스」, 702). 그들은 지각없이 분노와 연민의 충동에 휘말리는 변덕장이이며 자신들의 야심을 제어하는 데 무력하며 그 야심은 오랜 노력의 결과를 하루아침에 상실케 할 걷잡을 수 없는 열정을 일으키는 것이며 그들의 경박함은 평화 대신 전쟁을 택하게 한다는 것이다.[15]

둘째는 데마고고스의 폐단이다. 에우리피데스는 데마고고스를 대중에 아첨하는 '혐악嫌惡할 핏줄기'라 하여 그들에 대한 뿌리깊은 혐오감을

14 Hiketides 782~790, Orestes 702, 772, Iph. he en Aulidi 367~369, etc.

15 424년 Sophacteria 전후 스파르타의 화평제의를 아테나이가 거절한 것을 의미하지만 그 밖에도 그러한 경우가 허다했다.

여러 작품에서 토로한다.[16] 「히케티데스」에서 "비천한 자가 변설의 힘으로 득세하여 중책을 맡는다는 것은 한심한 일"(425)이라 한탄했지만 「오레스테스」에서는 "변설에 능한 자가 사악한 의도로 민중을 설득하면 그것은 나라에 큰 화를 초래한다"(「오레스테스」, 772)고 경고를 하는데 이것은 「오레스테스」 상연 2년 전에 화평의 체결을 반대한 클레오폰을 지칭한 듯하다.

셋째로 가난한 농민들은 생계 때문에 공무나 국정에 참여할 수 없다는 것이다.

이러한 대중민주정의 결점에 대한 비판은 퍽이나 정확하고 예리하며 그것은 어쩌면 투키디데스나 헤로도토스의 민주정 관觀과 사뭇 유사하다 할 것이다.

에우리피데스가 민주정의 특색을 만인의 것인 법, 부자의 차가 없는 평등한 기회와 권리, 언론의 자유, 시민생활의 자유와 다양성 등을 들고 있는데 대해 투키디데스는 "우리의 정체는… 소수자의 독점을 배제하고 다수자의 공평을 지키며 개인 간의 분쟁에 있어서 법률이 정하는 바에 따라 모든 사람에게 평등한 발언이 인정된다. 비록 빈곤한 처지라도 폴리스에 유익한 인물이면 빈곤 때문에 길이 막히는 일은 없다.[17] 우리는 자유로이 공무에 봉사할 길이 마련되어 있으며 자유로운 생활을 향유한다. 시민 각자는 인생의 넓고 다양한 일에 종사하여 자유인의 품위를 지키며 그럼으로써 지성의 원숙을 기할 수 있다"[18]라고 말한다.

그리고 또한 투키디데스는 페리클레스의 1인지배적 강력한 리더십을 찬양하고는 그의 뒤를 이은 데마고고스들에 대하여 다음과 같이 비난한다. "페리클레스 이후의 인간들은 능력에 있어서 우열의 차가 없으면서도 서로들 자기가 일인자가 되기 위해 민중에 아첨하여 정책의 주도권을 민중의 자의에 맡기기에 이르렀으며 이것이 폴리스의 수많은 과실을 초래하였다."[19] 그리고 미틸레네 사건의 토의에 있어서 디오도토스는 클레온과 같은 데마고고스를 겨냥하여 다음과 같이 말한다. "폴리스가 현명하면, 자기의 주장이 관철되어 유리한 입장에 선 자 역시 그와 같은 감언甘言으로 민중의 지지를 얻으려 애쓰는 피해가 없을 것이다."[20]

대중정치의 폐단에 대해서는 헤로도토스도 같은 입장이다. 즉 메가비조스가 과두정치를 역설하는 대목에서 다음과 같이 말한다. "…민중만큼 어리석고 거만한 것은 없다. 티라노스는 무슨 일을 행할 때 그것을 알고 하지만 민중은 전혀 맹목盲目이다. 그들은 고상하지도 합리적이지도 못하며 배우지도 알지도 못한다. 분류(奔流:빨리 흐르는 물줄기-편집자주)와 같이 맹목적으로 행동하는 자에게 어찌 지혜가 있을 것인가."[21]

에우리피데스의 정치관은 결국 민주정을 찬양하되 테마고고이의 정치에 환멸을 느낀 정치적 온건파의 입장이라 하겠는데 그것은 중용과 중간계급을 예찬한 다음과 같은 말에 집약되어 있는 것이다.

16 E.g. Hecabe 254, Hyppol, 586, Ion 832~834, Medeia 580, 583, Troiades 267, 282, 908, Hecabe 131~133, 254, Iph. he Aulidi 526, Andromache 699~700, Ion 636.

17 Thuc., Ⅱ, 37.

18 ibid., Ⅱ, 41.1.

19 ibid., Ⅱ, 65.7~10.

20 ibid., Ⅲ, 42.

21 Hdt., Ⅲ, 81.

테세우스 시민에게는 세 가지 계급이 있다. 첫째 부자는 항상 재산을 증식시키는 데에만 열중하며 스스로 유용한 존재가 되게 할 줄 모른다.

둘째 빈자는 위험한 도배이다. 그들의 가난이 악의와 질시를 낳게 하고 그들의 무지가 타락한 자들의 선동에 놀아나게 하여 가진 자에게 증오의 화살을 쏜다.

중간계급 hoien mesoi는 국가가 정한 기존질서를 지켜 나라를 구제할 책임이 있는 계급이다(「히케티데스」, 238~245).

말하자면 당쟁에 있어 중용과 평형의 체제를 중시하는 중간계급이 국정의 책임을 맡아야 한다는 생각인데 이 점에 있어서도 411년의 5,000인 체제를 소수지배와 다수지배의 적절한 혼합이라 하여 그것을 최상의 정치라 예찬한 투키디데스의 생각과 같다 할 것이다.[22]

3. 테세우스와 알키비아데스

에우리피데스의 테세우스 예찬은 시대의 테세우스 피버를 반영한 것이긴 하겠지만 그의 극작 수법으로 보아 테세우스는 실제 인물의 알레고리일 가능성이 크다 할 것이다. 그렇다고 한다면 테세우스는 누구를 반영하는 것일까. 그것은 알키비아데스라고 할 몇 가지 이유가 있다.[23]

첫째로 에우리피데스는 테세우스를 가리켜 "젊고 훌륭한 장군"이라 하고 "아테나이가 그를 가진 것을 자랑으로 한다"고 찬양하고 있는 것이다. 이것은 420년에 20대의 젊은 나이로 장군(스트라테고스)으로 선출된 알키비아데스를 두고 한 말이라는 의견이 많다. 알키비아데스는 그 당시 인기 절정에 있었다. 그는 수려한 용모의 미남자이자 소크라테스와 가까운 철학도이었으며 유능한 군인인 동시에 야심적인 정치가이기도 했다. 그러나 에우리피데스의 각별한 관심을 끈 것은 그가 명문 출신으로서 페리클레스의 조카라라는 점이다.

실인즉 페리클레스는 에우리피데스가 가장 존경하는 정치가였다. 펠로폰네소스 전쟁은 어쩌면 페리클레스의 정책을 구현화한 것이라 볼 수 있는데 전쟁이 발발한 431년에 상연된 「메데이아」에서 에우리피데스가

---

22 Thuc., Ⅲ. 97.2, 68~69.
23 C. M. Bowra, Euripides' Epinician for Alcibiades, 68~69.

노래한 다음과 같은 아테나이 찬미는 페리클레스의 전몰자 추도 연설에 나타나는 유명한 아테나이 예찬에 호응한 것이라 할 수 있을 것이다.

> 오랜 역사의 에렉테우스의 후예의 나라
>
> 원수를 갖지 않은 신성한 땅에서 태어나 더없는 행복을 누려온 신의 축복받은 아테나이의 백성들.
>
> 이름난 예지의 단술을 마시고 맑게 빛부신 공기 속을 나래를 단 듯한 가벼운 발걸음.
>
> 그곳은 순결한 무사이 여신들이 황금빛 하르모니아를 낳은 곳.
>
> 아르로디테의 여신이 말게 흐르는 게페소스의 강물과 훈훈한 미풍으로 기름지게 한 나라.
>
> 장미꽃 화관을 머리에 쓴 아프로디테는 지혜의 힘으로 만사에 도움을 줄 에로스 신을 보낸 곳.
>
> 맑고 깨끗한 강물이 흐르는 신성한 나라, 친구에게 더없이 따뜻한 그 나라가 아들을 죽은 피묻은 이 몸을 어찌 받아들일 것인가(「메데이아」, 842~850).

에우리피데스는 알키비아데스를 429년에 사망한 페리클레스의 후계자라 생각했었다. 당시 알키비아데스는 구세주와 같은 대중적 인기를 얻고 있었다. 에우리피데스의 눈에도 알키비아데스는 페리클레스와 같은 탁월한 인물로 비쳤던 것 같다. 이 점에 있어서도 페리클레스와 알키비아데스에 대해 각별한 호의를 가졌던 투키디데스와 같은 입장이었다 할 것이다.

그리고 또한 앞서 말했듯이 「히케티데스」1183~1195행의 아르고스왕의 서약의 내용이 아테낭와 아르고스 · 만티네이아 간의 동맹을 반영한 것이라 했지만 이 동맹체결에 활약한 것이 알키비아데스였다. 그는 스파르타 측의 화평사절이 아테나이로 오는 것을 저지하고 아르고스인과 만티네이아인에게 아테나이로 사절을 파견할 것을 종용하는 서한을 보냈으며 그 결과 동맹이 체결되었던 것이다.[24] 그리고 동맹이 체결된 420년과 2년 후에 발발한 만티네이아전을 전후하여 아테나이의 정책은 친스파르타=니키아스 대 반스파르타=알키비아데스로 선명하게 대립되는데 에우리피데스는 니키아스보다 알키비아데스를 지지하고 있었던 것이다.

셋째, 에우리피데스와 알키비아데스의 관계를 가장 여실히 말해주는 것은 에우리피데스가 올림픽에서 승리한 알키비아데스를 위해 다음과 같은 송가頌歌를 썼다는 플루타르코스의 전언이다. 즉

> 클레이니아스의 아들이며, 내 그대를 위해 노래를 부르네.
>
> 승리는 아름다운 것, 그러나 가장 아름다운 것을 일찍이 어느 희랍인도 하지 못한 일,
>
> 전차 경기에서 1, 2, 3위를 차지하여 승리의 선포를 세 번 들으며 제우스의 월계관을 세 번이나 받는 일(플루타르코스 알키비아데스 11.2).

---

24 Thuc., V, 43~47.

단 이 송가는 어느 해의 올림픽의 일인가에 대해서는 언급이 없다. 그 가능성이 있는 세 가지 경우가 있는데 첫째는 424년이다. 그러나 이 해엔 알키비아데스가 델리온 전에 참가하고 있었다는 플루타르코스의 증언이 있은 즉[25] 그가 올림픽 참가하는 것은 불가능했을 것이다. 다음은 420년인 데 이 해의 올림픽의 전차 경기의 승자는 스파르타인 아르케시라오스의 아들 리카스였다고 한다. 단 이 해에 스파르타는 올림픽 휴전위반으로 부과된 벌금을 지불하지 않음으로써 참가가 금지되어 있어서 리카스의 기차의 승리는 인정되지 않았다고 한다.[26] 따라서 이 해에 알키비아데스가 승리했을 가능성은 희박하다 할 것이다. 그렇다면 416년이 가장 가능성이 큰 해이었을 것이다. 사실인즉 그 해에 알키비아데스는 병선 30척을 이끌고 아르고스에 가서 친스파르타로 지목되는 자 300명을 체포했다고 한다.[27] 따라서 그는 아르고스에서 올림픽으로 가는 것은 용이했을 것이다.

아무튼 에우리피데스는 알키비아데스를 떠나 전장에서나 평화적인 일을 통해서나 조국의 영광을 더없이 고양할 탁월한 인물로 보았으며 그의 올림픽의 승리는 그러한 능력과 의지의 구현이라 생각한 것이다. 그리하여 에우리피데스는 조국과 알키비아데스에 대한 감동과 프라이드로 그러한 송가를 읊게 되었을 것이다.

물론 테세우스가 곧 알키비아데스의 투영이라 단정할 수 없을지도 모른다. 그러나 양자의 관계가 극히 밀접했다는 것을 분명한 일이었다. 하지만 에우리피데스는 알키비아데스를 무조건 맹목적으로 예찬한 것은 아니었다. 그는 아테나이가 젊고 유능한 장군을 가져 다행이라 찬양하면

서도 젊은이들의 행동에 대해 경계와 비판을 가하고 있는 것이다. 즉

> 테세우스 젊은이들은 정의에 어긋나는 전쟁을 함으로써 시민을 타락하게 한다.
>
> 어떤 자는 장군이 되려고 하고 어떤 자는 권력을 장악하여 포학하게 행동하려 하고 어떤 자는 물욕을 채우려 한다.
>
> 그들은 민중이 그것으로 얼마나 해를 입었는지에는 개의치 않는다(「히케티데스」, 231~237).

알키비아데스의 정책은 과감하지만 에우리피데스의 이상이 될 수는 없었다. 에우리피데스는 필경 무모한 주관적인 행동을 원치 않는 중용주의자였기 때문이다.

> 사자 장군은 배를 모는 수부水夫와 같이 무모하면 위험을 초래한다. 신중함 또한 용기라 할 것이다(「히케티데스」, 508~510).

에우리피데스는 알키비아데스를 찬양하면서도 그의 화려하고 대담한 행동에 불만을 품었던 것이며 그 불안은 곧 현실화되고 만다. 416~415년 겨울에 에우리피데스의 알키비아데스에 대한 태도가 일변한다. 그리

25 Plut., Alc. 27.
26 Thuc., V, 50.4.
27 Plut., Alc. 12.

하여 415년 봄에 「트로이아데스」(트로이의 여인들)가 상연된다. 이 작품을 집필한 때 양자는 결별한 것으로 보인다. 그 원인은 이른바 멜로스사건이었다.

4. 멜로스 사건과 「트로이아데스」

416년 여름 중립국인 멜로스에 아테나이군이 침공한다. 침공의 현실적인 동기나 목적은 분명치가 않다. 멜로스는 군사력이 없으며 상업도 없었다. 흑요석 산지로 알려져 있으나 주로 농업으로 생계를 유지하는 경제적으로 그리 풍부해 보이지 않는 나라이다. 아테나이군이 이 도시를 멸망시킨 후 아테나이인 500명의 식민植民으로 족할 정도의 적은 인구의 소국이다. 이 소국에 대해 아테나이는 에레토리아나 낙소스와 같은 대국과 동액同額의 공세를 부과하였으며 그것이 거부되자 30척의 병선을 동원하여 침공한다. 결국 섬을 점거하고는 도시를 파괴하고 모든 성인남자를 학살하고 부녀자를 포로로 납치하는 만행을 감행한다. 멜로스에 대한 작전은 군사적으로 별로 중요하지도 않았고 정치적으로도 어떤 직접적인 결과를 초래한 사건이 아니었다. 그러나 투키디데스는 이 사건을 36장에 걸쳐 기술하고 있다.[28] 그가 이 사건을 그토록 크게 다룬 것은 여기에 매우 심각한 도덕적인 문제가 있다고 통감했기 때문이다.

멜로스 사건의 경위 가운데 아테나이군의 공격에 앞서 멜로스 측 대표와 아테나이 사절 사이에 전개된 이른바 「멜로스 대담」은 권력 정책의 가혹무잔苛酷無殘한 실체를 적나라하게 묘파하고 있다는 점에서 전편 중

28 Thuc., V, 84~116.

백미라 할 것이다. 여기에서 아테나이인은 무고한 국민에게 복종을 강요하는 혹독무비酷毒無比한 권력자요 약육강식과 힘이 곧 정의라는 드라스틱한 정글의 논리를 휘두르는 폭군으로 그려진다.

물론 이 기술에는 의식적이고도 인위적인 꾸밈이 있을 것이기 때문에 아테나이 사절이 실제로 그러한 끔찍한 발언을 했다고 단정할 수는 없다. 설혹 그러한 발언을 했다 해도 수년 후에 투키디데스의 귀에 이러한 형태로 전해질 수는 없었을 것이다. 그러나 투키디데스는 여기에서 전쟁 후반기의 주전파의 행동의 원칙의 전형적인 예를 제시하려 하였던 것이다.

아무튼 투키디데스가 조국의 냉혹한 권력 정치의 양상을 이토록 적나라하게 묘파한 것은 이 사건으로 말할 수 없는 충격을 받았기 때문이었을 것이다. 에우리피데스의 충격도 못지 않았을 것이다. 더욱이 멜로스 침공의 주도적 역할을 한 것은 알키비아데스였으며 그것을 플루타르코스는 다음과 같이 증언하고 있는 것이다.

> 성년이 된 멜로스의 모든 남자를 살해한 것은 주로 알키비아데스였다 할 것이다. 왜냐하면 그가 그 법령을 지지했기 때문이었다.29

멜로스 사건이 있었던 다음 해인 415년 봄에 「트로이아데스」troiades가 상연된다. 이 때는 시실리 원정을 위한 대함대가 페이라이에우스 항구에 집결하고 있을 무렵이었다. 말하자면 아테나이에 파국을 초래할 사건이 준비되고 있을 때이며 실인즉 「트로이아데스」에는 원정에 대한 두려움이 짙게 나타나 있는 것이다.

「트로이아데스」의 줄거리는 대충 다음과 같다. 트로이 성 함락 후 신들이 모여 아테나이의 불경不敬에 대해 응징할 것을 결정한다. 포로로 끌려갈 트로이의 여인들이 왕비 헤카베와 함께 자신들의 신세와 앞으로 닥칠 운명을 비탄한다.

희랍군의 연락장교인 탈티비오스가 나타나 여인들에 대한 처우를 알린다. 헤카베는 오딧세우스의 노예로, 안드로마케는 아킬레우스의 아들의 소유물로, 카산드라는 아가멤논의 첩으로 결정되었다는 것이다. 카산드라의 저주.

헤카베는 헥토르와 안드로마케 사이의 소생인 손자의 조명助命을 탄원하나 탈티비오스는 그 아이는 성벽에서 떨어뜨려 죽이기로 결정되었음을 통고하고 아이를 빼앗아 간다.

희랍군이 트로이 성에 불을 지른다. 헤카베는 불타는 성의 불길 속으로 몸을 던지려다 잡혀 희랍군 진영으로 끌려가는 것으로 막幕.

이 작품에는 멜로스 사건이나 시실리 원정에 대한 직접적인 언급은 없다. 그러나 표현에 있어 멜로스 대담과 유사한 점이 적지 않다.[30] 예컨대 멜로스 대담에서 아테나이 대표는 다음과 같이 발언한다.

> **아테나이 대표** 그대들은 피아 호각互角의 싸움에 처해 있는 것이 아니다. 압도적인 강자 앞에 창을 버리고 몸의 안전을 생각해야 할 입장에

29 Plut. , Alc. , 16.
30 J.H. Finley, Euripides and Thuucydides, 56, H.S.C.P. vol. 49.

있는 것이다(투키디데스 Ⅴ. 101~102).

이 말은 이 작품의 다음과 같은 표현에 상응한다.

탈티비오스 힘이 없는 자가 힘이 있는 것으로 생각해서는 안 된다(약자가 강자연한 태도를 취해서는 안 된다. 「트로이아데스」, 728).

그리고 아테나이 사절이 멜로스인에 대해 항복해서 종속하는 것이 쌍방의 이익이 된다는 다음과 같은 주장은

아테나이 대표 여러분은 최악의 상태(생명의 위협)에 빠지지 않고 종속의 지위를 얻게 되고 우리는 여러분을 죽이지 않고 착취할 수 있게 된다(투키디데스, Ⅴ.73).

어떻게 생명을 구하느냐 하는 것만을 생각하라는 뜻의 다음과 같은 표현을 방불케 한다.

탈티비오스 … 아무 말없이 운명에 순응하면 희랍인의 자비를 받을 수 있을 것을(「트로이아데스」, 729).

이 밖에도 희망elpis에 의지하는 어리석음을 강조하는 아테나이 대표의 발언과 「헤라이클레이다이」의 아르고스의 사자의 말은 적이 유사하다.

아테나이 대표 희망이란 절체절명에 처한 자에게 위안이 되는 것일 뿐. 여력을 가지면서 희망에 의지하면 파멸에까지 이르지 않는다. 그러나 희망에 모든 것을 걸면(희망이란 시간을 잡아먹는 것) 꿈이 깨어진 후, 희망의 본성이 무엇인가를 깨들은들 그땐 희망은 아무데도 없는 것이다(투키디데스 Ⅴ.103).

아르고스의 사자 …이 자들은 마지막 수단으로 희망에 일체를 걸고 무모한 짓을 하려 온 것이다.

그러한 희망은 부질없는 짓일 것이다. 왜냐하면 그 때까지는 오랜 시간이 걸릴 것이며 그 사이 그대들은 멸망할지 모를 일일 것이기에(「헤라클레이다이」, 148~149, 169~170).

이러한 표현상의 유사성이 단적으로 말해주듯이 「트로이아데스」는 일반적으로 트로이 전을 가탁한 멜로스 학살의 규탄, 즉 아테나이 제국주의의 침략 전쟁에 수반된 온갖 포학과 부정을 고발한 것으로 이해되고 있다.

그러나 이 작품은 전쟁에 대한 공격만을 의미하는 단순하고 통속적인 반전극은 아니다. 그 반전은 보다 심각하고 절망적인 의미를 지닌다. 그것은 전쟁의 어리석음과 공허함을 그리는 동시에 승자와 패자에게 다같이 닥치는 피할 길 없는 숙명을 그리고 있기 때문이다.

전쟁의 공허함과 그것이 주는 숙명은 세 가지 방식으로 표현된다. 첫째로는 과거의 얘기를 통해서이다. 헤카베와 트로이의 여인들의 입을 통해 회상되는 조국의 아름다운 자연과 번영하던 모습에 대한 다음과 같

은 회상,

코로스 눈녹은 물이 맑게 흐르는 시내

상춘등常春藤으로 뒤덮인 이다산의 골짜기.

떠올는 햇살을 받아 빛부신 거룩산 신이 거하신 산령山嶺(「트로이아데스」, 1067~1070).

카산드라 조국은 희랍보다 한결 행복한 나라였다고 신들린 이 몸이지만 바른 정신으로 분명히 말할 것입니다(363~364).

혹은 자신의 영화롭던 과거에 대한 회상,

헤카베 지난날의 행복한 일들을 돌이켜 볼까. 오늘의 이 괴로움을 한결 통감하기 위해.

생각하면 왕녀로 태어나 결혼하여 왕비가 되고

더없이 훌륭한 아이들을 가졌던 이 몸,

희랍은 물론 이국異國엔들 이토록 훌륭한 아이를 가진 어머니는 없을 것을…(472~475).

이러한 회상들은 현재의 비참과 공허를 한층 절실하게 하고 파토스를 한결 고조시킨다.

그리고 또한 전쟁의 공허하고 허무함을 전쟁의 원인이 한 여자의 허영과 허욕에서 비롯한다는 어처니없는 사실로써 강조된다. 즉 헬레네 자신의 부정과 트로이의 멸망의 책임은 자신에게 있는 것이 아니라 아내를 악마의 손에 맡기고 크레타로 떠난 남편 메넬라오스, 혹은 예언에 따라 아들 파리스를 없애지 못한 부왕 프리아모스, 나아가서는 모든 일을 꾸민 아프로디테나 제우스에 있는 것이라고 강변하는 데 대해 헤카베는 다음과 같이 비난한다.

희랍에서 가난하게 살던 임자는 호사스러운 의상과 황금의 장식으로 빛나는 파리스의 모습을 보자마자 마음이 혹하여 스파르타를 버리고 떠났으며 이 황금이 넘치는 프리기아의 거리(트로이)를 온갖 사치로써 망치려 생각한 것이다. 메넬라오스의 집은 임자의 사치스러운 욕심을 채울 수 없었던 것이다(「트로이아데스」, 988~991).

다시 말해서 전쟁의 허무함은 다음과 같은 트로이 여인들의 비탄에 집약된다 할 것이다.

코로스 아! 비운의 트로이여. 한 여자의 애욕으로 말미암아 얼마나 많은 귀한 생명이 쓰러졌던 것일까(「트로이아데스」, 781).

둘째로 그것은 트로이인이 겪는 현재의 고난을 통해 표현된다. 즉 성은 함락되고 남자는 모두 학살된다. 여자들은 남편을 죽인 자들의 몸종이나 첩이 되어 이국異國으로 끌려 갈 운명이다. 그러나 무엇보다도 처절한 것은 헤카베의 손자 아스티아낙스의 죽음이다. 헤카베는 절망 가운데에도 일루의 희망을 헥토르와 안드로마케 사이의 유자遺子에게 건다. 그 어린이는 보복을 위한 희망이 아니라 트로이의 재건의 날을 위한 희망인 것이다. 그러나 희랍인들은 "트로이 제일의 용사의 씨를 살려 둘 수 없다"고 하여 아이를 트로이 성벽에서 떨어뜨려 죽이기로 결의한 것이다. 빼앗기는 아이를 부둥켜안고 읊조리는 안드로마케의 단장斷腸의 비탄은 이 비극의 하이라이트라 할 것이다.

안드로마케 아! 내 아들아, 울고 있구나. 자신의 불행을 알고 있는 듯 하구나.

어찌하여 그토록 내 품에서 떨어지지 않으려 하는가. 어미닭의 털속으로 파고드는 병아리와 같이.

아버지는 다시는 흙속에서 창을 들고 너를 구하러 올 수 없을 것을.

아버지의 친구들도 이제는 모두 죽고 나라도 망해 버렸구나.

너도 곧 눈도 어지러울 높은 곳에서 무참히도 떨어져 죽어야 할 몸.

아! 언제까지나 끌어안아 있고 싶은 이 애처러움, 더없이 감미로운 살결의 내음. 아! 마지막으로 그 위여운 팔을 내 등에 돌려 너를 낳은 이 어미를 꽉 끌어안고 최후의 입맞춤을 해주려무나(「트로이아데스」, 752~763).

셋째, 가장 중요한 것은 미래에 대한 전망, 즉 희랍인에게 닥칠 운명의 예고이다. 그것은 프로로고스(사막)에서의 신의 예고와 카산드라의 예언을 통해 표명된다.

먼저, 아가멤논, 그는 전승한 희랍군의 총대장이며 위대한 미케나이의 왕이다. 그러나 현인賢人이란 명성이 자자했던 장군도 부정한 제수弟嫂를 되찾기 위해 자신의 딸(이피게네이아)을 죽이며, 카산드라를 차지함으로써 자신의 파멸과 가정의 파괴의 원인을 만든다.

> **카산드라** …아카이아의 이름난 장군 아가멤논은 헬레네보다 한결 불길한 아내를 맞이하게 될 것이다. 나는 반드시 그를 죽게 하고 일족을 멸종시켜 아버지와 형제들의 원수를 갚을 것이다. …
>
> 나의 목이 그의 목과 함께 손도끼를 피로 적시게 하고 이 혼인으로 말미암아 아들이 어머니를 죽이고 아트레우스 가문을 뒤흔드는 온갖 소동이 일어날 것이며…(「트로이아데스」, 358~361).

아가멤논은 위대한 업적을 이루었으면서도 아무런 명예를 얻지 못한다. 아내에게 살육된 후 밤에 몰래 매장되고 마는 것이다.

다음은 오딧세우스. 이 희랍의 이상적인 남성상도 트로이의 여인의 눈으로 볼 때엔 '혐오한 간사한 사나이이며 정의의 적, 독사와 같은 무법자… 이간질에 능한 기만의 명수'[31]이다. 그가 범한 최대의 악은 헥토르의 아들 아스티아낙스의 살해를 주장하며 그것을 실행케 한 일이다. 그리하여 10년간의 폭행의 대가로 10년간 '트로이인의 고난이 그에겐 오히려 황금으로 보일만한 온갖 고초'[32]를 겪으면서 방랑한 끝에 외로이

---

31 Troiadea 3701.

32 ibid. , 383~385.

귀국하게 되며 고국에서도 숱한 고난을 겪어야 한다.

이 밖의 모든 희랍인들도 그들의 폭행과 신에 대한 불경으로 보복을 면할 수 없다. 그들이 트로이 성을 불사른 것과 같이 귀국길의 그들의 배도 불타게 된다. 그들이 무고한 트로이인을 죽인 것과 같이 그들도 풍랑을 만나서 '에우보이아만은 시체로 뒤덮게' 하고 만다. 그들에 대한 보복은 트로이인에 의해서가 아니라 신에 의해 나아가서는 그들 자신에 의해 수행된다. 폭행은 궁극적으로 자기파괴적인 것이다.

말하자면 전쟁에서는 승자나 패자나 다 같이 절망적일 수밖에 없는 것이다. 그러나 어쩌면 승자는 패자보다 한결 비참한 운명을 맞는다.

> **카산드라** … 자기의 조국을 지키기 위해서 아니라 머나먼 이국인 스카만드로스의 갯벌에 허무하게 쓰러진 희랍의 병사들은 사랑하는 아이들의 모습도 못보고 아내의 손으로 매장될 희망도 없이 이국땅의 흙이 되었습니다. 살아남은 자도 그에 못지않은 비참한 운명. 남편을 잃은 아내는 독수공방 끝에 외로이 생을 마치게 되고 늙은 어버이들은 오랜 세우러 고이 기른 아들들이 돌아올 희망도 잃고 죽은 제사를 지내 줄 자 하나 없는 가련한 신세.…

이에 반해 트로이인들은 조국을 위해 목숨을 바쳤다는 더없는 영예를 얻었을 뿐 아니라 전몰자의 시신은 전우에 의해 자기 집으로 운구되어 정중한 장례를 치른 후 조상의 무덤이 있는 땅에 잠자게 되는 것입니다(「트로이아데스」, 374~391). 트로이인은 적어도 조국과 가족을 위해 용감하게 싸워 쓰러진 명예를 갖지만 희랍인은 아무것도 갖질 못한다. 그들은 트로이에 아무것도 남기지 않았으며 그들의 미래에도 고통과 죽음 외에 아무 것도 없는 것이다. 승리는 히브리스(오만)를 낳고 그것은 까닭 없는 폭행을 자행케 하고 그것은 끝내 자신의 파멸(네메시스)을 초래하고 마는 것이다.

오늘날 최대의 반전극으로 평가받는 「트로이아데스」도 경연에서 2등상에 그치고 만다. 패배인 것이다. 그것은 뚜렷한 히로나 플롯이 없는 비극으로서는 오소독스한 형식의 작품이 아니라는 점 때문일지도 모른다. 그러나 주된 원인은 말할 것도 없이 이것이 아테나이인에 대한 공격이란 점에서 그들의 심성을 자극한 데에 있었다.

더욱이 시실리 원정의의 실패로 실의에 빠져 있던 아테나이인들은 자신들의 전쟁을 불의라 비난하는 자를 쉽사리 용납할 수 없는 것이었다. 실인즉 에우리피데스가 공격한 것은 아테나이의 주전파의 정책이지 아테나이 그 자체는 아니었다. 「트로이아데스」에서도 희랍으로 끌려갈 트로이의 여인들은 '원컨대 그 이름도 높은 테세우스의 나라 풍요로운 아테나이로 가게 되기를'[33](207~208) 바란다. 그래도 아우리피데스는 아테나이가 희랍에서 가장 좋은 나라라고 하여 조국에 대한 애정을 버리지 않았던 것이다.

그러나 아테나이의 대중은 그러한 섬세한 구별을 할 무드가 아니었다. 그들에겐 에우리피데스가 전쟁을 혐오하고 있는 것만으로 충분했다.

---

33 ibid.

더욱이 그에겐 여러 가지 불미스러운 풍문이 있었다.[34] 그는 부정不貞, 위증, 근친상간을 변호했다는 소문이 있었다. 그는 또한 독신자로 널리 알려져 있었다. 그는 소피스트들의 친구였으며 신을 부정했다는 것으로 불경죄로 고발되었다가 사면되었다고 전해지기도 한다. 그는 또한 구두쇠요, 숨겨 둔 재산이 있는 것으로 알려져 이런 면에서도 고발을 당했다고 한다. 즉 히기아논이란 자가 콜레기Colcgi로 선택되어 공공의무의 비용이 세금으로 부과되자 그는 에우리피데스가 자기보다 더 부유하므로 에우리피데스가 마땅히 선택되어야 한다고 주장 그를 고발했다는 것이다.

이러한 아테나이 대중들의 에우리피데스에 대한 반감은 그의 마음에 무겁게 작용했을 것이다. 그것은 그의 작극에서는 물론 그의 정치관, 나아가서는 인생관에도 영향을 미쳤을 것이다. 그가 살라미스의 동굴에서 생활하게 된 것도 이 때문이었다고도 할 수 있을 것이다.

5. 결어

「트로이아스」 이후 에우리피데스의 작품에는 현저한 변화가 온다. 특히 「헤카베」의 경우 그 테마나 시튜에이션이 「트로이아데스」와 다를 바가 없다. 즉 두 작품은 트로이성 함락 직후의 사건을 다루고 있으며 헤카베가 주인공의 위치에 있고 트로이의 여인들이 코로스를 이루고 있는 점도 같다. 전쟁에는 승자와 패자가 다 같이 고초를 겪는다는 주장도 마찬가지이다.

「헤카베」와 같이 동일한 테마가 아니더라도 그 후의 작품에는 「히케티데스」와 같은 애국심은 나타나지 않으며 아테나이의 정치나 정책에 대한 관심도 사라지고 오히려 그것에 대한 혐오감이 엿보이기도 한다. 특히 알키비아데스에 대한 언급이나 시사가 전연 나타나지 않는다는 점에서 양자의 결별은 분명한 것으로 보인다.

아리스토파네스는 당시의 알키비아데스에 대한 에우리피데스의 감정을 「바트라코이(개구리)」에서 희화적戯畵的이긴 하나 적절히 묘사하고 있다. 즉 저승에 간 비극시인 한 사람을 다시 이승으로 데리고 올 사명을 띤 디오니소스가 아이스킬로스와 에우리피데스의 논쟁에서 결정을 내리지 못하게 되어 마지막으로 아테네 구제책을 양자에게 묻는다.

---

34 ibid., 207~208.

디오니소스 둘 가운데 아테네를 위해 보다 훌륭한 충고를 주는 자를 나는 지상으로 데리고 갈 것이다. 먼저 알키비아데스에 대해 어떠한 의견을 가지고 있는가. 우리는 알키비아데스의 문제로 곤경에 빠져 있는 것이다.

에우리피데스 아테나이인은 그를 어떻게 생각하고 있는가.

디오니소스 그를 증오하고 있다. 그러나 그를 소환하고 싶어하고 있는 것이다. 당신들의 의견은 어떠한가.

에우리피데스 나라를 위해 봉사하는 데는 느리며 해를 끼치는 데는 재빠르다. 자신의 이익을 위해선 재빠르며 나라의 이익을 위해서는 느린 인간을 나는 싫어한다.

아이스킬로스 나라안에 사자 새끼를 길러서는 아니된다. 그러나 일단 길러 놓았다면 그를 반겨야 한다(아리스토파네스, 「바트라코이」, 1422~1433).

보수적인 아이스킬로스는 알키비아데스의 위험성을 알면서도 그의 유능함을 인정하여 그를 소환하는데 찬성하지만 오히려 에우리피데스는 끝내 그를 배척하는 것이다. 이것은 한때 민주주의의 기수요 조국에 영광을 준 자라 자랑하던 자에 대해 에우리피데스의 생각이 어떻게 달라졌는가를 잘 나타내고 있다 할 것이다. 말하자면 에우리피데스에 있어 알키비아데스는 민주정의 공과 과, 자랑과 환멸을 동시에 구현하는 존재였던 것이다.

408년 에우리피데스는 「오레스테스」 상연 후 76세의 고령인데도 스스로 망명의 길에 오른다, 아테나이인들의 자신에 대한 악의에 더 이상 참을 수 없게 된 것이다. 필로다모스는 말하기를 "그가 아테나이를 떠날 때 모든 아테나이인이 이를 반가워했기 때문에 그는 몹시 실의에 빠졌다"고 했다.[35] 이것이야말로 에우리피데스에 있어 최대의 비극이었다 할 것이다.

35 P.T. Stevens, Euripides and Athenians, 89, J.H.S. 1956.

제8장

디오니소스의 결정

1. 서언

「바트라코이(개구리)」 1414~1423에서 저승의 왕자, 플루톤은 디오니소스에 대해 아이스킬로스와 에우리피데스 가운데 아테나이를 위해 보다 현명한 정치적 충고를 주는 자를 택하여 이승에 되살려 가도록 요구한다.

여러 가지 콘테스트를 거친 후 디오니소스는 마침내 아이스킬로스를 선택한다. 그러나 이 콘테스트에 있어 아이스킬로스가 선택될 만한 뚜렷한 근거가 표명되어 있지 않다. 그럼에도 불구하고 아이스킬로스가 선택된 것은 무엇 때문일까. 그것은 또한 어떠한 의미를 지닌 것일까. 이 콘테스트를 통해 표명된 아리스토파네스의 정치적 견해는 어떤 것이었으며 그것은 또한 어떠한 반응 내지 영향을 미쳤을까. 이러한 의문은 아리스토파네스 개인의 예술관, 정치관뿐 아니라 5세기 말의 아테나이의 사상계의 동향의 일단을 보여주는 것이다.

2. 「바트라코이」의 줄거리와 시대 배경

1414행에 이르기까지의 「바트라코이」의 줄거리는 대충 다음과 같다.

406년은 앗티카 비극의 가장 암울한 해이다. 에우리피데스가 사망하고 이어서 소포클레스도 사망한 것이다. 연극의 파트론인 디오니소스로선 에우리피데스 없는 세계는 적막하고 공허하기만 하다. 에우리피데스가 간 후에는 진정한 시인, 창조력을 갖는 시인 gpnimon poieten이 없기 때문이다. 가장 촉망되던 아가톤마저 407년에 마케도니아로 떠나버려 앗티카 비극은 사멸한거나 다름이 없었다. 여타 군소 시인이 여럿 있으나 디오니소스의 말대로 모두들 "열매 없는 나뭇잎, 헛소리, 참새가 지저귀는 소리, 비극의 파괴자들(92~93)"뿐이며, "아무리 눈을 비벼 봐도 훌륭한 창조적인 시인은 찾아볼 수 없는"(96~97) 것이다.

그리하여 그는 에우리피데스를 되살려오기 위해서 종복從僕 크세안티아스를 거느리고 저승길로 떠난다. 삼도천三途川이라 할 아케론 호수를 건널 때 개구리들의 합창(여기서 작품명이 붙여졌다.)에 힘입어 무사히 건너서 염라대왕 격인 명부의 왕자 플루톤의 궁전에 도착한다. 이때 지하의 세계에는 큰 분쟁이 일고 있었다. 지하에 있는 비극의 왕좌는 이제까지 아이스킬로스가 차지하고 있는데 에우리피데스가 내려와서 그 자리는 당연히 자기가 차지해야 한다고 왕좌를 물려줄 것을 요구함으로써 지하의 여론이 양분되어 있었던 것이다. 플루톤은 아이스킬로스와 에우리피데스 양자의 작극술로서 판가름하려 하나 적당한 심판관이 없어 고민하던 중 마침 비극의 제례의 주신인 디오니소스가 왔으므로 그에게 심판을 일임하게 된다.

그리하여 양 시인이 등장하여 제각기 상대방의 작품의 약점을 공격하는 콘테스트가 시작된다. 아이스킬로스는 그 특유의 장대하고 웅장하고 거인적인 표현과 수법으로, 에우리피데스는 교묘하고 예리한 소피스트적 수법으로 상대방을 공격한다. 먼저 양자의 시작의 정신과 태도에 대하여 다음으로 작품의 전체적인 구상과 표현에 대하여 비판이 가해지고, 이어서 극구성의 각 부분과 극작의 기교적 부분에 대한 비판이 가해지고 교환된다. 끝으로 양자의 시구를 저울에 달아 시의 경중을 가리려 한다.

싯구의 무게에 있어선 장중한 표현의 아이스킬로스의 싯구가 무거우나 디오니소스는 그것으로 판정을 내리지 못한다. "어느 한 쪽으로 결정하기 어렵다. 한 쪽은 현명하며 다른 한 쪽은 내가 애호하는 바이기 때문이다"(1412~1413). 그리하여 결국 플루톤의 권유에 따라 정치문제로서 결판을 내리게 된다. 디오니소스는 당시의 아테나이의 정치상황에 대한 타개책을 양자에게 묻는 것인데 그것은 당시의 아테나이의 현실이 매우 절박한 상황에 놓여 있었기 때문이다.

「바트라코이」는 406년 가을에 집필되어 405년 1월말 레나이아제祭에서 상연되었는데 그 전후의 아테나이의 정치상황은 대충 다음과 같다.

413년 시실리의 비극이 있은 후 스파르타는 페르시아의 티싸페르네스와 동맹을 체결하고 페르시아의 경제적 원조를 얻는 대신 소아시아의 희랍도시를 포기한다.[1] 이에 자극받은 아테나이는 페르시아의 호감을 사기 위해 과두파가 쿠테타를 일으켜 민주정을 폐지하고 이른바 400인과두정을 수립한다. 411년 아테나이가 에레트리아 해전에서 패배하자 오레오스를 제외한 에우보이아 전사가 아테나이로부터 이반한다. 이 사건을 계기로 400인정은 해산되고 국정은 무장가능한 5,000인에게 위임된다. 이 정변의 주역은 테라메네스와 아리스토그라테스[2] 이었다. 이 정권은 완전시민권자를 무기로 자변自辯할 수 있는 인물로 한정함으로써 국정참여가 토지경작자에 한정되었으며, 따라서 이 국제는 보수적이자 온건한 민주정이라 할 것이다. 아리스토텔레스와 투키디데스도 이 정권을 훌륭한 정치라 평하였다.[3]

그러나 410년 민중이 이 정권을 타도하고 종전의 급진민주정을 재수립한다. 그 대표자는 클레오폰이며 그는 12년 전에 사망한 클레온의 역할을 재현한다. 이들의 과격한 정책으로 아테나이 정계에는 일종의 패닉이 발생하였으며 400인과두정에 직 · 간접으로 연루된 인물들은 고발당하고 무거운 벌금형을 받았으며 시민권이 박탈되기도 한다.

국외의 사태도 파국으로 치닫고 있었다. 408년 알키비아데스는 헬레스폰토스에서 아테나이로 개선했다. 그러나 그는 페르시아의 키로스의 후원을 받는 스파르타의 리산드로스와 고전하고 있었으며, 더욱이 407년 그의 부장副將 안티오코스가 노티온에서 패전함으로써 그의 인기는 치명적인 타격을 받는다. 406년 아테나이는 아르기누사이 해전에서 승리하였으나, 이 승리는 파국의 지연을 의미할 뿐이었다. 동년 스파르타는 화의를 제의해왔으나 승리에 자만한 클레오폰은 스파르타가 일체의 점령지를 포기하지 않는 한 화의에 응할 수 없다고 이를 거절한다. 그리하여 404년 아이고스포타모이전에서 패배함으로써 아테나이는 항복을 하게 되는 것이다.「바트라코이」의 무대가 지하의 세계에 설정되었다는 것 자체가 이러한 시대의 암울한 양상을 상징하는 것이라 할 수도 있을 것이다.

---

1 Thuc., Ⅷ, 18, 37, 58.

2 아리스토파네스의「오르니테스(새)」에는 귀족파의 유력자로 그려져 있다. 406년의 아르기누사이 해전의 책임으로 사형에 처해진다.

3 아리스토텔레스는 "이 정권 하에 아테나이는 좋은 정치를 가졌다"(Arist., Athenaion Politeia, 33,2)라고 말했으며, 투키디데스는 정권에 대해 찬부를 밝히지 않은 그로선 이례적으로 이 정권을 "내가 기억하는 한 아테나이에서 가장 훌륭한 정치이다. 왜냐하면 그것은 과두정과 민주정의 훌륭한 혼합이었기 때문이다"(Thuc., Ⅷ, 97)라고 말했다.

3. 아리스토파네스와 과두파

아리스토파네스가 「바트라코이」에서 피력한 최초의 명확한 정치적 의견은 과두파 혁명의 관련자에 대해서인데 이것은 그의 과두파에 대한 입장을 반영할 뿐 아니라 그의 정치관의 근본적인 태도를 말해 주는 것이라 할 수 있다.

우리의 도시를 현명한 충고로서 선도하는 것은
이 성스러운 합창단에 적합한 임무이다. 그 첫째는
우리 시민을 평등하게 하고 공포를 없애는 일이다.
설혹 그가 프리니코스의 씨름판에서 잘못 넘어졌다 해도
그 잘못을 뉘우치면
넘어진 자들에게 죄를 씻을 자유를 주어야 할 것이다.
둘째로 시민으로서의 권리가 박탈당한 동료시민들에게 그 권리를 회복케 해야 할 것이다.
단 한번 바다에서 싸웠다 해서
플라타이아인과 같이 노예가 주인이 된다는 것은
죄스럽고 수치스러운 일인 것이다.[4]
나는 이 조치를 비난하는 것이 아니다.
오히려 그것은 여러분이 행한 유일한 현명한 처사일 것이다.

그렇다면 여러분과 함께 그들의 조상이 행한 것처럼 수없이 바다에서 사운 여러분의 혈족들에게
단 한 번의 과오를 용서해 줄 수 없다는 말인가(690~699).

프리니코스는 페이산드로스와 함께 411년의 과두파혁명을 주도한 인물인데 400인 과두정을 끝까지 지키려다가 암살당한다. 따라서 이 싯구의 의미는 요컨대 411년의 정권에 가담 내지 동정한 자들에게 관용을 베풀 것을 종용한 것이다. 그들은 범죄자로서 정식으로 고발되지는 않고 있으나 민회에서의 발언권과 평의회의 피임권이 박탈당하는 등 공권에서 배제되어 있으며 다른 문제로 소환되고 벌금형을 받는 등 끊임없이 체포와 불면예의 위협을 받고 있었다. 말하자면 그들은 공포정치하에 놓여 있었던 것이다.[5]

아리스토파네스는 이러한 증오와 불화를 종식시켜야 한다고 생각한 것이다. 위의 싯구에서 아리스토파네스가 과두파혁명에 동조하는 것이 아님은 분명하다. 물론 혁명에 동조한 그룹에는 아리스토파네스의 친구나 측근이 있었을 것이다. 그러나 그들의 구제를 위해서라기보다도 그들에게 자신을 정화할 권리와 다른 시민과 다름없는 권리의 회복을 요구함으로써 정의와 평등이 실현되기를 바랐던 것이라 할 것이다.

4 이것은 아르기누사이 해전에 참가한 노예들에게 시민권을 부여한 사실을 의미한다. 플라타이아는 보이오티아에 있는 아테나이의 오랜 우방이다. 427년 펠로폰네소스 동맹군이 이 도시를 파괴했을 때 아테나이로 피난해 온 212명의 플라타이아인에게 아테나이 시민권과 동일한 권리를 부여하였다.

5 M. Croiset, Aristrophanes and Political Parties in Athens, p.196.

현명하고 훌륭한 여러분이여. 시기심과 노여움을 풀고
모든 사람들이 한결같이 시민으로서의 권리와 혈연을 나누어 갖게 하자.
그들은 우리와 함께 바다에서 용감하게 싸우게 하자.
만약에 우리가 턱없이 오만해져 그들을 전복케 해버리면
후세에 우리는 어리석은 자라는 비난을 면치 못할 것이다(700~705).

411년의 혁명 시 아리스토파네스는 침묵을 지켰었다. 그러나 405년의 위기에 즈음하여 그는 화합의 필요성을 주장하는 것이다. 그것은 반드시 아리스토파네스 개인의 주장이 아니라 당시의 급진민주파를 반대하는 그룹의 힘의 반영이라 생각할 수 있으며 그것은 또한 일반의 광범한 지지를 받았으리라 생각된다. 따라서 "아리스토파네스의 화합의 요구는 정치적인 의의뿐 아니라 사회적 의의가 있었다"[6]고 할 수 있을 것이다.

그리하여 이 작품이 상연되었을 때 일등상을 얻은 것은 물론 관중들은 특히 이 구절을 크게 환영하여 시인에게는 관례대로의 담쟁이 잎의 레이스 대신 성올리브의 레이스를 바치고 연극의 재연을 요구하였다고 한다.[7]

단 아리스토파네스의 충고가 아테나이인에게 현실적으로 어떻게 받아들여졌는가에 대해서는 의견이 상반된다. 예컨대 로저스는 말하기를 이 작품이 상연된 익년에 아테나이인은 아리스토파네스의 충고를 받아들여 추방자의 시민권을 회복시켜 주었다고 주장한다.

아테나이인은 아리스토파네스의 충고를 증오 대신 고귀하고 이례적인 명예로써 보답했다. …그것은 다음과 같은 주지의 사실에서 뒷받침된다. 즉, 아이고스포타모이의 재앙 직후의 정치적 위기에 처하여 아테나이인들은 아리스토파네스의 충고를 받아들였으며, 그들이 취한 첫째 행동은 시민권이 박탈당한 자의 신분을 복원하는 것이었다.

그러나 크로아제의 견해는 다르다. 즉,

아테나이인은 아리스토파네스의 충고를 높이 평가하였지만 그것을 즉시 시행하지도 않았고 적절한 시기에 시행한 것도 아니었다. 그 전년 여름 아르기누사이 해전의 승리로 제해권을 얻자 그들은 스파르타의 화평제의를 거부했다. 동일한 심리하에서 그들은 민심 수람收攬을 호소한 아리스토파네스의 제의를 거부한 것이다. 그리하여 아이고스포스타모이의 비극이 온다. 180척을 헤아리는 전 아테나이의 함대는 파괴되고 3,000명의 포로는 처형된다. 이것은 사실상 전쟁의 종말이요 아테나이의 종말이었다. 아테나이는 최후의 농성과 인력의 고갈에 대비하기 위하여 반역범과 살인범을 제외한 시민권 상실자의 시민권을 복원해준다. 그러나 그것은 아리스토파네스의 충고의 결과가 아니라 비극적인 군사적 패배로 말미암은 불가피한 방책이었다.… 아리스토파네스는 그의 열정을 효율화할 충분한 영향력도 없었으며 격정적이고 몰지각한 시민들을 적기에 적절한 행동을 취하게 할 충분한 영향력도 갖지 못했다. 그러나 그는 무엇이 옳은가를 발견하고 그것을 솔직하고 아름다운 말로 표현할

6 V. Ehrenberg, The People of Aristophanes(Harvard, 1951), p.65
7 B.B. Rogers, Introduction to Frogs, vi ff.

능력을 가졌던 것이다.8

사실인즉 아리스토파네스는 그의 모든 작품에서 현실의 여러 가지 문제에 대해 통렬한 비판을 가해왔으나 실제적인 효과는 별무別無이었다. 그는「히페스」(기사)에서 크라티노스를 야유했지만 그 익년에 크라티노스의 희극은 아리스토파네스의「네페라이(구름)」를 제치고 1등상을 차지했었다. 그는「아카르네이스」「에이레네」(평화) 등 일련의 작품에서 줄기차게 전쟁을 비난했으나 평화는 좀체로 실현되지 않았다.「리시스트라타」에서는 정치클럽을 공격했지만 그것은 더욱 더 성행했으며 그 작품에서 또한 범희랍주의를 고창高唱했지만 희랍의 통합은 이루어질 수 없었다. 그의 공격에 의해 실제로 해를 입은 인물도 타격을 받은 정파도 없었으며 손상을 입은 원칙이나 주의도 없었다. 그는 대중의 의사를 반영하는 경우는 있었지만 대중에게 큰 영향을 미치지는 못했다. 대중들은 필경 아리스토파네스를 정치가로서보다 시인으로서 보다 높이 평가했을 뿐이었던 것이다.

4. 아리스토파네스와 데마고고이

앞서 보았듯이 아리스토파네스는 과두파라는 증거나 시사는 없으나 과두파에 대해 동정적이었던 것은 사실이다. 따라서 그가 데마고고이라 불리는 급진민주파에 대해서 반대적이리라는 것을 쉽게 짐작할 수 있다.

데마고고스는 원래 연설을 통해 지휘권을 행사하는 민중의 지도자를 의미한다. 따라서 그들은 민주정에선 불가피한 존재이며 특히 위기에 처한 정국에선 '선한 데마고고스'의 존재는 불가결한 것이라 할 것이다. 그러나 5세기말 내지 4세기의 일부 급진정치가들은 민중의 천한 감정에 영합함으로써 달성하려 한다는 뜻에서 나쁜 의미로서의 데마고고스로 간주되는 것이 일반적이다.[9]

아리스토파네스는 데마고고이를 비천한 출신, 무교양의 정치가로서 빈민계급에 영합하여 정치적 지휘권을 행사하는 악한들이며 그들의 근본적 동기는 이기심에 있다고 단정한다. 그리하여 데마고고스의 대표적인 인물인 크레온에 대해 줄기차게 공격을 가한 것이다.

클레온은 페리클레스 사후의 아테나이 정계에 오랫동안 군림했는데 그의 인물상에 대해서는 아리스토파네스 외에 투키디데스, 아리스토텔

---

8 M. Croiset, op. cit., 130.
9 cf. Thuc., Ⅷ, 73.

레스, 플루타르코스도 언급하고 있다. 그러나 이들 역사가들은 한결같이 클레온의 난폭하고 조야하고 무책임한 성격과 억압적인 통치방식에 대해서 말하고 있으나 공금횡령이나 수회(受賄:수뢰受賂-편집자주) 같은 금전적 타락에 대한 언급은 없다. 그러나 아리스토파네스는 주로 클레온의 부패, 타락 부정직성을 공격하고 있으며[10] 그가 수회한 세 가지 경우를 제시하기도 한다. 즉 밀레토스인으로부터 수회한 경우(「히페스」932)와 미틸레네인으로부터 수회한 경우(「히페스」835)와 탈렌트 환불사건의 경우(「아카르네이스」6)가 그것이다.[11]

물론 클레온에 대한 공격에는 아무런 뚜렷한 증거가 없다. 예컨대 미틸레네 사건의 경우 사건 당시 미틸레네인에 의해 아테나이의 정치가들에 대한 매수공작이 있었던 것이 사실이며 클레온은 그 첫째 대상이었을 것이라는 추측뿐일 것이다. 사실인즉 클레온은 수회로 고발된 일이 없으며 그가 장기집권을 했다는 것 자체가 그의 결백을 증명해 주는 것이라고도 할 수 있을 것이다. 그렇다면 구체적인 증거도 없이 아리스토파네스가 끈질기게 클레온을 공격한 이유는 무엇일까. 이에 대해 도레이는 다음과 같이 추측하고 있다. 즉, 클레온은 동맹국에 대한 공세의 증액과 상층계급에 대한 탄핵을 전쟁 수행을 위한 정책으로 삼고 있었다. 아리스토파네스는 이러한 정책에 대해 반대했으나 별 효과가 없을 뿐 아니라 오히려 「바빌로니아인」의 발표 후 클레온에 의해 재판에 회부되기도 했다. 그리하여 클레온의 재정정책을 부정하지 않고 다만 그 정책으로 얻어진 돈이 국고 대신 데마고고이의 사복私腹을 채우는 데에 소비되는 것을 경고한 것이다.[12]

그런데 희극작가 중 아리스토파네스만이 클레온을 공격한 것이 아니요 또한 클레온만이 공격의 대상이 되었던 것도 아니다. 에우폴리스, 플라톤(희극작가) 등도 데마고고이에 대해 오히려 아리스토파네스 이상으로 신랄한 공격을 가했다. 예컨대 405년「바트라코이」와 경연에서 3등상을 차지한 플라톤의「클레오폰」은 제목 자체가 대표적인 데마고고스의 이름인데다가 현존하는 단편만으로도 그것이 얼마나 공격적이었는가를 궁지窮知할 수 있으며 그에 비하면「바트라코이」의 파라바시스 초(674~655)에 나오는 클레오폰에 대한 풍자는 오히려 온건한 편인 것이다.[13]

따라서 아리스토파네스와 클레온의 상극相剋은 양자의 개인적 반목이 아니라 시대의 한 가지 사회적 현상을 반영하는 것이라 할 것이다.

5세기말의 아테나이는 혁명과 반혁명의 되풀이되는 파국적인 정치적

10 클레온의 부패성에 대해서는 아이리아누스의 증언이 있다. 즉, 클레온이 정계에 등장했을 때는 빚을 지고 있었으나 사망했을 때는 50 내지 100탈렌트를 남겼다고 한다. 그러나 이에 대한 반증으로서 코레고스의 명부에 의하면 460/459년의 판디오 부족의 코레고스의 이름이 클레안티스인데 클레온의 부족 역시 판디오니이며 그의 부친 역시 클레안티스이므로 이는 클레온의 부친이라 생각되는데, 그것이 사실이라면 클레온은 상당한 재산의 상속자라 짐작된다. W. Dittenberger, Syllge IG^{3}(Leipzing, 1920), No. 1078, XⅣ, cf. T. A. Dorey, Aristophanes and Clean, Greece and Rome, Oct. , 1956, p.37.

11 밀레토스의 경우 439년의 밀레투스의 공세가 5탈렌트이었는데 421~420년은 10탈렌트로 증액되었으며 이 공세의 감면을 위해 밀레토스인으로부터 수회했다는 것이며 미틸레네의 경우는 클레온이 미틸레네에 대한 탄핵의 주동인물이었으므로 탄핵 취소운동을 전개한 미틸레네인으로부터 40미나이를 수회했다는 것이다. 셋째의 경우는 클레온이 도서지역의 폴리스들로부터 역시 공세감면을 위해 5탈렌트를 수회했으나 기사들의 규탄에 의해 돈을 환불했다는 테오폼포스의 언급에 의거하고 있다. cf. T. A. Dorey, op. cit. , p.135.

12 ibid, 136.

13「바트라코이」의 파라바시스에서도 그러하거니와 플라톤이나 에우리폴리스도 히페르볼로스나 클레오폰 등 데마고고스의 부모를 외국인 시함으로써 그들의 정치적 지도자로서의 자격을 문제 삼았다. Platon, fr. 166, 170;Eupolis, fr. 190; Polyselus, fr.5;Cratinos, fr.196.

분쟁과 혼란의 시대이었다. 이러한 혼란의 원인을 사가史家들은 흔히들 외적인 요인, 즉 패전과 제국의 상실에 두고 있지만 여러 가지 내적 요인, 즉 지도자의 과오, 시민의 자오(自傲: 자만自慢-편집자주)과 반목, 시민의 정치 기피 등의 현상을 무시할 수 없다. 뜻있는 시민들이 정치로부터 은퇴하여 순수한 개인생활이 가능한 곳으로 도피하려는 경향은 희극의 중요한 테마의 하나가 되어 있었던 것이다.14 예컨내 「아카르네이스」에선 디카이오폴리스는 스파르타인과 개인적인 화약을 체결하려 하며 「오르니테스(새)」에서는 피스테타이로스와 트리가이오스는 운선향雲仙鄕을 세우며 「에이레네(평화)」에선 트리아이오스는 큰 딱정벌레를 타고 날아가버린다. 그들은 평화와 행복과 안녕을 찾아 도시의 모든 것을 망각하고 환상의 나라로 도피를 하는 것이다.

이러한 뜻있는 시민들의 도피의 유행은 정치는 바야흐로 비천하고 무작한 인간이 성공하는 장소라는 관념이 일반화되었기 때문인 것은 물론이다.

그런데 「바트라코이」에서 아리스토파네스는 데마고고이에 대한 종래의 노골적이고 직설적인 공격 대신 보다 건전한 시정책是正策을 제시한다.

> 나는 생각하기를 우리의 도시는 가장 훌륭하고 고귀한 시민들을 마치 고화古貨를 신화新貨와 함께 쓰듯이 취급하고 있다라고.
> 고화는 화폐 가운데 가장 훌륭한 순금으로 만든 것이며 희랍이나 외국에서 만들어진

모든 화폐 가운데 가장 훌륭한 화폐.
그것을 우리는 사용하지 않고 최근에 만들어진
최악의 화폐를 사용하고 있다.
그와 같이 고귀한 핏줄기에 고상한 교양을 갖춘,
운동경기, 무용, 음악의 소양이 많은 훌륭한 신사들을 학대하고
동제이인銅製夷人이며 비천한 인간의 아들인 비천한 자들,
신참자로서 과거엔 인신희생人身犧牲으로도 사용하지 않았던 인간들을
모든 일에 중용하고 있다.
어리석은 자들이여, 지금이라도 방법을 바꾸어
훌륭하고 유용한 신사들을 다시 사용하도록 하라.
성공하면 칭찬을 들을 것이오.
실패하더라도 나쁜 목재에서 떨어졌다는 불명예는 듣지 않을 것이다 (718~737).

아리스토파네스는 당시의 아테나이에 일종의 그레샴법칙이 지배하고 있다고 본다. 악화惡貨과 양화良貨 가운데 시민들은 종래의 양화를 버리고 신주新鑄의 악화를 채택하였으며 정치에 있어서 포네로이(악인)과 크레스토이(선인)를 추방했다고 생각한 것이다. 이러한 진단에 입각하여 처방이 내려진다. "유용한 인간을 사용하라chrestde tois chrestoin aidis." 즉, 상층계급을 정치에 복귀케 하라는 것이다.

14 「바트라코이」의 파라바시스에서도 그러하거니와 플라톤이나 에우폴리스도 히페르볼로스나 클레오폰 등 데마고고스의 부모를 외국인 시함으로써 그들의 정치적 지도자로서의 자격을 문제 삼았다. Platon, fr. 166,170;Eupolis, fr.190;polyseus, fr.5; Cratinos, fr.196.

그러나 문제는 아리스토파네스가 말하듯이 아테나이인이 크레스토이를 사용하는 것을 거부한 것이 아니라 크레스토이 스스로가 정치 참여를 거부한 데에 있다. 크레스토이는 시대의 정치현실에 실망하여 침통해진다.

포네로스가, 과거엔 아무 것도 아닌 자들이
특권을 얻고 데모스를 지배하게 된다.
상층인(호이 아메이모네스)은 침울해졌다.[15]

그리하여 많은 크레스토이가 정치로부터 도피하는 사태를 야기하였으며 아리스토파네스는 사태의 중대성을 인식하여 시정책을 피력한 것이다. 그러나 그것은 시민권의 제한을 요구한다든가 하는 어떤 과두정적 반동적인 것은 아니었다.

일반적으로 희극작가는 민주정에 대해 비판적이라 인식되고 있다. 대중의 사랑을 받던 그들이 대중이 참여하는 대제례大祭禮에서 대중의 사랑을 받는 민주정을 무엇 때문에 공격하는가에 대해서 크로아제는 다음과 같이 설명하고 있다. 아테네에는 두 개의 민주정 그룹이 존재했다. 하나는 앗티카의 자영소농으로 구성되며 다른 하나는 도시민, 특히 도시의 프롤레타리아로 구성되는데 희극은 전자의 후자에 대한 공격이라는 것이다.

희극은 비극보다 농민들을 즐겁게 했다. 왜냐하면 그것이 대변자이었기 때문이다. 농촌은 도시가 찬양하는 것에 대해 적대적이다. 농민들을 즐겁게 하기 위해 시인은 무대 위에서 당시의 인물, 간교하고 이기적인 정치가, 혁명적 이론을 갖는 철학자, 소피스트, 유행작가, 신경향의 음악가 등 요컨대 도시인의 사랑을 받는, 따라서 정직한 농민에게는 그로테스크하게 보이는 모든 존재에 대해서 적대적이었다. 농민들에게 있어서는 그들에게 야유를 퍼붓는 것은 큰 즐거움이었다. …농민은 하나의 계급으로서 제국주의를 혐오하고 전쟁을 증오하였다. 왜냐하면 전쟁에서 그들은 잃은 것은 많고 얻은 것은 적었기 때문이다.[16]

아리스토파네스는 단적으로 농민의 대변자라고 하는 데는 문제가 있겠으나 그는 친농민적인 것은 물론이다. 그러나 그는 도시민적이요 급진 민주파인 데마고고이를 혐오하지만 그렇다고 해서 민주정의 기구 그 자체의 변혁을 요구한다든지 체제에 대해 도전하는 것은 아니다. 그는 민주정의 기구를 문제 삼는 것이 아니라 그것을 운영하는 인간을 문제 삼으며 그들의 정책과 통치방식에 대해 경고를 주며 적절하고 유능한 인물들을 정치에 참여하게 한다는 것을 충고한 것이다. 만약 그가 혁명을 꾀하여 민주정 대신 과두정을 위한 플랜을 품고 있었다면 그것을 그는 극장에서 공공연히 개진할 수도 없었을 것이다.

---

15 Euripides, 「히케티데스」, 423.
16 M. Croiset, op. cit.,p.7.

5. 아테나이 구제책

아리스토파네스는 아테나이의 모든 계층에 대해서 익살과 풍자를 던지고 있으나 기이하게도 부유층에 대해서는 예외적이라 할 만큼 특유의 모욕적인 언사가 태무(殆無: 거의 없음-편집자주)하다.[17] 「플루토스福神」에서도 부자에 대해 비판적인 말이 있으나 그것도 비교적 적은 편이다.[18]

정치가 가운데서도 부유하고 보수적인 정치가에 대해서는 비교적 호의적이다. 「히페스」에 나오는 모든 정치가는 조소의 대상이 되어 왔으나 단 하나의 예외는 키몬의 경우이며, 「리시스라타」(1144)에 있어서도 키몬은 명예롭게 묘사되어 있다.

키몬 이외에 호의적으로 언급된 인물은 멜레시아스의 아들 투키디데스이다.[19] 그는 과두파라기보다 키몬적인 보수적 온건민주파이며 페리클레스의 정책으로서 페리클레스에 의해 추장되기도 했다.

니키아스 역시 아리스토파네스의 공격에서 벗어나 있는데 「히페스」에선 동정적으로 그려져 있으며(358) 다른 희극작가들도 그에 대해서는 대체로 동정적이다.[20] 그는 kalos kagathoi로 인식되나[21] 그의 조상엔 유명인물이 없으며 광산업과 노예소유로 부유화한 졸부라 할 가문이었다.[22] 그러나 그는 당당한 권위를 지녔으며 반스파르타적인 주전파도 아니었다.[23] 이러한 점이 아리스토파네스의 호의를 산 까닭인 것 같다.

알키비아데스에 대해선 어떠한가. 5세기말의 아테나이 정국에 있어서 가장 큰 말썽을 일으킨 이 인물에 대해서 아리스토파네스는 의외로 언급이 적은 편이다. 노골적인 욕설은 「아카르네이스」에 단 한 번이 있을 뿐이다.[24] 그러나 「바트라코이」에서는 알키비아데스에 대한 의견이 이 작품의 하나의 초점이 되어 있다.

아이스킬로스와 에우리피데스의 문학적 논쟁에서 결정을 내리지 못한 디오니소스는 아테나이의 정치상황에 대한 양자의 의견을 묻는다.[25]

우선 알키비아데스에 대해서

디오니소스 둘 가운데 우리의 도시를 위해 보다 훌륭한 충고를 주는 자를 나는 지상으로 데리고 갈 것이다.

먼저 알키비아데스에 대해 어떠한 의견을 가지고 있는가.

우리는 알키비아데스의 문제로 곤경에 처해 있는 것이다.

에우리피데스 아테나이인들은 그를 어떻게 생각하고 있는가.

---

17 물론 정치활동으로 치부한 테마고고이의 부패상에 대한 풍자는 통렬하다. 「스페케스(꿀벌)」 656~679, 「히페스(기사騎士)」128ff; 824~835 등등.

18 「플루토스」107~109; 502~503; 30~31; 567~570.

19 「아키르네이스」 703~712; 「스피케스」 946~948.

20 cf. Plut. , Nicias, 4.5~8.

21 Arist, Athenation Politeia, 28. 5.

22 cf. J. K. Davis, Athenian Properted Famalies(Oxford, 1971), pp.403~404.

23 cf. Plut. , Nicias, 2.2.

24 「아카르네이스」716.

25 아이스킬로스와 에우리피데스의 언쟁의 마지막 대목에 대해선 여러 가지 의문이 많다. 텍스트 자체에 대해 알렉산드리아의 편집자의 편집에 문제가 많다. 여기엔 개찬된 구절, 상실된 구절, 잘못 적용된 구절 등이 있다는 논의가 계속되고 있으나 아무런 결정적인 결말을 보지 못하고 있다. cf. G. Wiis, Aeschylus' Victory in the Frogs, JAP, Jan. , 1969, p.48.

디오니소스 어떻게 생각하느냐고?

아테나이인은 그를 원하고 있다. 그러나 그를 증오하고 있다.

하지만 그를 소환하고 싶어 하고 있는 것이다.

당신들의 의견은 어떠한가.

에우리피데스 국가를 위해 봉사하는 데는 느리며 해를 끼치는 데는 재빠르다.

자신의 이익을 위해서는 재빠르며 국가의 이익을 위해서는 느린 인간을 나는 싫어한다.

디오니소스 훌륭하다(아이스킬로스를 향하여) 그럼 당신의 의견은 어떠한가.

아이스킬로스 나라 안에 사자를 길러서는 아니된다.

그러나 일단 길러 놓았다면 그를 반겨야 한다(1422~1433).

알키비아데스는 415년 시실리 원정함대의 사령관으로서 니키아스와 함께 출정했으나 헤르메스 동상 파괴 사건의 혐의로 소환령을 받고는 스파르타로 도피하였으며, 스파르타 측의 선도역이 되어 시실리의 전투에서 아테나이군에 결정적 패배를 안겨준다. 그러나 411년의 과두정권 시 민주파인 해군의 요청을 받고 3년간 함대를 지휘한 후 408년 총지휘관으로 임명되어 아테나이로 귀국한다. 그러나 406년 노티온 해전의 실패로 문죄問罪되자 트라키아의 케르소네소스의 자령自領의 성엔 은거한다. 따라서 이 작품이 상연될 때 그는 케르소네소스에 체류하고 있었으며 아테나이에선 그에 대한 처분문제로 분규 중에 있었던 것이다.

그런데 양자의 의견 중 알키비아데스를 혐오하고 반대하는 에우리피데스에 대하여 그를 받아들일 것을 종용하는 아이스킬로스의 의견이 아리스토파네스 자신의 의견이라 일반적으로 인식되고 있다. 그러나 에우리피데스의 의견이 반드시 아리스토파네스의 의견이라 할 수는 없다. 실인즉 이 작품에서의 에우리피데스의 아이스킬로스 비판은 상당한 진실을 포함하고 있으며, 이 구절에서의 에우리피데스의 의견 역시 그러하다 할 것이다. 아리스토파네스는 알키비아데스의 이기성과 애국심의 결여 등등의 그의 결정을 에우리피데스의 입을 통해 규탄한다. 그러나 그러한 결점에도 불구하고 아테나이는 알키비아데스를 받아들여만 한다고 아이스킬로스를 통해 충고하는 것이다. 알키비아데스는 위기에 처한 아테나이에 있어서 그 군사적 능력, 외교적 수완, 과단성과 용기 등으로 나라를 구할 유일한 인물로 간주되었던 것이며, "아이고스포타모이의 패전은 아테나이의 장군들이 리산드로스의 명석한 충고를 들을 것을 거부했기 때문이다. 만약 그 때 알키비아데스가 지휘를 했던들 아테나이는 함대를 구하고 다시 한번 적의 함대를 격파하여 명예로운 조건으로 화평을 체결할 수 있었을 것이다"[26] 란 말도 결코 과언은 아니었던 것이다. 따라서 여기서의 에우리피데스와 아이스킬로스의 응수는 아리스토파네스의 훌륭한 자극술을 나타낸 것이라 할 것이다.

그런데 아리스토파네스는 아이스킬로스의 입을 통해 알키비아데스를 아테나이의 주인으로 모시도록 충고한 것은 아니다. 408년의 민회는 그에게 일종의 독재권을 부여했었다.[27] 아리스토파네스는 그러한 권한을

26 M. Croiset, op. cit. , p.160.

27 Xenophon, Hellenica, 1.4.20.

다시 그에게 부여하라고 주장하는 것은 아닌 것이다. 그 당시 알키비아데스는 추방중이거나 법의 테두리 밖에 있었던 것이 아니라 단지 혐의하에 놓여 있을 뿐 일신은 안전하게 외지에서 은거하고 있었던 것이다. 따라서 알키비아데스에 대해 엄격한 도덕적 책임을 문책함이 없이 합리적 조건하에 군대의 지휘권을 부여할 것을 시사한 것으로 보아야 할 것이다. 요컨대 아리스토파네스는 알키비아데스의 결점과 과오를 지실知悉하면서도 그에게 근본적인 호의를 가져 일종의 권리와 명예의 회복을 제의한 것이며 따라서 그가 스파르타로 도피하여 스파르타를 위해 공헌한 사실은 아리스토파네스에 있어서는 결정적으로 심각한 문제는 아니었던 듯한 것이다.

알키비아데스의 처분에 대해서는 제정을 내리지 못한 디오니소스는 다시 아테나이를 구제할 방법을 양자에게 묻는다.[28]

에우리피데스 현재 신용하고 있는 자를 신용하지 말며
지금 사용하지 않은 자를 사용하면 우리는 구제된다.
현재의 방법으로 실패하고 있다면
그 반대를 행하면 어찌 구제되지 않겠는가(1446~1450).

이 싯구의 뜻은 분명하다. 그것은 아리스토파네스가 전에 한 말을 되풀이한 것에 불과하다. 즉, 클레오폰과 같은 데마고고스를 불신하고 반대로 그 당시 의혹과 불신을 받고 있던 온건파나 5,000인 민주정의 지지자들의 말을 따를 것을 종용한 것이며, 지도자의 교체와 정변의 변화

라는 현실적인 충고가 에우리피데스의 입을 통해 표현된 것이 주목할 만하다 할 것이다.

그러나 디오니소스의 물음을 받은 아이스킬로스의 회답은 오히려 소극적이며 어쩌면 절망적이란 느낌을 주는 것이다.

비단과 삼옷을 구별 못하는 이 도시가
어떻게 구제될 것인가(1458~1459).

디오니소스가 지상에 되돌아가기 위해서 보다 구체적인 방법을 궁리해낼 것을 재차 독촉하자 마지 못해 피력하는 아이스킬로스의 구제책은 다음과 같다.

적의 땅을 자기의 땅으로 하고 자기의 땅을 적의 것이라 간주하며 자기의 함대를 진정한 부라 생각하고,
부를 미망이라 생각할 때 도시는 구제된다(1463~1465).

주석자들은 이 시구가 개전 초 페리클레스가 시민에게 준 충고와 다를 바가 없다고 생각한다. 즉, 페리클레스는 아테나이의 힘은 해군에 있으되 앗티카의 땅은 적에게 넘겨주고 함대에 의해 바다를 지배하고 적을 격멸해야 한다고 주장했던 것이다. 마지막 구절 "부를 미망이라 생각

28 Thuc., 1, 140~144.

하라"는 말은 아테나이 자신의 자원에 의지하지 말라, 즉 자원의 루트를 확보하든지 동맹국으로부터 공세를 받든지 아무튼 함대를 통해 생활수단을 얻으라 하는 뜻이란 것이다.

아무튼 아이스킬로스의 충고는 새롭고 독특한 것이 아니다. 그뿐 아니라 동맹국의 이탈이 속출하여 동맹이 와해의 위기에 놓여 있으며, 함대가 무력해져 석의 영역에서 전쟁수행이 어려운 당시의 상황하에선 어쩌면 실현불가능한 충고라 할 수 있을 것이다. 더욱이 그것이 농민적이며 보수적인 아리스토파네스의 성격에 부합되는 정책이라 할 수도 없다.[29]

일반적으로 아리스토파네스는 본질적으로 구식이고 보수적인데 반해 에우리피데스는 진보적이며 합리적이란 점에서 양자를 대립적으로 파악하는 경향이 있다. 그리고 에우리피데스의 합리성은 젊은 층으로부터 대단한 환영을 받았으나 일반대중으로부터는 빈축과 혐오와 반감을 샀다고 일컬어진다. 예컨대 길버드 머리는 "「트로이아데스」 상연은 그와 시민 사이에 불화의 불꽃을 영원히 붙여 놓았다" "이유야 어떻든 408년의 「오레스테이아」의 상연 후 고령의 시인의 참을성은 끝나고 76세에 자의에 의해 망명을 감행해버렸다"[30]고 한다.

말하자면 에우리피데스의 만년, 특히 415년 이후 그에 대한 냉시와 박해의 분위각 고조되어 마침내 408년에 이르러 그 이상 참을 수가 없어 슬픔과 환멸을 안고 마케도니아로 망명했다는 것이다. 에우리피데스의 인기가 없었다는 것은 경연에서 그가 우승한 일이 거의 없다는 사실로도 알 수 있지만 도레이는 그러한 현상의 가장 큰 원인은 희극작가들의 조롱과 공격 때문이라 말한다.[31] 즉, 아리스토파네스와 그의 동료들의 에우리피데스에 대한 공격은 일반여론의 지지를 받았을 뿐더러 실인즉 그것은 시민 대다수의 혐오와 불신을 대변하는 것이었었다. 더욱이 아리스토파네스의 작품 중에서 「바트라코이」와 그 이전의 작품 사이엔 명백한 차이를 볼 수 있는데, 예컨대 「아카르네이스」는 에우리피데스에 대한 유모어에 넘치는 조롱인데 비해 「바트라코이」는 혹심한 공격이라 간주된다는 것이다. 그러나 「바트라코이」에서의 풍자와 공격은 에우리피데스에만 향한 것이 아니며 아이스킬로스에 대해서도 작극술은 물론 그의 사상에 대해서도 가해지고 있으며, 양자의 콘테스트도 끝까지 우열을 가릴 수 없는 백중한 것이라 할 것이다. 따라서 「바트라코이」의 근본적인 취지는 에우리피데스에 대한 공격이 아니라 대조적인 두 작가의 대립에서 나타나는 연극적 가능성을 찾는 데 있는 것이라 할 수도 있을 것이다.

사실인즉 아리스토파네스와 에우리피데스는 표면적인 불화와는 달리 공통적인 점이 적지 않다 하겠다. 양자는 다 같이 정치적으로 온건하며 극단과 격파를 혐오하고 데마고고이를 증오하였다. 둘 다 민주정의 가치와 그 위험성을 지실知悉하고 있었으며[32] 아리스토파네스도 스파르타와의 평화적 공존을 주장하긴 하나 근본적으로는 반스파르타적이었다. 그리하여 아리스토파네스는 에우리피데스의 정치이념이 최선이라 생각하

---

29 G. Murray, Euripides and His Age, p.130.

30 Op. cit. , p.163. 이와 같은 견해를 Wilamowitz M?llendorf와 P.L. Page도 표명하고 있다. cf. P.T.Stevens, Euripides and the Athenians, JHS, 1956, p.87.

31 T. A. Dorey, op. cit.

32 Eg. Andromache 445.

지는 않았지만 그의 충고를 현명한 것이라 간주한 것이다.

그러나 정치문제에 대한 양자의 이러한 공통적인 면은 온전하고 합리적인 사고를 갖는 인간이면 누구나 가질 수 있는 것이며 그것으로서 양자의 견해가 일치했다고 말할 수는 없을 것이다. 정작 양자의 의견이 밀접하게 일치한 것은 전쟁에 대해서이다.

아리스토파네스는 그의 대부분의 작품에서 선생광을 공격하고 무의미한 전쟁을 포기할 것을 외치고 평화의 이득을 역설했다. 에우리피데스 역시 전쟁의 허무함을 개탄하고 전쟁으로 말미암아 무고한 인간이 겪는 고초를 호소하며 전쟁이 패자에게나 승자에게나 도덕적 · 물질적 파국을 의미함을 강조하였다. 에우리피데스의 대표적 반전적 「트로이아데스」는 멜로스 사건[33] 직후에 상연되었다. 따라서 그 작품에는 침략적인 제국주의의 약소국에 대한 학대와 아테나이인의 잔혹성에 대한 고발이 내포되어 있다. 아리스토파네스는 「트로이아데스」로부터 깊은 감동과 영향을 받았을 것이며 「리시스트라타」는 그러한 감동의 결과라 할 것이다. 에우리피데스가 전쟁의 비극을 여자의 눈으로 보고 여자에 주는 상처를 그린 것과 아리스토파네스 역시 희극적인 수법을 통해서나마 여자의 눈으로 전쟁을 고발하고 규탄하고 있기 때문이다.

아이스킬로스도 물론 「테바이로 행하는 일곱 장군들」 등 전쟁을 테마로 한 작품을 썼지만 에우리피데스와 같은 심각성이나 전쟁 고발은 없다. 그것은 아이스킬로스의 시대의 전쟁과 에우리피데스나 아리스토파네스의 시대의 전쟁과는 그 성격이 판이하기 때문이기도 했다. 따라서 아리스토파네스는 동시대에 살고 동일한 전쟁을 경험하면서 함께 전쟁의 쓰라림과 허무감을 통감하는 에우리피데스에 대해 아이스킬로스보다 한결 동정적인 것은 당연한일이라 할 것이다.

아무튼 아리스토파네스는 대중의 의사를 대변하여 에우리피데스를 조롱하고 규탄한 것이 아니라 오히려 대중의 의사를 부분적으로 번영하면서도 궁극적으로는 에우리피데스를 동정하여 대중으로부터 빈축을 사는 그를 옹호한 것이라 할 수 있을 것이다.

33 417년 중립국인 멜로스에 대해 아테나이가 항복을 강요, 이를 강점하여 모든 남자를 살육한 사건(cf. Thuc., V, 84~115). 에우리피데스의 「트로이아데스」는 이 사건을 트로이 원정에 가탁하여 극화한 것으로 알려져 있다.

6. 비극과 도덕성

양자의 콘테스트는 최종적으로 아이스킬로스의 승리로 끝난다. 그것은 단직으로 말해서 이 콘테스트가 궁극적으로는 도덕적인 이슈가 되었기 때문이다.

예술적인 면에서는 아이스킬로스의 시가 에우리피데스의 시보다 약간 무게가 더하지만 그것으로서 아리스토파네스는 우열의 판단을 내리지 않는다. 그는 아이스킬로스의 작풍을 좋아하지만 그 고풍스럽고 대시대적인 표현을 조롱한다. 한편 에우리피데스의 기술에 대해서 비꼬기는 하지만 그 기교의 우수성은 부인할 수가 없었던 것이다. 정치적 충고에 대해서도 결국 판단을 유보하고 만다. 그러나 도덕성, 즉 시민에 대한 영향면에서는 양자의 차이는 역연하다.

아이스킬로스 시인이 찬양되는 원인은 무엇일까 대답해 보아라.

에우리피데스 그 재능과 건전한 충언에 의해서다. 시민을 보다 훌륭하게 만들기 위해서.

아이스킬로스 그렇다면 그렇게 하지 않고 오히려 훌륭하고 거룩한 자를 최악의 인간으로 만들었을 때 어떠한 벌을 받아야 할까.

디오니소스 사형이다.

아이스킬로스 나로부터 물려받앗을 때(나의 교육을 받았을 때) 시민들은 어떠했는가.

6척이 넘는 키에 고매하고 의무를 다할 줄 아는 시민이었다.

오늘날과 같은 떠돌이 키에 고매하고 의무를 다할 줄 아는 시민이었다.

오늘날과 같은 떠돌이 부랑자가 아니며 간교한 악당도 아니다(1008~1015).

에우리피데스 어떠한 방법으로 고매한 인간을 만들었는가.

아이스킬로스 군신軍神이 가득 찬 비극,「테바이로 향하는 일곱 장군들」을 만들었기 때문이다. 이 비극을 보고 용기가 용솟음쳐 전선으로 달려가지 않을 자가 없을 것이다.…

그리고는 「페르사이」를 상연하여 고귀한 시인들이 얼마나 훌륭한 일을 시민들에게 가르쳤는가를 태초로부터 돌이켜보자.

오르페우스는 비교秘教의 의식을 가르치고 살생을 범하였으며

무사이오스는 병의 치료와 예언술을, 헤시오도스는 농경과 수학과 경작의 시기를 가르쳤으며

호메로스는 전열의 배치, 용무勇武, 전사를 찬양하는 노래를 가르침으로써 존경을 받고 명예를 얻은 것이다(1030~1036).

나는 용감한 영웅들의 모습에서 수많은 무용의 얘기를 만들었다. 사자심獅子心의 파트로클로스, 테우크로스 등 영웅들의 얘기와 같은 것을.

시민이 나팔소리를 들었을 때 그들과 경쟁에서 뒤지지 않은 업적을 행하게 하기 위해.

나는 결코 파이드라나 스테네보이아와 같은 음부淫婦를 극으로 만들지 않았다. 욕정을 품게 하는 여자를 극으로 만들었다고 아무도 말하지 못할 것이다(1040~1044).

이제 시민들은 에우리피데스의 유혹적이고 타락한 작품에 귀를 기울인다.

이젠 부자는 나라를 위해 자기의 부를 희생할 생각을 하지 않는다(1065~1066).

그리고는 혀를 단련하는 기술만을 익히려 한다. 이것이 체육장을 텅비게 한 까닭이다.

수부水夫들은 과거엔 소찬素餐을 달게 먹고 훈련에 열중했지만 이젠 상관에게 말대꾸하는 수다쟁이가 되어버렸다(1069~1073).

그리하여 이 도시는 민중을 원숭이 같이 기만하는
꾀 많은 서기들로 가득 차게 됐다(1083).

시인은 창의력이 있어야 한다. 그렇지 않으면 시인poietes이 아니다. 그리고 그의 작품엔 미가 있어야 한다. 그러나 훌륭한 시인으로서 신임과 찬양을 얻으려면 건전한 정신을 가진 훌륭한 교사이어야 한다. 말하자면 아리스토파네스는 연극은 도덕적·교훈적 목적을 갖는 것이며, 시인은 청중을 교화하고 훌륭한 정치적 충고를 줄 의무를 지니고 있다는 것이다. 그리고 그가 바라는 교육은 시민을 건전한 윤리관과 종교관을 갖는 용감하고 고매한 인간으로 양성하는 것을 의미하는 것이다.

따라서 이러한 관점에서 아리스토파네스는 페르시아 전쟁의 승리는 아이스킬로스의 교화 때문이며 아테나이의 비참한 현실은 에우리피데스의 감화 때문이라 생각한 듯한 감마져 주는 것이다. 그리하여 「폴리스를 구하기 위해서」(1501) 아리스토파네스는 아테나이로 데리고 갈 것을 결심한 것이다.

7. 결어

아리스토파네스는 여러 작품을 통해 에우리피데스를 야유하였다. 그것은 아리스토피네스가 예술적인 면에서나 정치직인 면에서 보수적이었기 때문이었다. 그를 광적 보수주의자요 사상의 새로운 경향에 대한 철저한 적이라 간주하는 견해도 있다. 그러나 그는 민주정에 대해 반대하지 않았으며 현행 제도의 개혁을 원하지도 않았다. 다만 민중을 현혹시키는 데마고고이와 군사적 제국주의자를 적으로 했던 것이다. 그는 스파르타와의 공존을 희구하는 평화주의자였으며, 극단 과격파와 극단민중파를 혐오하는 중도주의자요, 선량하고 온건한 보수주의자이었다.

그는 문화에 있어서나 정치에 있어서나 옛날의 생활방식을 예찬하였다. 전원적 생활방식을 애호하는 자연주의자이며 밀티아데스나 키몬과 같은 장군을 찬양하고 마라톤과 살라미스의 영광을 흠모하는 회고파이기도 했다.

그는 에우리피데스를 새로운 경향의 대변자라 조롱하지만 그를 위대한 시인이라 인정하는 데는 인색하지 않았을 뿐더러 에우리피데스의 여러 가지 결점에도 불구하고 그를 깊이 사랑하고 있었다.

정치적인 견해에 있어서도 반드시 에우리피데스와 대립되는 것이 아니라 오히려 적이 일치되는 점이 있었다. 그러기에 콘테스트에 있어 아이스킬로스의 견해가 모호하고 구태의연한 데 대해 에우리피데스의 견해는 책략적으로 명확하고 보다 현명하게 그려진 것이다.

그러나 그는 에우리피데스의 어떠한 정치적 책략보다도 아이스킬로스의 고매하고 영웅적인 태도가 현재의 아테나이에 보다 이바지할 것이라 생각할 수 있을 것을 기대한 것이다. 그리하여 디오니소스는 에우리피데스의 현명한 책략을 뿌리치고 살아있는 아이스킬로스를 택한 것이다.

그러나 아리스토파네스는 디오니소스로 하여금 아이스킬로스를 택하게 하지만 또 한 가지 통렬한 풍자를 잊지 않는다. 그것은 콘테스트에 나타난 디오니소스의 태도이다. 심판자인 디오니소스는 아무런 원칙이나 기준도 없이 양측의 주장에 따라 우왕 좌왕하여 좀처럼 판정을 내리지 못한다. 이것은 아테나이의 경연에서의 심판들의 모습이며 또한 법정에서의 배심원들의 모습이기도 하다. 그러한 점에서 디오니소스는 정견定見없이 부동하는 대중민주정을 상징하는 것이라고도 할 수 있을 것이다. 대중민주정의 공과에 대한 짜릿한 익살을 아리스토파네스는 끝까지 잊지 않았던 것이다.

부록1

헤로도토스에 있어서의 역사의 원인

1

야코비Felix Jacoby에 의하면[1] 역사가로서의 헤로도토스는 세 가지 단계로써 이루어졌다고 한다. 그는 우선 지리학자로 출발하여 각지를 여행한 결과 각기 독립된 얘기logoi를 기술했으며 다음에는 그것을 집성하여 역사를 꾸밈으로써 페르시아 사가가 되었으며 끝으로 희랍인과 페르시아인의 전쟁의 역사를 기술함으로써 비로소 '역사 사가'가 되었다는 것이다. 말하자면 헤로도토스가 역사가가 된 것은 전쟁사가로서였다는 말이다. 그리하여 헤로도토스는 「히스토리아이」의 모두에서 저작의 목적을 특히 전쟁의 원인을 밝히기 위해서라고 말했던 것이다.

전쟁은 희랍인의 생활에 있어 영원히 존재하는 현실이며 그들의 감정, 도덕적 가치, 사회규범의 중심이며 말하자면 그들의 생활의 중심이었다. 그리하여 헤로도토스는 전쟁을 역사서술의 중심으로 살았으며 투키디데스를 비롯한 그의 후계자들도 이러한 헤로도토스의 태도를 대체로 계승했다. 따라서 헤로도토스는 역사가의 창시자일 뿐더러 전쟁에 대한 연구의 창시자이라 할 것이다. 전쟁의 연구의 초점이 되는 것은 물론 그 원인의 규명이며 그런 뜻에서 「히스토리아이」는 정쟁의 원인의 연구

1 Felix Jacoby, RE, Suppl. Ⅱ(1913) 27ff 및 F. Solmsen, Two Crucial Decision in Herodotos, Nieuwe Reeks-Deel 37 No.6(1974) p.3 참조.

라 할 수 있을 것이며 따라서 그것은 그의 역사관의 출발점일 뿐 아니라 그 핵심이요, 요체라 할 것이다.

2

「히스토리아이」의 권두(1. 1~5)는 세 가지 부분으로 구성되는 것이라 할 수 있다.[2]

1. 저술의 목적

2. 페르시아 전쟁의 발단의 책임에 대한 페르시아 측(및 페니키아 측)의 견해

3. 헤로도토스 자신의 견해 내지 방법에 관한 태도

이 가운데 1과 3은 간단한 시사로 그쳤으며, 3 즉 전쟁의 발단의 책임 aitia[3]에 관한 기술이 대부분을 차지한다.

여기에서 헤로도토스는 우선 페르시아의 식자의 입을 통한 페르시아 측 소전所傳 로고이Logoi를 개진한다. 즉 희랍인과 페르시아인의 싸움의 최초의 발단은 페니키아인이었다는 것이다. 지중해 연안에 정착하여 원양 항해에 종사하던 그들은 이집트 앗시리아의 상품을 아르고스에 가지고 왔는데 도착 5·6일 후 상품을 사러온 아낙네들을 별안간 습격하여 왕녀 이오를 포함한 수명의 여인을 납치하여 이집트로 도주했던 것이며 그것이 싸움의 첫 발단이었다는 것이다. 그 후 일단의 희라인이

2 H. R. Immerwahr, From and Thoughts in Herodotos(Ohio, 1966), p.80 참조. Ⅰ, 6 이후 자신의 견해가 개진된다.

3 투키디데스는 *αιτια*(cause, grievence)와 *πρ?φαις*(pretext)를 구별하여 펠로폰네소스 전쟁의 원인을 설명하나 헤로도토스에는 그러한 구별이 없다. J.B. Bury, The Ancient Greek Historians(New Yo가, 1958) p.93 참조.

그 복수로써 페니키아의 티로스에 상륙하여 이번에는 왕녀 에우로파를 납치해 버린다. 다음에는 이에 대한 희랍인의 복수가 자행된다. 즉 희랍인들이 병선을 타고 코르키스의 아이아를 향하여 파시스 강까지 와서 당초의 목적(황금의 양피의 획득)을 달성한 연후 왕녀 메데이아를 약탈해 간 것이다.

다음 대에는 트로이의 왕자 알렉산드로스(파리스)가 메데이아의 일건一件을 알고 희랍 여인을 약탈해도 보상할 필요가 없을 것이라 판단하고 스파르타의 왕비 헬레네를 약탈해 간다. 이에 대해 희랍인들은 대군세를 규합하여 아시아에 침공하여 트로이를 함락시킨다.

말하자면 희랍인과 페르시아인 사이에는 두 가지 종류의 공격이 있었다는 것이다. 하나는 일단의 약탈의 응수이며 또 하나는 트로이에 대한 군사적인 공격이다. 전자는 상인들의 일시적인 즉흥적인 모험에 불과하나 후자는 계획적인 군사적 침공이며 따라서 전쟁의 책임은 희랍 측에 있다는 것이다. 왜냐하면 계획적인 군사적 침범이야말로 전쟁의 시작이기 때문이다. 그러나 약탈의 응수가 끝내 전쟁으로 에스칼레이트 했다는 점에서 약탈 자체가 전쟁의 발단이라 한다고 해도 책임은 여전히 희랍인에게 있다. 왜냐하면 페르시아인의 견해에 이어서 기술된 페니키아인의 견해에 의하면 왕녀 이오는 약탈된 것이 아니라 자의로 페니키아인 선장에게 동행했으며 따라서 희랍인이 에우로파를 약탈할 구실이 없는 것이다. 설혹 이오가 약탈된 것이라 하더라도 에우로파의 약탈로 그것은 상쇄된 셈이며 따라서 메디아를 약탈한 희랍인이 전쟁의 시작이라 할 것이다. 즉 두 가지 악adikema의 기준, 약탈arpazein과 원정stellesthai 어느 기준을 적용하더라도 책임은 희랍인에게 있는 것이 된다. 더욱이 이집트 신관神官의 트로이전쟁의 내력에 대한 설명[4]도 마찬가지이다. 즉 헬레네는 알렉산드로스를 따라 항해를 하던 중 표류하여 이집트에 기착寄着, 알렉산드로스가 그곳에서 추방된 후에도 계속 잔류해 있었으며 트로이왕 프리아모스가 희랍인에게 헬레네가 트로이에 있지 않다고 말해도 희랍인은 그것을 거짓이라 생각하고 전쟁을 시작했다는 것이다.

이상과 같은 페르시아인(및 페니키아인)의 로고이Logoi를 소개하고는 헤로도토스는 그것을 믿을 수 없는 것이라 단정한다. 그가 로고이Logoi를 배척하는 것은 두 가지 이유에서인 듯하다. 첫째는 신화적 전설은 역사적 증거로서 신빙성이 없기 때문이란 것인데 역사에 대한 신화적 해석을 거부하는 것은 호메로스적 역사의식에서 벗어나려는 것을 뜻한다. 그는 역사를 신화적 과거가 아니라 가까운 현실적 과거에서 찾으려 한 것이며 실인즉 신화에서 사실의 핵을 찾으려 한 투키디데스보다[5] 한결 신화에 대해 회의적이었던 것이다.

로고이Logoi를 거부하는 또 하나의 이유는 "그들은 아시아 및 이방인을 자기들의 것이라 하고 유럽 및 희랍을 별개의 것으로 보고 있다"[6]는 말에서 볼 수 있듯이 그것이 고의적인 반희랍적인 감정에서 유래되었기 때문이다. 따라서 그가 내세우는 전쟁의 책임은 어디까지나 페르시아 측에 있으며 누가 최초로 희랍에 대해서 악행adkia erga를 자행했느냐를 따

4 Historiai, Loeb Classical Library, Herodotos(1963), Ⅱ, 112f.
5 G. M. Kirkward, Thucydides' Word for 'Cause', A.j.p.(1952), p.37~61 참조.
6 Hdt., Ⅰ,4.

지는 것이 원인 탐구의 출발이 되어 있는 것이다.

물론 헤로도토스는 전쟁이 여러 가지 상이 하는 요소의 내적 연관작용에 기인하는 것을 지실知悉하고 있었다. 이오니아 반란, 이에 대한 원조를 결의한 아테네 민회의 역할, 데모케네스의 활약 등등 일련의 사건이 전쟁에 연결되는 요인임을 명백히 지적하고 있다. 하지만 그의 관심의 초점은 어디까지나 개인과 그 행동에 있었다.

일반적으로 고대의 역사가는 역사의 과정에 있어서 외적인 요건보다도 개인의 행동을 결정적으로 중시한다. 헤로도토스의 경우도 물론 그러한 것이다. 그에게 있어 역사를 결정하는 것은 어디까지나 개인의 행동이며 따라서 개인의 결정적 행위에 이르는 과정과 그것이 내포하는 의미가 세밀히 검토된다.

그리하여 그가 내세우는 희랍인과 페르시아인의 분쟁의 aitios는 리디아왕 크로이소스이다. 왜냐하면 소아세아의 희랍인(이오니아인, 아이오리스인, 도리스인)을 처음으로 정복한 것은 그였으며[7] 이로 말미암아 희랍인은 정치적으로나 경제적으로 고립하게 되었을 뿐 아니라 정체의 변경을 강요당해 상당한 기간 새로운 체제에 저항을 경험해야만 했던 것이다.[8] 그리하여 그의 히브리스에 대한 네메시스로서의 그의 몰락의 과정이 델피의 로고이Logoi를 통해 역사적으로 상세히 기술된다.[9]

델피의 로고이Logoi는 요컨대 크로이소스가 이오니아를 침공했음으로써 몰락하게 된 것이 아니라 그것은 기게스가 칸다울레스를 쫓고 왕위에 즉위했을 때[10] 이미 예견된 바란 것이다. 따라서 크로이소스의 몰락은 과거의 선조의 악행의 결과이며 그는 단지 과거를 설명하고 완성하는 것, 환언하면 예언을 실현시키는 책임없는 기계에 불과하며, 어떤 선조 기게스의 칸다울레스에 대한 죄를 대속하는 일종의 희생양이라 할 것이다. 그리고 또한 델피는 계보적으로 희랍적이어서 희랍인Heracledai이 결국 메름나스Mermnas 조朝에 대해 복수한 셈이라 할 것이며 그런 뜻에서도 크로이소스의 몰락은 크로이소스 자신에는 책임이 없다는 것이다.

델피의 로고이Logoi는 헤로도토스에겐 비역사적인 전설에 불과했을 것이다. 하지만 소전所傳이 말하는 바 희랍인의 적인 폭군의 몰락이 신의의 현현顯現이라는 내용은 그에게도 만족을 주었을 것이다. 그러나 그는 거기에서 한걸음 나아가 몰락의 책임을 크로이소스 자신에게 물으려 한다.

크로이소스의 첫째 책임은 앞서 말한 바와 같이 이오니아에 대한 침공이지만 또 한 가지 중요한 행동은 할리스 강의 도강渡江이다. 그는 페르시아왕 키로스에 대한 토벌에 앞서 델피의 아폴론 신탁의 효험을 시험한 연후 "할리스 강을 도강할 것인가" 하는 문탁問託을 한다. "도강을 하면 제국이 몰락할 것이다"라는 신탁을 자신에게 유리하게 해석하고는

---

7 ibid., Ⅰ, 6.

8 Meyer는 "최초의 악행은 크로이소스에 의해 행해졌으나 그가 희랍인의 도시를 공격해서가 아니라 그들로 하여금 조공(朝貢)케 하고 그들을 보호하지 않았기 때문이다"라고 말하고 있다. Meyer, Herodotos, The Father of History(1953), p.61.

9 Hdt., Ⅰ, 30~35. 특히 34.

10 사로디스의 참주인 헤라클레이다이가의 칸다울레스는 미인인 왕비를 자랑하는 나머지 근시(近侍) 기게스로 하여금 처의 나신을 훔쳐보게 한다. 이것을 알아차린 왕비는 기게스에게 왕을 시역하지 않으면 죽음을 당할 것이라 강요하여 기게스는 주군을 살해하여 왕위에 오른다. ibid. Ⅰ, 71.

도강을 감행하게 되는 것이다.[11] 강은 지리적 의미로서의 국경일 뿐더러 인간의 도덕적 양식의 한계를 나타내는 상징적 표지標識이기도 하며 그 것을 넘으면 히브리스가 되어 신의 네메시스를 초래하는 법이다.[12]

그런데 크로이소스의 페르시아 토벌의 동기에 대해서는 헤로도토스는 모순되는 두 가지 설을 전한다. 즉 Ⅰ, 46에는 그의 아들을 위한 2년간에 설친 상중에 있던 중 "키로스의 세력이 증대한 것이 그로 하여금 애도를 중지케 하고 페르시아의 국세國勢가 강대해지기 이전에 그 증대를 저지시키려는 생각을 품게 하였다"고 말한다. 페르시아의 확대를 막기 전쟁을 결심했다면 그것은 침략적이 아니라 방위적이며 비제국주의적이라 할 것이다.

그러나 Ⅰ, 71~73의 기술은 위와는 사뭇 대조적이다. 즉 "그가 전쟁을 개시katairennein한 것은 영토욕에 서로잡혀 자신의 영토에 다시 획득한 땅을 추가하려 했기 때문이었으며 또한 아스티아게스(키로스에 의해 정복된 크로이소스의 의형제인 메디아왕)의 보복을 원했기 때문이다"라고 하고 있는데 이것은 그가 제국주의적 목적에서 페르시아 제국을 침공한 것을 의미하는 것이다. 헤로도토스는 이를 분명히 어리석은 폭거라 생각한다. 왜냐하면 크로이소스의 이오니아 점령은 풍요한 결과를 초래한 것이었지만 메마른 페르시아의 국토를 점령하는 것은 이오니아와 같은 이익을 주는 것이 아니기 때문이다.[13]

그러나 이에 못지않게 헤로도토스가 중시하는 거슨 크로이소스가 스파르타와 동맹한 사실이다.[14] 당시 스파르타는 '분열되어 약하던'[15] 아테나이와는 대조적으로 희랍 최대의 강국이었는데 크로이소스뿐 아니라 페르시아, 이집트와도 동맹을 유지하여 그들의 에게해 진출의 보루의 역할을 담당하고 있었다. 그러나 전통적으로 대외적으로 적극적이었던 아테나이와는 달리 스파르타는 항상 소극적인 외교정책을 유지해 왔으며 양자의 이러한 대외정책의 차이는 이오니아반란에 대한 원조에 있어 여실히 나타났었다.[16]

이오니아 반란에 있어 스파르타가 아리스타고라스의 원병요청에 응하지 않았던 것 같이 크로이소스가 2차에 걸친 구원의 요청에도 불구하고 스파르타는 끝내 원병을 파견할 수 없었다.[17] 요컨대 크로이소스의 전쟁의 실패는 스파르타 구원의 실패에 그 책임이 있다는 것이 헤로도토스의 견해인 것이다. 하긴 크로이소스의 스파르타에 대한 원병요청은 역사적 사실이 아니라 헤로도토스의 문학적인 트릭에 불과하다는 주장도 없지 않다.[18] 그러나 스파르타의 역사에는 이오니아 반란의 경우와 같이 동맹국의 위급 시에 원조를 제공하지 않는 경우가 허다한데 그것을 모두 헤로도토스의 창작이나 날조라 할 수는 없을 것이다. 따라서 스파르타에 대한 크로이소스의 요청은 사실여부는 고사하고 적어도 헤로도토스에 있어서는 '전설적 사실'임에는 틀림없었으며 그것은 또한 희랍

---

11 ibid., Ⅰ, 75, Ⅰ; Ⅰ, 94, 4ff.

12 다레이오스의 스키티아 원정에 있어서의 다뉴브 강. ibid. Ⅴ, 35; Immerwahr 상게서 84, 17 및 Solmsen 상게서 p.5 참조.

13 ibid., Ⅰ, 71.

14 Ⅰ, 69~70.

15 Ⅰ, 59.

16 Ⅳ, 97.

17 Ⅰ, 77~83.

18 Jacoby, R-E, col. 383.

의 자유의 수호에 소극적이었던 스파르타에 대한 그의 감정, 반스파르타 친아테나이적[19] 감정의 발로라 할 수도 있을 것이다.

그런데 헤로도토스는 크로이소스의 이오니아 점령이 그 이전의 단순한 약탈과는 다른 최초의 전면적인 점령이란 점에서 중시한 것이지만[20] 다레이오스나 크세르크세스의 이오니아점령에 비한다면 그것은 희랍측으로서는 경징輕徵한 손해에 불과했을 것이다. 그리고 또한 희랍의 자유라는 견지에서 본다면 그것은 오히려 보다 큰 위험이 될 페르시아제국의 침범에 대한 방어전이었다고도 할 수 있을 것이다. 따라서 헤로도토스는 크로이소스에 대해 소아시아에 있어서의 희랍인의 자유를 빼앗은 최초의 인물인 동시에 페르시아에 대적하는 희랍인에게 있어 최초의 희망이었다는 상반되는 이미지를 가졌던 것으로 보이며 그런 뜻에서도 희랍인에 대한 전쟁의 발단이 크로이소스가 아니라 크세르크세스라 할 수 있었을 것이다.

3

「히스토리아이」의 주제가 무엇이냐에 대해서는 여러 가지 설이 있으나[21] 적어도 그 주역이 희랍인이 아닌 크로이소스나 크세르크세스, 특히 크세르크세스인 것은 분명하다. 물론 페르시아전쟁에는 여러 가지 결정적이라 할 중요한 전투가 있었지만 전투 그 자체가 결정적이 아니라 인간행동의 결정이 중요한 것이었다. 마라톤전투의 전기가 된 것은 칼리마코스의 밀티아레스의 충고의 수용에 있었고,[22] 테르모필리아의 전투의 전기는 에피알테스의 배신과 레오니다스의 항전의 결의[23]에 있었으며, 살라미스의 하이라이트는 테미스토클레스의 주장의 성공에 있었다.

「히스토리아이」에서의 가장 결정적인 인간행위는 크세르크세스의 헬레스폰토스의 도강과 그에 이르는 일련의 사건의 드라마틱한 전개에 있다 할 것이다. 헬레스폰토스의 도강은 크로이소스의 할리스 도강, 알렉산드로스의 헬레스폰토스 도강, 카에사르의 루비콘 도강과 같이 전쟁의

19 헤로도토스의 친아테나이적 태도는 널리 알려져 있으며(Jacoby 상게서 cols, 237f 참조) Plataea전에 대한 묘사도 완전히 친아테나이적이다. ibid. IX, 46f.

20 Grote는 크로이소스의 이오니아 점령은 희랍 제도시의 분립주의 때문이며 그것은 마케도니아에 의한 전희랍 도시 점령의 본보기가 되었다는 점에서 중요하다고 지적한다. G. Grote, History of Greece Ⅲ, pp.84f. 크로이소스의 이오니아 점령의 중요성에 대해서는 여러 현대학자들도 헤로도토스에 동조하고 있다. Hogarth, Cambridge Ancient History, Ⅲ, pp.517~520 참조.

21 P. Mackendrick, Classical Werld 417(1956) 148 note 및 Immerwahr 상게서 chap. 2 참조.

22 Ⅵ, 10.

23 Ⅶ, 214, 226.

발단을 나타내는 극적인 의의를 가질 뿐 아니라 역사에 있어서의 인간의 역할에 관한 헤로도토스의 견해를 이해하는 관건이기도 한 것이다.

「히스토리아이」에는 도강이라는 결정적 행동에 선행되는 세 가지 중요한 장면이 전개된다. 그것은 페르시아 궁정의 중신회의에서의 왕과 아르타바노스의 대화, 크세르크세스의 꿈, 그리고 도강에 즈음한 왕과 아르타바노스의 두 번의 대화이다.

크세르크세는 즉위 후 두 가지 원정을 감행하게 되는데, 이집트 원정과 희랍 원정이 그것이다. 이집트의 반란 평정에는 크세르크세는 적이 적극적이었다. 그것은 부왕 다레이오스의 제국의 영역의 유지를 위한 필요불가결의 조치이었기 때문이다. 그러나 그는 희랍 원정에 대해서는 처음부터 소극적일 뿐더러 '전혀 뜻을 갖지 않았다'[24] 는 것이다. 우리는 그 이유를 알 수 없으나 하긴 이집트 원정도 부왕 다레이오스와 같은 영토 확장의 의욕에서 나온 것이 아니었던 만큼 크세르크세스의 원래의 성격은 유약하고 소극적이었으리라 추측할 수가 있다. 그러나 그의 종제從弟 마르도니오스, 텟살리아왕의 사절, 아테나이의 망명객인 페이시스트라토스가의 사람 3자의 각기 상이하는 이해利害에 입각한 주장에 설득되어 마침내 원정을 결심하게 된다.[25]

원래 원정의 의욕이 없었다는 것은 전쟁을 싫어하는 평화애호적인 태도였다는 것을 의미하며 일단 원정을 결심한 연후에는 그것을 페르시아 제국의 왕자답지 못한 어쩌면 수치스러운 태도라 뉘우치게 되었을 것이다. 그리하여 그는 자신의 의지가 강함을 과시하는 동시에 중신重臣의 의견을 청취하기 위해 중신회의를 소집하게 되었을 것이다.

이 회의석상 크세르크세스는 두 번에 걸친 연설을 통해[26] 원정의 두 가지 이유를 천명한다. 첫째는 희랍 특히 아테나이에 대한 보복이다. 즉 아테나이인들이 이오니아에 원병을 파견하여 반란에 가세하였으며 또한 마라톤의 패배의 치욕도 설욕을 못한 채 그대로 한을 남기고 있다고 하고는 "다레이오스도 그들을 치려했지만 운명암으로써 한을 풀 수 없었다. 나는 그와 페르시아인을 위해 악행을 자행한 아테나이인을 소멸시키지 않고는 못배길 것이며[27]……내가 그들에게 원한을 풀지 못하면 나는 다레이오스의 아들로 태어나지 않으니만 못할 것이다"[28] 라고 결의를 밝힌다. 그는 희랍과 아세아의 숙명적인 대립관계를 간파하여 양자 어느 편도 피할 수 없는 입장에 있으며 "우리의 국토가 모두 희랍인의 지배하에 들어가던지 혹은 그들의 국토가 모두 페르시아의 지배하에 들어가는가 하는 먹느냐 먹히느냐 하는 것이 당면의 과제이며 이 분쟁에 중도는 없는 것이다"라고 하고는 "아세아에 군대를 몰고 와 사르디스를 파괴한 그들 아테나이인의 소행에서 판단하건대 설혹 우리가 조용히 있다 해도 그들이 공략해올 것이 틀림없다……"[29] 라고 판단한 것이다.

그의 두 번째 이유는 세계제국에의 야망이라 할 수 있다. 정복은 페르시아제국에 있어서 하나의 노모스Nomos(법, 전통)이며[30] 이 노모스를 통

24 Ⅶ, 5.
25 Ⅶ, 5~7.
26 첫 번째 연설은 Ⅶ, 8. 두 번째 연설은 Ⅶ, 11.
27 Ⅶ, 8.
28 Ⅶ, 11.
29 ibid.
30 졸고, 「Xerxes의 결심」, 『문리학총』 1집(1973), p.2 참조.

해 페르시아는 부강과 번영을 누려왔던 것이다. 크세르크세스 자신도 "나는 우리가 그들을 평정하면 페르시아의 영역은 제우스의 천공(天空, 전세계를 뜻한다)과 접하게 될 것이다. 즉 나는 경들의 협력으로써 전유럽을 지배하고 그 모든 땅을 병합하여 하나의 나라가 되도록 태양이 비치는 모든 땅을 남김없이 우리의 경계 안으로 포함시킬 것이라"[31] 하고 천명한다.

크세르크세스의 이러한 비이성적인 자만과 과대망상적인 야망에 넘치는 결의의 표명이 있은 후 마르도니오스의 노골적인 아첨이 담긴 지지발언이 따르고 그다음 왕의 숙부 아르타바노스의 반대가 제기된다.

그는 우선 한 가지 의견만을 아는 것보다는 두 가지 의견 가운데 택일하는 것이 보다 바람직한 일이라 전제하고[32]는 마르도니오스와는 대조적으로 페르시아의 실패의 역사를 인용하여 거기서 교훈을 얻어야 할 것을 종요한다. 요컨대 다레이오스가 스키티아 원정에 떠날 때의 경우이다. 아르타바노스는 유목민인 스키타이인을 토벌하는 것이 보람없는 일이라 하여 만류했으나 다레이오스는 끝내 그의 충고를 무시하고 진군하여 마침내 막대한 손실을 입게 되었던 것이다.[33] 그리고는 그는 희랍 원정이 스키티아의 경우보다 한결 위험한 것임을 희랍인의 막강한 전투력을 들어 강조하는데[34] 이것은 마르도니오스가 희랍인을 과소평가[35] 한데 대한 반증 때문이기도 하겠으나 뭣보다도 마라톤에서 발휘된 아테나이인의 용맹성에 대한 인상이 생생했기 때문이었을 것이다. 이어서 그는 다시 스키타이인의 경우를 예건한다. 당시 다뉴브교橋의 수비에 임했던 이오니아인에 대해 스키타이인이 교량을 파괴할 것을 요구하여 모든 이오니아인이 그것을 받아들이려 하나 히스타아이오스 한 사람의 반대로 그 계획은 좌절되었는데, 그때 그의 반대가 없었던들 다뉴브교는 파괴되어 철군하는 페르시아군이 전멸을 당했을 것이다. 따라서 헬레스폰토스에 가교를 하게 되면 원정군의 귀도歸途에 치명적인 타격을 받을 것이며 그러므로 이오니아인에 대해 각별히 경계해야 한다는 것이다.

그의 연설의 마지막 부분은 마르도니오스에 대한 질책이다. 그는 마르도니오스가 희랍인의 전투력을 과소평가함으로써 왕을 현혹케 하지 말라고 경고하고 굳이 원정을 주장한다면 왕을 페르시아에 남게 하고 대신 자기의 아들 둘을 원정에 참가시켜 생명을 걸 것을 제의한다. 그리고는 그는 신은 언제나 탁월한 인간을 누른다는 교훈을 일깨우고 결론적으로 성급한 행동은 실패를 초래하며 신중한 행동은 궁극적인 이익을 초래할 것이라 경고한다. 페르시아의 운명을 우려하는 사려깊은 충정에서 나온 아르타바노스의 경고는 사뭇 예언적이면서도 서사적인 비장감에 넘쳐 있기도 하다. 그러나 이에 대해 크세르크세스는 격분을 터뜨려 아르타바노스의 이성에 입각한 신중론을 겁나怯懦라 낙인찍고 숙부가 아니었던들 결정적으로 처형되었을 것이라 통매痛罵하고는 최대의 치욕으로서 원정에 참가하지 말고 부녀자들과 함께 자신의 안전을 도모할

31 Ⅶ, 8.

32 Ⅶ, 8.

33 이 경우는 Ⅳ, 82의 내용과 너무 유사하므로 두 얘기는 각기 독립된 예기가 아니라 하나의 얘기이며 Ⅳ, 82는 비유를 위한 헤로도토스의 창작이라는 설도 있다(J.E. Powell, Lexicon to Herodotos[1938] N. 4, 5~8).

34 α3, p.1.

35 Ⅵ, 17. 투키디데스에 있어서의 토린트의 아테나이에 대한 과소평가(Ⅰ, 121) 및 알키비아데스에 의한 시실리원정의 위험성에 대한 과소평가(Ⅵ, 7)를 연상케 한다.

것을 명령한다. 크세르크세스의 이러한 당돌한 격분은 적이 이상 성격이다. 그러나 격앙이 지나자 그는 곧 자신의 격정의 폭발을 뉘우치게 되고 끝내는 아르타바노스의 충고가 정당한 것임을 깨닫게 된다. 그러나 잠자리에 들자 꿈에 키가 크고 풍채가 당당한 사나이가 나타나[36] 그의 번의飜意가 옳지 않으며 예정대로 원정을 결행할 것을 지시하고 사라진다.

날이 밝자 그는 지난밤의 꿈을 묵살하고 아르타노스의 의견을 채택하여 원정을 중지할 것을 선언한다. 그러나 놀랍게도 그날 밤 꿈에 다시 그 사나이가 나타나 "원정을 단행하지 않으면 그대가 급격히 강대해진 것과 같이 급격히 약소해 질 것이다"[37] 라고 경고하는 것이다. 크세르크세스가 급격히 강대해진 것은 사실이었다. 그는 다레이오스의 장자가 아니었으나 모후母后 아톳사와 중신 데마라토스의 음모에 의해 뜻하지 않게 왕위를 계승했던 것이다. 따라서 꿈은 페르시아의 운명을 대표하는 왕자로서의 그에게 나타난 것이 아니라 크세르크세스 개인에게 나타난 것이라 할 수 있다. 그러니만큼 일종의 잠재적인 우열의식을 간직하던 크세르크세스에겐 한결 강렬한 인상을 주었을 것이다.

그는 즉시에 아르타바노스를 소환하여 만약 그 환영이 신의神意라고 한다면 아르타바노스가 왕의王衣를 입고 왕의 침대에서 잠을 자게 되면 그 환영이 그에게도 나타나 크세르크세스에 대해서 한 말과 같은 말을 할 것이라 하고는 아르타바노스가 왕의 침대에서 잠을 잘 것을 명령한다. 아르타바노스는 꿈에 대해 적이 합리적인 풀이를 한다. 즉 꿈이란 낮에 숙고하던 일이 환영으로 나타나는 것이며 요즈음 왕이 원정계획에 몰두하고 있으므로 그것이 환영으로 나타나는 것이다. 그리고 한 사람에게 나타난 꿈이 같은 옷을 입고 같은 잠자리에 든다고 해서 같은 꿈이 나타날 수는 없다. 그러나 왕의 명령대로 행하여 왕에게 나타난 동일한 꿈이 자기에도 나타나면 나는 그것을 신의神意라 믿을 것이다 운운. 그리하여 그는 왕의를 걸치고 왕의 침대에서 잠을 청한 즉 과연 왕에게 나타난 그 환영이 그에게도 나타나 다음과 같이 말한다. "그대가 마치 크세르크세스의 후견인연後見人然하면서 그의 희랍 원정계획을 포기시키려 든 인물인가. 내 명령을 어길 때 일어날 결과를 이미 크세르크세스에게 보여 준 바 있지만 그대는 장래이건 필연적으로 일어날 사례를 전환시키려 하는데 대한 천벌을 면할 길이 없을 것이다."[38]

아르타바노스는 환영에게 이렇게 위협을 당하고 또한 작열灼熱한 쇠붙이로 눈이 찔리는 것을 느껴 놀라서 깨어 일어나 몽중의 일을 왕에게 상술하고는 "나는 일찍이 강대한 세력에 의해 타도되는 숱한 예를 보아왔기 때문에 왕이 혈기에 끌려가는 것을 묵과하지 않으려 했습니다. … 그러나 어떤 신적인 충동이 일어나 희랍인들에게 일종의 숙명적인 파멸이 예지되는 이 마당에선 신도 번의飜意를 하겠으며 왕께서는 신이 고한

36 E. R. Dodds, The Greeks and the Irrational(1951), pp.107~108 참조. '키가 큰 미장부'는 희랍적인 꿈의 상이나 쇠붙이로 눈을 찌르는 장면을 오리엔트적이다. 꿈의 상은 「히스토리아이」에는 크로이소스와 히파르코스에 나타나며 호메로스의 아가멤논에도 나타난다(Ilias 2).

37 다레이오스는 즉위 전에 고브리아스의 딸과 결혼, 그 사이에 3명의 자녀를 가졌고 즉위 후 아톳사와 결혼하여 그 사이에 4명의 자녀를 갖는다. 크세르크세스는 아톳사의 자녀 중 장자이다. 스파르타의 망명왕인 데마라토스는 스파르타의 관습에 따르면 다레이오스가 즉위한 후의 장자인 크세르크세스가 왕위를 상속해야 한다고 주장, 그것이 성공한다. 단 헤로도톳는 궁정 내에서 아톳사의 세력이 압도적이었기 때문에 데마라토스의 책모(策謀)가 없어도 왕위는 크세르크세스에 계승되었으리라 추측하기도 한다. Ⅶ, 2~3.

38 왕의(王衣)교환의 풍습은 희랍적이 아니라 오리엔트적 요소가 아니라 Reinhard(171=366 marg)는 생각한다.

바를 수행할 것을 명령함이 마땅할 것이며 신도 왕 옆에서 왕을 도울 것입니다"[39] 라고 맹서한다. 그리하여 날이 밝자 크세르크세스는 이 사실을 신하들에게 알리고 원정 계획을 강력히 추진하게 된 것이다.

아르타바노스는 왕의王衣 교환이 적이 어리석은 짓임을 지실知悉하고 있는 이성적인 인물이다. 그러나 그는 왕의 뜻에 따라 왕의 뜻에 따라 왕의를 입고 왕의 침대에 눕는다. 이것은 크로이소스가 할리스 도강에 앞서 신탁을 시험한 것이나[40] 폴리크라테스가 금반지를 해중에 투입하는 행위[41]와 유사하다. 그는 일어날 일을 변경하려 애쓰나 그것이 부질없는 짓이며 원정은 페르시아의 돌이킬 수 없는 숙명임을 꿈을 통하여 깨닫게 된 것이다. 크세르크세스는 자신의 원래의 듯과는 달리 전쟁을 시작하게 된다. 아르타바노스도 그것이 '필연성'임을 알고 그와 함께 싸울 것을 동의하는 것이다.

「히스토리아이」에는 아르타바노스 외에도 여러 현인들이 등장하며 그들은 한결같이 왕자王者나 역사적 행위자의 계획에 대해 부정적인 충고를 한다.[42]

크로이소스의 경우에는 솔론이 현인賢人으로 등장한다. 하지만 엄격히 말해서 그는 크로이소스에 대해 충고를 주는 것이 아니라 인생의 원칙을 말한 것이다. 즉 인간은 사후가 아니고서는 행불행을 가릴 수 없고 왕자의 호사가 반드시 행복일 수 없다 하여 그런 뜻에서 크로이소스의 생을 낮게 평가하고 텔로스의 적절한 생활양식을 찬양했던 것이다.[43] 크로이소스는 이성적인 인물이었으므로[44] 솔론의 말에 교훈을 얻었을 것이다. 그러나 그는 솔론의 의견을 따를 수는 없었다. 왜냐하면 솔론의 견해는 크로이소스의 왕으로서의 존재를 부정하는 것이기 때문이다. 따라서 솔론의 의견은 크로이소스에 의해 무시될 수밖에 없었다.

아마시스와 폴리크라테스[45]의 경우도 그러하다. 모반에 의해 사모스도島를 장악하게 된 폴리크라테스는 승운勝運을 타서 주변의 도서와 대륙의 도시를 함부로 공략하여 차례 차례 점령해 나간다. 폴리크라테스의 대성공에 불안을 느낀 맹우盟友 아미아스는 그에게 충고를 하되 대성공은 신의 질투를 사서 비참한 결과를 초래하는 것이며 진정한 행운은 성패를 나누어 갖는 것이라 하고 그의 소유물 중 가장 값진 물건을 버리도록 종용한다. 아마시시스의 충고에 따라 폴리크라테스는 보석과 귀금속으로 만들어진 인장印章을 해중에 버리나 그것은 대어大魚의 복중腹中에 들어가 대어를 잡은 어부의 손을 거쳐 다시 폴리크라테스의 수중으로 되돌아오고 만다. 여기에서 폴리크라테스의 명운을 본 아미아스는 자기의 충고가 무용無用함을 깨닫고 폴리크라테스와 절교해버린다.

이오니아 반란의 경우 다레이오스에 대해 반란을 기도하는 아리스타

---

39 Ⅶ, 18.

40 Ⅰ, 46.2.

41 Ⅲ, 41.

42 Lattimore는 「히스토리아이」에 나타나는 현인의 충고를 긍정적인 것과 부정적인 것으로 분류했는데 그 대부분이 부정적인 것이며 예외는 다음 여섯 가지 경우에 불과하다. 즉 키로스에 대한 하르파고스의 충고(Ⅰ, 17), 클레오네메스의 스파르타와 마이안드리오스에 대한 충고(Ⅲ, 148) 밀티아데스의 칼라마코스에 대한 충고(Ⅵ, 109), 킬레우스의 스파르타인에 대한 충고(Ⅸ,9), 테미스토클레스의 조선(造船)의 충고(Ⅶ, 143~144), R. Lattimore, 'The Wise Adviser in Herodotos' Cassical Philogy, 34(1939), 24~36.

43 Ⅰ, 32.

44 크로이소스는 키로스에 패배를 한 후 이번에는 자기가 키로스에 대한 현인의 입장이 되어 충고를 준다. 1, 155.

45 Ⅳ, 45.

고라스에 대해 오직 사가史家 헤카타이오스만은 다레이오스의 막강한 세위勢威를 들어 거사에 반대하나 끝내 묵살되고 말며 차선으로 해상권의 확보를 주장하나 그것마저 무시되었으며 마침내 비극적 종말이 예고되는 반란은 야기되고 만 것이다.

이와 같이 현인의 충고는 중요한 역사적 결정을 변경시키는 데는 무력하며 그것은 또한 부정적이고 연지鍊止적 종말이 예고되는 반란은 야기되고 만 것이다. 왜냐하면 역사적 행위자가 그 충고를 중시하면 행동이 불가능하거나 상당한 제한을 받게 된다. 역사적 행동에는 저돌적이며 맹목적인 과감성이 필수적인 것이기 때문이다.

형식적으로 볼 때 중신회의에서 크세르크세스의 최종적인 결정에 이르는 장면의 연속은 드라마틱한 긴장감에 찬 고도의 문학적 성과라 할 수 있다. 크세르크세스의 연설, 마르도니오스의 매파적인 지지연설, 비둘기파라 할 아르타바노스의 반대연설, 크세르크세스의 격렬한 비난, 꿈의 장면, 크세르크세스의 번의飜意와 원정중지선언, 꿈의 재현, 크세르크세스와 아르타바노스의 대화, 아르타바노스의 꿈, 마고스의 해몽解夢, 크세르크세스의 결정…….

이 과정에 있어서 크세르크세스의 나약한 인간으로서의 성격이 거센 기복으로 드러난다. 첫 번째 연설에서의 약간 불안한 원정의 선언, 두 번째 연설에서의 격렬한 파토스의 폭발, 냉정과 이성의 회복, 아르타보스에 대한 사과,[46] 꿈의 환영에 겁을 먹는 크세르크세스, 격심한 불안과 동요……. 아르타바노스에게 왕의를 입고 같은 꿈을 꿀 것을 기대할 정도로 어리석고 약한 성격의 노정, 중신들의 의사를 묻기는 하나 모든 결정을 자신이 행해야 하는 그의 고독과 번민……. 그러나 끝내 결정은 꿈에 의해 이루어진다. 꿈은 여러 가지로 해석할 수 있으나[47] 그것은 결국 페르시아에 있어선 Nomos를 상징한다.[48] 페르시아가 노모스를 따라 원정을 결심하게 된 것은 결국 크세르크세스로서는 왕자로서의 이성과 사명을 깨달았다는 것을 뜻한다. 비록 그것이 비극적인 결과를 예감할 수 있는 것이라 해도 이러한 인간행위의 결정의 묘사에 있어서 헤로도토스의 사상과 기술이 집약적으로 표현되며 그런 뜻에서 이 장면은 탁월한 성격극이라 할 것이다.

그런데 헤로도토스에는 인간의 행동의 결정에 있어서 자유의지라는 관념은 없는 듯하다.[49] 그러나 그 대신 인간의 행동은 하이레시스hairesis(선택)에 입각하는 것으로 본다. 선택은 이성에 좌우될 수도 혹은 감성에 좌우될 수도 있다. 또한 선택은 자유로이 때로는 강제에 의해 행해진다. 그러나 어느 경우이건 인간은 그 선택의 책임을 져야만 한다.

인간이 행하는 주로 안앙케ananke(필연)에 의해서이다. 그리고 또한 역설적으로 '필연'은 인간이 행한 선택을 통하여 나타나기도 한다. 따라서 선택은 자유인 동시에 '부자유'이기도 하다. 이 선택과 필연의 내적 연관 내지 이율배반적인 대립관계가 인간의 행위에 대한 헤로도토스의 철학의 요체라 할 수 있다.

예컨대 크로이소스의 시조 기게스는 주군의 명에 의해 왕비의 나신을

---

46 VII, 12, 2. 아르타바노스에 대한 사과는 15.1에도 재현된다.
47 졸고, 「Xerxes의 결심」, 주 9) 참조.
48 ibid.
49 B. Snell, Yhe Discovery of Mind, (1953), pp.182~183.

보나 오히려 오아비에 의해 자신의 죽음과 주군의 살해라는 양자택일을 강요한다(즉 ananke에 놓인다). 양자택일에 있어서 그는 자유이다. 그리하여 그는 '자신의 생명을 보존'할 길을 택한다. 그는 선택을 행해야 한다는 필연에서 벗어나는 길, 즉 자기가 원하는 바를 행할 자유는 없다. 그러나 자기가 선택에 의해 델피의 신탁에 대한 책임을 짊어지게 되며 그 선택을 통해 궁극적인 필연이 현현顯現되는 것이나.[50]

크로이소스의 경우 그는 기게스의 주군 시역弑逆의 죄로 징벌될 필연하에 있었다. 그러나 델피의 피티아의 회답에 의하면[51] 페르시아에 대한 패배는 어디까지나 신탁을 오해한 크로이소스 자신의 책임이었다. 모이라Moira(운명)는 예고하기를 크로이소스와 더불어 제국이 멸망하리라 했는데 그의 치세 14년에 키로스에 대한 원정으로 멸망한 것은 어디까지나 크로이소스의 책임이라는 것이다.

키로스는 페르시아인에게 부와 빈, 자유와 예종隷從 양자 간의 선택의 중요성을 강조하고 자유를 위해 메디아에 대해 모반할 것을 설득한다.[52] 그리고 그가 즉위한 후 페르시아는 평지를 경작하면서 타인의 노예가 되느니보다 가난하고 메마른 땅을 개간하면서도 타인의 지배자가 되는 길을 선택했던 것이다.

키로스의 선택과 같은 이러한 개개의 결정이 누적되어 그것이 노모스가 되어 크세르크세스에 이르러서는 타인에 대한 지배가 필연적으로 화했던 것이다. 따라서 크세르크세스의 몰락은 자신의 선택에 의한 몰락인 동시에 페르시아에게 내려지는 불가피한 필연이었다고 할 것이다.

4

페르시아 전쟁에 관한 아이스킬로스와 헤로도토스의 관점과 기술에는 여러 가지 차이점이 있으나 기본적이 주제가 인간의 히브리스에 대한 신의 네메시스라는 인생의 원칙의 제시에 있었다는 점에서 양자는 일치하며[53] 그 원칙이 구체적으로 현현되는 것이 헬레스폰스 도강을 위한 가교라는 점에서도 양자는 동일하다. 따라서 크세르크세스의 행동의 결정의 클라이막스가 되며 또한 페르시아 전쟁의 결정적 계기는 도강의 장면이라 할 것이다.

크세르크세스가 헬레스폰스 도강을 위한 가교를 결심하게 된 것은 희랍인 점복사占卜師 때문이었다.[54] 즉 크세르크세스의 희랍 원정을 사주하기 위해 페이시스트라토스 일문一門이 무사이오스의 탁선託宣을 수집하는 아테나이의 점복사 오노마크리토스라는 자를 대동하여 왕을 알현, 그가 수집한 탁선 중 페르시아에 유리한 것만을 선택하여 헬레스폰토스가 페르시아인에 의해 가교될 운명임을 말하고 희랍 원정을 설득했다는 것이다.

---

50 Ⅰ, 12.1.
51 Ⅰ, 91.
52 Ⅰ, 126.3.
53 본서 제1장 및 제3장 참조.
54 Ⅶ, 6.4.

말하자면 가교의 계획은 신화에 의해 그것도 희랍의 신화에 의해 이루어졌다는 것이며 거기엔 그 군사적 이유에 대해서나 가교의 실제의 양상에 대해서도 아무런 언급이 없다.

그러나 크세르크세스의 도강은 다레이오스의 스키티아 원정과 매우 유사한 면을 지니고 있음을 알 수 있다. 스키티아 원정의 경우에는 두 개의 장면이 있다. 보스포러스교와 다뉴브교가 그것이다. 전자는 아세아와 유럽을 연결하는 의의를 지니고 있다. 후자는 전략적으로 중요하면서도 신뢰성이 희박한 이오니아인의 수비하에 있었다. 크세르크세스의 경우에 있어서는 헬레스폰토스의 교량橋梁이 이러한 두 가지 기능을 아울러 행사한다. 교량은 양대륙을 연결하는 의의를 갖는 동시 전략적인 중요성을 지니면서도 이오니아인의 수비하에 놓이는 것이다.[55] 크세르크세스의 행군은 다레이오스의 행군과 동일한 유형을 따르며 바다에 대한 관념도 동일하며 행진의 순서도 동일하다.[56]

말하자면 크세르크세스는 다레이오스가 행한 바를 그대로 따랐던 것이며 헬레스폰토스의 도강도 결국 부왕이 그렇게 했기 때문이며, 따라서 도강이 히브리스라 한다면 크세르크세스는 부왕이 행한 바를 반복한 것에 불과한 것이다.[57] 그러나 도강의 장면에서 나타나는 크세르크세스의 성격은 다레이오스와는 사뭇 상이하다. 다레이오스가 존대尊大하고 위엄과 자신에 넘치는 태도로 일관한 데 비해 크세르크세스는 기술旣述의 중신회의의 장면의 경우와 같이 오기와 불안, 몽매와 예지, 맹목적인 격정과 지적이고도 감상적感傷的인 관조 등 강과 약의 양면적인 성격을 되풀이 나타낸다.

가교架橋에 앞서 그는 4년간의 준비작업을 하는데 이 가운데 3년간을 아토스갑岬의 운하 굴착에 소비한다.[58] 그들이 용이하게 병선을 끌어 지협地峽을 건널 수 있는 데도 2척의 3단 요선撓船이 병조竝漕하여 항행할 수 있을 정도의 넓은 운하를 해로를 위해 굴착한다는 것은 아무런 군사적 의의가 없으며 "그것은 다만 크세르크세스가 자랑을 하기 위한 것이며 위력을 과시함과 동시에 그의 자취를 남기기를 원했기 때문"[59]이라고 헤로도토스는 말하고 있다.

이러한 동방전제 군주다운 오기에 찬 기괴하다고도 할 행위는 그 후에도 되풀이 된다. 폭풍으로 말미암아 최초의 가교가 파괴되자 격노한 크세르크세스는 감독관을 참수하고 도망 노예에 대한 형벌로써 바다를 징벌한다. 그는 헬레스폰토스에 대해 태笞300의 형을 가한 후 한 쌍의 족가足枷를 해중에 투입하고 낙인까지 찍고는 "그대는 음험하고 짜디 짠 강물이기에 아무도 그대에게 희생물을 바치지 않으리라"[60]고 선언한 것이다. 헬레스폰토스는 실인즉 강이 아니라 바다의 일부이므로 '짠물'이라 한 표현은 몽매라기보다 미망Ate에 사로잡힌 비정상적인 심리상태라 할 수 있을 것이다.

도강渡江에 즈음하여 원정군의 전군세가 헬레스폰토스 일대의 해륙에

55 헤로도토스는 스트리몬교는 중시하지 않은 듯하다. Ⅶ, 24; 107; 113~115.

56 J. E. Powell, The History of Herodotos(1939).

57 크세르크세스와 다레이오스의 관계는 캄비세스와 키로스의 마르도니오스와 고브리아스의 관계와 동일하며 헤로도토스는 이러한 부자관계를 중시한다.

58 Ⅶ, 20~22.

59 Ⅶ, 34.

60 Ⅶ, 35.2.

총집결한 것을 사열한 크세르크세스는 만족과 득의에 가득 차 자신에게 축복을 준다. 그러나 그 직후 일전하여 별안간 눈물을 흘리면서 울기 시작한다. 왕의 당돌한 해위를 염려한 아르타바노스가 그 이유를 묻자 크세르크세스는 이 많은 인간들 가운데 100년 후면 한 명도 살아남을 자가 없다는 것을 생각할 때 인생의 허무함을 느꼈기 때문이라고 대답한다. 이에 대해 아르타바노스는 인생이란 짧으면서도 온갖 불행이 가득 차 있으므로 모두가 긴 것으로 느끼며 이 비참한 인생에서 죽음만이 피난처가 될 것이라 말한다. 현인과 역사적 행위가 재회하게 된 것이다. 아르타바노스의 원숙하고 현명한 인생관을 옳은 것이라고 인정하면서도 크세르크세스는 거사에 앞서 불길한 흉사를 말하는 것을 삼가자고 화제를 돌린다. 그리고는 뚜렷한 목적의식 없이 환영이 없었던들 아직도 그대는 원정을 반대하고 또한 지금도 원정이 위험한 것이라 믿느냐고 묻는다.

권력자의 자기도취에서 인생의 허무를 개탄하는 감상적인 우울로 급전하더니 지배자의 자세를 되찾아 지난 중신회의와 꿈을 다시 문제시하게 되는 것이다.

아르타바노스는 환영을 중시하지 않음을 시사하고 원정의 전도를 우려하는 마음에는 변함이 없음을 명백히 한다. 그리고는 원정을 결정한 바엔 바다와 육지에 대해 조심할 것을 당부한다. 즉 폭풍이 일어났을 때 병선兵船을 수용하여 보호할 수 있는 항구가 전무하며 육지에서는 식량 공급의 곤란성이 문제란 것이다. 그리고는 "인간은 행동에 있어 대담하더라도 일어날지 모를 위험을 배려하는 세심성을 갖는 것이 최선"61이기 때문이라 결언한다.

헤로도토스는 폭풍을 신성시하지는 않더라도 어떤 힘을 상징하는 것으로 생각한다. 그리하여 인간에 대한 응징은 주로 폭풍을 통하여 나타나는 것으로 표현하며 델피의 예언을 통해 폭풍의 중요성을 강조하기도 한다.[62] 아르타바노스의 염려대로 전병선을 파괴시킬 대폭풍은 일어나지 않았으나 원정의 과정을 통해 여러 번 폭풍이 일어나 페르시아군에 손실을 준 것은 사실이었다.[63]

아르타바노스의 우환에 대한 크세르크세스의 대답[64]은 역사적 행동에 대한 웅변적인 변호이다. 그는 아르타바노스의 견해의 타당성을 인정은 한다. 하나 모든 것을 염려하고 겁을 먹으면 아무 일도 행할 수가 없다. 모든 일을 염려하여 아무런 위험을 당하지 않으려 하는 것보다는 용기를 내어 위험의 반에 견디는 것이 낫다. 모든 계획에 반대만 하고 대안으로 안전한 길을 제시하지 못하면 옳다고 할 수 없으며 도시 인간으로서 안전한 길을 안다는 것은 불가능하다. 따라서 실행을 원하는 자에겐 이利가 생기며 모든 것을 염려만 하면 이가 생길 수 없다. 만약에 페르시아의 선왕들이 아르타바노스와 같은 고문의 진언進言만을 고수했다면 페르시아의 오늘의 부강은 얻을 수 없었을 것이다. 위대한 국위國威는 커다란 위험에서 얻어지는 것이기 때문이다. 더욱이 이번 원정은 가장 적

---

61 Ⅶ, 178.

62 ibid.

63 폭풍은 최초의 교량을 파괴시키고(Ⅶ, 34) 또한 최후의 교량도 파괴시킨다(Ⅷ, 117.1; Ⅳ, 1141). 그리고 또한 아르테미시온을 강타한다(Ⅶ, 188.2, 195;Ⅷ, 12~13).

64 Ⅶ, 50.

합한 시기에 감행되며 또한 유목민이 아닌 농경민의 땅에 진격하는 것이니 만큼 기근이나 그 밖에 아무런 재난을 겪지 않고 전유럽을 평정하고 개선할 것이라고 주장하는 것이다.

이와 같은 크세르크세스의 주장은 설혹 그것이 그릇된 것이라 하더라도 그로서는 불가피한 것이었다. 중신회의, 꿈의 장면을 거쳐 헬레스폰토스에 이른 이 마당에 있어 전쟁은 불가피한 것으로 그는 받아들이고 그것을 자기의 의지로 만들어야만 하는 것이었다. 여기에서 '선택'과 '필연'은 일치를 보게 된 것이다.

물론 크세르크세스의 주장에는 맹목성이 없지는 않다. 그는 선왕의 경우와 같이 원정이 완전히 성공할 것이라는 결론을 추출한 것이 그 예이다. 그러나 그의 이론이나 입장은 아르타바노스의 우려(이론)보다 한결 현실적이기도 했다. 양자의 대화의 마지막에서 아르타바노스는 이오니아인을 신뢰하지 말라는 충고로 끝내지만 이오니아인은 다레이오스 휘하의 경우와 같이 크세르크세스에 대해서도 끝까지 충실했던 것이다.[65]

아르타바노스와의 최후의 대화인 이 장면에 있어선 크세르크세스에는 오기도 없고, 환상적 전망도, 살기어린 긴장감도 없다. 차분하고 담담한 어조, 그늘진 분위기와 중후한 비장감이 감도는 의젓한 태도……. 거기에는 일종의 위대성, 역사적 행동의 결정자로서의 위대성이 있으며 이 점에 있어서 투키디데스가 그리는 페리클레스로 대표하는 아테나이인을 연상케 한다.[66] 아테나이 제국은 도덕적으로는 보호할 수 없는 약점을 지녔다. 그러나 그것은 위대한 역사적 업적이요, 선과 악을 아울러 갖는 위대한 인간의 업적이었다. 아테나이인으로서는 제국은 불가피한 현실이요, 역사적 필연이었으며 그것은 필경 스파르타와의 전쟁으로 연결되는 것이었다. 그것을 받아들임으로써 아테나이인은 비극적 행위자가 된 것이다.

투키디데스가 그리는 역사적 행위자는 어디까지나 위대한 인간이었다. 그러나 헤로도토스가 보는 역사적 행위자로서의 인간은 위대할 뿐더러 나약한 존재이기도 했다. 이 점에 있어서 헤로도토스는 소포클레스와 같은 세대의 인물이었다.[67]

헬레스폰토스의 도강의 결정은 영웅적이기도 하고 히브리스이기도 하고 단견短見 우매이기도 하고 필연이기도 했다. 아이스킬로스의 종교적 이상주의와 투키디데스의 인간주의 사이의 중간기에 살던 헤로도토스는 그 이전과 그 이후와도 다른 자기 시대의 인간 존재의 양상을 그리려 했던 것이다.

65 Ⅷ, 132; Ⅸ, 10ff; 98.2ff ; 103~106.

66 G. Grene, Man in His Pride(1950) chap. 8 참조.

67 F. Hellmann, Herodot, Das Neue Bild der Antike(1942), 254.

5

헤로도토스의 전쟁의 원인에 대한 어프로치의 방법은 폭이 넓고 유연하여 원시적이면서도 치밀한 계산이 있고 산만하면서노 논리적인 일관성을 볼 수 있기도 하다. 기술한 바와 같이 그는 전쟁의 궁극적인 발단은 크로이소스와 리디아의 팽창에 있다고 본다. 그리고는 크로이소스의 이오니아에 대한 간섭, 다레이오스로 하여금 희랍 정복을 설득케 하려는 데모케데스의 아톳사에 대한 충고, 이오니아인의 반란, 다레이오스와 크세르크세스의 야심을 자극하는 아테네 민회의 역할 등등 여러 가지 원인이 일견 비체계적을 기술된다. 그러나 그러한 요소들이 서로 내적 연관을 유지하면서 궁극적으로는 크세르크세스의 복잡한 성격의 비극으로 승화시킨 것이다.

아무튼 헤로도토스는 전쟁을 역사학의 중심적인 테마로 만들어 그 원인에 대한 거창한 질문을 꾸민 최초의 역사가이었으며 그 원인에 대한 탁월한 연구야말로 유럽의 사학史學에 대한 그의 진정한 유산이라 할 수 있을 것이다.

투키디데스는 헤로도토스의 주제를 그대로 계승하여 군사적 · 정치적 리더십에 관한 가장 탁월한 연구를 이루었다. 그러나 그는 그가 관심을 갖는 전쟁의 직접적 원인이나 실제의 사건의 구명과 기술에는 뛰어나지만 전쟁의 원인遠因에 대해서는 전혀 무관심하다. 예컨대 펠로폰네소스

전쟁 이전의 30년간에 걸친 아테나이와 스파르타의 대립을 그는 거의 완전히 묵살하고 있으며 그러한 점에서도 콘포드Cornford는 그가 원인을 구명하지 않았다는 것으로 과학적인 역사가가 아니라 신비주의자라 규정까지 했던 것이다.[68]

투키디데스의 후계자인 폴리비오스는 aitia와 prophasis와 arche를 어떤 뜻에서는 투키디데스보다도 한결 명확하게 구별하여 사용하였다.[69] 예컨대 알렉산드로스의 동정東征의 경우 크세노폰과 아게실라오스의 원정의 결과 페르시아의 약점을 알게 되었다는 것이 아이티아이며 부왕 필리포스 2세의 페르시아에 대한 보복의 결정이 프로파시스이며 원정군의 조직 편성이 아르케이었다. 그러나 그는 전쟁의 원인을 지나치게 단순화하고 합리화하는 경향이 있으며 전쟁의 원인보다도 제도와 헌법에 대한 기술에 보다 탁월하였다.[70]

일반적으로 희랍인은 전쟁이 그들의 생활에 밀착해 있으면서도 전쟁의 원인에 대해서 깊은 관심을 가지지 않았다. 그것은 그들이 전쟁을 인력으로 어쩔 수 없는, 생과 사와 같은 자연적인 사실로 받아들였기 때문이다. 실인즉 그들의 황금시대에는 전쟁이 없었으며 전쟁이 없었기 때문에 황금시대이기도 했다. 일상생활에 있어서 싸움은 연기하거나 회피할 수 있다. 그러나 전쟁은 회피할 수 없는 것이었다. 한편 제도나 헌법은 인위적인 것이며 인간에 의해 수정 변경이 가능한 것이었다. 따라서 헌

68 F. M. Cornford, Thucydides Mythistoricus(1965, reissued), p.1~14.
69 A. Momigliano, Studies in Historiography(1966), p.119.
70 ibid.

법이나 제도에 대한 연구는 효율적이라 간주되어 정치철학의 중심이 되어 계속적으로 발전할 수 있었다.

투키디데스는 소피스트의 사상(정치철학)이 유행하던 시대에 살았다. 폴리비오스는 전쟁이 그 중심인 역사학이 쇠퇴하고 정치철학이 사상의 주류가 된 헬레니즘시대의 인물이었다. 따라서 그들은 미상불(未嘗不: 아닌 게 아니라-편집자주) 시대의 주류적인 사상에 영향을 받지 않을 수 없었으며 그렇기에 그들은 헌법과 제도의 기술記述에 각별한 관심을 가져 전쟁의 원인에 대해서 보다 더 한결 탁월한 기량을 발휘할 수 있었던 것이다.

이러한 경향은 희랍 로마의 역사학의 영향을 받은 르네상스 이래의 근대역사학의 경우에서도 매한가지이다. 근대의 역사가들은 외부적인 전쟁의 원인보다도 내부적인 정치혁명의 원인에 보다 관심을 집중했으며 실인즉 정치혁명의 기술에서보다 그것은 한결 성공적이었다. 물론 전쟁사도 존재하기는 했으나 그것은 군사적 기술技術에 대한 설명이 대부분이고 전투의 장면의 묘사는 지루하기만 할 뿐인데 비해 혁명의 얘기는 언제나 흥미진진하기 때문이기도 했던 것이다. 15세기말의 이태리의 세력균형의 파괴와 샤를르 8세의 침입의 원인에 관한 기치아르디니의 탁월한 연구[71]는 예외적인 것이었으며 그에 비해 프랑스 혁명에 대한 연구는 헤아릴 수 없을 정도로 많았던 것이 사실이다.

19세기에 이르러 비로소 전쟁에 대한 본격적인 연구가 나타나기 시작했다.[72] 전쟁이란 현상을 인간생활에 있어서의 위치, 나아가서는 인류사에 차지하는 위치를 구명하고 전쟁과 정치적 · 경제적 상황과의 관련에 대한 연구가 시작된 것이다. 전쟁사의 기술적技術的인 설명이 감소되고 그 정치적·사회적 의미에 관심이 경주되며 고대의 전쟁에 대해서도 그 정치적·경제적·사회적 측면이 고찰되고 도한 치밀한 문헌적 연구와 종교적 원인에 대한 세심한 검토가 시도되었다.

물론 헤로도토스에는 이러한 근대역사학의 과학적 방법은 없다. 그러나 그는 근대역사학이 갖지 못한 역사학 본래의 특색을 지니고 있다. 역사학의 불가결의 기초라 할 지리학과 민속학에 대한 해박한 지식, 고대 신화에 대한 비판적인 태도, 숭고한 역사적 이념이라는 마력.[73] 이러한 요소가 전쟁의 원인이라는 단순한 문제점으로 통일되는 하나의 거대한 역사를 만들어 낸 것이다. 그러나 무엇보다도 뛰어난 것은 전쟁의 원인의 탐구라는 난삽하고 무미한 작업을 위대한 문학으로 만들 수 있었던 것이며, 그런 뜻에서 그는 전쟁의 역사의 창시자일 뿐 아니라 그 영원한 모범이라 할 것이다.

---

71 Guicciardini, Istoria d'Italia.

72 예컨대 Constant, De l'esprit de conquête; Clausewitz, Vom Kriege;Sybel, Geschichte des ersten Kreuzzuges.

73 J.B. Burry, The Ancient Greek Historian(1958, reissued), p.734.

부록2

자유와 예지

-추도연설에 나타난 페리클레스의 정신-

1

투키디데스의 「히스토리아이」에는 페리클레스의 연설이 세 번 나타나 있는데 그러한 연설이 페리클레스가 실제로 말한 그대로인지, 혹은 투키디데스의 창작인지에 관해서는 여러 가지 논란이 있었으나, 근자에 와서는 연설의 주요부분은 페리클레스의 말 그대로이며 따라서 연설은 그의 사상을 반영하고 있다는 의견이 지배적이다.

물론 연설의 재현에 있어서 기술적으로는 다분히 투키디데스적이다. 연설자의 대체의 취지와 의도를 파악한 후 그것을 재료로 하여 연설자의 연설답게 작성하는 것이 그의 연설문 작성의 일반적 원칙이며, 따라서 "에우리피데스의 희곡의 모든 인물이 모두 같은 투의 대사를 읊조리는 것과 같이 문체상으로는 모든 연설이 한결같이 투키디데스적"[1]인 것이 사실이다.

그러나 그가 들은 얘기를 최대한으로 재현했다고 하는 투키디데스 자신의 말이 거짓이라 할 수 없는 이상 화자話者의 생각은 적이 충실히 반영되어 있다는 것이 일반적인 의견인 것이다.

페리클레스의 연설 가운데서도 그의 정치관, 애국심, 성품 등을 가장 여실히 반영하고 있는 것은 아마도 전몰자를 위한 추도연설이라 할 것

1 J.B. Burry, Ancient Greek Historians, New York, 1958, p.109.

이다. 에렌버그Ehrenberg의 표현을 빌리자면 "그것은 그의 연설 중 가장 페리클레스적이며 그의 지적 태도에 대해 우리가 알고 있는 바에 가장 근접한 정신상태를 나타내고 있기 때문"2이다.

아마도 투키디데스는 국장國葬에 참례하여 그 연설을 직접 들었을 것이다. 설혹 그 자리에 참석하지 않았다 해도 그는 다감한 청년시절에 페리클레스의 연설을 익히 들어 그의 어조語調 웅변을 생생하게 기억하고 그의 사상에 깊은 감명을 받았을 것이다. 현재 우리들조차 감동시키는 그 연설의 수발秀拔한(뛰어난-편집자주) 재현은 투키디데스의 심취心醉가 어떠했던가를 잘 나타내고 있는 것이다.

앞서 말한 바와 같이 추도연설은 그의 정신이나 사상, 식견을 여실히 나타내고 있지만 그 초점이 되는 것은 그의 각별한 예지叡智와 자유에 대한 신념이라 할 것이다. 이 두 가지는 그 연설의 테마일 뿐 아니라 그의 화려한 정치생활의 생명이기도 했던 것이다.

2

추도연설[3]은 정부의 일 형태로서의 아테나이의 민주정을 분석 · 예찬하는데 적이 역점을 두고 있다. 그러나 민주정의 내력이나 기구에 대해서는 간략하게 언급할 뿐 주로 민주정의 실제가 시민의 심리에 작용하는 영향을, 환언하면 단순한 정부형태로서의 효과보다 그것이 인간정신에 미치는 교육적 가치를 다루고 있다.

페리클레스의 의견으로서는 다수 지배, 기회 균등, 법 앞에서의 평등 등등을 특색으로 하는 아테나이 민주정은 근본적으로는 자유에 입각하고 있으며 대대로 내려온 자유의 전통은 아테나이의 번영과 강대强大의 원천이기도 했다. 그러나 그는 자유의 의의를 강조할 뿐 아니라 아테나이인의 생활에 있어서의 자유의 실태를 되풀이 지적한다.

"우리는 자유로운 국민이다. 우리는 자유로이 공무에 종사할 뿐더러 일상생활에서도 타인의 눈을 꺼리지 않고 자유로운 생활을 향유하고 있다"[4] "내가 생각하는 바로서는 개인이 그 자유와 자립성을 그토록 용이하고 다양하게(다방면으로) 향유하는 곳은 아테나이밖에 없을 것이다. 이

---

2 V. Ehrenberg, Sophocles and Pericles, Oxford, 1954, p.42.

3 오늘날 남아있는 추도연설(Epitaphioi)은 6편이며(cf. G. Kennedy, The Art of Persuasion in Greece, Princeton, 1963, p.154) Pericles의 연설은 문헌상 두 번이나 남아있는데 440년에 또 하나의 연설이 행해진 것으로 전한다. cf. Plutarchos 8, 16.

4 Thucydides, Historiai Ⅱ, 37.

것은 단지 이 경우를 위해 자랑하기 위한 허언이 아니라 사실에 입각한 진실이며 그것은 그러한 개인에 의해 이루어진 우리의 힘이 그러한 사실을 유감없이 증명해 주고 있다."[5]

그러한 자유는 힘과 행복을 초래한다. 자유가 힘이라는 것은 그것이 갖는 능력이나 자원을 유감없이 개발시켜 주는 것일 뿐더러 자유 그 자체가 원래 인간에게 있어 생래적生來的인 것이며 또한 그 자체가 인간의 성격이나 능력의 가능성이 최대한으로 개방된 것을 의미하기 때문이기도 한 것이다.

그리하여 그는 자유라는 힘을 갖는 아테나이인의 용기와 기풍을 강제라는 굴레에 얽매인 스파르타인의 경우와 비교한다.

"그들은(스파르타인) 어릴 때부터 엄격한 훈련을 실시하여 용기의 함양에 힘쓴다. 그러나 우리는 자유로운 기풍 속에 자라나면서도 그들과의 대적에서 결코 물러서지 않는다." "우리들만이 이해 득실의 타산에 얽매이지 않고 자유인이라는 신념에서 결과를 두려워하지 않고 남을 돕는다"[6] 운운.

그러나 아테나이인의 자유는 무질서를 초래하지 않는다. 왜냐하면 그 공평한 자유의 원칙은 법에 의해 부여된 것이며 따라서 자유이고자 하면 법을 지켜야 하기 때문이다.

"공적인 문제에 있어서 법에 위배되는 행위를 깊이 부끄러워한다. 위정가에 대해서 순종하며 해를 입은 자를 구하는 법과 만인에게 수치심을 일으키는 불문율을 존중한다."[7]

위정가爲政家는 자유의 법을 수호할 임무를 지닌 자이며 그들은 시민이 선출하였으므로 자기가 존중하는 가치를 반영하고 있기 때문에 그들을 따라야 한다. 그리고 남의 권리가 침해되면 그것을 방치해서는 안 된다. 왜냐하면 남에게 주어진 자유와 권리는 동시에 자기에 주어진 자유와 권리와 다를 바가 없기 때문이다. 그리고 또한 자유를 지키는 것은 법이나 위정자만의 문제가 아니라 시민각자의 마음의 자세의 문제이기도 하다. 성문되지 않는 불문율을 준수하는 각오와 긍지가 있어야 한다는 것이다.

페리클레스가 강조하는 '불문율'은 아테나이 사회에 있어 각별한 의의를 지닌다. 그것은 전통적으로 일반에게 용납되고 준수되는 따라서 상당한 영향력을 발휘하는 일종의 도덕률이다. 그것을 어기면 '불명예'가 된다. 그것은 법적인 징벌도 종교적 불경이나 치욕도 아니고 안티고네의 경우와 같은 국가 당국의 결정에 대한 위배를 의미하는 것도 아니다. 단지 사회의 규탄을 받는다는 뜻에서 어쩌면 보이콧트[8]라 하는 것이 타당할 것이다. 그런 뜻에서 어쩌면 불문율은 일종의 사회여론이라 할 수도 있으며 '성문법과 사회구성의 괴리를 메우는 역할'[9]을 하기도 한다. 말하자면 그것은 '보편적이며 도덕율의 위대한 자연적 재가裁可'[10]라 할 수 있을 것이다.

자유는 법과 불문율의 준수를 요구할 뿐 아니라 죽음까지 포함하는

5 Thuc., Ⅱ, 41.
6 Thuc., Ⅱ, 39, 40.
7 Thuc., Ⅱ, 37.
8 Ehrenberg, op. cit., p.38.
9 ibid.
10 J.H. Finley, Thucydides 1963, p.146.

희생을 요구한다. "행복코자 원하면 자유를, 자유로우려면 원하면 용자勇者가 되는 길만이 있음을 깨닫고 싸움의 위험을 피해서는 아니된다. 긍지를 갖는 인간에게는 겁나怯懦 때문에 굴욕을 받는 괴로움이 조국을 믿고 힘껏 싸우다가 생명을 잃으니 보다 훨씬 견디기 어려운 법인 것이다."11

"우리들의 폴리스의 힘이 영위(작용)되는 모습을 주시하며 폴리스를 사랑하는 자가 되어야 한다. 그리고 그 위대함에 자랑을 느낄 때마다 그것이 용감하게 자기의 의무를 다하여 명예로운 행위를 수행한 용사들에 의하여 이루어진 것임을 명심해야 한다. 그들은 자신이 전장戰場의 이슬로 사라지더라도 자신의 용기를 폴리스를 위해 바쳐야 마땅하다고 하여 시민이 바칠 수 있는 최선의 공물供物을 바친 것이다."12

이러한 헌신은 강제에 의한 노예적 헌신이 아니라 자발적인 열렬한 조국애의 발로인 것이다. 고대의 영웅들은 아레테를 위해 자신을 희생했다. 현재의 아테나이인은 폴리스의 자유를 위하여라는 새로운 목적을 위해 자신을 희생하는 것이다. 그럼으로써 민주적인 시민은 영웅이 될 수 있는 것이다.

3

페리클레스는 이례적으로 15년간이나 스트라테고스를 연임하면서 아테나이의 정계를 주도하였는데[13] 격동하는 시국에서 변덕이 심한 아테나이 시민들을 그토록 오랫동안 지배할 수 있었던 이유는 무엇일까.

혹자는 말하기를 그는 민중에 영합하여 그들이 원하는 바를 주었기 때문이라고도 하며[14] 혹자는 그가 phoros를 유용하여 아테나이를 여러 가지 건축물로서 화려하게 장식했기 때문이라고도 한다.[15] 혹자는 그의 탁월한 웅변을 내세우기도 하고 혹자는 그의 고결한 인품과 수려하고 늠름한 용모와 모습을, 혹은 그의 조국에 대한 헌신을 들기도 한다.

이 모든 것은 정당한 말일 것이다. 그러나 무엇보다도 뛰어난 그의 장점은 그의 정신적인 특성에 있다 할 것이다.

페리클레스는 마지막 연설에서 정치가에 필요한 성격을 열거하였는데 설득력, 애국심, 성실성 등 가운데 가장 중요한 것으로 "요구되는 바

---

11 Thuc., Ⅱ, 43.

12 ibid.

13 Pericles가 Cimon을 규탄하여 정계에 두각을 나타낸 463년부터 기산하면서 430년 사망할 때까지 약 30년간 폴리스를 리드한 셈이 된다.

14 부유한 Cimon이 사재를 털어 민중의 환심을 사려는데 대항하기 위해 그는 국가의 재산으로 민심을 수람하기 위해 관직 봉급제나 관극료제도를 실시했다고 전한다. cf. Aristoteles, Athenaion Politeia XXVII.

15 Parthenon 등의 건물이 Pericies의 주도하에 건립된 사실을 가리킨다.

를 인식하는 능력"gnosis ta deonta이라 하고 있으며 추도연설에서도 아테나이를 위대케 한 세 가지로서 용기와 명예를 들고 있다. 그리고 자기가 갖는 그 능력을 다음과 같이 자부한다. "요구되는 판단을 내리고 그것을 실행에 옮기도록 설득하는데 있어 나 이상 가는 자는 없으며 폴리스를 사랑하고 금전의 유혹에 빠지지 않는 점에서도 아무에게도 뒤지지 않는다. 판단을 할 수 있어도 적확한 표현력이 없으면 몰이론이나 다를 바 없다"16 운운.

말하자면 이 능력은 페리클레스적(투키디데스적) 예지Sophia라 할 것이며 그것은 정치가로서의 탁월한 안목, 정확한 정세판단, 미래에 대한 통찰력, 뛰어난 표현력과 실행력을 의미한다. 이 능력이야말로 페리클레스의 가장 뛰어난 자질이었으며 그의 지도력 특히 만년의 정치활동의 기반이기도 했다.

플라톤은 「파이드로스」Phaidros에서 "페리클레스는 그의 뛰어난 천분天分에다가 그러한 고매한 정신과 무슨 일이든지 철저하게 수행하고야마는 실행력을 가졌는데 그것은 아마도 그와 같은 능력을 갖던 아낙사고라스를 만났기 때문이었을 것이다. 즉 그는 아낙사고라스로부터 고원高遠한 사색이 주입되었으며 아낙사고라스가 논하는 지성Nous과 무지의 본성을 규명한 후 거기에서 변론술에 필요한 것을 택했던 것이다"17라고 하였으며 플루타르코스 역시 그의 예지가 아낙사고라스와의 교유를 통해 함양되었음을 거듭 말하고 있다.18

페리클레스는 그가 지닌 고매한 성품과 탁월한 정치적 감각이 합리적이고도 조직적인 사고방식과 접함으로써 훌륭한 열매를 맺은 것이라 하겠으며 더욱이 플라톤이나 소크라테스와 같은 철학자가 아니라 아낙사고라스를 만났던 것은 그에겐 다행스러웠다 할 수 있을 것이다. 왜냐하면 플라톤이나 아리스토텔레스로부터는 보다 심오한 사상적 영향을 받았을는지는 모르지만 그들에 의해 그가 민주정치가로 만들어질 수는 없었을 것이기 때문이다.

그러나 그는 가장 뛰어난 민주정치가라 일컬어지기는 해도 결코 민중에 영합하거나 턱없이 그들을 선동하는 대중정치가는 아니었다. 그는 자기의 예지에 자신을 갖고 언제나 어쩌면 고답적高踏的이라 할 정도의 솔직하고 의연毅然한 자세로 민중에 임하였다.

추도연설의 모두에서 그는 우선 "지난날 이 연단에서 선 조사자弔詞者의 대부분은 고인에 대한 찬사를 추도사의 한 순서로 정한 선인先人을 칭찬해왔다. 찬사야말로 전장에서 쓰러진 용사에게 바쳐져야 마땅하다고 생각했기 때문일 것이다. 그러나 나는 생각하기를 행위에 의해 얻어진 용사의 영예는 또한 행위(국장國葬)에 의해 현시顯示되면 충분하다고 생각한다"19라고 전제하고 그 이유로서 용사의 용덕勇德이 한 사람의 변사辯士의 말의 교졸巧拙에 의해 포폄褒貶되고 평가되는 위험이 있으며 청중 역시 심리적으로 용사에 대한 감정에 따라 용사에 대한 찬양의 미흡함

16 Thucydides는 Themistocles가 이와 같은 능력을 가졌음을 경탄하고 있다(Ⅰ.13). 그러나 Themistocles의 능력은 본능적 정치적 안식(眼識)이며 예컨대 다음 공격지점을 예견하는 투사의 「센스」와 같은 능력이라는 점에서 Pericies의 그것과는 상위한 것이라 할 것이다.

17 Platon, Phaedos 270a.

18 Plutarchos, Pericles 4,6; 5,1;6,2.

19 Thuc., Ⅱ, 35.

에 분개를 하기도 하고 때로는 반대로 지나친 찬양이나 과장이라 비난을 일으키기 일쑤라 지적하면서 "타자에의 찬사는 청자의 자신을 한계로 하며 그 한계 안에 머무르는 경우엔 순순히 받아들이지만 그것을 넘어선 찬사는 청자의 질투와 불신을 사게 마련"[20]이라 설파한다.

민주적 정치가는 기존의 정치적 관례를 존중하고 민중의 심리에 대해 세심히 배려를 하고 그들의 호의에 영합하여야 하는 것이다. 그러나 페리클레스는 그러한 관례에 얽매이지 않고 솔직하고 자유로운 태도로 민중을 대하는 것이다. 뿐만 아니라 그는 민중을 때때로 달래기도 하고 때로 질타하기도 하고 때로는 위협하기도 한다.

그는 마지막 연설[21]에서 아테나이 시민의 경솔과 변덕을 신랄하게 힐난하고서는 "당면의 고경苦境에 허덕이는 기색을 보여서는 아니되며 재난을 당했어도 결의를 흩뜨리지 말고 자기의 행위로서 이를 이겨내는 자야말로 최후의 승리가 된다는 사실을 잊지 말라"[22]고 격려하기도 한다. 투키디데스의 표현대로 "시민이 턱없이 방약무인傍若無人의 기세를 올리는 경우엔 그는 그들을 꾸짖어 겁에 질리도록 했고 반대로 까닭없이 불안에 떨 양이면 그들이 사기를 되찾아 자신을 회복하도록 했던"[23] 것이다.

민중에 대한 그의 이러한 의젓하고 솔직한 자세는 그의 귀족적 편견이나 개인적 기질에서 유래하는 귀족적인 대중멸시라고는 할 수 없다. 그는 대중의 편협한 소견을 비난함으로써 그들 자신의 성격에 관한 보다 근본적인 중요한 사실들을 일깨워주려 했던 것이다. 그와 동시에 그들로 하여금 그 자신의 입장에 서게 하여 보다 고차적이고 대국적인 견지에서 자신의 개인적인 이해와 태도를 바라보게 하고 그럼으로써 그들이 보다 폭넓고 확고한 자기인식을 갖도록 원했던 것이다. 그리하여 그는 그들이 아테나이의 제국지배가 아테나이의 안전을 위해 이젠 불가피한 것임을 알기를 원했고 도한 아테나이가 강력함으로써 주위의 증오를 받은 사실을 깨닫기를 원했던 것이다. 그가 알리려는 이러한 사실들은 퍽이나 시니컬한 사실들일 것이나 책임있는 정치가가 응당 직무상 직면하고 평가해야 할 중대한 사실들인 것이다.

민주정 사회에서 가장 위험한 일의 하나는 정치적 사실과 일반의 인식과의 불일치라 할 것이다. 환언하면 민주사회의 가장 큰 장점이고 미덕이라 할 수 있는 것은 모든 사실을 알고 국민생활의 모든 문제를 (좋은 일이건 나쁜 일이건) 직관할 것이 요망된다는 일일 것이다.

그러한 뜻에서 그의 연설은 제1시민의 연설인 동시에 민주적 정치지도자의 연설이었으며 민중을 위해 민중에 대해 행해진 연설이었던 것이다.

---

20 ibid.
21 Thuc., Ⅱ, 60~64.
22 ibid.
23 Thuc., Ⅱ, 65.

4

15년간에 걸친 페리클레스의 지도를 투키디데스는 "명목상 민주정이었으나 실질적으론 1인지배가 되었다"[24]고 말하고 있다. 그것은 그가 다른 폴리스의 티라노스나 혹은 근대의 전체주의 국가의 독재자, 혹은 현재의 희랍의 권력자와 같이 권모술수나, 정치적 탄압이나, 국민의 사생활에 대한 사찰이나, 혹은 개인숭배의 강요 등등의 수법을 사용했다는 것이 아니라 그의 지배는 실행력이 강한 독재자와는 달리 자유에 대한 신념과 예지에 입각하고 있었던 것이다.

그러나 그의 지배의 보다 중요한 원인은 그의 정신과 행동에 호응한 아테나이 시민의 지적 태도에 있다 할 것이다. 그들은 티라노스를 축출하고 그것을 예방하기 위한 수단을 강구했으며, 전쟁 중에도 반전反戰적인 아리스토파네스의 희극에 갈채를 보냈으며,[25] 페리클레스의 지도에 따라 파르테논을 건립하기로 했다. 그들은 또한 「안티고네」라는 비극을 만든 시인을 스트라테고스로 선출한 정도로 지적인 시민이었던 것이다.

24 ibid.
25 예컨대 아카르네이스는 경연에서 우승했다.

부록3

그리스 비극과 제우스

–비극과 종교 서설

Ⅰ. 머리말

Ⅱ. (페르시아인)에 있어서의 제우스

Ⅲ. 아가멤논의 죄

Ⅳ. 제우스의 권능과 인간

Ⅴ. 에우리피데스와 소피스트

Ⅵ. 에우리피데스와 제우스

Ⅶ. 소포클레스와 제우스

Ⅷ. 맺는말

Ⅰ. 머리말

그리스 비극을 이해하는 데는 세 가지 길이 있다 할 것이다. 첫째는 그 예술적 가치를 구명하는 일이다. 비극을 순수한 문학으로 이해하려는 태도로서 그리스 비극 연구의 대부분이 여기에 해당한다.

두 번째는 비극에서 시인의 정치적 메시지를 읽어 비극과 정치현실의 연관을 구명하는 일이다. 과거 필자는 이 점에 관심을 가져 몇 편의 글을 써서 한 권의 책으로 묶은 바가 있다.[1] 셋째로는 비극에서 종교사상을 밝히려는 입장이다. 시인은 비극에서 자신의 정치적 메시지를 직접적으로 표현하는 것이 아니다. 그러나 그들의 종교관은 직설적으로 나타낼 뿐아니라 당시의 종교적 양상을 있는 그대로 반영하고 있기도 하다. 따라서 비극은 종교에 관한 가장 풍부한 지식을 제공하는 보고라 할 수 있다. 그리고 또한 그리스 사상의 핵심은 종교사상이라 할 수 있기 때문에 비극과 종교는 불가분이라 할 것이다. 그런데 시인들의 종교관에 관해서는 다음과 같은 스트레오타입이라 할 일반적인 인식이 형성되어 있다. 즉 아이스킬로스는 아르테미스 비의秘儀의 성지 엘레우시스 출신으로 전통종교에 가장 충실하며 소포클레스 역시 경건한 신앙인데 반해 에우리피데스는 회의적이고 비판적이어서 무신론 내지 반신론적 성향이다.

1 졸저, 『그리스 비극과 민주정치』, 일조각, 1991.

그리고 또한 비극의 중요한 테마가 정의로운 모럴의 보지자保持者인 제우스이니 만큼 그들의 제우스관觀 역시 그들의 종교관에 따라 각기 차이를 나타내고 있다는 것이다. 근자에 로이드 죤즈는 『제우스의 정의』[2]라는 사뭇 화제가 된 저술을 출간하였다. 이 책과 그에 연관한 논문[3]을 통해 죤즈는 대충 다음과 같은 의견을 개진한다. 즉 호머는 제우스를 신계神界에서 인간계의 왕Basileus에 해당하는 위치를 차시하는 지고신至高神으로 그리고 있다. 제우스의 가장 중요한 속성은 디케Dike이다. 디케는 정의를 의미함과 동시에 확립된 질서를 의미한다. 제우스는 질서를 옹호하기 위해 부정을 행하고 질서를 교란하는 자에게 벌을 내린다. 인간이 자기의 분수를 넘어서면 오만Hybris이 되며 그것은 신의 질투ptonos를 사게 된다. 제우스는 우주의 질서를 지키기 위해 인간을 파멸시킨다. 벌은 가난한 자보다 부와 권력을 갖는 자에게 내리는 경우가 많다. 그것은 강자가 유혹에 빠져 오만해지기 마련이기 때문이다. 인간이 부조리라 느낄지라도 그것은 제우스의 정의이다. 호머에 의해 확립된 이러한 제우스의 정의의 절대성은 종교적 도덕적 기본적인 틀로써 그리스 사상을 일관하고 있다.

비극시인에 있어서도 시인의 예술적 의도에 따른 강조점의 차이, 시인을 둘러싼 상황의 변화에 따른 표현의 차이는 있을지언정 호머적 관념에는 근본적인 변화는 없다. 따라서 에우리피데스의 경우도 마찬가지이며 그를 소피스트적 계몽사상가라는 전통적 해석도 오류이다.

이러한 죤즈의 이론은 네스틀레[4]가 '미토스에서 로고스로', 즉 신화적 세계에서 이성적 세계로의 발전이 그리스 문화의 근간을 이룩한다고 설파한 이래 반즈, 스넬, 아드킨즈[5]에 이르는 전통적인 그리스 이해에 대해 반론을 제기한 것인데 그것은 또한 비극시인들의 종교관의 전통적 이해에 대해서도 이의를 제기한 것이기도 하다.

그렇다면 제우스의 불변의 절대성은 비극에 있어서도 과연 사실이라 할 수 있을까, 아니면 비극시인의 종교관에 대한 전통적인 이해가 정당하다 할 수 있을까, 죤즈의 이론을 기점으로 하여 이러한 문제를 검토하는 것이 본고의 목적이다.

2 Hugh Lioyd-Jones, The Justice of Zeus. Uiv. of California Press, 1971.

3 「Zeus in Aeschylus」JHS 76(1956); 「The Guilt of Agamemnon」CQ n.s.12(1962) etc.

4 W. Nestle, Von Mythos zum Logos, 1940.

5 J. Barnes, The Presocratic Philosopher, Routledge & Kegan, 1979; A.W.H. Adkins, Merit and Responsibility, Oxford, 1960.

II. 〈페르시아인〉Persai에 있어서의 제우스

아이스킬로스 연구에 있어 가장 중요한 문제는 그의 제우스 관이라 하겠는데 그것은 제우스 관을 통해 표명된 그의 종교사상이 인간존재의 본질과 의미에 관한 그의 견해를 나타내고 있기 때문이다. 죤즈는 아이스킬로스의 제우스 관이 호머의 그것과 다름이 없다고 보는데 그의 작품 중 제우스의 정의가 가장 선명하게 표명된 것은 현존하는 그의 작품 중 가장 오랜 '페르시아인'이라 할 수 있다. 주지하다시피 이 작품은 그리스를 침범한 페르시아왕 크세르크세스의 패전을 다룬 비극이다.

아이스킬로스는 이 작품에서 헤로도토스와 같이 크세르크세스의 패배는 그의 오만Hibris에 대한 제우스와 디케(여신)의 증벌Nemesis이라는 전통적인 신관神觀을 나타낸 것이라 일반적으로 해석된다. 이 작품의 주인공은 물론 크세르크세스이다. 그러나 어떤 의미에선 보다 중요한 역할을 담당한 것은 다레이오스라 할 수 있다. 그것은 다레이오스가 등장하는 장면이 전체의 1/4을 차지하는 것으로도 알 수 있다. 다레이오스는 부와 권력에서 모든 인간에게 우월했다. 그는 모든 인간의 선망의 대상이며 신민들로부터 신과 같은 존재로 존경을 받았다. 종래의 신관에 따르면 이 모든 점이 신의 질서를 사서 파멸을 당할 요건이 되는 것이다. 그러나 그는 신민에게 화를 초래하지 않고 훌륭한 군주로서 일생을 축복 속에서 마친다. 부와 권력과 영화가 반드시 파멸을 초래하는 것이 아니며 그것을 인간이 어떻게 감당하느냐에 달려있음을 보이고 있는 것이다.

하지만 실제의 다레이오스는 이 작품의 다레이오스와는 달랐다. 그 자신 원정군을 보냈으나 마라톤에서 패배하자 복수의 희망을 버리지 않았다고 헤로도토스는 전하고 있다.[6] 마라톤에 참전했던 아이스킬로스는 그 사실을 무시하고 다레이오스를 다만 크세르크세스에 대비되는 존재로 부각시킨다. 크세르크세스는 혈기에 넘치는 철없는 젊은이인데 반해 다레이오스는 사려깊고 인자한 유덕한 군주이다. 그는 크세르크세스의 원정 자체를 어리석은 행동(719)이며 그릇된 판단(725, 743), [마음의 병](750)이라 단정한다. 그는 어리석게도 현재의 부에 만족하지 않고 보다 많은 것을 얻고자 한다. 그리하여 헬레스폰토스에 다리를 건설하게 된다.

이 다리를 놓는 일은 '신성한 보스 포로스의 흐름에 족쇄를 쳐 수많은 병사를 건너게 하는 길을 만든' 것이며 그것은 '인간이 신들, 특히 포세이돈을 지배하려 한'(744-749)일이었으며 동시에 동과 서의 자연의 경계를 없애려는 기도를 의미하기도 했다. 헬레폰네소스를 사이에 둔 두 민족은 사고방식과 생활양식이 다르며 그것은 그 당시 사람들에게 강한 인상을 준다. 헤로도토스의 『역사』의 한 가지 주제는 이 차이를 나타내는 일이었으며 아이스킬로스 역시 이것을 명확히 표현하려 한 것이다. 두 민족의 차이는 제우스의 의지에 따른 것이었다. 다레이오스는 말하기

6 Hdt. , Ⅶ, 1.

를 '제우스가 한 인간이 홀笏을 잡고 전 아세아의 무리를 다스리게 하는 영광스러운 상황을 마련해 주었다'(762ff)고 한다. 아세아인에게 적합한 통치형태인 일인정은 제우스가 정한 것이며 그리스인의 자유를 정한 것도 제우스이었다. 단 그리스인의 자유는 페르시아인의 입을 통해 표현될 수 없는 것이기 때문에 시사될 뿐 명언明言되지는 않는다.

헬레스폰스를 사이에 둔 두 민족의 몫Moira을 없애려는 것은 오만이며 신의 징벌이 따르기 마련이다.

'(도강한 페르시아의 대군은) 허망한 희망에 매어 달려 아스폰스 강언저리에 머물고 있다. 그 곳에서 단말마의 고통을 맛 볼 것이다.

…'그들은 그리스에 침범하여 신상神像을 파괴하고 신전을 불태웠다. 보라, 제단은 허물어지고 신체神體와 신전은 뿌리째 전복되어 폐허 속에 쓰러져 있다.…산더미같이 쌓인 시체가 3세대 후손 후대에 이르기까지 소리없는 경고로서 남을 것이다. 인간은 오만을 품어서는 아니된다. 오만은 꽃을 피워 파멸의 이삭을 영근다. 추수의 가을에는 그칠 줄 모르는 문물의 수확을 거둘 것이다'(803-821).

크세르크세스의 오만에 대해 제우스는 벌을 내린다. 따라서 이 작품에서 제우스의 역할은 매우 크지만 그렇다고 제우스의 이름이 자주 나오는 것은 아니다. 주로 다레이오스의 장면에서 다레이오스의 입을 통해 세 번(740, 762, 827) 언급될 뿐이다. 도시 이 작품에는 제우스 외에 어떤 특정의 신의 이름이 나타나지 않는다. 코로스, 대비大妃, 아톳사, 사자死者

는 한결같이 신theos, daimon, daimontis…이라고 부를 뿐이다. 이러한 신들은 반드시 제우스적 성격을 띠기는커녕 오히려 부정적 힘의 작용을 나타내기도 하고 때로는 선악 양면성을 나타내기도 한다.

크세르크세스가 헬레스폰토스에 다리를 놓기로 결심했음을 아톳사는 말한다.

아톳사 신daimon이 그의 결정에 도움을 준 것이 확실합니다.

다레이오스 아! 그의 판단을 그릇되게 한 것은 어떤 위대한 신이 그를 사로잡았기 때문이오(724–726).

다레이오스가 보기에는 크세르크세스의 원정 자체가 최초의 우행愚行(719)인데 그것을 결정할 때, 즉 인간이 악의 길로 들어설 때 도움을 준 것이 신이란 것이다.

예측할 수 없는 가증할 운명(Moira 여신)을 만난 것이 나의 불행이다. 신Daimon이, 운명이 얼마나 잔혹하게 페르시아 민족을 넘어뜨렸는가(909ff).

이 말은 살라미스의 패보敗報에 접하여 통탄하는 아톳사와 코로스의 말과 동일하다.

'가증할 신의 계략, 그토록 페르시아인을 기만할 줄이야'(472). 오! 얼마나 가혹한 운명Moira인가. 그 육중한 발로 페르시아의 무리들을 짓밟아 죽이다니(515).

크세르크세스는 자신의 불행의 원인을 신의 잔혹성으로 돌릴 때 인간이 과오에 빠지게 될 때 개입하는 신을 다이몬이나 모이라나 아테라고 부른다. 이러한 신들은 제우스와 대조시켜 제우스의 정의를 강조하기 위한 것이라 해석할 수도 있겠으나 그보다도 이러한 신들의 도덕성의 결여나 악행을 강조하고 그들의 작용을 제우스가 제어할 수 없음을 나타내므로써 제우스의 절대성을 인정하지 않음을 시사하는 것이라 볼 수 있을 것이다.

Ⅲ. 아가멤논의 죄

크로스 제우스여! 그대가 진정 누구일지라도 그 이름을 좋아하신다면 그 이름으로 기도를 드립니다.

모든 것을 헤아려 봐도 그대 지고至高한 제우스 밖에 없습니다. 이 무거운 짐과 절망을 면하는 길은 오직 그대뿐입니다.…이제 승리의 노래로서 제우스를 찬양하는 자만이 희망을 이룩할 것입니다. 진정 제우스만이 완전한 예지의 길. 인간으로 하여금 지혜를 배우고 고뇌를 통하여 인생을 알게 해주었습니다.… (「아가멤논」, 160-178).

이상은 「아가멤논」의 파도르스(코로스의 입장가入場歌) 속에 포함된 이른바 '제우스 찬가'라 불리는 구절이다. 제우스의 절대적 권능과 정의를 노래한 것으로 제우스 종교의 메니페스트라 할 수 있다. 아르고스의 장로들로 구성된 코로스는 10년 전 아울리스 항구에서 일어난 비참한 사건을 회고하면서 등장한다.

트로이를 치기 위한 원정군을 이끄는 아가멤논이 아울리스 항구에서 출범할 무렵 두 마리의 독수리가 날아와 새끼를 밴 토끼를 잡아먹는 일이 발생한다. 점복사 칼카스는 독수리는 아가멤논와 메넬라오스를 가리키며 원정군이 트로이에서 승리할 길조라고 해석한다. 동시에 그는 아르테미스 여신이 독수리가 토끼를 태내胎內의 새끼와 함께 삼킨 일을 증오하고 있다고 경고한다. 과연 아르테미스가 보낸 역풍으로 말미암아 아가멤논의 함대는 출범이 저지된다. 항구 안에 갇힌 그리스 함대의 배는 파손되고 병사들은 굶주림으로 기진맥진한다. 예언자 칼카스는 이 역풍을 진정시키기 위해 이피게니아를 희생으로 바쳐야 한다는 전율할 탁선(託宣:신탁信託-편집자주)을 내린다. '제우스 찬가'는 코로스가 칼카스의 예언을 말한 직후 아르테미스의 역풍을 말할 때 삽입된 것이나. 아가멤논은 마침내 딸을 희생으로 바친 후 출범한다. 그러나 트로이를 공략한 아가멤논은 본국에 개선하자 아내 클리타임네스타라에게 살해된다.

이 작품의 모두에서 코로스는 아가멤논의 원정이 제우스의 명령에 의한 것임을 밝히고 그것을 다시 376f에서도 되풀이 한다. 파리스는 손님의 법을 어겼으며 헬레네는 무모(408)함을 선택하여 많은 사람에게 파멸을 초래한다. 트로이인은 파리스와 헬레네를 보호한 죄를 범한다. 죄인은 도시에 무서운 각인을 남긴다(395). 그리하여 제우스는 정의의 법칙(355f)에 의해 파리스와 헤레네와 트로이를 징벌하게 되며 아가멤논은 제우스의 정의를 수행하는 자로서 원정을 감행하게 되는 것이다.

그러나 제우스의 대리자라고 할 아가멤논이 파멸하는 것은 무엇 때문일까. 딸 이피게니아를 희생시켰기 때문일까. 그렇다면 그의 죄에 대한 벌도 제우스의 의지일까. 아니면 아르테미스의 분노 때문일까. 아니면 자신의 오만 때문일까. 페이지[7]는 말하기를 모든 일은 제우스의 명령이며 아가멤논에는 선택의 여지가 없었다는 것이다. 즉 제우스가 원정을 결정했을 때 아가멤논은 따를 수 없었다는 것이다. 즉 제우스가 원정을 결정했을 때 아가멤논은 따를 수밖에 없었다. 제우스가 그의 의지를 강요할 때는 아테(미망迷妄)를 보내어 판단력을 상실하여 다른 행동을 취하지 못하게 한다. 아테는 제우스의 무기인 것이다.

호머에서도 이와 유사한 장면이 나온다. 즉 아가멤논이 아킬레우스를 자극한 행위에 대해 변명을 할 때 나는 책임이 없으며 제우스와 에리니에스가 어둠속을 걸으며 내가 말할 때 잔인한 아테를 내 마음속에 불어넣게 했다(Ilias 19. 86-95).

그러면 아가멤논의 파멸은 무엇 때문이었을까. 그것이 제우스의 명령이라 한다면 코로스의 다음과 같은 말이 회답이 될 수 있을 것이다(750). 즉 부와 행복이 신의 분노를 야기시키는 것이 아니라 오직 범죄가 인간과 그 자손에게 벌을 내리게 한다. 제우스가 아가멤논을 파멸케 한 것은 아가멤논 자신의 죄보다 조상의 죄, 아틀레우스가 범한 죄 때문이란 것이다.[8]

죤스도 페이지와 같이 제우스의 절대권과 인간의 무력함을 강조한다. 즉 아가멤논은 아울리스에서 이피게니아의 희생을 요구 당했을 때 선택의 여지가 없었으며 있었다 해도 그것을 행사할 수 없었을 것이다. 왜냐하면 그의 판단력이 제우스에 의해 박탈당했기 때문이다.[9]

제우스가 아테를 보내 아가멤논으로 하여금 다른 길로 갈 수 없도록 판단력을 앗아가 버린 것이다.

그러나 아이스킬로스는 반드시 그렇게 보았다고 할 수 없다. 아가멤

7 D.L. Page, "Moral & Politics in the Oresteia" proc. Cambor. phil. soc. 186 vi(1960) 19f.
8 Hugh Lliyd-Jones, "The Guilt of Agamemnon" CQ.n.s.12(1962), 192.
9 ibid. 191.

논에게는 두 가지 선택의 길이 있었다 할 것이다. 칼카스의 권고를 따라 딸을 죽이는 길과 칼카스의 권고를 거부하는 길.

아이스킬로스는 아가멤논의 원정을 제우스의 정의라 시인한다. 그러나 동시에 제우스의 정의에 대해 문제를 제기한 것이다. 그것이 아르테미스의 분노이다. 제우스가 명령한 정의의 전쟁도 어린 짐승을 귀여워하는(140) 아르테미스의 관점으로선 무의미한 학살을 수반한 불의에 불과한 것이다. 여기에서 제우스의 정의와 아르테미스의 정의가 정면으로 대립한다. 이 두 가지 정의는 아이스킬로스의 눈에는 등가等價의 것이었다.

제우스의 정의를 따를 것인가 아니면 아르테미스의 요구가 시사하는 바에 따라 트로이 원정을 단념할 것인가.

아가멤논 (그 명령에) 따르지 않으면 나의 운명은 가혹할 것이다. 그러나 만약에 왕실의 보석인 내 딸을 죽여야 한다면, 아버지의 손으로 딸을 죽인 피로서 제단을 더럽힌다면 이 또한 가혹한 일.

어느 쪽인들 재앙이 아니라 할 수 있을 것인가(208–213).

그것은 무거운 책임을 수반하는 가혹한 선택이었다. 아가멤논은 호머에서와 같은 신의 명령에 맹종하는 꼭두각시가 아니다. 절대적 고독 속에서 처절한 고민 끝에 결정을 내리는 것이다.

어찌하여 장병들을 버리고 아군을 배반할 수 있을 것인가. 폭풍우를 멈추기 위해 희생물로 처녀의 피를 요구하는 것도 정당하고 적법chemis한 일(214–218).

결정을 하면서도 아가멤논은 불안을 씻을 수 없다. 딸을 죽이는 것을 악이라는 것을 알고 있었기 때문이며 또한 제우스의 정의에 따른다고 하지만 자기 마음속에 도사리는 호전적 욕망을 알기 때문이었을지 모른다. 그리하여 폭풍우를 멈추기 위한 희생으로 처녀의 피를 요구하는 것은 적법한 일이라고 자기의 행위를 정당화하려 하는 것이다. 이 순간부터 그의 성격과 태도는 일변한다.

> 이러한 필연의 멍에를 쓰고 난 연후에는 신을 두려워하지 않는, 부쟁不爭하고 신의神意에 어긋나는 마음으로 변하여 이후로는 어떤 일이라도 해낼 것을 결심하였다.
>
> 불미스러운 계획은 인간을 무모하게 만들기에 그것은 비참한 불행의 원천이 되는 것(218-223).

이 결정은 불경Hibris한 것이며 일련의 불경, 미망迷妄,Ate, 무모Thrasos가 나타나며(763-771) 그것은 파문과 같이 여러 가지 불행을 초래한다(758). 트로이 성은 함락하고 사직은 불타버린다. 트로이인은 아이까지 학살된다. 전쟁은 패배한 트로이인 못지 않게 많은 그리스인들의 피를 뿌리게 한다(66ff). 남을 잃은 여인들의 저주는 지휘관들에게 쏠려 그들에게는 '검은 복수의 여신들'이 대기하게 된다(429-467). 그리하여 아가멤논은 아르고스 성에 돌아온다.

아가멤논을 맞이한 클리타임네스트라는 성관 앞에 붉은 카펫을 깔고는 그 위를 걸어서 왕성 안으로 들어 올 것을 권한다. 아가멤논은 붉은 카펫을 밟는 것을 신에게만 합당한 행위라 생각하여 신의 노여움을 살 새라 망설이지만 결국 왕비의 강권에 못 이겨 카펫을 밟고 참변이 기다리는 성 안으로 들어간다. 죤즈는 이때에도 아울리스 항구에서와 같은 일이 있었다고 생각한다. '제우스는 그의 지혜를 앗아갔다. 제우스가 왜 그렇게 했을까. 그것은 아울리스의 경우와 같이 저주 때문이었다. … 왕이 딸을 희생한 것이나 트로이인을 멸망한 것 같은 죄는 저주에서 내려오는 원죄에 불과하다.'[10] 아가멤논은 제우스의 '원대한 계획'에 의해 움직이는 하나의 말이나 꼭두각시에 불과하며 그 계획은 티에스테스에까지 소급된다는 것이다. 하긴 죤즈의 주장을 뒷받침해주는 구절이 없지는 않다. 예컨대 클리타임네스트라는 아가멤논을 살해한 책임을 회피하기 위해 코로스에게 다음과 같이 말한다.

클리타임네스트라 당신들은 그것이 내가 한 짓이라 주장합니까. 나를 여기에 쓰러진 아가멤논의 아내라 생각하지 마시오.
오랜 옛날부터 내려오는 무서운 복수를, 참혹한 잔치를 벌인 아트레우스에 대해 복수를 하려는 자, 아내의 모습을 벌어 살해된 아이들에 대한 보상을 하러 온 것입니다(1497-1502).

오랜 저주로 말미암은, 피에는 피라는 복수의 숙명이 이러한 사태를 초래했다는 것이다. 그러나 코로스는 살해의 책임이 클레파임네스타라에 있다고 비난한다. '왕비께서 이 범행에 책임이 없다고 누가 말할 수 있을까요. 예부터 내려온 복수의 원령이 이 일에 가담했다고 누가 말할 수 있을까요.…'(1503-04)라고 반문한다. 실인즉 아이스킬로스는 그녀가 아가멤논과 카산드라를 살해한 동기 세 가지를 지적한다. 아가멤논에 대한 증오심(1374f, 1391, 1407)과 피에 대한 갈망(1383, 1427), 그리고 아이기프토스에 대한 욕정(1224, 1258, 1435, 1625)이 그것이다. 이러한 동기는 그녀 자신이 선택한 것들이며 선택의 여지가 없어 어쩔 수 없이 택한 것이 아니다. 그것은 범죄적 동기에 의해 감행된 살인이며 그러한 죄악은 그녀의 강렬한 의지의 선택의 결과라고 아이스킬로스는 말하는 것이다. 이 점에서는 아가멤논의 아울리스에서의 선택과 다를 바 없다고 할 것이다.

〈오레스테이아〉에는 아르테미스, 아테나, 에리니에스 세 여신이 등장한다. 앞서 언급한 바와 같이 아가멤논이 제우스의 명령으로 아울리스 항구에서 출범하려 하자 아르테미스는 역풍을 보내어 그것을 저지한다. 그것은 재우스의 명령에 대한 반항이라 볼 수 있다. 아르테미스는 연약한 여신에 불과하나 제우스에 순종하는 종이 아니며 양자는 대등한 위치에 있다. 제우스는 아르테미스의 행위에 대해 간섭할 수도 저지할 수도 없다. 제우스는 신계神界에서도 절대적인 존재가 아닌 것이다.

에리니에스는 밤의 여신 닉스의 딸이며 올림포스의 신인 아르테미스를 지배하지 못할 뿐 아니라 에리니에스도 지배하지 못한다. 에리니에스는 자연세계의 법칙인 피에는 피라는 복수를 무자비하게 수행하는 직능을 가지며 그러한 신격神格을 은혜를 베푸는 에우메니데스로 변모케 한

10 ibid. 197.

것은 제우스의 권능에 의해서가 아니라 아테나의 설득에 의해서이다(「에우메니데스」 885f).

아이스킬로스를 이해하는데 또 한 가지 유념해야 할 것은 모이라moira라는 관념이다. 모이라는 일반적으로 숙명을 뜻하지만 전체에 있어 각자가 갖는 몫, 부분을 의미하며 나아가서는 책임의 한계, 조건을 의미한다. 인간의 행동은 자유의지에 의한 것이라 할 수 있으나 거기에 모이라(몫, 부분)에 의해 어떤 한계가 과해져 있다. 그 한계를 경시하거나 넘어서면 anankai(필연적인 결과)에 휩싸이게 마련이다. 인간뿐 아니라 신도 한계 내에서 역사하며 그것을 넘어서면 필연의 굴레에 얽매인다.

프로메테우스가 인간에게 불을 준 행위는 자유로운 선택에 의한 행동이나 그것은 신과 인간 사이의 한계를 넘어섰으므로 필연적인 결말을 맞게 된다. 아가멤논이 딸을 희생시킨 것은 인간생활의 한계, 부녀 간의 정당한 관계를 어긴 것이다. 마찬가지로 클리타임네스트라는 간통과 암살로서 부부 간의 정당한 관계를 어긴다. 그들의 행위는 자신들뿐 아니라 많은 사람들을 필연의 굴레에 얽매이게 한다. 결국 아가멤논의 죄는 인간관계의 한계를 넘어선 데 있으며 「오레스테이아」는 인간(및 신)의 자유와 그 한계가 인생의 진실임을 나타내는 것이라 볼 수 있다.

Ⅳ. 제우스의 권능과 인간

전 장에서 보다시피 아이스킬로스는 제우스를 전능의 절대자로 그리는 것은 아니다. 그렇다고 그의 제우스 상이 뚜렷하게 확립된 것은 아니다.「오레스테이아」한 작품에서도 제우스의 모습이 동일하지 않지만 작품에 따라 여러 가지 차이를 나타내고 있기 때문이다. 그의 작품 중 제우스가 가장 훌륭하게 그려져 있는 것은「구원을 청하는 여인들 Hiketides」이다.

이 작품에서 제우스는 우선 약하고 죄없는 자의 보호자로 나타난다. 작품의 첫 행에서 코로스는 제우스를 '구원을 청하는 자를 지키는 제우스'(1)라고 부른다. 그리고는 '경건한 사람들의 구세주'(26), '수호자'(26), '은혜를 기대할 수 있는 신'(210), '살인자에 대한 최종적 심판자'(231)라고 하기도 한다.

제우스의 권력과 권능에 대해서는 코로스가 '제우스 없이 인간을 위해 무엇이 이루어질 것인가'(823-824)라고 찬양한다. 제우스의 권능은 이승뿐 아니라 저승에까지 미친다. 제우스는 하데스와 동일시되어 이승에서 불의를 범한 죄인을 저승에서 벌한다. '승복하지 않은 여자와 억지로 맺어진들 어찌 청정결백하다 할 것인가. 죽어서 저승에 간들 죄의 추궁을 면할 길이 없을 것이다. 전문(傳聞)인즉 저승에서도 죽은 자가 범한 옛 죄악을 제우스가 최후의 심판을 내린다고 한가'(227-231). '저승에서도(제우스가) 결코 용서하지 않을 것이다'(416). 아이스킬로스는 불경과 불의를 범한 모든 인간이 이승에서 처벌되는 것이 아니며 정의를 관철하기 위해 처벌은 저승에까지 연계된다고 보는 것이다.[11]

그뿐 아니라 제우스는 비와 날씨를 베풀고 농업신의 영역을 침범하여 대지의 소산에 영향을 미친다(688-690). 그는 전쟁의 결과를 결정하며 트로이에서는 아가멤논에게 승리를 주고 (「아가멤논」 1335-1336) 살라미스에서는 그리스군에게 승리를 준다(「페르시아인」293-94, 454-55, 905-56).

말하자면 제우스는 약자의 보호자요, 악행에 대한 심판자, 정의의 실천자이다. 그는 '여러 신이 개별적으로 갖는 직능과 권위를 집중 단일화하였으며… 그의 권능의 행사에 있어 장소 시간 상황의 제한에서 벗어나서 보편적이다.'[12]

(구원을 청하는 여인들)과 극단적으로 대조가 되는 것은「프로메테우스」의 제우스 상이다. 이 작품에서는 물론 제우스가 직접 등장하지 않으나 주로 오케아누스의 달들인 코로스의 입을 통해 제우스의 성격과 횡포가 묘사된다. 즉 '신 가운데 가장 비정한 마음을 가지며'(160) '시종 악의를 품고 완고한 마음을 버리지 않으며'(164) '엄혹한 성격과 용서할 줄 모르는 마음의 소유자',(184)이다. 프로메테우스 자신도 '제우스의 마음은 난폭하며 정의를 자기 마음대로 하고 있다'(186)라고 말하고는 제우스가 현재의 권력을 얻는데 자신이 도움을 주었는데도 불구하고 '신 가운데 티라노스는 자기편을 믿지 못하는 병을 갖는다'(221-222)라고 하여 제우스는 잔혹할 뿐 아니라 배은망덕한 폭군이라 공격한다. 그리고 또한

제우스는 가공할 파괴적인 힘의 원천으로 묘사된다. 즉 대지를 뒤흔드는 지진과 해저에서 울려퍼지는 전명(電鳴, 1881), 불타는 섬閃으로 빛나는 번개(1044), 몽濛하게 모래를 하늘로 말아올리는 소용돌이, 육지와 바다를 휩쓰는 사나운 폭풍(1084-1088), 이 모든 것이 제우스로부터 나타난다(1091).

「구원을 청하는 여인들」의 제우스는 정의롭고 약자를 보호하는 인간 사회의 건설적인 요소(종교, 도덕, 법)를 나타내지만 프로메테우스의 잔혹하고 독재적인 제우스는 인간과 문명을 위협하는 파괴적인 자연력을 나타낸다고 할 수 있다.

단 스마이스는 제우스의 두 가지 성격을 진화론적으로 설명한다. 즉 아이스킬로스는 조야粗野한 신화적인 제우스를 영적 종교의 제우스로 완성했다라고 하고는 '설익은 신화 속의 제우스를 정신적 종교로 완성한다'는 아이스킬로스의 생각은 도처에 나타나 있다.… 아이스킬로스는 실인즉 인간이나 신에 관해서 진화론자이다.[13] 머리도 이에 동조하여 제우스는 '배우고 자라는 신'이며 그의 노래는 '보다 지적이 되고 마침내 영적이 되었다'[14]라고 한다. 이러한 진화론에 대해서는 찬부의 의견이 구구하여[15] 여기서 거론을 하지 않겠지만 아무튼 좋은 의미에서이건 나쁜 의미에서이건 제우스의 힘에는 제약과 한계가 있다. 인간에게 불을

11 J. Mikalson, Honor Thy Gods. Univ. of North Carolina P., 1991, 212.

12 ibid. 211.

13 H.W. Smyth, Aeschlean, Tragedy, Berkley, 1924, 120.

14 G. Murray Aeschylus: The Creator of Tragedy, Oxford, 1949, 110.

15 cf. A.D. Fitton-Brow, "Prometheia" JHS XXIX(1958) 52-60.

줌으로써 제우스의 분노를 사서 사슬로 바위에 결박된 프로메테우스는 코로스에게 다음과 같이 호언한다. 제우스도 모이라가 정한 숙명에서 벗어날 수 없으며(518) 제우스가 권력을 유지하기 위한 비법을 자기는 알고 있으므로 제우스는 결국 자기에게 굴복해야만 한다. 실인즉 3부작의 제3부에서는 제우스가 결국 프로메테우스에게 굴복하여 타협하지 않을 수 없게 된다.

프로메테우스가 인간에게 준 불을 통해 인간의 모든 지적 문화적 활동이 전개되었다는 점에서 불은 인간의 문명을 상징한다고 할 수 있다. 따라서 제우스가 결국 프로메테우스에게 양보한다면 그것은 '아이스킬로스가 야만적인 자연의 힘이 문명의 힘에게 양보할 수 있다는 것을 상징적으로 나타낸 것이라 할 수 있다.'[16] 인간은 제우스가 갖는 두 가지 면, 즉 (구원을 청하는 여인들)의 보호적인 성격과 「프로메테우스」의 파괴적인 힘의 긴장 사이에 사로잡혀 있다. 그러나 인간은 제우스의 노리개에 불과한 것이 아니라 두 가지 힘 가운데 어느 쪽이 세계에서 우월한가를 최종적으로 결정할 권리가 부여되어 있다 할 것이며 그러한 의미에서 「오레스테이아」의 경우와 마찬가지로 상황이라 할 수 있다.

「오레스테이아」에서는 아폴로와 에리니에스는 클리타임네스트라의 살인에 대해 상반된 견해를 가지고 있으며 그것은 결국 아테나이의 장로들로 구성된 아레오스파고스 회의의 결정에 위임된다. 제우스 자신이나 신들이 해결하지 못한 문제를 해결하기 위해 인간의 집회가 형성되어 인간사회의 도덕적 문제를 결정할 최종적 책임이 인간에게 주어진 것이다. 그것은 자연의 힘, 나아가서는 우주의 전체적 힘을 나타내는 제우스가 인간의 지력과 문명의 힘을 나타내는 프로메테우스에게 양보해야만 하는 상황과 다를 바 없는 것이다.

인간은 불로 상징되는 프로메테우스의 지성과 기술과 지식을 선물로 받아 그것을 이용하므로써 제우스의 파괴적인 힘에 영향을 미치고 그것을 극복할 수 있다. '프로메테우스의 선물인 지성은 인간을 자유롭게 한다. 왜냐하면 그것은 인간이 자연의 법칙을 이해하고 지배하게끔 했기 때문이다.'[17] 아이스킬로스는 제우스의 예언자라 일컬어진다. 그는 약자를 보호하고 불의를 범한 자를 내세에서까지 처벌하고 전쟁의 승패를 결정하고 딸 디케와 함께 정의를 집행하는 정의의 제우스 상을 수립하였다. 그러나 그는 제우스의 위대함을 강조하지만 인간의 도덕적 문제에 대한 최종적 판단력은 인간에게 부여하였으며 그런 의미에서 인간의 지력을 찬양하는 휴머니스트라 할 것이다.

16 L.Golden, In Praise of Prometheus. Univ. of North Carolina Pr., 1966, 109.
17 G. Thomson, Aeschylus and Athens, London, 1941, 328.

V. 에우리피데스와 소피스트

아이스킬로스는 경건한 종교적인 시인이라 일컬어지지만 그의 작품에 신이 직접 등장하는 장면은 많지 않다. 프로메테우스는 모든 등장인물이 신이기 때문에 예외로 하면 오레스테이아의 제2부인 에우메니데스에 아폴로와 아테나가 등장하는 것이 고작이다. 소포클레스의 경우는 필로크테테스와 헤라클레스가 등장하는 것이 고작이다. 소포클레스의 경우는 「필로크테테스」에 헤라클레스가 등장하고 아이아스에 아테나가 등장할 뿐이다. 신이 가장 많이 등장하는 것은 의외로 에우리피데스이다. 17편의 그의 현존 작품 중 4편의 프로로고스에 신이 나와서 발언하고 9편에 엑스 마키나ex machina로 등장한다.[18] 작품에 신이 등장하건 안 하건 종교가 논의될 수 있는 것이긴 하나 신이 등장하면 보다 종교색이 짙어지는 것이 사실이다. 따라서 에우리피데스는 누구보다도 신의 성격, 신의 존재에 대해 심각하게 문제 삼고 있다고 볼 수 있다. 그러나 아이러니컬하게도 가장 신을 많이 등장시킨 에우리피데스가 가장 전통신앙에 대해서 회의적일 뿐 아니라 나아가서는 반反신론자 내지 무신론자로 간주되는 것이 일반적인 경향인 것 같다.

무신론은 적어도 플라톤 시대에는, 특히 지식인들 사이에 널리 퍼져 있었던 것으로 보인다. 그것은 플라톤이 「법률」에서 무신론을 세 가지 분류하여 비판하고 있는 것으로 보아 알 수 있다.[19] 당시 지적 써클의 청년들과 깊이 관계하던 플라톤이 무신론에 대해 큰 관심을 가졌던 것은 그 만큼 무신론이 사회의 큰 문제가 되어 있었기 때문일 것이다. 일반적으로 다음과 같은 인물이 무신론자로 간주된 것으로 보인다. 멜로스의 디아고라스, 케오스의 프로디코스, 크리티아스, 키레네의 테오도로스, 클라조메나이의 아낙사고라스, 에우헤메로스 등인데 그 중 에우헤메로스와 테오도로스는 좀 후대의 인물이므로 나머지는 대체로 소피스트 성향의 인물들이다.

종교 문제에 있어서의 에우리피데스의 태도는 당시에도 의견이 분분했지만 그가 전통 종교에 대해 회의적이고 무신론적이라는 얘기는 그 자신의 작품에서라기보다는 1차적으로 아리스토파네스와 같은 희극시인의 비난에서 연유되었다. 예컨대 〈테스모포리아주〉 사이에서 제례용 화환을 만들어 생계를 유지하는 한 과부는 에우리피데스가 자신의 장사를 망쳤다고 불평한다. '비극을 쓴 그 자(에우리피데스)가 신이 존재하지 않는다고 사람들을 설득했다'(450-451)는 것이다. 그는 또한 대지 아닌 에테르가 만물의 어머니(14-15)라고 했다고도 한다. 「개구리」Batrachoi에서는 '사적 신', '누스(nous 정신)', '예민한 코', '꼬부라진 혀'에게 기도를 한다(888-893). 아이스킬로스가 에우리피데스를 '신들의 적'(836)이라 말한다. 불경스럽고 부도덕하고 무신론적이라는 에우리피데스 상은 「구름」Nepherai의 소크라테스 상과 흡사하다. 「구름」에서 소크라테스는 전통

18 Platonm law 10, 884(Harvard U.P. 1950-53), 10, 884, Aff. 30-31.
19 Platon, law 10, 884(Harvard U.P, 1950-53), 10, 884, Aff.30-31.

신앙을 갖지 않으며 공기air, aither와 구름이라는 새로운 신에게 기도하며 「구름」(264-265) 그 신은 '부정한 이유를 내세워 정론을 타파하는' 사론邪論을 일으킨다(884-885).

「비타」Vita에는 에우리피데스를 철학자와 연결하는 여러 가지 기술이 있는데 그것 또한 희극시인의 전언에 연유한 듯하다. 예컨대 '에우리피데스가 철학적 변론술적 기술을 나타낼 수 있었던 것은 아낙사고라스, 프로디코스, 프로타고라스의 강의에 참석했기 때문이다. 그는 소크라테스의 친구이었다. 소크라테스와 므네실로코스는 에우리피데스의 예술을 위해 협력한 것으로 보인다'(Vita 0-15)라는 기술이 있는데 소크라테스와 에우리피데스의 관계를 희극시인 텔레키데스는 다음과 같이 말하고 있는 것이다. '므네실로코스는 에우리피데스를 위해 새로운 극을 요리했으며 소크라테스는 그 연료를 제공했다.'(Fr. 39.40). 디오게네스 라에르티오스도 헬레클리데스를 인용하여 소크라테스와 에우리피데스의 협력을 증언하고 있으며[20] 에우리피데스가 소크라테스에게 헤라클레이토스의 텍스트를 빌려주었더니 소크라테스는 그것에서 매우 어려움을 발견했다(D.L. 2.22, 2.23)고 전하고 있다. 칼리아스라는 시인도 소크라테스가 에우리피데스의 극작을 도왔다고 언급하고 있고(Fr. 12k) 사티로스도 에우리피데스가 인기가 없는 것은 그가 소크라테스를 예찬했기 때문(39.1)이라고 하며 에우리피데스가 소크라테스의 윤리의 영향을 받았다고 생각했다. 아무튼 양자는 밀접한 관계에 있었던 것이 확실하다.

에우리피데스의 아낙사고라스의 관계에 대해서 「비타」는 다음과 같이 기술하고 있다. '에우리피데스는 자연철학자인 아르켈라오스와 아낙사고라스에게 사사한 후 비극을 쓰기 시작했다. 때문에 그는 대중으로부터 멀어지게 됨으로써 오히려 프라이드를 느끼고 청중을 개의치 않게 되었다.'(Vita 116-121).

디오게네스 라에르티오스도 '에우리피데스는 아나코사고라스의 제자이기 때문에 「파이톤」에서 태양을 황금의 덩어리라고 불렀다'(Dio. Lae. 2, 10)라고 전한다.

아낙사고라스는 에우리피데스보다 15년 가량 연상으로서 약 30년간 아테네에 거주했는데 그는 달을 태양광선의 반영이며 태양은 신이 아니라 거대한 돌이라 하고 물체 밖에서 일체의 질서를 지배하는 신으로서의 누스를 말하고 그 밖에 일종의 원자론과 물질불멸설 내지 물체변동론을 주장하고 일식日蝕을 설명하는 등 근대과학과 동일한 것, 나아가서는 현대의 논제이기도 한 것을 주장했다.[21]

「트로이의 여인」에서 헤카베의 기도말,

> 대지에 자리하며 대지를 지탱하는 그대여, 그대가 누구인지 알기 힘드나 제우스, 혹은 자연의 필연, 혹은 인간의 누스라 불러야 할지
>
> 그대에게 기도드립니다. 그대의 고요한 움직임 속에 모든 이를 정의의 길로 인도하기에…(884-889)

제우스를 '인간의 마음'이라고 한 에우리피데스의 이 말을 고대의 주석

20 Diogenes Laertius Harvard, 1925.2, 18.

21 G. Murray, Euripides and His Age Oxford, 1955, 30~31.

가들은 이것이 아낙사고라스의 이론에서 나온 말이라 믿었다. 고주古註에는 또 '우리들 각자에 있어서 누스는 신이다'(Fr. 1018N)라는 말도 있다.

아낙사고라스는 불경죄로 재판을 받았다. 스티온에[22] 의하면 그것은 클레온의 고발에 의한 것인데 아낙사고라스가 태양을 미드로스(붉은 쇠덩어리)라고 말했다는 이유였다고 한다. 그러나 그것은 바로 희극시인 밀레토스가 소크라테스를 고발한 이유 가운데 하나이었다. 따라서 사건의 진상은 잘 알 수 없으며 재판의 결과도 사형, 자살, 추방 등 여러 가지 설이 있어 분명치가 않다.[23] 아낙사고라스와 가장 깊은 친교를 가졌던 페리클레스와 에우리피데스도 이 사건과 연관있는 듯하나 확실히 알 수는 없고 이 3인이 관계를 전하는 플루타르코스의 기술의 궁극적인 소스가 희극시인이었으므로 어느 정도 역사성이 있는지 단언할 수가 없다.[24]

「수다」에 의하면 '에우리피데스는 아낙사고라스의 강의를 들었지만 아낙사고라스가 자신의 사상으로 말미암아 겪는 것을 보고는 비극의 작시作詩로 전환했다'[25]고 하는데 그것은 아낙사고라스의 재판 때문에 에우리피데스가 비겁해졌다는 것을 시사하고 있다. 단 철학의 실천을 포기하기는 했지만 스승의 사상까지는 포기하지 않았다고 한다. 아낙사고라스 외에 불경죄로 고발된 소피스트 중 에우리피데스와 관계가 있는 자는 프로타고라스와 프로디코스이다.

압데라 출생인 프로타고라스는 아테네에서 약 40년간 소피스트로서 활동한 것으로 알려져 있으나 그 연대는 확실치가 않다. 기원전 444년 아테네인이 투리오이 식민시를 건설할 때 도시법을 기초起草하기 위해 그곳에 다녀온 후 422년에 고발되었다고 전해진다. 플라톤은 프로타고라스가 아테네에서 명성을 얻었지만 불경죄로 재판을 받았다.(「메논」 912)고 말하고 있고 디오게네스 라에르티오스는 프로타고라스가 '인간은 만물의 척도'라는 말로 시작되는 그의 저서 신에 대해서를 에우리피데스의 집에서 낭독했으며 그 결과로 고발되었음을 시사하고 있다.[26] 사티로스도 프로타고라스가 에우리피데스의 선생이었다고 하고 있다. 모리슨은 양자의 관계를 헤로도토스와 연관시켜 다음과 같이 주장한다.[27]

헤로도토스 3권에 나오는 이른바 정체비교론은[28] 프로타고라스로부터 나왔다.

그리고 에우리피데스의 「구원…」에 나오는 테세우스와 사자使者 간의

---

22 Stion. fr3 Wehrl:

23 D.L. 2, 12-14.

24 플루타르코스는 페리클레스와 아낙사고라스의 관계를 '페리클레스와 가장 가까이 친교를 맺고 그에게 민중지도자의 수준을 넘어선 중후한 위엄과 품격을 부여하고 그의 성격의 품위를 높이는데 힘이 된 것은 아낙사고라스이었다'라고 하고 있다. 그러나 플루타고라스의 페리클레스에 대한 정보원이 주로 희극시인이었기 때문에 그의 증언은 다분히 희극적이라 할 것이다. 예컨대 '페리클레스의 음악교사는 다몬이라고 하는데 다몬은 일류의 소피스트이었으며 음악이라는 연막을 통해 자기의 재능을 숨겼으나 페리클레스에 대해서는 훈도나 코치와 같았다. 다몬은 7현금으로 간판을 꾸몄으나 사람들의 눈을 속일 수 없어 참주정을 꾀하는 자로 지목되어 추방됨으로써 희극시인의 웃음꺼리가 되었다'라고 하고 있다(ibid Pericles. 4.).
이어서 '희극시인 플라톤은 한 등장인물로 하여금 다음과 같이 묻게 하고 있다. 즉 너는 페리클레스를 교육할 케이론(켄타우로스의 하나이며 아킬레우스에게 여러 가지 기술을 가르친 것으로 전한다)이 아니냐라고.' 플루터르코스가 전하는 클레온의 페리클레스 공격이나 아스파시아의 불경죄의 재판의 자료는 희극시인 헤르미피우스이었다고 전한다(Fr. 47 K-A, Peri. 32.1=Hermippins T=K-A)

25 Suda, E 3695: I ii 468 Adler.

26 D.L. ibid. 9.54.

27 J.S. Morrison, C.Q., 35, 1941, 1ff.

28 Hdt. Ⅲ, 80FF. 왕위 찬탈자인 마고스를 타도한 페르시아의 7인의 귀족들은 앞으로 수립할 정치체제를 둘러싸고 왕정과 귀족정과 민주정의 장단점을 비교 토론한 후 결국 왕정을 수립하기로 결정, 다레이오스가 왕위에 오른다.

정치논의는[29] 헤로도토스의 정체비교 논의와 비슷하나 그것은 헤로도토스로부터라기보다 오히려 프로타고라스로부터 인용한 것이며 이 밖에도 그러한 예가 허다하다.[30] 또한 테세우스가 문명의 성장에 관해 설명한 말은[31] 플라톤의 「프로타고라스」와 비교되는데 그것은 헤로도토스의 기술[32]과 유사하다는 것이다.

기술旣述한 바 프로타고라스가 에우리피데스의 집에서 읽었나는 「신에 대해서」(Diels-Krang, B4)의 모두에는 '신이 존재하는지 않은지 혹은 어떤 형태를 갖는지 알 수 없다'고 진술하고 있다. 그러나 플라톤의 「대화편」에서 프로타고라스는 '생물 가운데 인간만이 신을 믿고 공경한다'(「프로타고라스」 322A)라고 하고 '노모스(법)는 고대의 선한 입법가에 의해 만들어졌다'(동 326D)라고 한다. 노모스는 법이라 하기보다 종교적 신앙과 같은 넓은 뜻의 습관을 의미하며 '믿는다'nomozo라는 말은 실인즉 nomos에서 나온 말이다. 따라서 프로타고라스의 말은 신을 아는 것은 불가능한 일이나 신을 믿는 것은 인간의 특성이며 그러한 신앙에 의해 이루어진 습관은 고대의 선한 입법자의 업적이다라는 뜻이라 생각할 수 있을 것이다. 그렇다면 그것은 「헤카베」에서 헤카베가 아가멤논에게 아들 폴리드로스를 죽인 폴리멕테르를 처벌할 것을 요구한 다음의 말과 흡사하다 할 수 있다.

나는 노예요 연약한 인간입니다. 그러나 신은 강하며 신을 다스리는 노모스 역시 강합니다.

왜냐하면 노모스에 의해 우리는 신을 믿으며 인생에 있어서 선악을 분별합니다.

만약 왕이 노모스를 파괴하고 손님을 살해하고 성소를 더럽힌 자를 벌하지 않으면 인간사에 있어 이치를 잃은 것입니다(798ff).

프로타고라스의 사상의 전모를 정확히 알 수 없으나 전래되는 자료에 의하건대 에우리피데스와의 관계가 돈독하며 사상적 영향도 적지 않았으리라 추측할 수 있다.

프로디코스는 케오스 출생이나 언제 아테나이에 와서 활동했는지는 잘 알 수가 없다. 그러나 아테나이에서는 유명한 소피스트였음을 아리스토파네스가 여러 번 거명한 것으로 알 수 있으며[33] 플라톤도 그와 소크라테스와의 관계를 말하고 있다.[34] 소크라테스가 프로디코스는 친숙했으며 소크라테스는 프로디코스의 강의를 듣고 대가를 지불했다고 약간의 익살을 섞어 전하고 있다.

에우리피데스와 프로타고라스의 관계에 대해서 『수다』사전에는 '에우리피데스는 수사학에 있어서 프로디코스의 제자이었다'라고만 언급되어 있을 뿐이며 에우리피데스의 어떤 구절이 프로디코스적인가에 대해서 고주古註에도 언급이 없기 때문에 양자의 관계에 대해서는 그 이상

29 Euripides, Hiketides 403ff. 전제정과 민주정의 차이가 토론된다.

30 Eg. Hecabe 254; Orestes 902; Andromache 694;frs 362, 626, 644, 738, 784.

31 Heketidrs 195ff. 인간의 야수적 상태에서 신이 도움으로 문명에 도달하는 과정을 설명한다. 주 참조.

32 Hdt. Ⅲ. 108. 아라비아인의 얘기로서 신의 배려에 의한 동물의 출산, 번식의 얘기.

33 Eg. Nepherrai 360-361;Ornithes 690-692 etc.

34 Eg. OX.Cl. Dic. 733 R. 소크라테스와 프로디코스는 친숙한 사이였으며 소크라테스는 프로디코스의 강의를 듣고 대가를 지불했다고 약간의 익살을 섞어 전하고 있다.

알 수가 없다. 다시 『수다』사전에 의하면 프로디코스도 소크라테스와 같은 젊은이를 타락시켰다는 이유로 독배를 마셔 사망했다고 한다.[35]

에우리피데스도 불경죄로 재판을 받은 것으로 전해진다. 그것에 대한 첫째 정보는 아리스토텔레스의 『수사학』이다. 즉 '에우리피데스가 "나의 혀는 맹서했지만 나의 마음은 맹서하지 않는다"(『힛폴리토스』612)라고 말했다는 이유로 하기아이논에 의해 고발당했을 때 에우리피데스는 다음과 같이 말했다. 하기아이논은 디오니소스의 경쟁을 법정의 경쟁으로 옮겼기 때문에 정의롭지 못하다. 만약 히기아이논이 고발하려 했다면 그곳은 극장이었어야 할 것이다.[36] 하기아이논이 어떤 인물이 알려져 있지 않으나 에우리피데스가 위증을 사주하는 글을 썼기 때문에 불경죄로 고발했다는 것인데 에우리피데스는 연극은 연극으로 평가해야 하며 자기의 작품은 이미 경연에서 판정(1등상)을 받았다고 장담한 것이다.

에우리피데스의 재판에 관한 또 한 가지 정보는 시티로스의 『에우리피데스 전』[37]인데 여기에는 클레온이 에우리피데스를 불경asebeia으로 고발했다고 하고 있다. 클레온은 (소티온에 의하면) 아낙사고라스를 처형했다고도 하고 아리스토파네스의 『비타』에 의하면 『바빌로니아인의 줄거리』 때문에 아리스토파네스를 처벌했다고도 한다.[38] 클레온이 마치 불경죄의 고발광인 듯한 감을 주는 이러한 증언은 반드시 믿을 것이 못되며 따라서 클레온의 에우리피데스 고발설도 신빙성이 적다 할 것이다.

아리스토파네스는 여러 작품과 단편에서 에우리피데스에 대해 야유와 공격을 가했는데 『힛폴리토스』의의 문제의 구절에 대해서도 야유를 퍼붓고 있다.[39]

그러나 그 구절이 각별히 불경한 것으로 문제삼은 것이 아니며 그 구절이 또한 아테네 사회에 큰 파문을 일으켰다는 흔적도 없으므로 히기아이논의 고발이 실행되었는지 의심의 여지가 있으며 그 고발의 결과에 대해서도 전혀 알 길이 없다. 아리스토텔레스의 증언 자체가 신빙성이 없는 것은 아니지만 아리스토텔레스의 주안점은 에우리피데스에 대한 고발이 아니라 그 고발에 대응하는 에우리피데스의 자신있는 태도에 있었다고 할 수 있다. 따라서 에우리피데스에 대한 고발인이 다른 점을 고려할 때 고발이 없었을 가능성이 크다 할 것이다. 에우리피데스의 경우뿐 아니라 아낙사고라스, 프로타고라스, 프로디코스의 경우도 실제로 있었던 유명한 소크라테스의 사건의 유사물로서 꾸며졌을 가능성도 없지 않다. 설혹 에우리피데스가 고발되었다 하더라도 그가 실제로 불경하고asebes 무신론적atheos이었음을 의미하는 것은 아니며 그것은 단지 구실에 불과했을 것이다. 소크라테스의 경우도 멜레토스가 고발한 중요한 이유가 불경이었던 것이다.

물론 에우리피데스의 사상에는 소피스트적인 면이 없지 않다. 도덕적인 문제에 대한 끊임없는 회의와 탐구적인 태도가 한 예라 할 것이다. 그는 등장인물을 통해 소피스트적 사상을 표현하기도 한다.[40] 그러나 그의 소피스트적인 면에는 한계가 있었다. 파괴적인 소피스트들은 자신의 논

35 2365:1iv 201. Adler.
36 Aristotele , Rhet. 1416a 29ff.
37 POXY, IX, 1176, cal. X.15-22.
38 M.R. Lefkowitz, "Was Euripides an Atheist" SIFe 5no.2(1987) 159.
39 Eg .Batrachoi 145-151.
40 Eg. Troiades 884-886. Lefkowitz, ibid. 163.

리를 극단적으로 밀고 나가 정의는 없고 힘만이 존재한다고 주장하며 참주나 데마고그와 같은 부당하게 권력을 잡은 자를 정당화하지만 에우리피데스는 이러한 모든 것을 거부한다.[41]

아리스토파네스도 그것을 잘 알고 있었다. 그래서 그는 에우리피데스가 폭력을 정당화한다거나 사론(邪論, 극단적인 소피스트적 견해)을 정론에 승리케 한다거나 정의와 도덕을 부정한다고 비난하지 않는다. 아리스토파네스의 「개구리」에 등장하는 에우리피데스의 제자는 「구름」에 나오는 '아버지를 구타하는' 소피스트적 망나니가 아니다. 아리스토파네스는 에우리피데스를 소피스트로 과장하거나 왜곡해서 그리지 않으며 「구름」의 소크라테스보다 소피스트적인 점이 한결 덜하다.

에우리피데스는 아테네에서 여러 가지 이유로 대중적인 인기가 없었다.[42] 따라서 아리스토파네스가 에우리피데스를 야유한 것은 대중적 여론을 반영한 것이라 하겠는데 그렇다고 그가 에우리피데스를 혐오하고 증오한 것은 아니었다. 오히려 그는 에우리피데스에 대해 사랑과 존경, 경고와 동정이 뒤섞인 감정을 가졌다. 따라서 그의 야유가 에우리피데스의 재판에 직접 연계되었다고 생각할 수는 없다.

Ⅵ. 에우리피데스와 제우스

에우리피데스의 소피스트적 성향에 대해서는 현재에도 논란이 많아 그를 무신론자로 보는 사람도 적지 않다.[43] 그러나 유념해야 할 것은 당시의 그리스인과 현대인의 신에 대한 관념의 차이이다. 그리스인이 생각하는 신은 우리가 생각하는 신과 같지 않았다. 테오스Theos는 우리의 신이나 영어의 god와 같지 않으며 현대의 어떤 언어와도 엄격히 일치하는 말이 아니다. 테오스는 우선 어떤 영원한 것을 의미했다. 그것은 인간보다 위대한 어떤 힘, 그 힘의 의인화擬人化라 할 수 있다. 그리고 올림포스의 종교에는 확정된 교전이나 신조가 없었다. 따라서 인간은 신의 성격에 대하여 자의적으로 생각할 수 있었다. 심지어 신성神性을 부정한다 해도 반드시 신의 존재를 부정하는 것이 아니었으며 도시 신성을 부정할 필요도 없었다 할 것이다. 왜냐하면 신성은 반드시 도덕성과 연관된 것이 아니기 때문이다. 우리에게 신은 선이고 악신은 신이 아니라 악마이다. 그러나 그리스에게는 신은 선하건 악하건 신일 뿐이다.[44]

---

41 Lefkowitz, ibid. 162.

42 졸저, 그리스 비극과 민주정치, pp.216~223.

43 Eg. C.P. Segal, Dionysiac Poetics and Euripides' Bacchae. Princeton, 1982. pp. 335~336; H. Foley, Ritual Irony; Poetry and Sacrifice in Euripides, Ithaea, 1985. 258; S. Goldhill, Reading Grreek Tragedy. Gambridge, 1986. 234; A. Michelini, Euripides and the Tragic Tradition. Madison, 1987. 315~320.

44 G.M.A. Grube, The Drama of Euripides, London, 1961.36.

물론 신의 신성화를 주장하고 신의 순수성과 지고성至高性을 강조하는 철학자도 존재했으나 그리스인 일반의 신관은 도덕성과 일치하는 것은 아니었다. 또한 신은 세계를 창조하지 않았으며 운명의 힘에 벗어날 수도 없었다. 신과 인간의 거리도 멀지 않다. 신은 인간계에 내려와 인간과 함께 싸우며 인간과 같은 감정을 가져 친구를 사랑하고 적을 미워한다. 그러나 무엇보다 중요한 것은 신과 인간과의 관계이다.

신과 인간 사이에는 필리아(philoa, 우애)의 호혜적 관계가 있다는 것이다. 인간은 신에게 기도나 희생을 바친다. 그 대가로 신은 인간에게 은혜를 베풀고 가정과 도시를 보호한다. 양자 사이에는 어쩌면 상거래와 같은 관계가 성립되어 있다는 생각이다. 에우리피데스의 신관에 있어 가장 두드러진 특색은 바로 이 신과 인간 사이의 필리아 관계이며 그것이 현저히 나타난 것이 『헤라클레스』이다.

헤라클레스는 제우스가 암피트리온의 아내 알크메네를 연모하여 낳게 한 아들인데 그것을 알게 된 헤라는 헤라클레스에게 열두 가지 난행難行을 부과한다. 헤라클레스는 마지막 난행을 수행하기 위해 테바이의 왕녀인 아내 아고라와 아이들을 의부義父라 할 암피트리온에게 맡기고 저승으로 간다. 테바이의 왕위를 찬탈한 지코스는 전왕前王의 연루자인 헤라클레스의 가족을 몰살하려 한다. 절망적인 상황에 처한 가족은 제우스 신전에 피신한다. 그들이 그 곳에 피신한 것은 제우스가 소테르(soter, 구원자)이기 때문이기도 하지만 제우스와 헤라클레스의 친자 관계 때문이기도 하다.

암피트리온은 제우스가 헤라클레스의 가족을 구원하리라 확신하지만 제우스는 끝내 나타나지 않는다. 제우스의 구원이 무망함을 알게 된 그는 제우스에 대해 원망을 퍼붓는다.

> 오 제우스여, 나의 아내가 당신의 사랑을 받은 일이나 나와 당신이 함께 헤라클레스의 애비라는 인연도 무의미한 일이었다오.
>
> 당신은 필경 믿을 만한 존재가 아니었오. 나는 인간이지만 덕德, Arete에 있어서는 대신大神인 당신보다 한결 위대하가 할 것이오. 나는 헤라클레스의 아이들을 버리지 않았오. 그러나 당신은 남편 몰래 인간의 아내를 범할 줄은 알지만 자신의 손자를 구하는 일은 할 줄 모르고 있소. 당신은 무지無知한 신이오? 아니면 부정한 신이오?(338-348)

암피트리온 자신은 가족으로서의 의무를 깨닫고 그것을 수행하기 위해 최선을 다했다. 그러나 제우스는 가족을 구할 물리적 힘을 가졌으면서도 구하지 않을 뿐 아니라 도와야 할 의무가 있는 것조차 인식하지 못한다. 필리아의 유대가 요구하는 도덕적 의무를 인식하지 못하면 무지Amachia이며 그 의무를 의식적으로 간과하면 부정Adichia이다.

최후의 순간에 헤라클레스가 저승에서 돌아와 박해자를 죽이고 가족을 구한다. 그러나 헤라가 다시 개입하여 헤라클레스를 광기狂氣를 들게 하여 광狂 중에 아내와 아이들을 죽이게 한다. 헤라클레스는 이러한 참혹한 벌을 받을 만한 아무런 죄를 범하지 않았을 뿐 아니라 오히려 흠잡을 데 없는 훌륭한 영웅이다. 그는 여러 가지 고행을 훌륭히 극복했으며(348-441) 테바이에 정통적인 정부를 회복해 주었다(566-573). 그가 환생하여 행한 최초의 행동은 가족신에게 제사를 지내는 일이었으며 참주 리코스를 죽이고는 제우스의 제단에서 정화의 제례를 치르는(922-924) 경건한 인물이다. 헤라의 딸 리사도 헤라클레스에 대한 응징을 반대한다. '그만이 경건한 인간이며 그의 경건함은 죽어 가는 신의 명예를 회복시켰기'(489) 때문이다.

따라서 헤라클레스를 미치게 한 행위는 헤라의 실투 외에 아무런 이유가 없으며 헤라의 악랄한 소행에는 제우스의 책임이 없는 것이 아니다. 그것은 헤라의 몸종 이리스가 그 이전에는 헤라가 헤라클레스를 해치는 것을 허용치 않았다(827-829)고 시사함으로써 어떤 의미에서는 제우스가 이제는 헤라의 소행을 허용했다고 볼 수 있기 때문이다. 그리하여 제우스는 코로스로부터(886-887, 1087-1088), 다음에는 암피트리온으로부터(1127) 공격을 받는다. 그러나 가장 신랄한 비난은 아들 헤라클레스로부터이다.

광기에서 깨어난 헤라클레스는 자기가 저지른 행위를 부끄러워한 나머지 자살을 결심하나 친구 테세우스가 적극 만류한다. 이때 헤라클레스는 자기의 생의 허망함(1257)을 개탄하면서 그것은 제우스와 헤라스 때문이라 하고 나아가서는 친 아버지인 제우스를 아버지로 인정하지 않기에 이른다. '제우스는 누구인지 알 수 없으나 그 자가 나를 낳게 함으로써 헤라를 나의 원수로 만들었다'(1264-1265)라고 하고는 암피트온에게 '제우스 대신 당신을 아버지로 생각합니다'(1265)라고 위로한다. 신은 인간의 여자에게 아이를 낳게 하지만 인간의 어버이처럼 자기 아이를 돌보지 않는다. 신은 인간의 슬픔에 개의치도 함께 하지도 않는다. 필리아를 저버린 신보다 필리아에 충실한 인간을 진정한 아버지라 생각한 것이다.

> 운명에 희롱되지 않은 인간은 없다. 시인의 말이 진실이라면 신도 운명에서 벗어날 수가 없다. 사악한 정사를 행하는 신이 있는가 하면 권력욕 때문에 부신父神을 사슬로 묶은 신도 있었다…(1313-1317)

이 말에 대해 헤라클레스는 다음과 같이 대답한다.

> 신들이 사악한 정사를 범하거나 서로 사슬로 결박한다는 것은 믿을 수가 없다. 진정한 신이라면 완전무결한 법. 그러한 일은 시인들이 근거 없이 꾸민 얘기일 것이다(1341-1346).

이 구절의 뜻이 명확한 것은 아니다. 그러나 엄격한 의미로서의 신은 완전한 존재이며 시인들이 말하는 신들의 행위는 비열한 자들의 행위이며 따라서 제우스와 헤라의 행위는 자신이 생각하는 신의 위상位相과 일치하지 않기 때문에 그들을 신이라 부를 수 없다고 생각한 것이라 볼 수 있다. 이것은 신의 순수성을 요구하는 것이며 그런 의미에서 크세노파네스의 생각과 연관된다 할 수 있을 것이다.

라클레스는 자살을 포기하고 테세우스의 제의를 받아들여 아테나이에 거주할 것을 결심한다. 그는 죄책감에서 벗어나 테세우스와 필리아를 새롭게 한다. 신과 인간 사이의 필리아가 소멸한 대신 인간 사이의 필리아가 완성한 것이다. 아마도 인간의 가장 큰 특징은 서로 돕고 용서하는 능력에 있으며 이 점에서 인간은 신보다 우월하다 할 수 있는 것이다.

신과 인간 사이의 필리아가 가장 긴밀하면서도 비극적인 바파탄을 겪는 경우가 「힛폴리토스」이다. 이 작품에서 힛폴리토스와 아르테미스는 이례적으로 긴밀한 유대를 갖는데 그것은 힛폴리토스가 여신상 앞에서 바쳐지는 기도말에서 여실히 표현된다.

> 여신이여 이 화관은 내가 당신에게 바치기 위해 오염되지 않은 초원에서 만들어 온 것입니다. 그 초원은 목동이 가축을 몰아넣은 일도 없고 낫의 날이 닿지도 않았으며 다만 봄날 꿀벌만이 날아드는 깨끗한 들입니다. '순결'aidos의 정精인 맑은 냇물이 흐르는 들, 그 곳에는 중용의 덕을 갖춘 자만이 들어가서 꽃을 꺾을 수 있으며 마음이 비틀린 자는 들어 갈 수 없는 곳입니다.
>
> 여신이여, 황금의 머리카락을 장식하기 위해 이 화관을 받으소서(73-83).

그러나 힛폴리토스는 아르테미스에 대해서는 헌신을 하면서도 아프로디테에 대해서는 냉담하다. 그것이 아프로디테의 질시와 노여움을 사서 자신의 파멸을 초래한다.

극의 종말에 파이드라가 자결할 때 말한 거짓말 때문에 그의 아버지 테세우스로부터 계모를 범했다는 의혹을 받는다. 그는 서약의 신 제우스를 두고 결백을 맹서하지만 테세우스는 받아들이지 않는다. 이 시점까지 힛폴리토스는 유모가 과한, 진상을 밝히지 않겠다는 침묵의 맹세(656-

658)를 지키고 있다. 그러나 자신이 결백하고 신에 대해 경건함에도 불구하고 자신의 파멸을 신이 허용하는 것을 보고 마음이 동요한다.

신이여 이래도 아직 침묵을 지켜합니까… 자신의 파멸을 초래하면서도(1060-101)…

전능하신 신에 대한 믿음도 인생의 부질없는 변천을 보면 어쩔 수 없이 흔들린다(104-1106).

마지막으로 죽음이 다가오자 힛폴리토스는 절망적인 어조로 하소연한다.

제우스여, 제우스여, 보고 있기라도 합니까. 신을 공경하는 믿음이 강한 자의 모습을. 누구보다도 순결한 자가 지금 생명의 끈이 끊어져 저승길로 떠나려는 것을.

신의 뜻을 저버리지 않으려는 온갖 노력도 이젠 부질없는 헛수고가 된 것입니다(1363-1369).

경건하고 순결하며, 인간이 지킬 법을 지킨(침묵의 서약의 준수) 자신이 당하는 불의에 대하여 제우스는 관심조차 없을 것이라 의심한다. '제우스여, 보고 있기라도 합니까'라는 말로서 힛폴리토스는 신에 대한 극단적인 불신과 절망을 나타낸 것이다.

그 자리에 아르테미스가 나타난다. 그녀는 자신을 신 가운데 힛폴리토스의 으뜸가는 친구(philatate theon 1394)라고 하고 그도 자신이 그녀의 으뜸가는 친구(panton philaton broton 1333)라고 부른다. 그녀는 그의 죽음을 애통해하고(1331-1421) 그의 경건한 헌신에 보답하기 위해 복수를 다짐하고(1420-1421) 그를 기리기 위한 영원한 신앙을 창립할 것(1423-1470)을 다짐한다. 그러나 그의 죽음에 대해서는 전혀 손을 쓸 수가 없다. 그것은 한 신이 행하는 일을 다른 신이 간섭할 수 없다는 제우스의 노모스 때문이다. 신이 인간에게 베풀 은혜에는 한계가 있는 것이다.

필리아는 신과 인간 사이에만 존재하는 것이 아니라 신과 도시 사이에도 존재한다. 트로이의 여인에서 코로스는 트로이인들의 제우스 신앙의 돈독함을 나타내는 여러 가지 사항을 열거한다. 제우스의 신전, 공물을 바치는 제단, 하늘로 나부껴 오르는 몰약의 연기, 상춘등常春藤이 무성한 이 산의 성소聖所, 신덕神德을 찬양하는 코로스의 찬송가, 밤의 제례, 빛나는 황금상, 열두 개의 설월병聖月餅 등등(1060-1076). 이 모든 것을 제우스는 버리고 아카이아인에 넘긴다. 코로스인 트로이의 여인들은 그들의 신앙과 제사가 제우스로부터 응답이 없고 거부당한데 충격을 받는다. 그리하여 '하늘 끝 멀리에 거하는 제우스가 우리들 트로이인들이 바친 신앙과 우리들이 당한 파멸을 알고 있기나 할까'(1076-1080) 의심한다.

신에게 버림받은 트로이의 여인들의 원성은 「헤카베」와 「안드로마케」에도 메아리친다. '신은 나를 괴롭히고 트로이를 증오하는 것이라 생각할 수밖에 없다. 소를 잡아 희생을 바쳐도 허사였다.…'(「헤카베」1240-

1241). '오! 신들이여, 이제 새삼스레 신의 이름을 불러 보아도 들어줄 일 없는 신인 것을'(「헤카베」1280-1281). '성악한 인간과 같이 먼 지난날의 원한을 잊지 않은 자, 그것을 어찌 신이라 부를 수 있을 것인가'(「안드로마케」1163-1165).

에우리피데스는 철학자도 종교개혁자도 아니었다. 그는 무엇보다도 비극시인이었다. 그러나 그는 당시의 사조에 민감하였으며 특히 종교 문제에 대해 그러했다. 기원전 5세기는 로고스의 시대요, 신의 정의가 논의되는 시대이었다. 에우리피데스는 「헤라클레스」에서 신의 도덕성을 요구하고 「트로이의 여인」에서 제우스를 '자연의 필연', '인류의 누스', '모든 인간을 정의의 길로 인도하는 신'이라 부른다. 그러한 관념의 원천은 크세노폰, 나아가서는 헤시오도스까지 소급될 수 있을 것이지만 에우리피데스는 다만 당시의 활발한 철학 이론을 반영한 것이라 할 수 있을 것이다. 그러나 그는 당시에 활발했던 철학적 내지 종교적 논의를 반영했을 뿐 아니라 한편으로는 민간적인 신앙에도 깊은 관심을 가져 그것을 작품 속에 푸짐하게 표현한다. 즉 어떤 특정한 신이나 신앙의 지방적 특성과 그 제례를 상세히 묘사하고 당시의 신앙의 인과성과 죄와 벌에 대해서 설명한다. 그래서 「타우리스의 이프게니아」의 종막에는 데우스 엑스 마키나와 함께 블라우로나의 아르테미스 신앙과 앗티카의 할라이 신앙의 모습이 묘사되고 「힛폴리토스」에는 트로이젠의 영웅숭배가, 「안티오페」에서는 테베의 디르케와 암페이온 신앙이, 「안드로마케」에는 아킬레우스와 네오프톨레무스 신앙이 묘사된다. 「바코이」는 어떤 의미에서는 디오니소스가 테베에서 숭배된 이유와 그 제식, 신화의 특성에 대한 설명이라 할 수 있다. 이 밖에도 그의 작품에는 열등한 신들에 대한 신앙이 그려진다. 예컨대 「헤라클레다이」에서는 코에스 제식이(947-960), 「헬렌」에서는 스파르타의 히아킨티아 숭배가(1465-1475) 묘사된다.[45] 이러한 신앙의 매장의 양식이나 희생 제례와 같은 여러 가지 제식이 당시에 행해진 그대로 충실히 재현되어 있어 에우리피데스의 작품은 기원전 5세기의 종교를 아는데 가장 중요한 자료가 되어 있다. 따라서 에우리피데스는 당시의 심각한 종교적 철학적 논의를 이루고 있을 뿐 아니라 민간신앙에도 같은 관심을 가졌었다는 의미에서 가장 신학적이며 가장 종교적인 시인이라 할 수 있다.

Ⅶ. 소포클레스와 제우스

소포클레스는 비극시인 가운데 가장 성공적인 시인이었을 뿐 아니라 가장 모범적인 인물로 알려져 있다. 그는 단정한 용모와 온유한 성격, 뜨거운 조국애와 원만한 교유관계를 가져 행복하고 우아한 일생을 보냈다고 한다. 종교적인 면에서도 그는 경건하고 독실한 신앙인이라고 하는데 이러한 이상적인 소포클레스 상은 다분히 현대 학자들에 의해 만들어진 것이며 고대에 충분한 자료가 있는 것이 아니다.

물론 그의 종교 활동에 관한 약간의 정보가 없지는 않다. 예컨대 「비타」에는 살라미스 전후 15 · 16세의 소년이던 소포클레스는 승리를 찬양하는 전송가의 코로스를 지휘했다. 그리고 그는 의료의 여신 할론의 신관이었다(vita 11)라는 기술이 있고 그 밖에 420년대 후반에는 아스클레오스 신앙을 아테네에 도입하는 역할을 했다든지 헤라클레스 메니테스 신앙을 찬시했다는 전설 등이 있으나 도시 「비타」 자체가 신빙성이 희박한 것으로 알려져 있어 이러한 정보가 어느 정도 정확한지 명언할 수 없다.

그는 작품 속에서 민간신앙을 묘사하기는 하나 그것은 단지 극적 효과를 위한 것일 뿐 신앙 그 자체에 대해서는 관심이 적었음은 다른 시인

---

45 J.Milalson, Honor thy God. 230.

과 비교할 때 알 수가 있다. 예컨대 소포클레스의 「트라키스의 여인들」과 에우리피데스의 「헤라클레스」는 다 같이 헤라클레스의 고난을 다루고 있는데 두 작품에서 제우스는 헤라클레스의 아버지로서 중요한 역할을 하지만 그 제우스 상은 사뭇 다르다.

에우리피데스는 제우스를 '구제자 제우스'(Zeus Soter)라고 하여 제우스의 종교적 기능을 구제자 하나로 규정함으로써 제우스가 헤라클레스의 자손들을 구제할 도덕적 직능적 책임이 있음을 명백히 하고 있다. 그러나 소포클레스는 제우스에게 여러 가지 형용구ephitet를 부쳐 부르고 있다. 즉 '서약의 보호자 제우스'(Zeus Horokios, 1185-1190), '경쟁자 제우스'(Zeus Agonios, 26), '전승자 제우스'(Zeus Tropaias, 303-306) 등 직능을 나타내는 제우스, '칸나이온의 제우스'(Zeus Canaeum, 237-241), '오이타 산의 제우스'(164-172) 등 지명이나 지방신앙을 나타내는 제우스 등 여러 가지 직능과 형태가 '헤라클레스의 아버지'라는 이름으로 결합되어 있다. 그러나 이렇게 결합된 제우스 상은 시에서나 존재하지 실제의 민간신앙에서는 볼 수 없는 것이다. 반대로 에우리피데스의 제우스는 아테네 청중의 신앙과 종교에 확실히 뿌리를 두고 있다. 왜냐하면 아테네인들은 '구호자 제우스'가 아고라의 제우스 스토아의 주인이며 페르시아인이 침입했을 때 그들의 부조父祖를 '구제'한 신으로 알고 있었던 것이다.46

소포클레스는 민간신앙에 무관심하고 종교를 극적으로 표현하는 일에도 무관심하지만 신과 인간의 괴를 강조하는 데는 누구보다도 철저하다. 「트라키스의 여인들」을 예로 들 수 있는데 이작품은 어쩌면 그리스 비극 중 가장 비참한 내용을 담고 있다 하겠다.

에우보이아의 싸움에서 승리한 헤라클레스는 애첩 이롤레를 데리고 개선하려 한다. 이 소식을 듣고 충격을 받은 아내 디아네이라는 남편의 사랑을 되찾기 위해 괴물의 피가 묻은 옷을 남편에게 전승을 축하하는 선물로 보낸다. 과거에 디아네이라를 연모했다가 헤라클레스에게 타도될 때 괴물은 그 옷을 입게 하면 사랑을 되찾을 수 있다는 거짓말을 남긴 것이다. 그 옷을 입은 헤라클레스는 죽음의 고통에 신음한다. 그것을 알게 된 아내는 남편에게 보낸 옷이 사랑의 미약媚藥이 아니라 괴물의 복수의 독이라는 의외의 결과에 놀라 자결하고 만다. 고통에 견디다 못한 헤라클레스는 아들 힐루스에게 자기의 몸을 산 채로 화장을 한 다음 이올레와 결혼할 것을 명령한다. 아버지를 생화장하고, 어머니를 죽게 한 장본인이 아버지의 애첩을 아내로 맞이해야 하는 아들의 고민, 이윽고 노예에게 아버지의 몸을 불길이 타는 곳으로 옮길 것을 지시하고는 힐루스는 개탄한다.

이 일을 행해야 하는 나를 용서하기 바랍니다. 그리고 이 일에 대해 신의 동정이 없었다는 것을 알기 바랍니다.

신은 아들을 낳게 하고 그 아버지라 불리지만 아이들의 고통을 방관할 뿐입니다.

이 일의 결말을 알 수 없지만 이 일의 모습은 더없이 슬플 뿐. 신에게

46 ibid 221-222.

는 더없이 수치스러운 일. 재앙을 겪는 자에게는 더없이 괴로운 일 (1264-1267).

관중들은 전설을 통해 헤라클레스의 육신이 불타서 신이 될 것을 알고 있다. 그러나 소포클레스는 그것을 말하지 않은 채 '이 일의 결말을 알 수 없다'고 하고는 대신에 제우스가 이 모든 재잉의 원인임을 강소하는 것으로 연극을 끝낸다.

온갖 슬픔과 괴이한 것, 그 모든 것이 제우스의 것 아닌 것이 없다 (1277 -1278).

이에 비해 에우리피데스의 「안티오페」에는 헤르메스가 엑스 마키나로 출현하여 힐루스에게 미래에 일어날 일을 설명해 준 것으로 알려져 있다. 소포클레스가 이를 무시하여 헤리클레스의 미래를 그리지 않은 것은 극적 효과를 위해 힐루스의 고통과 제우스의 책임을 강조하려 한 것이었겠지만 결국 그것은 제우스에 대한 비난이 가장 신랄하며 따라서 소포클레스가 에우리피데스보다 한결 반신적反神的이라는 인상을 주게 되는 것이다.

소포클레스는 민간신앙에 대해서 관심이 적었지만 이따금씩 그것을 사용할 때도 극히 왜곡되게 표현하기 일쑤이었으며 도시 그는 신 자체에 관심이 적은 듯이 보인다. 실인즉 그가 관심을 집중한 것은 인간이었으며 인간의 능력과 영웅적 행동을 그는 극구 찬양한다. 그 단적인 예가

「안티고네」의 이른바 '인간찬가'이다.

코로스 세상에는 신기한 것이 많지만 인간보다 더 신기한 것은 없다. 사납게 몰아치는 남풍을 헤치고 밀려오는 높은 파도를 넘어 흰빛바다를 건넌다.

신 가운데 으뜸가는 신이며 멸망치 않고 피곤을 모르는 대지까지도 그는 피곤하게 부린다. 해마다 쟁기로서 말을 사역하여 파헤치면서.

마음이 가벼운 새들도 사나운 짐승들도 대해의 물결 속에 사는 해물도 현명한 인간은 꼬아서 만든 그물을 둘러싸서 잡는다. 광야의 굴 속에 살거나 야산을 배회하는 야수들도 인간의 술책으로 잡히고 사나운 말도 길들여 덜미에 멍에를 씌우고 지칠 줄 모르는 들소도 길들인다.

말이나 바람같이 날쌘 생각과 나라를 다스리는 분별을 스스로 깨쳐 터득하며, 하늘의 차가운 서릿발과 쏟아지는 빗발도 피할 만큼 만사에 능통하며, 무슨 일이든 방책없이 덤비지 않는다.

불치의 병조차 고칠 꾀를 짜내거나 다만 죽음을 피할 길만은 찾지 않는다.

그 뛰어난 꾀는 뜻하지 않게 사람을 선으로 때로는 악의 길로 인도한다. 나라의 법을 존중하고 신들에게 맹세한 정의를 지키면 나라는 번영하며,

경솔하게 나쁜 일을 꾸미면 나라를 멸망시킨다. 바라건대 그런 자와 함께 살지 말며 생각도 함께 하지 말기를(332-275).

인간은 바다를 항해하고 가축을 사육하여 대지를 경작하고 야수와 새와 물고기를 잡으며 언어와 사고력을 가지며 집을 짓고 병을 고치고 기술을 발전시키고 질서있는 사회에 산다. 모든 사람늘은 이 모든 인간의 능력을 신의 은혜로 돌린다. 그러나 소포클레스는 그것을 오직 인간의 업적이라 하고 신의 참여에 대해서는 일언반구도 없다. 그것은 다음과 같은 에우리피데스의 말과 선명한 대조가 된다.

테세우스…우리들 인간의 생활을 혼란한 야수와 같은 상태에서 구하여 질서를 부여한 신을 나는 찬양하고자 한다. 그 신은 먼저 인간에게 지혜를 주고 다음에는 얘기를 전달할 언어를 부여하여 소리의 뜻을 알게 하였다. 또한 몸을 보양할 양식으로서 곡물을, 그 곡물을 자라게 하기 위해서는 하늘에서 내리는 비. 비는 어머니이신 대지의 태내를 적신다. 신의 은혜는 그뿐이 아니다. 겨울의 폭풍으로부터 몸을 보호하고 태양의 작열을 피하는 방법, 자기 땅에 부족한 물건을 서로 교역하기 위해 바다 멀리 항해하는 기술을 가르쳐 주었다. 막연한 현상이나 분명치 않은 일을 알기 위해서 예언자들이 불을 보고 동물의 내장의 주름살이나 새의 동태를 읽어 미래의 일을 알게 해준다. 이러한 온갖 살기 위한 수단을 신으로부터 받으면서도 우리가 만족하지 못하면 오만이 아니겠는가. 그러하면서도 인간은 신을 능가하는 힘을 가지려 원한다. 오만해진 인간은

자신이 신나크보다 현명하다고 생각한다.…(「구원을 청하는 여인들」 202-218)

말하자면 소포클레스는 문학적 기교로서 종교를 사용할 뿐 신앙에는 관심이 적으며 신의 행위를 누구보다도 가혹하게 묘사하며 인간의 능력을 가장 적극적으로 예찬한다. 그는 가장 경건한 신앙인이 아니라 어쩌면 종교와 가장 거리가 먼 반신적인 시인일지도 모른다.

Ⅷ. 맺는말

그리스의 전통에는 여러 가지 형태의 신이 존재했으며 시인들의 신관도 퍽이나 다양했다고 할 수 있다. 그것을 혹자는 철학적이고 혹자는 철학적이고 혹자는 민간종교적이라 표현할 수 있을 것이다. 그런 의미에서 아이스킬로스는 신학적이며 실제의 민간종교와는 거리가 멀었다. '계몽시인' '전통종교에 대한 비판자' '불경不敬의 조장자'라고 알려진 에우리피데스는 철학적안 일면 민간신앙에 대해 가장 초연하였다. 따라서 그들의 제우스관도 각기 상이했다. 죤즈는 제우스의 절대성은 호머 이래 일관되어 있었다고 주장한다. 그것은 일신교의 세계에 사는 서구인의 의식을 반영한 것이며 그리스인과 서구인의 사상구조가 근본적으로 다르다는 사실을 간과한데서 비롯한 과오라고 할 수 있다. 실인즉 시인들에 있어서도 죤즈의 주장과는 달리 그 절대성이 일관되어 있지 않을 뿐 아니라 제우스의 직능, 신과 인간과의 관계에 있어서도 그 시각이 같지 않았다. 그러나 대체로 그들의 관심의 초점은 신보다도 인간이었다. 그것은 계몽의 세기인 5세기 사조를 반영한 것이었다. 그렇다고 그들이 무신론 내지 반신론적 경향이 역연했다고 할 수는 없다. 설혹 그랬다 하더라도 그들은 그것을 표면화할 수는 없었을 것이다. 그것은 그들이 시민의 교사요 정신적 지도자라는 자각 때문이기도 하겠으며 또한 무신론이라 지목되었을 때 가해지는 사회적 제재를 의식했기 때문이기도 할 것이다.

당시 무신론에 대한 고발은 공적 검찰관이 없던 시대라 개인에 위임되어 있었기 때문에 국가의 대책이나 제재도 일정치는 않았다. 소크라테스나 아낙사고라스의 경우를 들지 않더라도 제재는 엄격했던 것으로 보이며 신앙의 법규나 절차의 위반자에 대해서도 처벌이 가해지는 사회이었다. 예컨대 엘레우시스의 신관 아르키아스는 과일을 봉납하는 대신, 동물을 희생으로 바쳤다가 처벌되었다고 전해진다.[47]

따라서 신앙이나 신에 대한 정면적인 부정은 무사할 수 없었으며 그러한 일이 일어나기도 어려웠을 것이다. 하지만 시인들의 깊은 속마음은 과연 어떠했을까. 확실한 객관적인 해답은 있을 수 없다. 사람에 따라 인상이 다를 수밖에 없으며 그 인상은 주관적이기 때문이다. 다만 시인들은 연극을 통해 관객들이 만족하고 행복하게 하는 것보다 그들이 신과 인생에 대해 생각하고 회의하게 하는 것이 목적이었다. '종교문제에 대해 회의와 절망을 나타내는 사람은 올림포스에 대한 만족할만한 신자가 될 수는 없다. 마찬가지로 그들은 또한 만족스러운 무신론자도 될 수 없다.[48]고 할 것이다.[49]

47 P.A.Meijer, Philosophers, Intellectuals and Religiona in Hellas, Leigen, 1981, 219~220.
48 M.A.Grabe, ibid. 49.
49 본고는 1992년도 성균학술연구비에 의해 이루어졌다.

찾아 보기

ㄹ

ㅁ

ㅂ

ㅅ

ㅇ

ㅈ

ㅋ

ㅌ

ㅍ

ㅎ

그리스 비극과 민주정치

발행일 | 초판 1쇄 2019년 9월 10일
지은이 | 김진경
펴낸이 | 고진숙 · 김종만
펴낸곳 | 안티쿠스
책임편집 | 김종만
표지디자인 | 배경태
본문 디자인 | 배경태·최병인
CTP출력·인쇄 | 천일문화사
제본 | 대흥제책
물류 | 문화유통북스
출판등록 | 제300-2010-58호(2010년 4월 21일)
주소 | 03020 서울시 종로구 자하문로 266, 612호
전화 | 02-379-8883, 723-1835
팩스 | 02-379-8874
이메일 | mbook2004@naver.com

값은 뒤표지에 있습니다.

ISBN 978-89-92801-40-9 93920

이 도서의 국립중앙도서관 출판시도서목록(CIP)은 서지정보유통지원시스템 홈페이지(http://seoji.nl.go.kr)와 국가자료공동목록시스템(http://www.nl.go.kr/kolisnet)에서 이용하실 수 있습니다.(CIP제어번호:2019033210)